王朝风云之

元朝

YUANCHAO

李 楠——编著

历史度尽劫波
文明生生不息

中国文史出版社

图书在版编目（ＣＩＰ）数据

元朝 / 李楠编著 . -- 北京 : 中国文史出版社，
2021.1

（王朝风云；13）

ISBN 978-7-5205-2260-1

Ⅰ . ①元… Ⅱ . ①李… Ⅲ . ①中国历史—元代—通俗
读物 Ⅳ . ① K247.09

中国版本图书馆 CIP 数据核字 (2020) 第 173837 号

责任编辑：詹红旗　　戴小璇

出版发行：中国文史出版社

社　　址：北京市海淀区西八里庄 69 号院　邮编：100142

电　　话：010- 81136606　81136602　81136603(发行部)

传　　真 : 010–81136655

印　　装：廊坊市海涛印刷有限公司

经　　销：全国新华书店

开　　本：1/16

印　　张：22

字　　数：338 千字

版　　次：2021 年 3 月北京第 1 版

印　　次：2021 年 3 月第 1 次印刷

定　　价：66.00 元

"凤凰台上凤凰游，风去台空江自流。吴宫花草埋幽径，晋代衣冠成古丘。"李白一首《登金陵凤凰台》，可生动反映中国历代王朝的没落与沧桑。

中国是一个拥有 5000 年悠久历史的文明古国，王朝众多，更迭频繁。其间上演过无数令人感慨的悲喜剧，也创造了举世瞩目的中华文明。

这套《王朝风云》丛书，旨在全景展现中华民族从原始社会、奴隶社会到封建社会的历史跨越，以真实丰富的史料，鲜活生动的叙述，让一个个风格迥异的王朝如戏剧般轮番登场，上演从夏商周到晚清近代历史的荣光与波折。使读者从王朝演变的故事中深刻地体味历史的魅力，领悟中华文明博大精深的文化内涵。

丛书着重讲历史脉络，以历代政权更迭及政治、军事斗争为主，努力把中国历史中最精彩、最生动的内容奉献给广大读者。同时，为增强系统性，一定程度地反映历朝历代的掌故、习俗、科技、文化等内容。

《王朝风云》丛书共 15 部，此为第十三部《元朝》，主要讲的是从 1206 年成吉思汗建立蒙古政权，到 1368 朱元璋建立大明王朝，这段时间里中国历史上发生的那些丰富多彩的故事。

元朝是中国历史上首次由少数民族建立的大一统王朝。1206年，成吉思汗统一蒙古各部，建立大蒙古国。先后攻灭西辽、西夏、花剌子模、金朝等政权。1260 年忽必烈即汗位，建元"中统"。1271 年改国号为"大元"，次年定都大都（今北京）。1279 年，彻底灭亡南宋流亡政权，结束了自唐末以来长期的混乱局面。元朝中后期开始内斗频仍，政治腐败，民族矛盾与阶级矛盾日益加剧，导致元末农民起义。1368年，朱元璋建立明朝，随后北伐攻占大都。此后元廷退居漠北，史称北元。1402年，元臣鬼力赤篡夺政权建立鞑靼，北元灭亡。

元朝时期统一多民族国家进一步巩固，疆域超越历代。元朝废除尚书省和门下省，保留中书省与枢密院、御史台分掌政、军、监察三权，地方实行行省制度，开中国行省制度之先河。

元朝商品经济和海外贸易较繁荣。元朝时与各国外交往来频繁，各地派遣的使节、传教士、商旅等络绎不绝。在文化方面，其间出现了元曲等文化形式，更接近世俗化。

本书介绍了中国历史上第一个由少数民族（蒙古族）建立、统治的封建王朝，描述了元代著名的历史人物及其事迹，展现了当时优秀的文化艺术成就。

了解历史，反思历史，是为了更好地借鉴历史、把握未来。

目录

第一编　元室风云

第二编　风云人物

第一章　军事将领

第二章　帝国政要

第三编 政治、经济与外交

第 三 章　文学艺术

第一编

元室风云

大宋王朝一脉的天子都不硬气，没出几个顶天立地的男子汉，在主和派的力撑之下，凭着深厚的经济实力苦苦地支撑了300多年，终于气数尽了。而女真金国穷兵黩武，攻打契丹辽国，跟宋王朝硬拼，最后遭到背后一击，也退出了历史舞台。一个强势非凡的帝国又出现在中国北方。

为了维护其特权，蒙古统治者推行民族分化和民族歧视政策，使阶级矛盾和民族矛盾十分尖锐。因此元朝农民起义此起彼伏。1351年，元朝出现了规模巨大的红巾军起义。元朝最终被推翻。从1271年到1368年，元朝维持了98年。

元朝从一个外来民族直至入主中原，一统天下，写下了人类征服史上的一段神话。从一代天骄成吉思汗到开国皇帝忽必烈，一个个振聋发聩的名字令人胆颤心寒。血性的民族对于权力的争夺也同样采取了血的手段。元朝历时虽短，皇权争斗却同样惨烈。

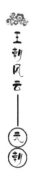

第一章 蒙古的崛起与元朝的建立

成吉思汗元年（1206 年），铁木真在斡难河源头召开各部落首领大会，他被共同推举为全蒙古的大汗，尊称为"成吉思汗"（意为坚强的、大海一般的最高统治者）。于是，在东起兴安岭，西至阿尔泰山，南到大沙漠，北达贝加尔湖的广阔土地上，出现了蒙古历史上第一个军事奴隶制的强大国家——大蒙古国，或称蒙古汗国。成吉思汗领导统一了的蒙古族终于翻开了历史的新篇章。

一、蒙古苍狼入草原，诸部争权推大汗

在我国北方草原上很早就有了蒙古族的身影。蒙古族是一个历史悠久、勤劳勇敢的民族，也是一个在中国和世界历史上有过重大影响的民族。

在我国内蒙古自治区东北部，有一片广阔无垠、水草丰美的大草原——呼伦贝尔草原，这就是蒙古族的摇篮。

蒙古族名称始见于唐代。当时，分布在大兴安岭北段的室韦诸部中有一蒙兀室韦部，居望建河（今额尔古纳河）之东。蒙兀即蒙古的唐代汉文译名。辽、金、宋时代，又有萌古、朦骨、盲骨子、萌古斯、蒙古里、蒙古等异译，或与其他部落一起被泛称为鞑靼，又称黑鞑靼以别于漠南的白鞑靼（汪古部）。大约在唐代末叶，蒙古一部逐渐迁到原来铁勒人的居地斡难河（今蒙古鄂嫩河）上游不儿罕山（今蒙古肯特山）地区。蒙古人传说，远古时，蒙古部落被他部所灭，仅两男两女幸存，逃到名为额尔古涅昆的山中，后来子孙繁衍，分为许多支，山谷狭小不能容纳，因而移居草原。其中一个部落的首领名叫孛儿帖赤那（意为苍狼），妻子名叫豁埃马阑勒（意为白鹿），他们迁到斡难河源头不儿罕山居住。蒙古人的祖先传说，反映了他们的先人从额尔古纳河西迁的事实，以及蒙古人远古的图腾观念。

蒙古原为森林狩猎部落，进入草原后，游牧畜牧业很快发展起来。在

辽朝的统治下，他们与中原地区的联系日益紧密。中原先进经济、文化的影响，特别是铁的输入，促进了蒙古各部社会生产力的发展。原始的氏族制度迅速瓦解，私有制日益发达。部落中的伯颜（富者）多担任首领，社会分化成世代当首领的那颜（贵族）和依附于贵族的哈剌抽（平民）。贵族通过掠夺战争获得

蒙古族狼毡画

更多财富，并俘虏人口作为孛斡勒（奴婢），世袭占有。有势力的贵族拥有从属于个人的那可儿(军事侍从)，大首领还组织了护卫军。斡孛黑(氏族)组织的形式虽还存在，但已不是原始的血缘氏族，其成员包括了贵族和来自不同氏族或部落的侍从、属民与奴婢。贵族的儿子继承父亲分配的一份属民和奴婢，分别自立家业，并继续扩展，由此不断分衍出新氏族。在频繁的相互掠夺战争中，一些氏族和部落为了保全自己，扩大势力，结成了联盟。约11世纪上半叶，蒙古部首领海都（成吉思汗六世祖）攻灭了斡难河南的强部——札剌亦儿部，从此"形势浸大"。海都次子察剌哈宁昆（又译察剌孩领忽）受有辽朝的"令稳"（即领忽，小部族官）官号，其子想昆必勒格升号"详稳"（大部族官），父子相继任辽属部官。金初，全蒙古各氏族和部落组成大联盟，推举海都长子之孙葛不律（又译合不勒，成吉思汗的曾祖父）为汗（君主），蒙古部首领自此始用汗号。察剌哈宁昆的后裔号泰赤乌氏，葛不律汗家族号乞颜氏，各自都拥有许多部众，成为蒙古部中最有势力的贵族。

葛不律汗曾入朝金朝皇帝。金朝君臣深恐蒙古势力强大会成为边患，企图将他杀死，蒙古于是叛金。此后数十年，蒙古与金朝经常发生战争。金朝利用属部塔塔尔攻打蒙古，俘杀俺巴该汗等蒙古首领，并派兵到蒙古剿杀掳掠；蒙古也多次攻略金朝边境地区。此时，蒙古高原上势力强盛的部落集团除蒙古外，还有塔塔尔（居地在今呼伦湖、贝尔湖之西、南）、克烈、乃蛮和蔑里乞（居地在今色楞格河下游一带）等部。各部贵族为了掠夺人口、

牧畜和扩大统治地域，也互相争战不休。蒙古与其邻部蔑里乞、塔塔尔是世仇，更经常处于敌对之中。

二、施三制蒙古立国，平天下东征西讨

在诸部争战中，蒙古乞颜氏贵族铁木真的势力逐渐壮大。12世纪末至13世纪初，他先依靠克烈部首领王汗的支持，打败蔑里乞部，又相继消灭了蒙古部内强大的主儿乞氏和泰赤乌氏贵族，击溃以札答阑部首领札木合为首的各部贵族联盟，乘胜灭塔塔尔，降服弘吉剌诸部。南宋嘉泰三年（1203年），又出奇兵攻灭王汗，尽取克烈部众。这时，漠南汪古部首领也遣使献降。南宋嘉泰四年（1204年），铁木真举兵攻灭乃蛮太阳汗部，又先后兼并了蔑里乞残部和乃蛮不欲鲁汗部，完成了蒙古高原的统一。

南宋开禧二年（1206年），蒙古贵族在斡难河源举行忽里勒台（聚会、会议），奉铁木真为大汗，尊号成吉思汗。

成吉思汗将全蒙古游牧民统一编组为数十个千户（《元朝秘史》记载最初编组的千户数为95个，但其中包括了一些后来组成的千户），分授共同建国的贵戚、功臣，任命他们为千户那颜，使其世袭管领，并划定其牧地范围。千户既是军事组织单位，又是地方行政单位。成吉思汗又命大将木华黎为左手万户，统领东面直到哈剌温只敦（今大兴安岭）的各千户军队；博尔术为右手万户，统领西面直到按台山的各千户军队；纳牙阿为中军万户。万户是最高统兵官。成吉思汗将原来的护卫军扩充为1万人，包括1000宿卫，1000箭筒士，8000散班，从各千户、百户、十户那颜和白身人子弟中选身体健壮、有技能者充当。护卫军职责是保卫大汗金帐和跟随大汗出征。平时分四队轮番入值，因此总称四怯薛，由"四杰"博尔术、博尔忽、木华黎、赤老温四家子弟任四怯薛之长。大汗直接掌握这一支最强悍的军队，足以"制轻重之势"，控御在外的诸王和那颜。又设了"治政刑"的札鲁忽赤（断事官）一职，掌管民户分配和审断案件，命养弟失吉忽秃忽担任，这是蒙古国的最高行政官。

千户制、怯薛制和断事官的设置，是蒙古国初建时最重要的三项制度。

蒙古包

按照传统的分配财产习惯，成吉思汗将一部分蒙古民户分封给其弟、子，各得一份，后来又划分了诸弟和诸子的封地。弟搠只哈撒儿封地在也里古纳河（今额尔古纳河）、海剌儿河和阔连海子（今内蒙古呼伦湖）地区，合赤温封地在兀鲁灰河（今内蒙古东乌珠穆沁旗乌拉根果勒）南北，铁木哥斡赤斤封地在哈勒哈河以东，别里古台封地在怯绿连河（今克鲁伦河）中游，总称东道诸王；子术赤、察合台、窝阔台封地在按台山以西，总称西道诸王。分民和封地均由受封宗王世代承袭。管辖分民的千户那颜即成为所属宗王的家臣。大部分民户和蒙古中心地区归成吉思汗领有，按照传统的幼子守产习惯，由幼子拖雷继承。蒙古人原来没有文字，蒙古高原西部的乃蛮人使用畏兀儿文。蒙古灭乃蛮后，即借用畏兀儿字母书写蒙古语，从此有了蒙古文，用来发布命令、登记户口、记录所断案件和编集法律文书，使蒙古人的文化大大提高了一步。蒙古人原有许多从古代相传下来的约孙（意为道理、体例），成吉思汗灭克烈部和建国以后，又相继发布了一系列札撒（意为法令）。成吉思汗十四年（1219年），成吉思汗召集大会，重新确定了札撒、约孙和他历年的训言，命用蒙古文记录成卷，名为《大札撒》。其后每代大汗即位或处理重大问题，都必须依例诵读《大札撒》条文，以表示遵行祖制。

成吉思汗建国以后，就开始向邻境发动掠夺性战争。南宋开禧元年（1205年）、成吉思汗二年（1207年）和成吉思汗四年（1209年）3次攻入西夏，迫使夏国称臣纳贡。西夏既降，接着全力攻打金朝。成吉思汗六年（1211年），成吉思汗统兵攻入金西北路边墙，取昌州（今内蒙古太仆寺旗九连城）、桓州（今内蒙古正蓝旗北郊）、抚州（今河北张北）等山后诸州，于野狐岭（在今河北万全西北）北击溃金30万守军，追至浍河堡，歼其大半，成吉思汗八年（1213年），于怀来再灭金军精锐。因居庸关防守坚固，成吉思汗采用迂回战术，率主力从紫荆口入关，进围中都（今北京）。同年，分兵三道南下，破黄河以北数十州县。大肆杀掠。成吉思汗九年（1214年），金宣宗献公主、金帛请和，乃退驻鱼儿泺（今内蒙古克什克腾旗达里诺尔）。金宣宗南迁汴京（今河南开封），驻守中都南的乣军叛金降蒙，蒙古军再入。成吉思汗十年（1215年），攻占中都，置达鲁花赤等官镇守，成吉思汗退回漠北。成吉思汗十二年（1217年），封木华黎为太师国王。命统汪古、弘吉剌、亦乞列思、忙兀、兀鲁诸部军以及投降的契丹、女真、乣、汉诸军，专责经略中原汉地。木华黎逐渐改变以前肆行杀掠、得地不守的做法，着重招降和利用汉族地主武装攻城略地。自成吉思汗十二年—蒙古窝阔台

汗元年（1217—1229年），除先已归降的永清土豪史秉直父子兄弟等外，易州（今河北易县）张柔、东平严实、济南张荣、益都李全等地方武装头目相继降蒙，两河、山东大部分地区为蒙古所占。蒙古对各地归降的官僚、军阀，多沿用金朝官称，授以元帅、行省等官衔，使世袭其职，在其所献地继续统军管民，称为世侯。

成吉思汗十二年—成吉思汗十三年（1217—1218年），蒙古相继征服北境的火里、秃麻诸部（在今贝加尔湖地区）、吉利吉思及其他森林部落，攻灭被乃蛮贵族屈出律所篡夺的西辽政权。成吉思汗十四年（1219年），以花剌子模杀害蒙古商队和使臣为理由，成吉思汗亲统大军西征，分兵攻下诸城，进围其新都撒麻耳干（今乌兹别克斯坦撒马尔罕）。花剌子模国王摩诃末先已弃城逃亡，成吉思汗遣哲别、速不台率军追赶，摩诃末避入宽田吉思海（今里海）中岛上，病死。成吉思汗十六年（1221年），术赤、察合台、窝阔台攻克花剌子模旧都玉龙杰赤（今土库曼斯坦库尼亚乌尔根奇）；成吉思汗与幼子拖雷分兵攻取呼罗珊（今阿姆河以南兴都库什山脉以北地区）诸城，继而会师击溃花剌子模新王札阑丁的军队于印度河上，札阑丁退入印度。成吉思汗十八年（1223年），成吉思汗置达鲁花赤等官镇守撒麻耳干，率军回蒙古。哲别、速不台军在抄掠波斯各地后，越过太和岭（今高加索山），攻入钦察。同年，于阿里吉河（在今乌克兰日丹诺夫市北）战役中击溃斡罗思诸国王公与钦察汗的联军，进掠斡罗思南境，又转攻也的里河（伏尔加河的突厥名，又译亦的勒）上的不里阿耳国，然后东返蒙古。

成吉思汗二十一年（1226年），成吉思汗又出兵攻西夏，连取肃（今甘肃酒泉）、甘（今甘肃张掖）等州，于灵州（今宁夏灵武西南）附近黄河边歼灭西夏主力，进围中兴府（今宁夏银川）。成吉思汗二十二年（1227年），西夏国主李睍投降。同年七月，成吉思汗病逝军中，幼子拖雷监国。

三、草原铁骑踏欧亚，蒙古帝国强扩张

成吉思汗死后，他的儿子们统领蒙古铁骑继承他未竟的事业，西征的步伐仍未停止。

窝阔台汗七年—蒙古乃马真皇后称制三年（1235—1244年），蒙古铁骑在征服了金朝之后发动了第二次西征，又称为"长子西征"——因为这次西征是成吉思汗四个儿子的长子率领的。他们是：成吉思汗的长子术赤

的次子拔都，次子察合台的长子拜答儿，三子窝阔台的长子贵由，四子拖雷的长子蒙哥。窝阔台汗十二年（1240 年），蒙古大军征服斡罗思（今伏尔加河以西）诸部，接着铁骑踏过东欧平原的波烈儿（今波兰）和马札儿（今匈牙利），直达亚得里亚海滨，整个欧洲为之震撼，后因接到窝阔台去世的消息而班师东返。

蒙古宪宗元年（1251 年），拖雷之子蒙哥继承大汗之位，随后决定派弟弟旭烈兀西征。于是从宪宗三年—宪宗九年（1253—1259 年），蒙古铁骑又进行了第三次西征。旭烈兀于宪宗七年（1257 年）攻

合川钓鱼城遗址

灭了木剌夷（今伊朗）后，继续往南征伐，于第二年包围了黑衣大食国的首都报达（今伊拉克首都巴格达），大食国的哈里发（国王）被迫献城投降。蒙古铁骑至此仍未停步，继续向西攻占了美索不达米亚，逼近埃及，若再往前去就踏上非洲大陆了。

中统元年（1260 年），蒙哥之弟、旭烈兀之兄忽必烈登上了大汗之位。他将新占的西南亚地区封给旭烈兀，称"伊儿汗国"——其疆域东起阿姆河，西至小亚细亚（今土耳其），北接钦察汗国，南达阿拉伯海，建都于低廉（今伊朗大不里士）。伊儿汗国与此前的钦察汗国、察合台汗国、窝阔台汗国一起，合称"四大汗国"。它们同大蒙古国以及后来的元朝一直保持形式上的藩属关系，由此形成了史无前例空前辽阔的、横跨亚欧大陆的蒙古大帝国。但是，它们毕竟因为疆域太辽阔，又是军事征服下的一个不稳定的政治军事联合体，缺乏共同的经济和文化基础，所以四大汗国建立之后，各自独立发展，很快就成为几个独立的汗国。不过，在元朝中期以前，元与四大汗国的关系始终保持良好的态势。

当时文明程度并不先进的蒙古民族为什么能取得如此辉煌的成就呢？原因很多，也较为复杂，但以下两个方面是最为基本的：

一方面由成吉思汗等领导的大蒙古国是新兴势力，朝气蓬勃，正处于上升时期。成吉思汗"以弓马之利取天下"——蒙古民族那种军民一体、骁勇善战的游牧民族的特质有利于大规模的战争行为，特别是在其上升时期，这已被历史所证明：如此前的契丹族、女真族，此后的满族等都是这样。

成吉思汗从统一各部落的战争开始，在长期的战斗实践中一支十分强大的军队锻炼了出来。这支主要由骑兵组成的精锐的快速部队，善于长距离奔袭和突击，采取大规模的战略迂回和包围战术，又能较快地采用新的军事装备和技术，并把它运用到战斗中去；在战争中学习战争——如攻城时的炮击强敌、先扫外围、后攻主敌、长期围困、退兵回袭等等。缔造者成吉思汗本人也是世界军事史上的杰出军事家，他"深沉有大略，用兵如神"。他和他指挥的蒙古铁骑为中国古代军事史乃至世界古代军事史写下了辉煌的篇章。

另一方面，蒙古铁骑的对手可能是因为弱小落后，或者曾经强大却已腐朽衰落；如蒙古的两大强敌金和花剌子模两国，均是政府腐败、君主昏庸、军无战力。在这样一种背景下，蒙古铁骑的优势发挥得淋漓尽致，成吉思汗的政治军事才华得以充分施展。

必须指出的是：蒙古铁骑三次西征的结果，虽然客观上为进一步打开欧亚交通、促进中西文化交流起了积极的作用，但蒙古铁骑所到之处，烧毁城镇，屠杀民众，破坏生产和大片先进的文明地区，连续不断的残酷的战争，使有关各国人民在一个时期内遭受了巨大的损失，使他们生活在水深火热之中。

四、顺时势推行"汉法"，忽必烈建国大元

中统元年（1260年）春，元世祖忽必烈在开平召集忽里勒台，即大汗位，建元中统，任用汉地士人，建立起中书省、十路宣抚司以及负责中原汉地政务的燕京行中书省等行政机构，巩固了在中原地区的统治地位。阿里不哥也在漠北召开忽里勒台，称汗，据有漠北地区。驻军六盘山的蒙古军主帅浑都海、奉蒙哥命主管陕西政务的刘太平，以及四川蒙古军的一些将领，拥护阿里不哥为汗，企图以秦蜀之地响应。忽必烈遣廉希宪为京兆等路宣抚使，急驰赴任，杀刘太平、霍鲁海和四川军中附阿里不哥的将领。不久，诸王合丹、汪良臣等合军，击败浑都海和逾漠南下应援的阿蓝答儿，于是完全控制了关陇川蜀地区。同时，忽必烈亲自率师北征，前锋移相哥败阿里不哥军，迫使他退守吉利吉思。次年秋，阿里不哥又移师东还，袭败移相哥，大举南进，与忽必烈激战于昔木土脑儿，双方死伤相当，各自退兵。因忽必烈切断了汉地对漠北的物资供应，阿里不哥陷于窘境，便派阿鲁忽（察合台孙）前往主持察合台兀鲁思。但阿鲁忽取得汗位后，拒绝向阿里不哥提供物资，并扣留其使者，于是阿里不哥举兵西击阿鲁忽，残

破亦列河（伊犁河）流域。至元元年（1264 年），阿里不哥众叛亲离，势穷力竭，向忽必烈投降。至此，忽必烈终于控制了岭北局势，并将势力伸入畏兀儿地区。

忽必烈在与阿里不哥争位战争之初，即已承认旭烈兀对阿姆河以西土地的统治权，原来由大汗直接领有的波斯诸地遂变为大汗的宗藩伊儿汗国。伊儿汗国与立国于钦察草原的术赤后王之间又为领土争端爆发了长期战争。大蒙古国分裂了。

中原汉地成为忽必烈政权的重心，他顺应时势，全面推行"汉法"，改革蒙古统治者对汉地的统治方式。中统三年（1262 年），山东行省大都督李璮趁北边有战事，结宋为外援，占据济南，并企图策动华北各地诸侯响应。忽必烈调集重兵围攻济南，七月城破，李璮被杀。忽必烈因势利导，罢世侯，置牧守，分民、兵之治，废州郡官世袭，行迁转法。由于中原各地数十年专制一方的大小诸侯的势力受到限制和削弱，中央集权获得加强。中统、至元之初，元廷博采汉族士大夫建议，遵循中原传统制度，同时也采取了充分保障蒙古统治者特殊权益的各种措施，大体奠定了元朝一代政制的规模。中统四年（1263 年），以开平为上都。至元元年（1264 年），升燕京为中都。中统四年，始于中都旧城东北建造新城。至元八年（1271 年）十一月，诏告天下，正式建国号大元。至元九年（1272 年），升中都为大都。

五、宋恭帝上表降元，忽必烈统一全国

北方政局稳定后，忽必烈决定采用南宋降将刘整的建议，先拔襄阳，浮汉水入长江，进取南宋。至元五年（1268 年），命阿术、刘整督师，围困隔汉水相望的襄、樊重镇，襄、樊军民拒守孤城 6 年。

至元十年（1273 年）初，元军攻下樊城，襄阳守帅吕文焕出降。次年六月，忽必烈命伯颜督诸军，分两路大举南进。左军由合答节度，以刘整为前锋，由淮西出师。伯颜本人与阿术领右军主力，九月，自襄阳出发，沿汉水入长江；同时，命董文炳自淮

宋恭帝

西正阳南逼安庆，以为呼应。十二月，元水师入长江，克宋江防要塞阳逻堡。宋汉鄂舟师统帅夏贵遁，汉阳、鄂州宋军降。伯颜分兵留阿里海牙经略荆湖，自领水陆大军顺流而东，以吕文焕为前锋。宋沿江诸帅多为吕氏旧部，皆不战而降。

至元十二年（1275年）二月，贾似道被迫督诸路精兵，抵御元军之时，他仍企图奉币称臣议和，被伯颜拒绝，只好在池州下游丁家洲勉强与元军会战。因宋军内部不和，一触即溃。同年秋，伯颜从建康（今江苏南京）、镇江一线分兵3道趋宋都临安（今浙江杭州）。至元十三年（1276年）正月，宋恭帝赵㬎上表降元，宋亡。至元十六年（1279年），完全占领四川，又追灭南宋卫王赵昺于崖山，完成了全国的统一。

元朝的统一，结束了自唐末藩镇割据以来国内的南北对峙、五六个民族政权长期并存的分裂和战乱局面，推动了多民族统一国家的巩固和发展。

六、大元朝百年夷治，抑汉儒推崇佛教

自从忽必烈建立大元朝以后，历时百年，可以说是真正意义上的外族统治中国，史称"百年夷治"。

以前的契丹辽国，只能算是占据了中国大片疆土，却没有用政治的思想统治汉人，辽只是以本民族的旧思维占地掠财，将政治中心以及统治重点仍放在本民族的利益上，与当地的汉民族为敌，取得了一时的胜利快感。后来的女真金国也是这样，征战的终极目的无非是占地、掠财，把汉人当奴隶使用，对于重要的生产资料大多搬运回北方的驻地进行利用，对于所占的大片汉族人生息的地方，并没有多少有效的经营与管理，致使大宋王朝的经济民生在所占据的地方大幅度衰减。

到了忽必烈建立的元朝，却情况大变。

忽必烈首先针对交通问题，他认识到行政和物资供应对这个庞大帝国的重要性，并给予了密切关注。忽必烈下令修复帝国道路，并在可能栽种的道路两旁种树遮阳，在每隔一定的距离建商旅客栈。把20多万匹马分发给各驿站，用于帝国的邮政事业。为了保证北京的粮食供应，他修复和开通了大运河，使大米经运河从中国中部能够运往都城。

同时，为了备荒，他恢复了国家的控粮政策。在丰年，国家收购余粮，贮藏于国仓。当荒年谷价上涨时，则开仓免费分发谷物。

忽必烈行政管理中唯一不足的是财政方面。他把钞票引入流通领域，

并使它成为财政的基础。但在这方面却出现了问题。

至元元年（1264年），忽必烈颁布了一条法令，公布了用纸币来计算主要商品的价值。第一任"理财"大臣是不花剌的穆斯林赛夷阿札儿，他似乎把钞票的发行维持在合理的限度内。随后，继任的几位大臣们开始

元鎏金花口梅花纹银杯

轻率行事，先是河中费纳客忒人阿合马，后是畏兀儿人桑哥，他们两人实行无限制的通货膨胀政策，使钞票贬值。在聚敛钱财时，他们采取多次兑换钱币的方式和建立了重利专卖的办法。为了阻止原钞票的下跌，有必要发行新的钞票，但这次的政策引发了新币的贬值，国家的财政出现了崩溃。

由于北方的汉人长期与其他民族混居，许多汉人曾做过辽金的官员，到了蒙古强势后，情况开始变得复杂。虽然蒙古上层很少见汉人高官，但汉文化的影响却是很明显的。

有资料显示，长春真人丘处机的雪山讲道，就给成吉思汗灌输了许多汉文化的概念。契丹人耶律楚材对忽必烈的汉化影响也很大，为了调和蒙汉分歧，耶律楚材用汉法给蒙古元朝建立了不少制度化的措施，并对忽必烈着重强调"汉地用汉民治理"的理论要义。

当然，忽必烈很清醒，他知道不能一味地接受汉文化的影响，就在身边召入其他民族的有志之士，包括西域人才、本民族人才，形成一个混合文化圈，来加强对汉文化的反影响与渗透制约。

忽必烈初期在心理上和实际利害上，都较倾向于汉人集团，但后来由于汉人李璮发生叛变，涉及在中央居高位的汉人领袖王文统，西域人集团趁机打击汉人集团，忽必烈受到这种刺激，不得不修改他的政策。从此以后，忽必烈不愿再轻易任用汉人为高官了，而是采取利用西域人来牵制汉人的手法，以求制衡。

元朝重用西域人，在文教、行政、理财等方面，对元政权有不少的贡献。这主要有几个原因：一是西域人在民族、语言、生活各方面都与蒙古族同属一个游牧文化圈；二是西域人降服较早，对蒙古的建国贡献也较大；三是西域人与汉人的民族性、文化背景以及立场不同，投蒙古征服者所好，汉人则有一种被压迫的感觉，始终存有一种敌意，试图恢复汉治，这让忽必烈感到汉人不可尽信。因此，元代的社会阶级就形成了蒙古、西域人地

位明显比汉人高的社会形态。

元朝的文化意识形态圈有一个非常明显的特征，就是大力推崇佛教。

大元朝对一切宗教都很宽容，忽必烈在 1279 年一度恢复了成吉思汗关于屠杀牲畜的规定——这一规定是与穆斯林习俗相违背的——和一度表现出极端反感《古兰经》所强加给穆斯林的那些对"异教徒"发动"圣战"的义务。此外，他对佛教徒的同情，使他在短时期内对佛教徒的老对手——道士们表现了几分个人敌视。

虔诚的佛教徒、蒙古史家萨囊彻辰甚至给忽必烈冠以呼图克图（崇敬的、神圣的）和查克拉瓦蒂（佛教词汇中是"宇宙之君主"）这些称号。甚至在他继位前，即蒙哥统治时期，在上都府召集了一次佛教徒与道士的辩论会，结果，佛教徒获胜。在这次著名的论战中，那摩和年轻的吐蕃喇嘛八思巴阐述了佛教教义。他们指控道士们散布流言，歪曲了佛教起源史，把佛教贬成仅仅是道教的附庸。这次论战之后，忽必烈颁布法令，焚毁道藏伪经，迫使道士们归还从佛教徒手中夺得的佛寺。

马可·波罗记载，忽必烈继任皇帝后，他曾举行隆重仪式接受锡兰王送给他的一件佛骨。

忽必烈在佛教事务中的主要助手是吐蕃喇嘛八思巴。

八思巴是著名梵学家萨斯迦的侄子和继承人，主管乌斯藏的萨斯迦寺庙。忽必烈曾派人到吐蕃请他，封他为国师。八思巴按忽必烈的命令为蒙古人创造新文字，被称为都尔巴金或称方体字，它是根据藏文字母创造的。不过，这些方体字只是暂时流行了一段时间，因为蒙古人继续使用模仿畏兀儿字母的文字，这种文字已成为他们的民族文字。

在忽必烈的继承者中，大多数人与忽必烈一样是虔诚的佛教徒。不过，其间也有信奉其他宗教的代表人物。例如，忽必烈的一个孙子阿难答就是倾向于伊斯兰教。阿难答在试图夺取王位失败后，被他的侄儿海山处死了。海山在统治时期内表明自己是一位虔诚的佛教徒，他命人把许多佛教戒律写本译成蒙古文。海山偏袒喇嘛，下令行政机关撤销了佛教徒和道士一直享受的财产豁免权，导致大臣张圭代表儒生公开抗议尊崇喇嘛。后来，也孙铁机皇帝不得不对喇嘛进入中国加以控制。

元朝大力推崇佛教，对中国传统的儒教文化形成了很大的冲击，也必然成为汉文化的巨大阻碍，这是导致蒙古元朝夷制快速灭亡的一个重要原因。

第二章 权力更迭

兄终弟及的皇位继承，在中国漫长的帝制历史中发生过很多次。只是，在元朝短暂的百年中，这种皇族至亲之间的美好约定遭到了无情的践踏，继而引发的是亲人手足的同室操戈。暴亡的皇帝与残忍的凶手的背后，对于权力的渴望淡薄了他们仅存的亲情与理智。

一、一代天骄铁木真，岂只弯弓射大雕

孛儿只斤·铁木真（1162—1227年），蒙古族乞颜部人。大蒙古国可汗。世界史上杰出的政治家、军事家。

1. 生平

铁木真出身于蒙古尼伦部孛儿只斤氏族一个贵族家庭。其曾祖父合不勒汗（古代北方民族最高统治者的称号）是蒙古尼伦部落的酋长。父亲也速该把阿秃儿（勇士），因英勇善战，被拥戴为尼伦部首领。金大定二年（1162年），也速该征讨塔塔尔部，俘获其首领。在凯旋归来时，适逢妻子诃额仑生下一男孩。为了纪念这次作战的胜利，也速该就给这个男孩取名叫铁木真。

铁木真

铁木真9岁时，父亲也速该被仇人毒死，他开始跟母亲艰难度日。后来在其父的"安答"克烈部首领脱斡里勒汗庇护下，收集了父亲离散旧部，实力逐渐强大起来。

金明昌七年（1196年），铁木真和克烈部脱斡里勒汗出兵助金，于斡里札河（今蒙古东方省乌勒吉河）打败塔塔尔人。金国封授铁木真为察兀忽鲁（部长）官职，封脱斡里勒汗为王（脱斡里勒汗从此称王汗）。

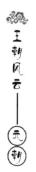
铁木真在部落征战中善于利用矛盾，纵横捭阖。一次，铁木真与王汗联兵攻打古出古·乃蛮部，回师途中又与乃蛮本部相遇。王汗见敌势盛，就不告而退，把铁木真留在乃蛮兵锋之下。铁木真发觉后，迅速撤兵，回到自己牧地撒里川（在今蒙古克鲁伦河上游之西），反而把王汗暴露在敌前，王汗大败。由于当时有许多蒙古部众在王汗处，铁木真怕他们被乃蛮吞并，对自己不利，便派称为四杰的博尔术、木华黎、博尔忽、赤老温领兵援救王汗，击退乃蛮。

为了能够逐渐脱离王汗，铁木真四处征战，先后和王汗消灭札木合部、四部塔塔尔，并占领了呼伦贝尔高原。随着铁木真的实力不断增强，王汗产生了担心，于是在宋嘉泰三年（1203年）首先对铁木真发起突然袭击，铁木真被打败而退居到哈勒哈河以北。但不久，铁木真乘王汗不备，奇袭王汗牙帐，取得大胜。同年，汪古部也归附铁木真。宋嘉泰四年（1204年），铁木真在消灭了乃蛮太阳汗的斡耳朵后，成为蒙古高原最大的统治者。宋开禧二年（1206年），铁木真在斡难河（今蒙古鄂嫩河）源召开忽里勒台大会，即蒙古国大汗位，号成吉思汗。

铁木真称汗后，制定了军事、政治、法律等一系列制度，建立了军政合一的千户制，扩大直辖的护卫军（怯薛），设置必要的国家机构，由传统的草原贵族斡耳朵发展成为游牧军事封建国家，开始用畏兀儿字母记述蒙古语。

蒙古汗国统一各部落后，大批原来的部落人口被分编在不同千户中，许多部落的界限逐渐泯灭，开始形成共同的蒙古民族。邻近的吉利吉思、畏兀儿、哈剌鲁等部，先后归附成吉思汗，使其实力更加强大。成吉思汗凭借其强大的武装力量和优越的军事组织，对外开始大规模的军事扩张，进行南下和西征。从南宋开禧元年—南宋嘉定二年（1205—1209年）曾三次进军西夏，逼其纳女请和。成吉思汗六年（1211年），率领大军攻金，野狐岭之役，消灭金军40万。成吉思汗八年（1213年），缙山一战，金军精锐消耗殆尽。接着蒙古军又南出紫荆关，兵分三路横扫华北平原。至此，金朝已无力抵抗，成吉思汗九年（1214年）向成吉思汗献歧国公主，并给蒙古国大批金银珠宝。随后金宣宗从中都（今北京）逃迁南京（今河南开封）。成吉思汗十年（1215年），蒙古军占领中都。成吉思汗十二年（1217年），成吉思汗封木华黎为太师、国王，专事攻金，自己则准备西征。

成吉思汗十三年（1218年），成吉思汗派大将哲别灭西辽。成吉思汗十四年（1219年），成吉思汗率20万大军西进。成吉思汗十五年（1220年）

攻克讹答剌城、不花剌、撒麻耳干（今乌兹别克撒马尔罕）、玉龙杰赤（今土库曼斯坦库尼亚乌尔根奇），进入呼罗珊地区。成吉思汗十六年（1221年）拖雷占领呼罗珊全境。成吉思汗十七年（1222年），在占领区置达鲁花赤监治。1223年，还撒麻耳干驻冬，次年起程还国。

西征胜利后的蒙古国版图已扩展到中亚和斡罗思（后称俄罗斯）南部。成吉思汗将这一大片土地分封给长子术赤、次子察合台、三子窝阔台，后发展成为钦察、察合台、窝阔台三大汗国。成吉思汗二十一年（1226年），成吉思汗出征西夏，于次年将西夏消灭。成吉思汗二十二年（1227年）夏历七月十二日，成吉思汗病逝，享年66岁。

2. 统一蒙古

蒙古族是生活在我国东北额尔古纳河上游的古老民族。约在7世纪时，蒙古部落逐渐向西迁徙。8世纪后期，游牧于斡难河（今鄂嫩河）、怯绿连河（今克鲁伦河）之间的草原上，与原居大漠的多族杂居。10世纪后，蒙古部落产生私有制和两极分化，出现了许多互不统属的大小部落。到12世纪，高原的游牧部落除蒙古部外，还有克烈、塔塔尔、乃蛮、蔑儿乞、汪古等大约100个较大的部落。蒙古高原各部的贵族奴隶主，为了掠夺财产和奴婢，长期互相厮杀。金朝有意挑动各部间的争斗，以便从中渔利。这种无休止的战争，给蒙古高原人民带来极大的痛苦。

金大定二年（1162年），蒙古孛儿只斤氏族首领也速该把阿秃儿和塔塔尔作战，俘虏了一个叫铁木真的塔塔尔人，为了纪念战争的胜利，也速该为他刚出生的儿子取名叫铁木真。大定十年（1170年），铁木真随其父也速该到邻近部落求婚，也速该在独自返回途中被塔塔尔人毒死。也速该死后，他的氏族随之分裂。铁木真兄妹5人由寡母诃额仑抚养，生活十分贫困。原属也速该的泰赤乌部首领乘机袭击铁木真一家。铁木真全家被迫迁走。在艰苦环境中长大成人的铁木真善于骑射、刚毅多谋。经过多次挫折后，他认识到必须争取其他部落的支持，才能壮大自己的力量。于是用厚礼取得了克烈部脱斡里勒汗和札答阑部首领札木合的支持，原属也速该的部落属民纷纷重新归附。

金大定二十九年（1189年），铁木真被部分蒙古贵族推举为汗。铁木真成立了侍卫军"怯薛"组织，并着手整顿军队。铁木真势力的发展引起札木合的嫉恨，因此集合所属13部3万余人，与泰赤乌部联合进攻铁木真。铁木真分兵迎战失败。在十三翼之战中，铁木真虽败，但有许多其他部落属民归附，实力反而得到加强。

金明昌七年（1196年），金朝出兵镇压塔塔尔部的反抗。铁木真联合克烈部脱斡里勒汗，截击溃逃的塔塔尔首领及残部，掳掠了大批财富和奴隶。金朝封铁木真为"札兀惕忽里"（部落统领）之官,脱斡里勒汗为王汗。此后，铁木真不断削弱旧氏族贵族的权力，进而扩大自己的势力。

铁木真的崛起,加深了和蒙古各部贵族的矛盾。金泰和元年（1201年），札木合集结了铁木真的宿敌泰赤乌、塔塔尔、蔑儿乞等11部联合进攻铁木真和王汗。铁木真和王汗共同击溃了札木合联军。札木合投降王汗，铁木真消灭塔塔尔部，占领呼伦贝尔高原，统一了蒙古东部。

王汗感到铁木真的强大已危及自己在蒙古高原的霸主地位，便于金泰和三年（1203年），对铁木真发起突然袭击。铁木真经过苦战，终因寡不敌众而败退。他利用休战之机，突击王汗驻地。经过3天激战，歼灭了王汗的主力。王汗及其子桑昆败逃时被杀，强大的克烈部被征服。铁木真扫除了统一全蒙古的最主要障碍。

王汗的覆灭，使西蒙古的乃蛮部十分震惊，太阳汗决定攻打铁木真。铁木真闻讯后，进一步健全军事组织，强化汗权，建立了一支高度集中又有严格纪律的军队。泰和四年（1204年），他率大国出征乃蛮部。太阳汗聚集克烈、塔塔尔、蔑儿乞等残部迎战铁木真。经过激战，太阳汗被擒而死,乃蛮部被征服。乃蛮王子屈出律逃奔西辽。不久,铁木真北征蔑儿乞部，其他部落也纷纷投降。这样蒙古高原上近百个大小不一、社会发展、语言文化各有差异的部落，终于被铁木真统一起来了。

成吉思汗元年（1206年）春，铁木真召集全蒙古的贵族首领们在斡难河源举行忽里台（亦称忽里勒台）大会。蒙古各部首领一致推举铁木真为蒙古大汗，尊称为成吉思汗（蒙古语坚强有力之意），正式建立了蒙古汗国。蒙古也由一个部落的名称成为蒙古高原各族的总称，形成了统一的蒙古民族共同体。

成吉思汗陵壁画

3. 统一畏兀儿和西辽

成吉思汗为了使自己的统治范围进一步扩大，让他的弟兄、儿子们"各分土地，共享富贵"，决定继续向外进行军事行动，降伏蒙古境外的相邻政权。这些向外扩张的战争，具有很大的掠夺性和破坏性。

13 世纪初蒙古周围的形势大体上是这样的：在它的西部有畏兀儿和西辽，在它的南部有西夏和金朝。成吉思汗在征服畏兀儿和西辽的同时，对西夏和金朝进行了骚扰和掠夺。

畏兀儿是突厥语系中文化比较发达的一个古老民族，唐朝时称回纥、回鹘，曾在蒙古高原建立过回鹘汗国，后被黠戛斯击败，开始西迁。其中有一支迁到今新疆吐鲁番盆地一带，到 10 世纪末期时，地域已扩大到西抵葱岭，东达甘（今甘肃张掖）、肃（今甘肃酒泉）二州，北界天山，南越戈壁，并建立了高昌回鹘政权。其都城在高昌（今新疆吐鲁番东），或称"哈拉和卓"；其首领称"亦都护"。12 世纪初西辽建立后，畏兀儿臣属于西辽，西辽于畏兀儿境内设立了一个专门监管畏兀儿事务的官员——少监，他像太上皇一样，为所欲为，骄恣用权，激起了广大畏兀儿人民的极端不满。所以，自从畏兀儿沦为西辽的藩属后，境内的社会矛盾是十分尖锐的，不仅广大畏兀儿人民和西辽统治者之间的矛盾很尖锐，就是畏兀儿统治者与西辽统治者之间的矛盾也很尖锐。

西辽是契丹贵族耶律大石建立的。1124 年契丹族建立的辽王朝在各族人民反抗斗争的冲击下，在女真军队的打击下，正处于灭亡的前夕。这时辽宗室耶律大石自立为王，率其部众西迁，在我国今天的新疆西部及中亚一带建立了政权，历史上称为西辽，也称"黑契丹""哈剌契丹"。其都城在虎思斡耳朵（在今苏联吉尔吉斯托克马克以东楚河南岸）。西辽建立后不久便控制了畏兀儿，战败了中亚大国花剌子模，势力扩展到巴尔喀什湖以西的两河流域，成为中亚地区势力强大的政权。

成吉思汗称汗后，虽然统一了蒙古各部，但是蔑儿乞部的首领脱黑脱阿和他的两个儿子——忽秃、赤老温，乃蛮部太阳汗的儿子古出鲁克（亦称屈律），依然盘踞在也儿的石河（今额尔齐斯河）。1208 年，成吉思汗命速不台和哲别分别追袭脱黑脱阿和古出鲁克。结果，脱黑脱阿战死，其子率残部逃奔畏兀儿，当时畏兀儿的亦都护叫巴而术阿而忒的斤，没有收容他们，并把他们打败后驱逐走了，又派人向成吉思汗通好。成吉思汗四年（1209 年），巴而术阿而忒的斤不满西辽少监的横征暴敛，杀了西辽少监，并于成吉思汗五年（1210 年）年遣使投顺成吉思汗。这样，蒙古国的统治

扩大到畏兀儿。

古出鲁克被畏兀儿打败后逃奔到西辽。当时西辽的大汗叫直鲁古，他是一个昏庸无能、不理政事的统治者。古出鲁克奔西辽后，直鲁古对他毫无警惕，反而将女儿嫁给他，并供应他费用去招集乃蛮和蔑儿乞残部，使古出鲁克势力渐渐增强起来。古出鲁克为了达到篡夺西辽政权的目的，先是挑起花剌子模与西辽互斗，继而于成吉思汗六年（1211年）抓获直鲁古，夺取西辽大汗位。古出鲁克统治下的西辽，阶级矛盾、民族矛盾、宗教矛盾都十分尖锐，政权是极不稳固的。成吉思汗十三年（1218年），成吉思汗命哲别率两万人进军西辽，讨伐古出鲁克。哲别利用西辽境内的民族矛盾和宗教矛盾，宣布信教自由，并保证对居民不干涉，立即赢得了广大回教徒的支持，他们纷纷起来杀掉住在老百姓家里的古出鲁克的兵士，使蒙古军队很快就占领了西辽都城，古出鲁克仓皇出逃，哲别追至撒里黑·昆地面（今新疆喀什附近），擒杀了古出鲁克，西辽终于被蒙古军队征服。西辽的灭亡为蒙古军队的西征扫除了障碍。

4. 征服西夏

新建的大蒙古国南面邻接两个国家：东为女真族建立的金，西为党项族建立的夏，两个都是多民族国家。金朝建于北宋政和五年（1115年），宋宣和七年（1125年）灭辽，北宋靖康元年（1126年）灭北宋，金贞元元年（1153年）迁都燕京（今北京），后称中都。金世宗统治时期（1161—1189年）是金的全盛期，当时它领有今天的黑龙江、吉林、辽宁、河北、河南、山东、山西七省之地以及内蒙古、陕西、甘肃的一部分，南与南宋隔淮相望，西邻西夏，北抵外兴安岭，东至于海，人口逾5000万，是个文化、经济相当发达的大国。夏国建于1038年，本名大夏，宋人称它为西夏，又称唐古、唐兀、河西。其地包括今宁夏回族自治区全部、甘肃省大部、陕西省北部以及青海、内蒙古的部分地区。到13世纪初，西夏已立国160余年，先后与宋、辽、金等国并存，与它们时战时和。西夏国家虽小，人口最多时不过300万，但能利用宋辽或宋金的矛盾以自保，经济、文化也有一定的发展。这就是金、夏两国的基本情况，成吉思汗在决定大规模南侵以前，必定对它们作了了解和比较。论关系，金与蒙古有旧仇，在历史上金一直利用塔塔尔部牵制和削弱蒙古高原各部，也直接派兵攻打过它们。成吉思汗的曾祖父杀过金的使臣，金朝杀过俺巴孩汗，成吉思汗的叔祖忽图剌汗曾率军攻金。成吉思汗本人虽在1196年接受了金的封号，其后每年还向金进贡，但祖先的仇恨并未忘记，他也不能长久忍受称臣进贡的地位。可是金是大国，不能轻易侵犯，与金相比，西夏要小得多，故而西夏成了首先掠取的目标。

南宋开禧元年（1205年），铁木真曾带领蒙古骑兵向南进攻西夏。攻克了西夏的重要军事基地——力吉里寨，并围攻落思城，蒙古人烧杀抢掠，把能带走的东西全带走了，包括人口与牲口、粮食，后来蒙古人尽兴而去，收获颇丰。这次抄掠，曾使夏国感到震惊。夏桓宗在蒙军撤出后下令修复遭受破坏的城堡，大赦境内，改都城兴庆府（今宁夏银川市）为中兴府。有的史书记载，这年冬天西夏还主动派兵往击蒙古军，行数日，不遇而还。次年，西夏王室内讧，夏桓宗弟李安全废夏桓宗自立，是为夏襄宗。

成吉思汗二年（1207年）秋，成吉思汗借口西夏不肯纳贡称臣，再次出兵征夏，破斡罗孩城，四出劫掠，夏襄宗集右厢诸路兵抵御。蒙古军见西夏兵势尚盛，不敢冒进，于第二年春季退还。

成吉思汗四年（1209年）春，蒙古军在成吉思汗亲自率领下，第三次南征西夏。四月，陷兀剌海城。七月，蒙古军进逼中兴府外围克夷门，夏襄宗增派嵬名令公率兵5万抵御。相持两月，夏军防备渐松，蒙军设伏擒嵬名令公，破克夷门，进围中兴府，引河水灌城。夏襄宗自即位以来一直与金交好，纳贡称臣，受金册封；此刻中兴府危急，一面坚守，一面遣使向金乞援。金朝群臣普遍主张出兵援夏，以为西夏若亡蒙古必来攻金。然而即位不久的卫绍王却说："敌人相攻，吾国之福，何患焉？"拒不出兵。十二月，眼看中兴府城墙行将倒塌，外堤突然决口，河水四溢，淹及蒙古军营，蒙古军只好撤围。成吉思汗遣讹答为使入城谈判，逼迫夏襄宗纳女称臣。

5.讨伐金国

西夏既服，成吉思汗便集中力量准备攻金。

成吉思汗六年（1211年）春，成吉思汗以替祖先报仇为名，誓师伐金。从这年到成吉思汗十年（1215年），他连续5年亲自率兵南下，取得一系列胜利。

第一年，蒙古军兵分两路，越过金的边防。一路由成吉思汗本人统领，哲别为先锋，攻破金西北路边墙乌沙堡，进陷昌州（今内蒙古太仆寺旗西南）、桓州（今内蒙古正蓝旗北）、抚州（今河北张北），继续南下。金以30万大军守野狐岭（今河北万全膳房堡北），凭险抵御，被成吉思汗一举击溃，金军精锐丧失殆尽，遗尸蔽野。九月，蒙军前锋突入居庸关，攻中都，金人坚守，不克而还。另一路蒙军由成吉思汗长子术赤、次子察合台、三

子窝阔台率领，以汪古部首领阿剌兀思剔吉忽里为向导，入金西南路，攻取净（今内蒙古四子王旗西北）、丰（今内蒙古呼和浩特东白塔镇）、云内（今内蒙古托克托县东北古城）、东胜（今托克托县）、武（今山西五寨县北）、朔（今山西朔县）等州，大肆抄掠后离去。

第二年，蒙古军继续骚扰上年侵略过的许多地区。成吉思汗攻取山后一些州府，进围西京（今山西大同），因中流矢，撤退。哲别攻入东京（今辽宁辽阳），大掠而还。

成吉思汗八年（1213年）秋，成吉思汗领大军再越野狐岭，重陷宣德、德兴诸城，在怀来重创金军，追至居庸关北口。金兵坚守居庸，成吉思汗留部分军队继续攻打，自率主力由紫荆口（今河北易县西）入关，败金兵于五回岭，拔涿（今河北涿州市）、易二州。不久，哲别攻取居庸关，进逼中都。蒙军兵分三路：术赤、察合台、窝阔台为右军，循太行山而南，掠河东南、北诸州府；成吉思汗弟哈撒儿等为左军，东取蓟（今天津蓟州区）、平（今河北卢龙）、滦（今河北滦县）、辽西诸州；成吉思汗与幼子拖雷为中军，取河北东路、大名及山东东、西路诸地。木华黎领一军攻陷密州（今山东诸城），屠其城。

成吉思汗九年（1214年）春，成吉思汗会诸路军将于中都北郊，以退兵为由，派使臣向金朝索取贡献。金宣宗遣使求和，进献卫绍王女岐国公主（成吉思汗纳为第四妻）及童男女、金帛、马匹，并派丞相完颜福兴送成吉思汗出居庸关。五月，金宣宗见河北、山东州府多已残毁，恐蒙古军再来，即以完颜福兴和参政抹撚尽忠辅助太子守忠留守中都，自率宗室迁都南京开封府（今河南开封），史称"贞祐南迁"。六月，驻于中都南面的金乣军矵答等哗变，杀其主帅，投降蒙古。成吉思汗得知上述情况，派大将三摸合和金降将、契丹人石抹明安率兵与矵答等共围中都。金太子守忠立即逃往南京。十月，木华黎征辽东，收降高州卢琮、锦州张锦等。

成吉思汗十年（1215年）春，蒙古军陆续收降中都附近州县金朝将官，击败前来救援中都的金军。五月，完颜福兴眼看中都解围无望，服毒自杀，抹撚尽忠弃城出逃，蒙古军遂入中都。成吉思汗当时在桓州凉泾避暑，闻报后命石抹明安镇守中都，遣失吉忽秃忽等登录中都帑藏，悉载以去。

对蒙古将士来说，伐金的五年就是恣意掠夺的五年。他们攻城略地，但没有久驻的念头，至少在前四年里成吉思汗还没有打算把蒙古兀鲁思扩展到中原地区。蒙古军每得一地，都大肆烧杀掳掠。然后把他们掠得的财物、牲畜、人口席卷而走，最终弄到塞北。当时金、夏的统治者已深受汉族儒家文化影响，他们的军队无论进行什么样的战争，都还需要找一些理由，把自己扮成王者之师、仁义之师。成吉思汗的军队根本不管也不懂这些，他们只是赤裸裸地一味抢劫，并且从大汗到士兵各有一份。

严格地说，这一时期蒙古军队从事的只是抄掠，还不足称作征服。征服者总要设法守住已征服的地区，而抄掠者总是一走了之，宁可日后再来攻打。只是由于降附蒙古的契丹、女真、西夏和汉族的人物增多了，成吉思汗及其将领通过他们才逐渐懂得征服要比单纯的抄掠更加有利。大约是在攻陷中都以后，成吉思汗开始想到把大蒙古国扩展到中原地区。这年七月，成吉思汗派使臣到开封，晓谕金宣宗献出河北、山东全部地方，放弃帝号，改称河南王。金宣宗不从，战争继续下去。据统计，迄至秋末蒙古军已攻破城邑 862 处，但许多州县无人留守，随后有的被金收复，有的被趁乱而起的地方豪强或原金朝将官占据。

成吉思汗十年（1215 年）冬，成吉思汗留木华黎攻伐辽东、西诸地，自己率蒙军主力返回塞北。1216 年，成吉思汗驻于克鲁伦河行宫，《史集》说"他幸福如愿地驻扎在自己的斡耳朵里"。他一边休整，一边注意着远方的战事。这年秋天，三摸合率兵经西夏趋关中，越潼关，进拔汝州（今河南临汝），一度逼近开封。

成吉思汗十二年（1217 年）八月，经过两年的考虑，成吉思汗终于下决心要变金地为大蒙古国的一部分。他封木华黎为太师国王，对木华黎说："太行之北，朕自经略；太行以南，卿其勉之。"赐给誓券、黄金印，要木华黎"子孙传国，世世不绝"。这就是叫木华黎安心专一经略中原，不要再有北归故土的念头。他命木华黎统领汪古、弘吉刺、亦乞列思、兀鲁、忙兀、札剌亦儿等部军和投降过来的契丹、乣、汉诸军，又把自己树建的九尾大旗赐给木华黎。成吉思汗告谕诸将说："木华黎建此旗以出号令，如朕亲临也。"

木华黎少年时代就是成吉思汗的那可儿，勇敢善战，受命后全力以赴。金朝自从南迁，重心移到河南，凭借黄河天险，集中诸路军户，加强防御。木华黎避开中坚，先扫外围，前后分别在东、北、西三方面用兵。成吉思汗十二年（1217 年），蒙古军自燕南攻拔遂城、蠡州、大名（以上在今河北），东取益都、淄、莱、登、潍、密诸州（以上在今山东）。成吉思汗十三年（1218 年）西入河东，攻克太原、忻、代、泽、潞、汾、霍、平阳等州府（以上在今山西）。成吉思汗十四年（1219 年），克岢岚、石、隰、绛诸州（以上在今山西）。成吉思汗十五年（1220 年)，收降真定（今河北正定）、滏阳（今

河北邯郸南），略卫、怀、孟三州（在今河南），东取济南。成吉思汗十六年（1221年）夏，克东平（今属山东）。同年八月，木华黎驻兵青冢（在今内蒙古呼和浩特南，俗称昭君墓)，由东胜（今内蒙古托克托）经西夏南下，取葭州（今陕西佳县）、绥德，进围延安，克洛川、鄜州（今陕西富县）。成吉思汗十七年（1222年）冬，取河中府（今山西永济），渡河拔同州（今陕西大荔）、蒲城。趋长安（今西安），不下；西攻凤翔，又不下。成吉思汗十八年（1223年）三月，木华黎渡河至闻喜,病逝。临终以未能灭金为憾。

木华黎死后，其子孛鲁继为国王。孛鲁按木华黎的方略经营河北、山东，重点依靠降蒙的原汉族地主武装。成吉思汗二十一年（1226年),宋将、原红袄军领袖李全攻克益都，俘蒙古军元帅、汉人张林，控制了山东东路大部分地区。秋九月，木华黎弟带孙与严实率兵围益都。冬十二月，孛鲁领兵入齐，派人招降李全。次年四月，益都城中粮尽，李全出降。蒙古一些将领主张杀掉李全，孛鲁则表示应留李全以劝山东未降者，便以李全为山东淮南楚州行省。继而攻克滕州，尽有山东全境。与之同时，成吉思汗率领征西夏大军进入金地，攻破临洮、信都、德顺等府州。金朝眼看两面受敌，形势危急，恰遇成吉思汗病逝，孛鲁北上奔丧，次年病死于漠北，给了金朝喘息的机会。

6.数度西征

成吉思汗为了确定谁当他的继承人，有一天他把四个儿子叫来。当着成吉思汗的面，术赤和察合台发生了争执。成吉思汗对他们说："世界广大，江河众多。使你们攻占外国，去各自分配，扩大自己的牧地。"这段话，就是以成吉思汗为首的蒙古奴隶主阶级的哲学：要想富贵，就去抢掠；要想称王，就去攻占外国。这也就是成吉思汗和他的继承者为什么连年累月发动对外战争的原因。

成吉思汗及其继承者对西部的战争，在成吉思汗十三年（1218年）成吉思汗击败乃蛮的古出鲁克灭亡西辽以前属于国内民族战争，从成吉思汗十四年（1219年）成吉思汗亲自率军侵入花刺子模开始，则属于向国外的侵略扩张战争。

蒙古奴隶主早就闻知花刺子模一个广袤富饶的国家。这个国家原是阿姆河下游的一个古国，到13世纪初花刺子模沙摩诃末时，已控制今天的苏联中亚部分，阿富汗、伊朗这些地方，都城在玉龙杰赤（今土库曼斯坦库尼亚乌尔根奇），是中亚的一个大国。成吉思汗十三年（1218年），有一队四五百个回教人组成的蒙古商队，受成吉思汗委托，带了500只骆驼运载的金银、皮毛、纺织品等到西方去经商。行至花剌子模边境的讹答剌城（在今哈萨克斯坦境内），该城守将亦纳勒赤黑（也译为赤难出）以为是间谍，将这个商队全部洗劫，商人被杀。成吉思汗得知后即派专使前往交涉，要求交出亦纳勒赤黑，花剌子模沙摩诃末不但拒绝要求，还把成吉思汗的使者杀了。成吉思汗闻讯后，又是震惊，又是愤怒，气得眼泪也淌了下来。他一口气登上附近一座山的山顶上，脱下帽子，跪在地上求老天保佑。不饮不食，祈祷了三天三夜，方始下山。于是便抓住讹答剌事件，发动了对花剌子模的战争。

成吉思汗十四年（1219 年）秋，成吉思汗率 20 万军队侵入花剌子模。花剌子模虽然拥有 40 万军队，又有精良的武器和充足的财富，但是这个国家民族复杂，人心不齐，加上摩诃末独断独行，战斗力很弱。蒙古军队首先围攻讹答剌城，但久不能下。成吉思汗留下察合台、窝阔台攻城，另派术赤率一支军队进攻锡尔河下游各城镇，派阿剌黑等进攻别纳客忒和忽毡（今列宁阿巴德），自率主力进攻不花剌（今布哈拉）。

成吉思汗十五年（1220 年）二月，成吉思汗到达不花剌。经过 3 天围城后，守城的将领眼看有城破的危险，无心坚守，只想逃跑，他们乘夜率 2 万士兵突围。蒙古军毫无准备，只得慌忙撤退。可是，这些一心逃跑的花剌子模将领们不但没有乘势进攻，反而溜之大吉。成吉思汗率军回过头来追击，一直追到阿姆河畔终于歼灭了这支军队。次日，不花剌投降。城中内堡尚有 400 士兵坚守，12 天后也被消灭。蒙古军队在不花剌掠取所有财物后，把它付之一炬。与此同时，察合台、窝阔台攻下了讹答剌，为报复杀回回商人之仇，他们大肆杀戮；术赤和阿剌黑军所攻占的城池，也遭到了大屠杀。

接着，成吉思汗进攻花剌子模的新都撒麻耳干（今撒马尔罕）。尽管摩诃末增修了工程浩大的壁垒，调集了波斯、突厥兵 4 万，还有 20 只战象，但是腐败的花剌子模统治者，毫无抵抗的勇气，初战失利后，城中属于突厥人种的康里人士兵纷纷携眷属及辎重出降，法官、僧侣到成吉思汗军营中商洽投降条件，并开城投降。成吉思汗入城后照样屠杀，连康里士

成吉思汗陵

兵也不例外。只留下了3万工匠，把他们押到蒙古军营，分送给蒙古贵族当奴隶。

昏庸无能的摩诃末，眼看自己的城池或被攻破，或不战而降，弄得他神志沮丧，一筹莫展，也不知往哪里逃才好。后来决定采取逃奔哥疾宁（今阿富汗加兹尼）以纠集残兵作抵抗的计划。但是，他的儿子札兰丁坚决反对，力主坚守阿姆河以遏止蒙古兵南下，反而受到摩诃末的训斥。成吉思汗为了生擒摩诃末，派哲别和速不台追击。摩诃末只好逃到宽田吉思海（今里海）的一个小岛上，十二月病死在这里，札兰丁继承花剌子模沙。

札兰丁是花剌子模统治集团中抗蒙很坚决的统治者，他坚定勇敢，有计谋。摩诃末死后，札兰丁决心以旧都玉龙杰赤为基地，抗蒙复国。这时成吉思汗已命术赤、察合台、窝阔台等追来。守卫玉龙杰赤的花剌子模将领帖木儿蔑里，指挥3万士兵英勇地击退了术赤的军队。但是，由于花剌子模统治集团发生内讧，一些将领准备谋杀札兰丁，札兰丁只好带着帖木儿蔑里等300人逃奔呼罗珊（今土库曼斯坦南部、伊朗东北部和阿富汗的西北部一带），在玉龙杰赤的反札兰丁的势力则拥忽马儿为新沙。札兰丁走后，蒙古军进而围攻玉龙杰赤，忽马儿出城投降。但城中军民继续抗战，蒙古军围城6个月付出了极大的伤亡，至成吉思汗十六年（1221年）四月破城。城中军民继续巷战，直到最后牺牲为止。蒙古军除将10万工匠遣送蒙古为奴外，居民大部分被杀。最后，蒙古军队引阿姆河水灌城，将玉龙杰赤城变为一片汪洋。与此同时，拖雷的一支蒙古军队攻占了马鲁（今土库曼斯坦马里）。

这时，花剌子模的力量只存下札兰丁的残余部队。札兰丁在呼罗珊避开了蒙古军队的追击，进入哥疾宁，收集余部，图谋反攻。成吉思汗决定亲自率军追击。其先锋在八鲁湾（今阿富汗喀布尔东）与札兰丁军相遇，被击败。但每当胜利的时候，花剌子模统治集团就发生内讧，札兰丁的部将们为争夺战利品发生争执，纷纷离去。蒙古军队再次发起进攻，札兰丁被迫逃到忻都（今印度），在申河（今印度河）被蒙古军打败。札兰丁弃家室辎重，跃马投入申河，游至对岸。后来在外高加索一带继续与蒙古军队作战。

成吉思汗十八年（1223年）春，成吉思汗准备进攻印度然后越过雪山（今喜马拉雅山）从吐蕃（今西藏）返回蒙古。由于道路崎岖，气候炎热，改由原路退回蒙古。

蒙古军队追击至克里木，占领速答黑城（今萨波罗什）。钦察部的忽滩汗向南斡罗思（俄罗斯）的伽里赤大公密赤思老求援，于是密赤思老联合南斡罗思诸大公，推乞瓦（今基辅）大公罗曼诺维赤为盟主，决定迎击蒙古军于斡罗思境外。

斡罗思和钦察联军虽然人数众多，但缺乏统一指挥，步调不一。五月，联军与蒙古军激战于迦勒迦河（在今乌克兰境内），联军大败，6个斡罗思大公阵亡。罗曼诺维赤乞降，结果斡罗思军全被屠杀。蒙古军长驱直入斡罗思境。这年冬，哲别和速不台率军经过现在的哈萨克草原东返，与成吉思汗的主力军会合，经撒麻耳干回到蒙古本土。

成吉思汗二十年（1225年）成吉思汗西征结束。西征结束后，术赤尚在中亚，不久病死。成吉思汗在中亚各地置达鲁花赤（镇守官），命回回商人牙剌瓦赤总督一切军政事宜。后来又改命牙剌瓦赤的儿子马思忽惕（又译麻速忽）代其父职。

7. 为政举措

（1）创建文字。

蒙古族原来没有文字，只靠结草刻木记事。在铁木真讨伐乃蛮部的战争中，捉住一个名叫塔塔统阿的畏兀儿人。他是乃蛮部太阳汗的掌印官，太阳汗尊他为国傅，让他掌握金印和钱谷。铁木真让塔塔统阿留在自己左右，"是后，凡有制旨，始用印章，仍命掌之"。不久，铁木真又让塔塔统阿用畏兀儿文字母拼写蒙古语，教太子诸王学习，这就是所谓的"畏兀字书"。从此以后，蒙古汗国的文书，"行于回回者则用回回字"，"回回字只有二十一个字母，其余只就偏旁上凑成。行于汉人、契丹、女真诸亡国者只用汉字"。而在一个相当时期内，在蒙古本土还是"只用小木"。"回回字"就是指的"畏兀字书"。虽然忽必烈时曾让国师八思巴创制"蒙古新字"，但元朝退出中原后就基本上不用了，而"畏兀字书"经过14世纪初的改革，更趋完善，一直沿用到今天。塔塔统阿创制蒙古文字，这在蒙古汗国历史上是一个创举。正是由于有了这种文字，成吉思汗才有可能颁布成文法和青册，而在他死后不久成书的第一部蒙古民族的古代史——《蒙古秘史》，就是用这种畏兀字书

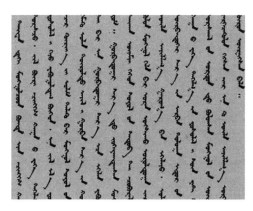

蒙古文字

写成的。

（2）颁布文法。

在成吉思汗统一蒙古以前，由于蒙古族还没有文字，因此也不可能有成文法。1206年成吉思汗建国时，就命令失吉忽秃忽着手制定青册，这是蒙古族正式颁布成文法的开端。但蒙古族的第一部成文法——《札撒大典》却是十几年之后，在西征花剌子模之前制定的。据《史集》记载，1219年，"成吉思汗高举征服世界的旗帜出征花剌子模"，临出师前，"他召集了会议，举行了忽里勒台，在他们中间对自己的领导规则、律令和古代习惯重新做了规定"，这就是所谓《札撒大典》。志费尼在《世界征服者史》中专门写了一章"成吉思汗制定的律令和他兴起后颁布的札撒"，其中说："因为鞑靼人没有自己的文字，他便下令蒙古儿童习写畏兀文，并把有关的札撒和律令记在卷帙上。这些卷帙，称为'札撒大典'，保存在为首宗王的库藏中。每逢新汗登基、大军调动或诸王会集共商国是和朝政，他们就把这些卷帙拿出来，依照上面的话行事，并根据其中规定的方式去部署军队，毁灭州郡、城镇。"《札撒大典》已经失传，但在中外史籍中还片断记载了其中一部分条款。在蒙古社会中，大汗、合罕是最高统治者，享有至高无上的权威，大汗的言论、命令就是法律，成吉思汗颁布的"大札撒"记录的就是成吉思汗的命令。成吉思汗的"训言"，也被称为"大法令"。

成吉思汗是古今中外著名的历史人物，同时又是最有争议的人物。七八百年来，中外各国的政治家、军事家和名人学者从不同角度研究和探讨成吉思汗。

《元史》评价曰："帝深沉有大略，用兵如神，故能灭国四十，遂平西夏，其奇勋伟迹甚众。"

柏杨在《中国人史纲》中给予成吉思汗极高度的评价："铁木真是历史上最伟大的组织家暨军事家之一，他在政治上和战场上的光辉成就，在20世纪之前，很少人可跟他媲美。铁木真胸襟开阔，气度恢宏，他用深得人心的公正态度统御他那每天都在膨胀的帝国，高度智慧使他发挥出高度的才能。"

二、宽平仁恕人君量，四功四过元太宗

元太宗孛儿只斤·窝阔台（1186—1241年），蒙古帝国大汗，史称"窝阔台汗"。元太祖成吉思汗的第三子。

1. 位居汗储

南宋淳熙十三年（1186年），光献皇后弘吉剌氏孛儿帖为成吉思汗生

下了第三个儿子，这个男婴就是后来承继了生父遗业的大蒙古帝国第二任可汗——元太宗孛儿只斤·窝阔台。

成吉思汗的长妻孛儿帖共生了4个儿子：长子术赤、次子察合台、三子窝阔台、四子拖雷。他们随从成吉思汗东征西伐，为蒙古帝国的奠基立下了汗马功劳，犹如帝国的4根台柱。成吉思汗根据4个儿子的才能和特长，给他们安排了不同的职掌：术赤管狩猎；察合台掌法令；窝阔台主朝政；拖雷统军队。成吉思汗在晚年已有意选择忠厚宽仁、举事稳健的窝阔台为继承人。

窝阔台自幼生长在兵戈相见、战乱不休的环境里，很小就开始骑马射箭，在马背上度过了他的少年时光。他跟随父亲四处征伐，经过血与火的多次洗礼，成长为一位骁勇善战的虎将。

嘉泰三年（1203年），铁木真率军同克烈部王汗大战于合兰真沙陀之地（今东乌珠穆沁旗北境）。年仅18岁的窝阔台随军征战，奋力搏杀。当时王汗的军队人多势众，混战之中，窝阔台的颈项被敌人用箭射伤，鲜血直流，部将博尔忽为他唔去颈血。窝阔台带伤杀敌，最后与博尔术和博尔忽一起杀出一条血路，突出重围，与铁木真会合。

嘉泰四年（1204年）冬，铁木真消灭乃蛮部之后，北攻篾儿乞部，尽服麦古丹、脱脱里、察浑三姓部众。铁木真发现被掳的

窝阔台

一位妇女颇有姿色，问明底细，才知道那女子乃是脱脱之子忽都的妻子乃蛮人乃马真氏脱列哥那。铁木真叫来窝阔台，把那妇人送给了他。窝阔台将脱列哥那纳为妻室，后来脱列哥那为他生下了定宗贵由。

在蒙古帝国初具规模之后，成吉思汗认识到自己需要一位政治家以巩固和发展他所创立的帝国，完成他的未竟之业，而不光是需要一位攻城略地的军事家。窝阔台足智多谋，治国才能较拖雷更全面。从帝国的前途出发，成吉思汗克制了自己对幼子的宠爱之情，量才用人，打破蒙古的旧传统，擢升窝阔台为继承人。

嘉定十二年（1219年），成吉思汗准备挥师西征。他召见诸子及胞弟，议定窝阔台为汗位继承人。窝阔台被确立为继承人之后，随同父亲踏上了讨伐花剌子模国的征程。

蒙古军队共分四路：一路由窝阔台、察合台指挥进攻讹答剌；一路

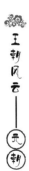

由术赤指挥沿忽河章河而下取毡的；另一路由阿剌黑那颜率领南下取别纳客忒（乌兹别克斯坦塔什干南，锡尔河北岸）、忽毡（列宁纳巴德）等地；成吉思汗和拖雷统主力越过沙漠，直驱不花剌。

窝阔台、察合台奉命统兵攻打讹答剌。城内的防御工事极为坚固，粮食储存充足，攻防战进行得极为激烈。数月之后，城中粮尽援绝，部分敌军想乘夜色突围出走，结果被全部围歼。窝阔台、察合台督军猛攻，前仆后继，终于攻破城堞，鱼贯而入。守将亦难出自知有杀害蒙古商队之仇难以脱免，率残部拼死抵抗，巷战不胜，退守内堡，相持一个月后，其部众食尽力乏，一半饿死，一半战死。仅剩的两个兵卒还登屋揭瓦飞掷蒙古军。窝阔台、察合台并马突入，将亦难出团团围住。凶悍的亦难出垂死挣扎，终被蒙古兵射倒，擒入囚笼，押送到成吉思汗在撒麻耳干的大营，用银液灌注口耳，将贪恋财物的亦难出处死。蒙古军攻下讹答剌后，大肆杀掠，将其城堡夷为平地。

嘉定十三年（1220年）夏，成吉思汗率军在撒麻耳干、那里沙不（今乌兹别克共和国哈尔希）附近草原休士养马，准备下一步的进攻。侯秋高马肥后，他就派遣窝阔台、察合台率领右翼军去取花剌子模首都玉龙杰赤（今土库曼斯坦库尼亚乌尔根奇），命术赤率本部兵从其驻营地南下会合。攻下之后，蒙古军将居民全部赶出城外，10万工匠被遣送东方，其余人分配各军，除年轻妇女和儿童掳为奴婢外，尽数屠杀。杀掠之后，又决阿姆河堤，放水灌城，藏在城中的人全部被淹死，死尸累累，白骨成堆。往昔繁华富庶的花剌子模首都，竟成了一片水乡泽国。

玉龙杰赤之战后，窝阔台和察合台各率所部与已攻取塔里寒诸塞的成吉思汗会合，一起进军哥疾宁。花剌子模沙（国王）札兰丁慌忙弃城撤退到申河（印度河），准备渡河进入印度。蒙古军没有遇到什么抵抗就占领了哥疾宁，随即尾追到申河岸边。札兰丁因渡船缺乏，还没来得及渡河。成吉思汗率窝阔台等猛攻，札兰丁全军溃败，只率4000余众逃入印度。1225年春，窝阔台随父亲回到蒙古故土，结束了持续7年的历史性远征。

2.荣登汗位

宝庆元年（1225年），成吉思汗指责西夏国主违约，再次亲征西夏。第二年六月，西夏国主李睍支撑不住，遣使求降。成吉思汗在击溃西夏军主力之后，随即将兵锋转向了金国。他率军渡过黄河，经积石州（今青海循化），攻入临洮路（治所临洮，今属甘肃）。七月，攻下京兆（西安）后，年迈多病的成吉思汗终因积劳过度，在六盘山的营帐里去世。

成吉思汗在临死前，再次把诸子召到身边，要他们精诚团结，服从窝阔台的领导，他重申："如果你们希望舒服自在地了此一生，享有君权和财富的果实，那么，有如我在不久以前已经让你们知悉的那样，我的告诫是，窝阔台将继承我的汗位，因为他比你们高出一格。他的意志坚定卓绝，他的见识颖敏优越。凭借他的灵验的劝告和良好的见解，军队和人民的管辖以及帝国边界的保卫将得以实现。因此，我指定他为我的继承人，把帝国的钥匙放在他的英勇才智的手中。"

按照蒙古制度，可汗死后立即由他指定的继承人登基。但是，由于蒙古的忽里勒台制（部落议事会制度）仍起作用，窝阔台不能因其父的遗命继位，而要等忽里勒台的最后决定。王位空缺的两年内，拖雷监摄国政。

蒙古窝阔台汗元年（1229年）秋，蒙古宗王和重要大臣举行大会，推选新大汗。大会争议了40天，宫廷内有人恪守旧制，主张立幼子拖雷，反对成吉思汗的遗命。此时术赤已死，察合台全力支持窝阔台，拖雷势孤，只得拥立窝阔台。经过与会贵族的再三敦促、劝进，窝阔台终于服从其父的遗旨，采纳众弟兄的劝告，答应继承汗位。

3. 实施新政

窝阔台执政以后，命人严守成吉思汗所制定的法令，对于成吉思汗死后的犯罪者一律降恩赦免，以后的犯罪仍依法惩处。当时礼仪典章都很简率，窝阔台重用耶律楚材等人进一步健全了蒙古的法律制度和政治制度。

耶律楚材是辽国宗室子弟，在西征期间，他凭借高明的星相占卜之术博得了成吉思汗的信任和重视。成吉思汗死后，耶律楚材参与了窝阔台继承汗位的"宗社大计"，并依照中原王朝的传统制定册立仪礼，要求皇族尊长都就班列拜。窝阔台继位后即任命耶律楚材主持黄河以北汉民的赋调。当时近臣别迭等认为："得了汉人也没有什么用处，不如全部驱杀，使中原草木茂盛，成为牧地，也好放牧牛羊。"耶律楚材劝告窝阔台说："在这样广大富饶的地方，什么东西求不到？怎么能说没有用呢？"他建议在中原地区维持原来的农业、手工业生产，征收地税、商税以及酒醋盐铁等税。窝阔台同意他试行。窝阔台汗二年（1230年）耶律楚材奏立十路课税所，正副使都委派儒生担任。他并奏准军、民、财分职，长吏专理民事，万户府总军政，课税所掌钱谷，各不相统摄。这些都遭到蒙古权贵和汉人王侯的强烈反对，但课税所还是坚持了赋税的征收。第二年秋天，窝阔台到西京（今大同），耶律楚材已将征收到的银、币和米谷簿籍陈放在大汗面前，

一共是银 50 万两，绢 8 万匹，粟 40 万石。窝阔台大喜，赞叹道："你的本事真大，不知道南国是否还有你这样的人才！"当天将中书省印授给耶律楚材，让他负责黄河以北的政事。

为便利使臣的往来和物资调运，窝阔台实行了"站赤"制度，也就是驿传制度。成吉思汗时代，一切赋役都是任意索取、征调。窝阔台确定了固定的牧区赋税制度。窝阔台还在汉人地主中设置了万户、千户。加上由耶律楚材主持黄河以北汉民的赋调，这就使得蒙古在灭金战事中有了黄河以北地区的兵力和财力的支持。

4. 灭金伐宋

成吉思汗的去世使攻灭金国的计划推迟了两年。绍定二年（1229 年），窝阔台继位之后，立即按照成吉思汗规划好的灭金战略发动了对金朝的进攻。

绍定三年（1230 年）秋，窝阔台与拖雷率军渡过大漠南进，兵入山西，渡过黄河，与陕西蒙古军会合，直取凤翔（今陕西凤翔县）。次年春，蒙古军攻破凤翔，金放弃京兆大片领土，扼守潼关，退保河南。

绍定四年（1231 年）夏，窝阔台回居庸关北的官山（今内蒙古单资北灰腾梁）大会诸侯王，商议攻金之策。窝阔台采纳拖雷的意见，决定分兵三道进征：窝阔台自统中军，渡河向洛阳进发；斡赤斤以左军由济南进；拖雷总右军，由宝鸡南下，通过宋境，沿汉水达唐、邓，以成包抄之势。约定于次年正月三军会师汴京。同年秋窝阔台亲统兵马围攻河中府城（今山西永济西），金兵拼命抵抗，打了两个月，才将城攻破。接着蒙古军由白坡渡河，进屯郑州。金卫州节度使弃城逃到汴京，黄河防线被冲毁。拖雷率军攻破大散关，攻入汉中，从金州（今陕西安康）东下，取房州、均州，渡过汉水，进入邓州。

绍定五年（1232 年）春，拖雷精骑与完颜合达军在钧州（今河南禹县）西北的三峰山大会战。金军 35 万精锐部队几乎全军覆没。蒙古军攻下钧州，俘杀完颜合达。潼关守将也献关投降，河南 10 余州均被蒙古攻陷。窝阔台与拖雷在钧州会师。三月，窝阔台命大将速不台围汴京，自己与拖雷北返。速不台围攻汴京，金哀宗遣使议和，而汴京军民奋力抗战，用震天雷、飞火枪等火药武器打击蒙古军。聚众达 250 万人口的汴京城内一片混乱，入夏后瘟疫流行，死者达 90 万人以上。城中乏粮，居民至人相食，满城萧然，死者相枕。

绍定六年（1233 年）初，金哀宗带部分臣僚和军队出奔，辗转逃至归德（今河南商丘）。这时，金汴京西面元帅崔立杀留守完颜奴申等献城投降。四月，速不台在青城接受崔立送出的金后妃、宗室和宝器。速不台杀金荆王、益王等全部宗室近属，遣人送后妃和宝器给窝阔台，而后进入汴京。六月，金哀宗从归德逃奔蔡州（今河南汝南），蒙古将领塔察儿率部围攻，因军中缺粮，将士困惫，蒙古要求南宋联合攻蔡，宋廷感到向金复仇的机会来了，派出 2 万军队，送粮 30 万石，帮助蒙古攻蔡。1234 年春，宋军攻破南城，蒙古军攻破西城，金哀宗在幽兰轩自缢而死，金国灭亡。

早在嘉定八年（1215 年），金将蒲鲜万奴叛金自立，盘踞辽东。绍定二年（1229 年），窝阔台继位后，即遣撒礼塔、吾也而等领兵进辽东，取盖州、宣城等 10 余城，金朝辽东行省控制的辽东南部地区尽为蒙古占领。绍定四年（1231 年），蒙古军侵入高丽，包围王京，高丽王降。至此，辽东只剩下万奴的割据势力。绍定六年（1233 年）二月，窝阔台遣皇子贵由、宗王按赤带（合赤温子）、国王塔思（木华黎孙）统左翼军讨伐万奴。九月，蒙古军攻占都城南京（今吉林延吉市东城子山），蒙古军占领辽东。后二年，置南京、开元两万户府镇戍和管辖这个地区。

灭金之后，蒙古军队北还休整。南宋当权者没有坚持要求蒙古兑现以河南地归宋的诺言，却同意以陈、蔡西北地属蒙古。他们抱有幻想，没有足够的警惕防范蒙古入侵，反而企图乘机出兵收复三京（西京洛阳、东京开封、南京归德）与河南其他地方。端平元年（1234 年）六月，庐州知州全子才奉诏率军万人至汴，汴京人杀蒙古所置长官崔立降宋。宋兵西进，洛阳人民也开城迎纳宋师。恰在这时，窝阔台在蒙古诸王大会上已决定大举南侵。塔察儿率军将不堪一击的宋军击溃，迅速收复了洛阳、汴京。窝阔台派使者指责宋朝发兵入洛，宋朝只得委曲求全，寄望于议和。

端平二年（1235 年），蒙古军分两路攻宋。东路军由皇子阔出、诸王口温不花（别里古台子）、国王塔思等统率，汉军万户史天泽等从征。八月，蒙古军入唐州，宋将全子才弃军逃遁。十月，阔出统大军攻陷枣阳，引兵西掠襄阳、邓州等地。端平三年（1236 年），襄阳宋将叛降蒙古，城中储积的大量粮食、军器、金银尽为蒙古所得。嘉熙元年（1237 年），蒙古军又攻克光州（今河南潢川），抄掠随州、复州（今湖北天门）等地。嘉熙二年（1238 年），塔思率军攻下安天府（今安徽潜山），劫掠而还。由于宋军拼死抵抗，蒙古军被迫后退。

蒙古侵宋的西路军由皇子阔端、都元帅达海绀卜等统率，汉军万户刘黑马等从征，进取四川。端平三年（1236 年），阔端率主力由大散关南下，取凤州，攻破武休关，入兴元（今陕西汉中），进取大安（今陕西宁强）阳平关，宋将曹友闻率部坚守，终因救援不至，寡不敌众，全军覆没。另一路蒙古军由宗王穆直、大将按竺迩等率领，取宕昌、阶、文诸州，复陷龙州（今四川江油），遂与阔端军会合，一起攻破成都。不久，阔端引兵退出，宋朝渐将失地收复。嘉熙二年（1238年），达海绀卜等又率军攻入四川，陷隆庆（今四川剑阁）。次年，攻打重庆，继而东下万州（今四川万县）、夔州（今四川奉节），受挫而还。淳祐元年（1241年），蒙古军复入蜀，破20余城，兵民惨遭屠掠。窝阔台时期的侵宋战争，使荆襄、四川、两淮的许多地方遭到蹂躏。但其主要目的在于掠夺财物，同时在南宋各地军民的抗击下，蒙古军也受到了不少损失，未能在所攻占的地区建立统治。

5. 继续西征

端平二年（1235年），窝阔台召诸王大会，决定征讨钦察、斡罗思等未服诸国，命各支宗室均以长子统率出征军，万户以下各级那颜亦遣长子从征。出征诸王以拔都（术赤次子）为首，实际统兵作战的主将是速不台，出征军约有15万人。

端平三年（1236年）春，蒙古诸王和速不台等率师出发，秋天抵达不里阿耳，与先已在那里的拔都兄弟会合。速不台统先锋军取不里阿耳。诸王会商后，各率本部兵征进。蒙古军攻破不里阿耳都城，杀掠之后将此城焚毁。同年冬，蒙哥率军逼临亦的勒河下游的钦察部。钦察部首领忽鲁速蛮先已遣使纳款，刚好蒙古军来到，其子班都察率部归降。另一钦察首领八赤蛮有胆有勇，不肯投降，率部出没于亦的勒河下游密林中，不时袭击蒙古军。嘉熙元年（1237年）春，蒙哥得到速不台增援，击败八赤蛮，尽歼钦察军，八赤蛮被擒杀。

同年秋，拔都等诸王召开了一次忽里勒台大会，决定共同进兵斡罗思。蒙古军先征服了莫尔多瓦，又围攻也烈赞城，战至第六日城破，城里王公及兵士、居民尽遭屠杀，城市被焚毁。

嘉熙二年（1238年）初，蒙古军分兵四路，一个月内连破科罗木纳、莫斯科、

窝阔台塑像

罗思托夫等 10 余城。二月,进围公国首府弗拉基米尔城,蒙古军胁迫被俘的斡罗思人参加攻城,猛攻五日,城破,纵兵抢掠烧杀,避入教堂的大公家属和城中显贵尽被烧死。蒙古军又进攻昔迪河畔的大公军营,将敌军歼灭。斡罗思大公战死。

蒙古军兵锋南指,抄掠了斯摩棱斯克、契尔尼果夫等地,并继续掠取钦察草原西部地。钦察部长忽滩战败,率余部迁入马札儿(今匈牙利)。嘉熙三年(1239 年),蒙哥、贵由统兵进入阿速国,用时三个月才攻破其都城蔑怯思,阿速国主杭忽思投降,蒙哥命签其丁壮从军。嘉熙四年(1240 年)春,蒙哥、贵由继续在太和岭(高加索山)北用兵,秋天,窝阔台遣派使者召贵由、蒙哥东归。

拔都率军经略亦的勒河以东诸地,并在钦察草原休兵养马。嘉熙三年(1239 年),遣兵再次进入斡罗思抄掠。第二年秋,拔都亲统大军围攻斡罗思国都乞瓦。蒙古军攻入城内,纵兵杀掠。随即又攻入伽里赤国,破其都城弗拉基米尔沃沦和境内其他城市。

淳祐元年(1241 年)春,蒙古军分兵二路,一路由拜答儿、兀良合台等率领侵入孛烈儿(波兰),一路由拔都兄弟、速不台等率领侵入马札儿(今匈牙利)。蒙古军击败孛烈儿军队,攻入克剌可夫,将其烧毁,然后乘筏渡过奥得河。昔烈西亚侯亨利集结孛烈儿军、日耳曼十字军与条顿骑士团 3 万人准备迎敌。蒙古军避其锋芒,侧面袭击,将其战败,杀死了亨利,继而南下攻下莫剌维亚,前往马札儿与拔都会合。拔都率军分三路侵入马札儿。同年三月,进至其都城佩斯(今布达佩斯)城附近,马札儿兵战败,蒙古军拔克佩斯城,尽杀其居民,烧毁城市。直到第二年窝阔台死讯传来,拔都率军东还。

为消灭札兰丁及其余部,窝阔台继位后立即派绰儿马罕率领 3 万军队去征讨重兴的花剌子模国。蒙古军急速进兵,于绍定三年(1230 年)冬抵达阿哲儿拜占,札兰丁闻讯,惊慌失措地逃入木干草原。其后一直东躲西窜,最后在迪牙别乞儿(今土耳其东部)的山中,被当地的农夫杀死。绰儿马罕遂又攻略了波斯西北部许多地方。

6. 治理中原

在驱动铁骑震撼欧亚的同时,窝阔台还非常重视对中原地区的治理。

在耶律楚材的劝谏下,窝阔台已开始注意保存人口。绍定五年(1232 年),窝阔台征河南时,他同意制旗数百面,发给降民,让他们持旗为凭,归回乡里。绍定六年(1233 年)初,速不台进占汴京,因汴京曾抵抗,主

张按惯例屠城。经耶律楚材再三劝说，窝阔台决定只向金皇族问罪。

端平二年（1235年），窝阔台下诏扩编中原户口，由失吉忽秃忽主持。朝臣们主张依蒙古和西域成法，以丁为户，按丁定赋。窝阔台却接受耶律楚材的建议，按中原传统，以户为户，按户定赋。他还保留了中原的郡县制度。在扩户的基础上，窝阔台让耶律楚材主持制定了中原赋役制度。此外还有杂泛差役。这种较轻的赋税定额，对已遭严重破坏的中原地区的休养生息是有利的。窝阔台常请耶律楚材进说周孔之教，懂得了"天下可马上得之，不可以马上治之"的道理。他曾请名儒向皇太子和诸王大臣子孙讲解儒家经义。1232年攻汴京时，耶律楚材遣人入城求得孔子51代孙孔元措，由窝阔台封为衍圣公。

嘉熙元年（1237年），窝阔台采纳耶律楚材的主张，兴办国学，考试儒生，得4030人，其中1/4的人原已沦为奴隶，中试后才摆脱了被奴役的地位。中试的儒生免去赋税，其中优秀的任以官职。耶律楚材还在燕京设编修所，在平阳设经籍所，编辑出版经史，这对保存中原传统文化有着积极作用。

窝阔台除在燕京等处要地继续设置断事官外，还向路府州县普遍派遣了达鲁花赤（镇守官），并命探马赤五部将分镇真定（今河北正定）、大名（今河北大名）、东平、益都、济南、平阳（今山西临汾）、太原。通过上述措施，大大加强了蒙古对中原地区的统治。

从端平二年（1235年）起，窝阔台开始营建哈剌和林宫阙。第二年，建于哈剌和林（今额尔德尼召南）的万安宫落成。它是一座中国传统式的宫殿，大汗的宝座在大殿的北部面南。嘉熙元年（1237年），窝阔台又命伊斯兰教工匠在哈剌和林城北35千米的春季游猎地建造伽坚茶寒殿。嘉熙二年（1238年），又在城南营建了图苏胡迎驾殿。位处斡儿罕河上游哈剌和林河东岸（今额尔德尼召南）的哈剌和林城成为大蒙古国的都城，也是当时的一个国际性城市。

7. 严酷残暴

窝阔台是个性情复杂的人物。他仁爱好施，喜好广播恩惠，他的宫廷几乎成了普天下的庇护和避难地。在赏赐财物方面，他胜过了他的前辈。因为天性慷慨大方，他把来自帝国远近各地的东西，常常不经司账和稽查登录就散发一空。几乎没有人得不到他的赐物就离开他的御前的，也没有乞赏者从他嘴里听见"不"或"否"字。从四方来求他的穷人，都意外地满足了期望。有一次窝阔台在猎场上时，有人献给他两三个西瓜。他的扈从中没有人有可供施舍的钱或衣物，他就将皇后耳边戴着的两颗珍珠摘下赏给了那个人，皇后说："此人不知珍珠的昂贵，不如让他明天到宫里去领些钱物。"窝阔台却说："他是个穷人，生活艰难，等不到明天。"

窝阔台有宽仁的一面。三个罪犯被带到他面前，他下令将他们处死。当他离开大殿时，遇到一位扬尘号哭的妇人。他问："你这是为什么？"她回答："因为你下令处死的这些人，其中一个是我的丈夫，一个是我的儿子，另一个是我的兄弟。"窝阔台说："三人中你任择一个活命吧，为你的缘故饶他不死。"妇人答道："丈夫能够再找，孩子也可以再生，但兄弟不能再得。"听到这话，窝阔台全部赦免了这三人的死罪。

窝阔台性格中也有残忍、苛暴、非人性的一面。他有使人舒服的时候，更多的则是让人遭殃的艰辛日子。嘉熙元年（1237年）六月，斡亦刺部落中谣传说有诏令要将该部的少女去配人。人们忙把他们的闺女在族内婚配，有些直接送到男家。窝阔台闻讯后大怒，下诏把7岁以上的少女都集中起来，已配人的从夫家追回。将4000少女聚集到了一处，命令兵士当众糟蹋她们。其中有两个少女当场毙命，剩下的则让她们列队，有的送往后宫，有的赏给奴仆，有的被送至妓院和使臣馆舍侍候旅客，有的则让在场的人领去。而她们的父兄亲属则必须在旁边立着观看，不能埋怨和哭泣。

在蒙古宫廷斗争中，窝阔台更是严酷、刻毒。四弟拖雷一直是窝阔台稳固汗位的隐患，他掌有蒙古军队的80%，具有坚实的军事实力，在攻金的战役中，拖雷更表现出他卓越的军事才能，这不能不引起窝阔台的忌恨。在从金国班师北还的途中，窝阔台装神弄鬼，假装病得奄奄一息，拖雷在他身边侍奉。珊蛮巫师念着咒文，将窝阔台的疾病涤除在一只木杯中。对兄长非常爱戴的拖雷拿起杯子祈祷。他喝下珊蛮涤除疾病的水。于是窝阔台病愈，拖雷告辞启行。由于他所饮的咒水中被其兄长投放了毒药，几天后他就死去了。窝阔台借助于迷信除去了他最大的政敌。

8. 豪饮致死

窝阔台认为："这人世一半是为了享乐；一半是为了英名。当你放松时，你自己的束缚就放松，而当你约束时，你自己就受到束缚。"灭金之后，他指派朝中的大将率师征伐，自己则不愿再受亲征之苦。他不断酗酒，亲近妖娆美姬踏上了纵欲的道路。

他本人嗜酒如命，到晚年更是溺情酒色，每饮必彻夜不休。耶律楚材见多次劝谏无用，便拿着铁酒槽对窝阔台说："这铁为酒所侵蚀，所以裂有口子，人身五脏远不如铁，哪有不损伤的道理呢？"但窝阔台秉性难改，依旧是射猎欢乐，荒怠朝政。

淳祐二年（1242年）二月，窝阔台游猎归来，多饮了几杯，遂致疾笃。召太医诊治，报称脉绝。后又复苏醒来。耶律楚材奏言此后不宜田猎，窝阔台休整了几十天，渐渐好转。十一月，隆冬降至，窝阔台再次出猎，骑射五日之后还至谔特古呼兰山，在行帐中观看歌舞，亲近歌姬，畅饮美酒。窝阔台兴致很高，纵情豪饮至深夜才散。左右在第二天入内探视发现窝阔台已中风不能言语，不久便死于行殿之中。时年56岁，共在位13年。

窝阔台的遗体被埋葬在起辇谷。至元三年（1266年）太庙建成，元世祖忽必烈追谥为英文皇帝，庙号太宗。

柯劭忞《新元史》评曰："太宗宽平仁恕，有人君之量。常谓即位之后，有四功、四过：灭金，立站赤，设诸路探马赤，无水处使百姓凿井，朕之四功；饮酒，括叔父斡赤斤部女子，筑围墙妨兄弟之射猎，以私撼杀功臣朵豁勒，朕之四过也。然信任奥都拉合蛮，始终不悟其奸，尤为帝知人之累云。"

三、元定宗短暂统治，失法度内外离心

元定宗孛儿只斤·贵由（1206—1248年），蒙古帝国第三任大汗，1246—1248年在位，史称"贵由汗"。

贵由是成吉思汗的孙子，窝阔台的长子。蒙古窝阔台汗元年（1229年），他奉父命参加对金作战，初立战功。端平二年（1235年），窝阔台召开诸王大会，决定征讨钦察、俄罗斯等未服诸国，授命术赤的次子拔都统兵远征，贵由随军出征。贵由曾与堂弟蒙哥在高加索山一带用兵，战绩卓著。

嘉熙四年（1240年）冬，身染重病的窝阔台下诏命贵由班师返回蒙古本土。淳祐元年（1241年）十一月，贵由尚在途中，父亲已病发身亡，皇后脱列哥那（乃马真氏）临朝摄政。窝阔台生前与贵由不很融洽，不想让他继承汗位，而贵由的三弟阔出最受父亲宠爱，想让阔出继承汗位。可是，阔出命运不济，端平三年（1236年）死于侵宋军中。窝阔台悲痛之余，想让阔出的长子失烈门做他的继承人。窝阔台一死，风云突变，皇后脱列哥那袒护贵由，决定等贵由到来继承汗位。这时，成吉思汗的幼弟斡赤斤见汗位虚悬，率兵开赴都城，欲夺汗位。脱列哥那遣使诘问斡赤斤。斡赤斤遭到责难后，引兵退回驻地。

按照蒙古习俗，汗位的继承人要经过忽里勒台（诸王大会）选举决定，脱列哥那遣使召集各地宗王和将领赴都城和林（今蒙古国鄂尔浑河上游哈尔和林）参加忽里勒台，推选新汗。当时在诸王、贵戚中，西征军统帅拔都威望最高，但他素与贵由不和，反对贵由出任大汗，以患病为由，拒不

赴会，致使忽里勒台迟迟不能进行。在以后的几年中，由脱列哥那摄政，贵由郁闷不乐。直到淳祐六年（1246年）八月，拔都才派弟弟别儿哥代替他奔赴都城出席忽里勒台。由于脱列哥那力争，八月二十六日，诸王、贵戚和大臣们达成协议，推举贵由做大蒙古国第三任大汗。贵由托词体弱多病，假意推让，王公贵戚再三劝请，贵由表示愿意继承汗位，条件是从此以后，汗位必须由他家族的人继承。与会者立下誓言："只要你的家族中还留下哪怕是裹在油脂和草中，牛狗都不会吃的一块肉，我们都不会把汗位给别人。"誓毕，贵由在登基大典上继位。

参加登基大典的人中还有一位意大利方济各会教士柏郎嘉宾。原来，蒙古军的大规模西征，震惊了整个欧洲。淳祐五年（1245年）初，英诺森四世在法国里昂主持召开了宗教大会，商讨如何抵制蒙古侵略等问题，会上决定派遣教士出使蒙古汗廷，劝告大汗停止对欧洲的征略和对基督教徒的迫害，改信基督正教。会后，柏郎嘉宾作为罗马教皇英诺森四世的特使出使蒙古，参加了贵由的登基大典。贵由登基后，召见了柏郎嘉宾，柏郎嘉宾向他呈递教皇致蒙古大汗的信件。教皇在信中指责蒙古人蹂躏基督教国土，杀戮基督教徒，违背上帝旨意，应该弃恶从善，皈依基督教，否则，必遭上帝严惩。对此，贵由拒不理睬，他在给教皇的复信中措辞傲慢，信的开头这样写道："天神的力量，全人类的皇帝，致大教皇的真实信札。"接下来贵由驳斥了教皇的斥责和劝诫，将蒙古人军事征服的成功归诸天神的偏爱。最后，贵由强调说："若你（教皇）接受和平，愿意把你的城堡交与我们，你教皇和基督教王公当立即前来见我缔和，然后我们将知道你希望与我们保持和平。"柏郎嘉宾带着贵由给教皇的回信归国复命。

贵由登基之际，大蒙古国局势动荡，宗王们各自为政，中央权力开始削弱。贵由即位前，已对他母亲摄政五年中的所作所为不满。脱列哥那为人狡黠，擅弄权术，专权期间，听信谗言，重用回回大商人奥都剌合蛮和波斯女巫师法提玛，常以御宝空纸委付奥都剌合蛮，让他自拟法令施行。对推行"汉法"的耶律楚材及蒙古大臣，极力排挤。耶律楚材忧悲而死。脱列哥那还废黜了牙剌瓦赤父子二人的职务，牙剌瓦赤是花剌子模人，善于理财，当时主管汉地事务，其子麻速忽负责治理畏兀儿以西地区。由此，政事愈坏，民不聊生。贵由即位不久，脱列哥那病死，母亲的死使他得以放手整饬朝政。他上台的头一件事因斡赤斤图谋汗位一事令他不快，因此，授命皇弟蒙哥（拖雷子）和斡儿答（术赤子）调查此案，并处死斡赤斤及其部下官员多人。接着，贵由借故斩杀母亲宠信的奥都剌合蛮，将女巫法

元定宗

提玛沉尸水中。又陆续起用被母亲罢免的官员，恢复了先朝旧臣镇海的中书右丞相职务，命牙剌瓦赤仍管汉民政事，麻速忽治理中亚河中地区。同时，贵由插手察合台家族内政，察合台临终时，遗言封地由其长孙哈剌旭烈继承，得到窝阔台认可。由于察合台的儿子也速蒙哥与贵由关系密切，所以贵由上台后，违背伯父和父亲遗愿，迫使哈剌旭烈让位与也速蒙哥。

虽然贵由在给教皇的复信中措辞强硬，摆出一副唯我独尊的派头，但他自幼受基督教的影响。当时，蒙古王公贵戚和大臣之中，不少人信奉基督教，脱列哥那、拖雷的妻子唆鲁禾帖尼、中书右丞相镇海以及王傅合答都是基督教聂斯脱利派教徒，在侍奉贵由的人当中，就有基督教徒出身的医师。在这些人的影响下，贵由对基督教徒不无好感。给予基督教徒优厚待遇，同时，压制其他宗教势力的发展，使基督教在他短暂的统治时期一度兴盛起来。

贵由一心想使自己的名声超过父亲窝阔台，以得到众人的拥戴。即位之初，他下令打开府库，以金银财物分赏诸王、贵戚、大臣。有一次，他花了7万锭购买无用之物，极尽挥霍之能事，他还多次拿出重金购买商人的奇珍异宝，尔后听凭朝臣取拿，以此来炫耀他的慷慨大度。贵由学着父亲的样子，昼夜沉溺于酒色不能自拔，使本来就体弱多病的身体日渐虚弱，在他统治的不到二年时间里，常常因病不理政务，重大事情皆委付亲信大臣镇海、合答裁决。

这位短命大汗不仅未能使自己的威名超过父亲，而且一直没有改变父亲死后"法度不一，内外离心"的腐衰局面。

贵由最关心的莫过于对西方的征讨。早在奉父亲之命出征钦察、俄罗斯时，贵由就与拔都结下冤仇。此后，拔都坚决抵制贵由继承汗位，拒不出席选汗大会，对此，贵由一直耿耿于怀，时刻在寻找机会进行报复。淳祐七年（1247年）秋，贵由任命野里知吉带为征西军统帅，率兵西进，并从诸王所属军队中每十人签发二人从征，又授予野里知吉带全权，统辖波斯地区，借机与拔都的势力抗衡，阻止其军队南下。淳祐八年（1248年）春，贵由见时机成熟，便以和林的气候不好，叶密立的水土有利于他养病为借口，亲率大军离开和林，浩浩荡荡向西进发。拖雷的妻子唆鲁禾帖尼察觉到贵由此举不同寻常，秘密派人通告拔都，嘱他提防。拔都闻讯，急忙严饬边备，整军待战。三月，贵由行至叶密立以东的横相乙儿（今新疆青海东南），突然死去，从而避免了一场皇室内战。

贵由上台前，由于母后乃马真氏长期把持朝政，滥行赏赐，法制废弛，从而造成了政令不一、矛盾重重的局面，政治已经日趋腐败。贵由执政后，不但不从实际出发，勤于朝政，整饬宫禁，反而大开府库，以金银财宝赏赐那些推举他为大汗的诸王、大臣和将领，以炫耀他的慷慨和感念之情。他本就体质不强，手足又患拘挛病，却在上台之后，也像他的父亲晚年那样，昼夜沉溺于酒色之中。为此，在他执政的两年中，使得母后造成的那种"法度不一，内外离心"的衰败局面也愈演愈烈，日益严重。

贵由死后，葬于他生前的封地叶密立，庙号定宗，追谥简平皇帝。贵由有三个儿子，按照他即汗位时与诸王、贵戚的约定，死后汗位应由他的子孙继承。贵由死后，诸王、贵戚并未履行当时许下的诺言，相反在拔都的提议下，拖雷的儿子蒙哥登上大蒙古国的汗位。

四、天象知祥众心戴，遐辟西南入中土

元宪宗孛儿只斤·蒙哥（1209—1259年），元太祖成吉思汗之孙、拖雷长子，其四弟即元世祖忽必烈。母唆鲁禾帖尼。蒙古帝国大汗，史称"蒙哥汗"。

1. 早年经历

成吉思汗的长妻弘吉剌氏孛儿帖，生有四个儿子——术赤、察合台、窝阔台、拖雷。成吉思汗晚年，通过对四个儿子特长和才能的分析，选择他的继承人。在临死前，成吉思汗运用自己的绝对权威对四个儿子重申三儿窝阔台将继承汗位。但在蒙古本土，自古有幼子有优先继承权的习惯。长妻所生的幼子，蒙古语叫斡惕赤斤，义为"守炉灶之主"，是留守家业者，而他的兄长们则要到外面另立炉灶。成吉思汗确立窝阔台为自己的继承人后，总感到对自己宠爱的幼子拖雷有一种愧疚之情，于是另外做了安排，将军队全部交给拖雷管理。按蒙古旧例和成吉思汗的安排，拖雷不仅获得了父亲的领地，而且又继承了成吉思汗12.5万军队中的11.1万人，使拖雷一举成了蒙古贵族中实力雄厚的力量。绍定五年（1232年）九月，即窝阔台继位后的第四年，拖雷莫名其妙地死在征金的大军中，成了历史上一个不解之谜。但是，拖雷的死并未能把兄弟间的矛盾带到坟墓之中，相反

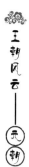

却留给了他的后人。拖雷的妻子唆鲁禾帖尼和儿子蒙哥无时无刻不在为光复汗位绞尽脑汁。

幼年时期的蒙哥曾被还是藩王的窝阔台所抚养，受到昂灰皇后无微不至的照顾。长大之后，又是窝阔台为他聘娶了火鲁刺部的女子火里差为妻，并分给他一部分部民。但是，蒙哥始终没有忘记要报杀父之仇。然而，蒙哥并未一味蛮干，因为他所面临的是一个手段毒辣的蒙古大汗，自己不过是一个年轻的宗王而已。这正是蒙哥的过人之处，蒙哥把复仇的欲念深深埋在心中，表面上却愈加谦恭。蒙哥在继承了父亲的遗产之后，十分卖力地追随其伯父窝阔台四处征战，屡立奇功。嘉熙元年（1237年）春，蒙哥率领大军进攻钦察部，把对手打得狼狈不堪，钦察部首领八赤蛮仓皇逃往里海海岛上。蒙哥闻讯后，率众穷追而至，适逢水浅，蒙哥遂涉水登岛，生擒八赤蛮。同年秋，蒙哥又与术赤的儿子拔都联兵征伐斡罗思部，在围攻也烈赞城的战役中，身先士卒，一举攻克也烈赞城。嘉熙三年（1239年），蒙哥同贵由统兵征服了阿速国。蒙哥在屡次战役中，奋不顾身，功勋卓著，不仅消除了窝阔台系对自己的猜疑，而且在蒙古诸王中赢得了崇高的声望。史书上还称颂蒙哥刚明雄毅，沉断而寡言，不喜欢侈靡、饮酒。这些就为其日后争夺汗位打下了良好的基础。

在蒙哥积极活动时，其母唆鲁禾帖尼亦在活动。当初拖雷死时，她请客送礼，犒劳军士百姓，赢得了各方面的爱戴，使人心归向于她。波斯史家志费尼在《世界征服者》一书中赞美道："在教育子女，整饬朝政，维护尊严，处理事务等方面，这个别吉（后妃，指唆鲁禾帖尼）明断英决，连戴头巾的男子尚且不及。"窝阔台为了使这个可怕的女人就范，想把她嫁给自己的大儿子贵由，结果被她婉言相拒。唆鲁禾帖尼与别的宫廷后妃不同，险恶的政治环境使她必须处事谨慎。在蒙古汗位空缺期间，诸王滥发牌符，横征暴敛，唆鲁禾帖尼并未为小利所动，她严禁自己的儿子们违反法令。唆鲁禾帖尼还庇护手下的臣民，税吏、官员和士兵怕她的严刑，不敢苛虐百姓。一次，几名地方官征收她属下的臣民，因所征税额太重，被她处以死刑。

蒙哥刚明雄毅、洁身淡泊的品质，雄才大略的军事才能，加之唆鲁禾帖尼戒子惜民的声望，就使蒙哥的威望一天天地增长起来，以至贵由汗死后，朝廷无君，蒙古上下都把目光盯在了蒙哥的身上。

2. 争得帝位

南宋淳祐八年（1248年）农历三月贵由去世后，由皇后斡兀立海迷失临朝称制。贵由死后，窝阔台系就失去了最后一个有能力治理国家的人选，剩下的尽是孤儿寡母。贵由妻斡兀立海迷失既无能又好巫术，除了跟商人做点买卖外，于朝政一无所为。她的两个儿子忽察和脑忽，年轻任性，各据一宫，互不相服。这样一个家族已根本不是实力雄厚的蒙哥及其母亲的对手了。由于贵由与拔都早年不和，贵由死后拔都拒绝奔丧。为了对抗窝阔台家族，拔都以长支宗王的身份遣使邀请宗王、大臣到他在中亚草原的驻地召开忽里勒台，商议推举新大汗。窝阔台系和察合台系的宗王们多数拒绝前往，贵由皇后斡兀立海迷失只派大臣八剌为代表到会。唆鲁禾帖尼则命长子蒙哥率诸弟及家臣应召前往。双方的最后争夺在1250年召开的推选新汗的忽里勒台上便见分晓了。在忽里勒台上，拔都依仗其长兄的身份和雄厚的军事力量，率先推举蒙哥为汗位的继承人，参加会议的人几乎成了一边倒。但窝阔台、察合台两家拒不承认，唆鲁禾帖尼和蒙哥又遣使邀集各支宗王到斡难河畔召开忽里勒台，拔都派其弟别儿哥率大军随同蒙哥前往斡难河畔，但窝阔台、察合台两家很多宗王仍不肯应召，大会拖延了很长时间。

由于蒙哥的母亲唆鲁禾帖尼的威望甚高，并且善于笼络宗王贵族，多数宗王大臣最终应召前来，1251年农历六月在蒙古草原斡难河畔举行忽里勒台大会，淳祐十一年（1251年）七月初一，宗王大臣们共同拥戴蒙哥登基，蒙哥成为大蒙古国皇帝（蒙古帝国大汗）。蒙哥继位的当日，尊唆鲁禾帖尼为皇太后。此后，为了巩固汗位，唆鲁禾帖尼镇压反对者毫不留情，并亲自下令处死元定宗贵由的皇后斡兀立海迷失。

自此汗位继承，便由窝阔台家族转移到了拖雷家族，皇族内部的分裂，为后来大蒙古国的彻底分裂，埋下伏笔。

3. 励精图治

13世纪初期，蒙古族仍旧处于奴隶制社会的发展阶段，蒙古贵族所从事的征伐实则是对被征服地区赤裸裸的土地与财富的掠夺及无限制的不时需索。他们主张把先进的中原农业区变成牧场。中原地区在蒙古铁骑的践踏下，蒙受了巨大的灾难。窝阔台继位之后，为了安定中原局势，曾信用耶律楚材于1230年进行了一系列剥削方式的改革，主要用中原地区行之已久的赋税办法来改变蒙古贵族的杀掠政策与不时需索。中原人民生活稍有好转。端平元年（1234年），窝阔台以失吉忽都忽任中州大断事官，总领中原汉地诸道以后，中原人民重又回到水深火热之中。到蒙哥继位前夕，"汉地不治"的局面已十分严重，人民困敝已极，只有武装反抗才是生存

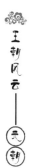

的唯一出路。面对这一局势，登基伊始的蒙哥大有革除积弊、更新庶政的势头。蒙哥汗元年（1251年），蒙哥下令：凡是贵由汗死后，诸王滥发的扰民令旨牌符，一律全部收缴；今后有关各省的财政事务，未经与宫廷官员磋商，任何人不得发布文书；除成吉思汗特免的木速蛮、也里可温、和尚、道士外，斡税、官员人等均应按其财产交纳贡赋；诸官属不得以朝觐为名赋敛民财；人民交纳税粮时，可以向最近的仓库交纳；汉地人民按贫富交纳不同的税额。显然，蒙哥上述一系列旨令不过是一般的应急措施而已，并不能从根本上解决。相反，在任官用人上，蒙哥以牙剌瓦赤、不只儿、斡鲁不、睹答儿等管理燕京行省，这些人中好些是窝阔台晚期主管财赋的旧班子，多为残民蠹国之徒。蒙哥重用这些人的结果是旧弊未去，新弊又来。在剥削方式上，蒙哥确立了包银制度。金亡之前，蒙古贵族向中原人民随时勒索，真定史天泽就汇总一年所需的大概数目，订出定额，向人民摊收，这就是"包银"的滥觞。蒙哥继位前，汉地人民所负担的包银已十分沉重。继位之后，牙剌瓦赤等人倡言把包银改为正式税收，每户征银6两。由于汉地官员的力争，才改为4两，其中2两可以用实物折纳。非唯如此，蒙哥还将丝科由过去的每户1.2两增加到22.4两。由于缴纳不起，人民逃亡者日趋增多。

蒙哥为了把全国权力确保在拖雷系家族的手里，将漠南汉地军国庶事委托弟弟忽必烈管理。忽必烈自幼深受汉族儒家文化的影响，他在汉族谋士的策动下，于自己的封地邢州（今河北邢台）、河南、陕西三地进行了实行汉法的试点：任用一批汉族地主阶级的知识分子，注重农业生产，招抚流亡人民，平均、减轻赋税，屯田积粮，整饬吏治。不几年，三地大治，经济得到了很快的恢复。但是，忽必烈的行汉法限制了蒙古、色目贵族的随意勒索，并威胁到了蒙哥的汗权。同年，蒙哥借口忽必烈患有脚病，解除了他的兵权，随即派遣亲信大臣阿兰答儿、刘太平等到陕西和河南钩考钱谷。阿兰答儿等到陕西、河南后，搜罗酷吏组成了钩考局，大开告讦，罗织罪名，对于支持忽必烈汉法措施的官员肆意迫害，陕西司死于酷刑的就达20多人。阿兰答儿设钩考局的目的显然是为了夺回忽必烈控制地区的民政、财赋大权，迫害藩府人员，打击忽必烈的政治力量与改革计划。

蒙哥在政治统治方式上也基本上保持了其祖父、伯父的统治模式。

成吉思汗用来鼓励其兄弟、子侄们进行侵略战争的一句口头禅就是："取天下啊，各分地土，共享富贵！"成吉思汗建国后不久，就把蒙古百姓及土地、牧场分封给了他的诸弟、诸子。成吉思汗自己的大营在斡难河、怯绿连河上游和斡耳罕河流一带，大约在1214年以前，成吉思汗就把大营以东的地方分封给了弟辈，他们的后裔就是元史上的左翼（东道）诸王。西征之后，成吉思汗又把自己大营以西的疆土分给了子辈——术赤、察合台、窝阔台，他们的后裔就是元史上的右翼（西道）诸王。大蒙古国的这种分封制度具有极大的独立性：诸王的领地是分享的，大汗不能把它撤除；诸王有权参加大汗召集的忽里勒台，商议国家大事；有权在自己的领地内设置怯薛（军队）和政务机构，任命官吏，审判案件；自置课税官，征收领民差发。随着蒙古贵族军事征服的不断进行，各藩国之间经济、文化的联系越来越薄弱。大蒙古国的领土东起今日中国的东北，西迄俄罗斯，境内民族众多，语言、宗教、生活方式和风俗习惯各不相同，社会发展水平也极不一致。这样一个缺乏统一经济基础的庞大帝国要想维系统一是极为困难的。成吉思汗时代，术赤所建立的钦察汗国就已显示出了独立的倾向。窝阔台死后，汗位空悬五六年之久，宗王们各自为政，中央权力日渐削弱。汗国的统一尽管表面上仍然维持着，但正如著名的波斯史家剌失德在《成吉思汗的继承者们》一书中所指出的："从此，不和始产生于蒙古人之中。"

蒙哥继位之后，为了挽回大蒙古国的逐渐分裂，采取了一些措施：首先，蒙哥利用阔出之子失烈门与贵由之子脑忽、察合台之孙也孙脱企图推翻蒙哥汗权的事件，将三王遣发到汉地军前从征，并将窝阔台领地瓜分数块，分别授予窝阔台的后人，用这种分而治之的办法使他们任何人也无力对抗中央。此外，蒙哥对诸王领地权做了一些限制：诸王驰驿允许乘3匹马，远行也不准超过4匹；诸王不得擅自征招民户。但是，蒙哥上述措施不过仅仅削弱了窝阔台系诸王的势力，根本谈不上动摇其他宗王在领地上的统治。相反，蒙哥又继续封赐了一些宗亲。

在贵由和海迷失后执政时期，由于赋税差役过分沉重，人民纷纷逃亡。蒙哥继位之初，为了保证蒙古统治者和贵族的剥削收入，支持巨大的行政、军事开支，补充兵员，于淳祐十二年（1252年）重新编集户口，搜括各地漏籍与寄居的逃户，增加户口20余万人。在重新编集户口之后，蒙哥仍重蹈窝阔台的覆辙，按照蒙古传统的"共享"习惯，在宗室、贵族中进行一次权益的分配和赏赐。宝祐元年（1253年），为了把全国的权力控制在拖雷系宗族的手中，蒙哥又进行了更大规模的分封：命令旭烈兀率兵远征西亚并执掌该地政务，忽必烈主管漠南汉地的军国庶事。但是，旭烈兀在取得对西亚用兵的胜利之后，建立了伊儿汗国，"自帝一方"去了；忽必烈自掌管漠南汉地军国庶事后，则怀揣个人野心，广泛联络汉族士大夫，

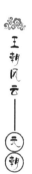

积极营建漠南根据地，屯田积粮。大蒙古国的分裂更是日趋严重。

蒙哥同其先人一样，仍然以漠北的和林作为大蒙古国的中心。漠北地处沙漠地带，阴寒少水，草薄土瘠，从经济上说，它不具备庞大帝国统治中心的条件。而当时已为蒙古占据的中原地区，历经数代封建王朝的治理，农业文明已十分发达，蒙哥汗要想加强中央权力，进而控制诸王领地，就必须改变祖训，把统治中心转移到中原来。可惜，蒙哥墨守成规，在这个问题上也失策了。大蒙古国继续朝着分裂的方向发展。

元宪宗

4. 远征西亚

蒙古贵族十分热衷于对外战争，因为通过战争可以给他们带来巨额的财富。蒙哥继承汗位后大蒙古国的周围顿时又战火四起。

自成吉思汗西征以来，蒙古大军已相继征服了波斯的大部分地区，在东部伊斯兰世界中，仅有亦思马因派统治的木剌夷（在今伊朗）和哈里发统治的报达（今巴格达）尚未征服。蒙哥继位之后，决定派遣其弟旭烈兀征讨木剌夷和报达，命诸王各从所属军队中10人抽出2人从征，还从汉地征发炮手、火箭手千人，由著名攻城能手郭侃率领，随军出征。镇戍波斯的拜住军、怯失迷儿（今克什米尔）的塔亦儿拔都军亦听旭烈兀调遣，阿姆河行省供应军需。宝祐二年（1254年）七月，先锋怯的不花率1.2万人先行；宝祐三年（1255年）十月，旭烈兀统率主力大军浩浩荡荡向西进发。宝祐四年（1256年）六月，旭烈兀遂率诸军四路并进，围攻鲁克奴丁所在之麦门、底司堡，架炮轰击。十一月，鲁克奴丁被迫出降。旭烈兀下令尽毁当地城堡，并将俘获及归降的亦思马因人屠杀殆尽。报达的城池似乎也并不比麦门底司堡坚固，在哈里发拒绝接受旭烈兀宝祐五年（1257年）九月的诏降谕令后，十一月，蒙古大军三路并进，开庆元年（1259年）一月，抵达报达城郊，三十日完成了对报达的包围。二月初五，哈里发被迫派遣儿子及官员人等奉重币至旭烈兀大营求降，但已为时太晚，旭烈兀拒绝接见，下令继续攻城。十日，哈里发率众出城投降。旭烈兀极其残忍地下令屠城，无辜居民死者达80万。二十日，旭烈兀下令处死了哈里发及其长子。至此，统治报达500余年的黑衣大食终遭灭顶之灾。

在旭烈兀远征西亚地区的同时，蒙哥又命塔塔尔带撒里、土鲁花等率众进攻忻都（今印度）和怯失迷儿。前此，由也古、札剌儿带率领的蒙古军队也先后对高丽等地区进行了一系列侵略战争。

5. 进攻南宋

然而，在蒙哥时期的侵略战争中，无论是对西亚地区，还是对南亚地区的战争，在规模与持续时间上都远远不及对南宋的战争。

蒙古与宋的对抗始于端平元年（1234年）的洛阳之争，此后双方展开了旷日持久的拉锯战。从窝阔台汗七年—蒙古海迷失皇后称制二年（1235—1250年），蒙古军分路进攻南宋，先后占领了襄阳、樊城、郢州（今湖北钟祥）、成都等战略要地，但先后又被宋军收复。蒙哥继位之后，命令皇帝忽必烈镇戍漠南汉地，并负责征服南宋。忽必烈的谋臣姚枢认为，自窝阔台以来的伐宋战争之所以毫无进展，是因为蒙古军将们只知道烧杀抢掠，致使南方汉人闻之胆寒，宁死不降。他建议忽必烈应改变策略，将此前秋去春来、专事掳掠的蒙古军分屯要害，以守为主，边作战边耕地，在粮草充足后再进行攻宋战争。忽必烈完全采纳了他的建议，在漠南汉地先后奏置了河南经略司、陕西宣抚司，革除弊政，广泛屯田，以为经久之计。在积极备战的同时，忽必烈又分析了蒙宋双方的战略部署，认为南宋有长江为屏障，襄、樊等城市易守难攻，蒙古军极难得手。于是，忽必烈向蒙哥提出了先取大理以包抄南宋的战略计划。淳祐十二年（1252年）六月，蒙哥命忽必烈率军远征大理。大理国的统治区域，包括今天的云南全省、贵州、广西西部和四川南部以及缅甸、泰国、老挝的一些地方。忽必烈在对大理的军事行动中，煞费苦心，一改自古在西线用兵必经四川中部和南部的汉源一线的惯例，率军绕过这条古道，由甘肃临洮出发，经今甘、川、藏边界人烟稀少的高山峡谷之地，绕道两千余里抵达金沙江畔，完成了中国古代军事上的一次创举。居住在金沙江彼岸的摩娑蛮（今纳西族）主，做梦也想不到会突然从对岸乘革囊和木筏过来那么多的勇士，只得低首迎降。忽必烈降服摩娑蛮主之后，离大理不过400多里路，大理国对如同从天而降的蒙古军毫无备战准备，不久，蒙古大军便长驱直入大理国都。忽必烈对大理军事行动的顺利完成，就形成了对南宋王朝的合围之势。同年十二月，忽必烈留大将兀良合台戍守大理，自己班师北返。

对南宋的战略包围既已完成，蒙哥毅然决定发动全面进攻，企图一举荡平苟延残喘的南宋王朝。宝祐五年（1257年）春，诏令诸王、诸将出师征宋，在正面战场上布置了左、右两翼大军。右翼军由蒙哥亲自统领，右

手诸王及弟末哥、子阿速歹等随从，进攻目标是四川。诸王移相哥、察忽刺（合赤温孙）及札刺亦儿、弘吉刺、亦乞列思、兀鲁、忙兀五投下贵族各率军统属，进攻目标是荆襄、两淮。汉地诸侯军队则分属左、右翼从征。九月，蒙哥命幼弟阿里不哥留守漠北和林，亲统大军南下入蜀。同时，又命令已由大理进入交趾的兀良合台引兵北上，与正面的蒙古左、右翼军形成对南宋的南北夹攻之势。蒙哥此次军事行动的计划是在攻下四川后，顺江东下，三路大军会师鄂州（今湖北武昌），然后南下直捣南宋国都临安（今浙江杭州）。

同年秋，蒙哥率4万右翼军突入四川，塔察儿亦率左翼军包围了樊城。塔察儿只热衷于掳掠财物，恣情享乐，军纪十分涣散，不但樊城连月不克，在此后的一年多战争中，竟一城未取，寸功未立。蒙哥不得不再请忽必烈重统左翼军马。而蒙哥亲率的右翼军于宝祐六年（1258年）四月兵驻六盘山，七月入大散关，至汉中，开庆元年（1259年）初进逼四川重镇合州。蒙哥派使到合州钓鱼山招降，宋守将王坚不从，并杀蒙使于阅武场，激励士卒誓死坚守合州城。二月，蒙哥亲统大军围攻钓鱼山，并切断了南宋援助部队与合州的一切联系。王坚毫不畏惧，率领合州军民依靠钓鱼山险要地形奋勇拒守，致使蒙古军连攻五个月不克。六月初，蒙哥看到合州久攻不下，暴躁不安，亲临钓鱼山前沿阵地督战，结果为炮石所伤。七月十一日，蒙哥死于攻宋前线的大军之中。

蒙哥汗在位共9年，终年51岁，死后同其祖父、伯父一样被埋葬在起辇谷中。至元三年（1266年）十月，太庙建成，制尊谥庙号，元世祖忽必烈追尊蒙哥庙号为宪宗，谥号桓肃皇帝。

蒙哥去世前虽未能灭南宋统一天下，但是他的去世，对当时的世界格局，有极大的影响。蒙哥去世导致了旭烈兀统率的第三次蒙古西征被迫中止；另外，蒙哥去世以后即爆发了其弟忽必烈与阿里不哥继位之争，最终导致大蒙古国（蒙古帝国）的分裂。

清朝史学家邵远平《元史类编》评价说："册曰：天象知祥，众心戴主；遐辟西南，深入中土；未究厥勋，亦振乃武；友弟因心，终昌时绪。"

五、混一天下元世祖，德威所指忽必烈

孛儿只斤·忽必烈（1215—1294年），即元世祖，蒙古族，政治家、军事家。监国拖雷第四子，元宪宗蒙哥弟。大蒙古国的末代可汗，同时也是元朝的开国皇帝。蒙古尊号"薛禅汗"。

元世祖忽必烈在中国古代史上，是一个占有重要地位的皇帝。他在建立元朝、统一中国、改革体制等方面，表现了锐意进取的精神，为元朝的昌盛和发展做出了重要贡献。

忽必烈是拖雷的第四个儿子，是元宪宗蒙哥的弟弟。忽必烈的母亲庄圣太后，是个汉化较深的皇族妇女。她经常让汉族地主阶级知识分子到宫中去讲习故事。通过和这些人物的接触，对幼年的忽必烈产生了较大的影响。后来，随着年龄的增长，忽必烈便以唐太宗为楷模，密切地注视着政治势力的变化，积极创造条件，准备参与政治活动。当元宪宗蒙哥病死时（一说是其攻合州时死于乱军），忽必烈也没攻下鄂州（今湖北武昌）。这年的十二月，在汉

元世祖

阳声援鄂州的南宋右丞相兼枢密使贾似道向忽必烈求和。恰在这时，忽必烈的妻子弘吉剌氏从开平派密使向忽必烈报告，说他的弟弟阿里不哥正策划继承汗位。忽必烈便采纳谋臣郝经"班师议"的计策，遂与贾似道秘密媾和，尔后急速罢兵北归，经燕京回开平，以谋取汗位。

忽必烈在北归之前，曾先派廉希宪北上，以观时局变化，并命他代表忽必烈贿赂亲信，让他们伺机提出拥立忽必烈为大汗的建议。塔察儿接受了这个建议。中统元年（1260年）三月，忽必烈返回开平后，立即召集支持他的末哥、塔察儿、爪都等，举行忽里勒台（诸王大会），宣布继汗位。忽必烈继位后，以开平为上都、燕京为中都（后改为大都）。至元八年（1271年）十一月，在进攻南宋取得了巨大胜利后，忽必烈又采取了一个重要措施，公开废弃"蒙古"国的称号，取《易经》"大哉乾元"之义，改国号为"大元"。这话的意思是物之所本，事之所始，"元"与"原"字义通。从此，蒙古王朝被称作元朝。

要治理国家，就要有治国的人才。元世祖就是一个重才治国的皇帝，早在1244年，忽必烈就派遣赵璧、许国桢首先去保州（今河北清苑区）聘请金朝状元王鹗来元。王鹗来后，忽必烈同他"朝夕接见，问对非一"。

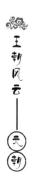

王谔将"修身、齐家、治国、平天下之道",统统讲给忽必烈听。忽必烈深有感触地说:"我今虽未能继汗,安知他日不能行之耶?"表明忽必烈早有统天下之志,十分注意积累治理国家的经验。蒙哥继位后,把漠南汉地委托给他管理。从此,忽必烈与各族地主阶级的有才之士进一步密切地联系起来。由于他积极网罗人才,像杨惟中、姚枢、郝经、王文统等汉族知识分子,都纷纷前来投靠。这些谋士对忽必烈建立元朝、统一中国和进行体制改革,都发挥了重大作用。如他继位后制定的"治国安民"的基本方略,就是由汉族地主阶级知识分子谋士为他确立的,主要内容为:一是立法度,正纲纪;二是开言路,不以人废言;三是行仁政,改变屠城政策;四是精简机构,裁汰冗员;五是整顿和改革吏制;六是劝农桑、宽赋税、省徭役等。推行结果,"不及三年,号称大治"。

元世祖忽必烈继位后,更加注重用人才,且重真才实学,不搞论资排辈。中统四年(1263年),忽必烈破获了阿里不哥反叛集团,拘捕其党徒1000多人。他发现身边有一个叫安童的长宿卫很是聪明,又有才能,便想使用,但又没把握。于是,趁此机会,他想检验一下安童的见识如何,就有意对安童说:"我想把这些人统统处死,你以为如何?"安童说:"人各为其主。您刚得了天下,就因私仇大量杀人,将用什么去征服其他未归附的人呢?"忽必烈听了大喜,赞赏他说:"你年纪这么轻,就能说出这种深谋远虑的话,实在叫人高兴!你的主张正与我不谋而合。"至元二年(1265年)八月,安童刚满18岁,就被任命为光禄大夫、中书右丞相。后来,安童守边10年,为元朝立下了赫赫战功,被加封为金紫光禄大夫。

忽必烈对中原封建王朝的治国经验很是欣赏,也很注意学习。忽必烈中统元年(1260年),他继位后,便决心附会汉法,进行体制改革。首先,他采纳大臣刘秉忠(汉人)的建议,建元纪岁,完成了从大蒙古国到元朝的嬗变。接着,他又根据刘秉忠的建议,按汉族王朝的组织形式,设中书省以总政务,设枢密院以掌兵权,设御史台以掌管司法。在军事上,他效仿汉、唐、宋的内重外轻之法,改革军事制度,抽调精锐,组成五卫亲军,以加强中央集权的力量,把镇戍军分为五类,分别负责镇戍全国各地,隶属于枢密院,而枢密院则直接对忽必烈负责。这样,就集中了全国军权于皇帝一人手中,有力地保证了中央集权的统治。此外,在进行政治、军事体制改革的同时,忽必烈还对生产关系进行了调整,如重农桑。他继位之初,就首诏天下,"国以民为本,民以食为本",要国人"崇本抑末"。此后,又多次下诏颁布法令,鼓励和指导农业生产。尔后,他又通过建立整顿户籍和赋役制度，改变了元初取民未有定制的局面。这些，都在一定程度上减轻了人民负担，促进了社会经济的恢复和发展，使元朝成为当时世界上最昌盛的国家。

忽必烈继位后，遇到的较大叛乱，就是李璮之叛和海都、乃颜之乱。

李璮是金末红袄军领袖李全的儿子。李全以投降蒙古，换取了"山东淮南行省"的官职。窝阔台汗二年（1230年）十月，李全发兵袭击南宋扬州，第二年战败而死。他的儿子李璮承袭益都行省的官职。从那以后，李璮在山东擅权达30年之久。他和他的父亲一样，或假名攻宋，向蒙古要粮要官，或联宋反蒙，以安边境；但是，他真正的目的就是要把山东变成他割据一方的独立王国。忽必烈称帝不久，加封李璮为江淮大都督。李璮乘机谎报敌情，大修益都城堑，骗取赐银、军饷、军械。这时，他的岳父王文统已当上了中书平章政事。于是，他们内外勾结，互为表里，选择时机，准备叛乱。中统三年（1262年）二月，李璮乘阿里不哥的叛乱尚未平定，以为时机已到，就攻占益都、济南，发动武装叛乱。他将涟（今江苏涟水）、海（今江苏连云港）等州献给南宋，南宋封他为保信宁武军节度使。其实，这是李璮害怕蒙、宋联合夹攻所耍的花招。为了壮大叛乱力量，李璮四处联络汉族地主武装，但几乎无人响应，叛乱势力十分孤立。

当忽必烈得知李璮叛乱的消息，立即派人杀了王文统，并命诸王合必赤总督河南、河北、山东各地的蒙古军、汉军，围攻济南。困守在济南的李璮无计可施，被迫投大明湖自杀，由于水浅未死，后被俘杀死。

继李璮叛乱之后，另一个叛乱者，就是窝阔台的孙子海都。海都因父亲合失未能继承汗位，自己要求袭汗位未成，一直心怀不满。但苦于兵力不足，只好等待时机。当阿里不哥争夺汗位失败后，他便勾结术赤的后裔诸王，占有窝阔台汗国封地，组织叛军，企图南下。忽必烈为了阻止海都势力的扩张，封八剌为察合台汗国之汗，以争取察合台汗国服从中央，夹击海都。海都被察合台汗国军队在锡尔河击败后，又联合术赤后王忙哥帖木儿击败八剌。八剌死后，至元九年（1272年），海都立八剌儿子笃哇为汗。从此，海都又与笃哇勾结在一起，在西北地区不断骚扰。恰在这时，早与海都勾结的东北藩王帖木格斡赤斤的后裔乃颜，立即纠集合撒儿后王势都儿、合赤温后裔哈丹等也发动叛乱，海都闻讯后，答允率领10万军队与其会合。忽必烈一面让伯颜驻军和林，防止海都东来；一面派军镇压乃颜。第二年，乃颜被俘，忽必烈将他处死，至元二十五年（1288年），忽必烈命皇孙铁穆耳率军镇压哈丹，哈丹逃往高丽。后来，在高丽军民的配合下，哈丹兵败自杀。

当忽必烈镇压东北叛乱的诸王时，海都、笃哇等又气焰嚣张起来。至元二十六年（1289 年），74 岁高龄的忽必烈决定亲征叛乱。海都听说忽必烈亲征，吓得急忙逃遁，忽必烈随命伯颜负责西北军事。

忽必烈在位 30 多年中，与分裂割据势力和叛乱势力进行了十分激烈的斗争。通过在军事上对叛乱势力的坚决镇压，对巩固元代多民族国家的统一起了很大作用。

北方政局稳定后，忽必烈决心消灭南宋，统一全国。他采用南宋降将刘整的建议，把攻击目标直指襄阳。这是南宋防御蒙古最主要的据点。至元五年（1268 年），忽必烈命阿术、刘整督师，围困隔汉水相望的襄、樊重镇。襄、樊军民坚守 6 年，到至元十年（1273 年）初，蒙古军攻下两城。襄、樊失守后，等于打开了南宋的北大门。第二年六月，忽必烈命伯颜督诸军，分两路大举南进。一路以合答为主帅，刘整为先锋，进攻淮西、淮东，直下扬州；一路由伯颜、阿术率领，吕文焕为先锋，沿汉水入长江，沿江而下，直趋南宋都城临安。长江两岸的宋军毫无斗志，纷纷不战而降。至元十二年（1275 年）秋，伯颜从建康、镇江一线分兵 3 路包围南宋都城临安。元军进逼临安，谢太后（宋理宗后）下诏勤王，可是各地官员响应的很少，只有赣州（今江西赣州）知州文天祥和郢州守将张世杰率兵入卫临安。由于投降派陈宜中的主和、逃跑，临安难以维持。在至元十三年（1276 年）正月，元军进入临安。谢太后抱着 6 岁的赵㬎投降，南宋宣告灭亡。

元至元十六年（1279 年）二月，元朝水军在崖山海中发起总攻，南宋水军大败。陆秀夫抱赵昺投海，张世杰突围遇大风，船

刘贯道《元世祖出猎图》

覆没被水淹死，南宋残余的力量，至此全部被消灭。忽必烈实现了全国大统一。

忽必烈建元统一，改革国制，这是他的主要功绩。但在后期，他思想日趋保守，特别是到了晚年，更加嗜利敛财，迭任贪佞，屡兴师徒，淫乱宫闱，造成了内部矛盾的加剧，使改革停顿，人才离散。

元至三十一年（1294 年）正月，80 岁的元世祖忽必烈去世了。因皇太子真金先死，由皇孙铁穆耳于上都继位，这就是元成宗。

忽必烈作为一个征服者给被征服地区的人民带来了浩劫，但在历史上仍然获得了不错的评价。忽必烈是一个比较成功的新秩序建立者。他是少数能够重视汉文化，推崇儒术的蒙古统治者之一。虽来自游牧民族，但十分重视中原农业的恢复和发展。北京大学历史系教授张帆认为，忽必烈的"历史功绩"在于他接受了汉文化。马可·波罗将忽必烈尊崇为"诸君主之大君主或皇帝"，称赞忽必烈是"人类远祖阿丹（Adam）以来迄于今日世上从未见广有人民、土地、财货之强大君主"，并认为这是"彼实有权被此名"。

六、天下粗安赖"惟和"，垂拱而治元成宗

元成宗（1265—1307 年），名孛儿只斤·铁穆耳，元世祖忽必烈的孙子，他的父亲为忽必烈次子真金，母亲伯蓝也怯赤（阔阔真）。

铁穆耳自小受到父亲真金的熏陶，爱好儒学。真金对忽必烈起用"理财"重臣阿合马、卢世荣等人深感不满，所以就与父亲忽必烈矛盾加深，至元二十二年（1285 年），有一御史奏请忽必烈内禅于太子真金，而正在此时又有人乘机陷害太子阴谋夺位，忽必烈听后大怒，他也没有调查是否真实，就责骂了真金，并想废除他。真金被人冤枉后，感到实在委屈，忧郁而死。忽必烈在得知冤枉太子致使其死亡后，悲痛至极，但为时已晚。

失去儿子的痛苦，使老年的忽必烈对选择继承人更加谨慎。直到至元三十年（1293 年）才正式册封孙子铁穆耳为"皇太孙"。为了培养铁穆耳的各方面才能，

阔阔真

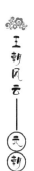

忽必烈让他统兵讨伐叛王哈丹，接着又派他镇守蒙古汗国故都哈剌和林（今蒙古国后杭爱省额尔德尼召北），掌管北方防务。同时派开国四杰之一博尔术之孙、御史大夫玉昔帖木儿做他的助手。在玉昔帖木儿请求之下，忽必烈将原来属于真金的印玺皇太子宝授给铁穆耳，间接表明了传位给他的意图。铁穆耳在东北与和林的经历，使他与精锐的北方驻军结下了特殊关系。这一关系成为他和他的后裔登上帝位的重要保证。

至元三十一年（1294年）正月，忽必烈病逝，伯颜遵照忽必烈遗命派使者接回了铁穆耳。当时各宗室诸王准备议立新君。然而铁穆耳有两个哥哥，除了二哥答剌麻八剌去世外，大哥甘麻剌常年在漠北领兵，镇守要塞，而立谁为大汗成为各位大臣争论的焦点。有人支持立甘麻剌为汗，因为甘

元成宗

麻剌拥有较强的兵权。而许多大臣支持立铁穆耳为汗。正当兄弟二人相持不下时，他们的母亲伯蓝也怯赤倾向幼子铁穆耳，她找到权臣玉昔帖木儿和伯颜商量后，决定拥立铁穆耳。同年四月，由伯蓝也怯赤主持忽里勒台大会，甘麻剌不得不支持其弟为新皇，自己仍然领兵镇守漠北。

铁穆耳继位后，遵循忽必烈所定的法度，坚持"守成"之政。同时，他起用元世祖晚年重用的中书右丞相完泽和平章政事不忽木，对辅佐他登基的伯颜和玉昔帖木儿分别授予太傅、太师之职。此外，又任用蒙、汉儒臣。还下诏崇拜孔子，建孔子庙学。还于至元三十一年（1294年）六月，他下诏减免所在年的包银、俸钞，以及内郡地税和江淮以南州县当年的一半夏税。后来又多次减免税收，其中规模较大的是元贞元年（1295年）免除本年五月以前积欠的钱粮。他还在水旱成灾时，下诏减免受灾郡县当年田租的3/10，受灾严重的地区全部减免，老弱残疾及人丁稀少的民户免除三年差税。同时，停止了当年的一切土木工程。这些措施减轻了民众的负担，同时鼓励农桑，发展生产。

为了使社会经济有一个安定正常的发展空间，成宗一继位就下诏停止远征安南（越南中北部古国），并宽宥了其抗命之罪，释放被扣押的安南使节，还于大德元年（1297年）册封普哇拿阿迪提牙为缅甸国王，并在缅甸、

云南开辟驿路；又遣补陀寺和尚宁一山出使日本，以此来缓和与周边各国的关系。他还对待贵族官僚采取了恩威并施的政策，一方面多次赏赐诸王、公主、驸马，增加官员俸禄；另一方面力行整顿吏治，约束权贵。

对于诸王叛乱，铁穆耳也是积极进行平定，他先后派出叔父阔阔出、驸马阔里吉思、侄子海山等人驻防西北，以抵御叛军。他于大德五年（1301年），命令海山率军与海都、笃哇联军大战于金山之东的铁坚古山，致使海都大败后忧郁而死，他的儿子察八儿最后投降朝廷。40年之久的皇室内争从此结束。

五月，铁穆耳派荆湖占城的行省左丞刘深用兵西南，刘深所到之处，残杀百姓、烧杀抢掠，无恶不作，很快激起了以土官宋隆济和彝族女首领蛇节为首的西南少数民族起义，他们围困住了贵州城，并杀死元朝的官吏。铁穆耳得知后急忙派军镇压，最后终于平定了叛乱，但却损耗了元朝的大量人力和物力。

大德七年（1303年）发生了一件震动朝野的大事，是漕运两万户朱清、张瑄之狱，受该案牵连的八名中书执政官同时被罢免。自从至元二十年（1283年）海运漕粮的航线创通之后，南漕米由海路达于大沽、辽阳者逐年增加，很快促成了北方"开口待哺以仰海运"的形势。创通海路的朱清、张瑄也因深受朝廷倚重而势力浸大。他们结交权贵，广治田宅，很快成为江南屈指可数的大富贵，同时也招致了不少政敌和仇家。自元世祖晚年起，就不断地有人告发朱清、张瑄。元成宗元贞元年（1295年），又有"飞书"言朱清、张瑄"有异图者"。朝廷照例释而不问。大德六年正月，江南僧石祖造告朱清、张瑄不法十事。元成宗命御史台诘问之，狱成。朱清在被押解到京后惧受辱自杀，张瑄被处死。

大德七年正月，朱清、张瑄家属被遣发京师。应当是在审理两家妻子的过程中，中书省宰执受朱清、张瑄贿赂之事案发。元成宗一怒之下，同一天罢免中书平章伯颜（赛典赤）、梁德珪、段贞、阿里浑撒里，右丞八都马辛，左丞月古不花，参政迷而火者和张斯立八人。首相完泽也遭到受贿的指控。虽然元成宗对他释而不问，但对完泽仍不免是重大的刺激。完泽死于是年闰五月，上距元成宗罢相不到半年，距离他全力支持的征八百媳妇总帅刘深受诛不到三个月。他的死，当与政治上的挫折引起的内心忧惧有关。

铁穆耳到了晚年，还大肆对诸王、驸马赏赐，致使国家财政空虚，危机重重。加上政府机构膨胀，仅京城靠吃俸禄为生者即超过1万人，地方上则更多，官员营私舞弊，无恶不作，贪污受贿之风弥漫朝中。再加上他

晚年生病，不理朝政，致使皇后与中书右丞相分别掌权，使得朝政混乱。铁穆耳母亲还曾驱使大量民工修筑五台山佛寺（今山西五台县东北），使得人民生活处于水深火热之中，朝政日益衰败。大德十一年（1307年），铁穆耳病重，不久便病死，享年43岁。

七、北藩入嗣元武宗，三宫协和令教繁

元武宗孛儿只斤·海山（1281—1311年），元朝第三位皇帝，蒙古帝国第七任大汗（1307—1311年在位）。元世祖忽必烈的曾孙、元裕宗真金之孙、元顺宗答剌麻八剌之子、元成宗铁穆耳之侄。母亲是昭献元圣皇后答己，弟弟是元仁宗爱育黎拔力八达。

忽必烈生前曾立次子真金为太子，不幸的是这位倡行汉法的真金竟在至元二十二年（1285年）先他而死。真金留下了三个儿子，即甘麻剌、答剌麻八剌和铁穆耳。忽必烈对这三个孙子都很喜欢，一时不能决定立谁为"皇太孙"。甘麻剌先后被封为梁王、晋王，率军镇守北边，统有重兵。答剌麻八剌一直被留在真金与忽必烈的身边，至元二十八年（1291年）他受命出镇怀州（今河南沁阳），未到怀州就生病回京，于次年春天去世。

忽必烈去世后，甘麻剌让位给三弟铁穆耳，铁穆耳即位，是为元成宗。元成宗只生过一个儿子德寿，德寿于大德九年（1305年）六月被立为皇太子，同年十二月得病夭亡。元成宗晚年多病，很少亲理政务，国家大事，内则决于宫人，外则委托宰臣。元成宗一死，便围绕帝位继承问题展开了一场激烈的夺权斗争。

早在大德三年（1299年），由于原来镇守漠北的宁远王阔阔出备边松懈，元成宗就命其侄子海山去阔阔出军中代领其职。大德八年（1304年）十月，海山被册封为怀宁王，佩戴金印，食封瑞州6.5万户。显赫的军功和精良的部众，为海山争夺帝位奠定了坚实的基础。

大德十一年（1307年）正月，元成宗铁穆耳驾崩。依元朝旧制，在皇位空虚之际暂由中宫卜鲁罕皇后摄政，由她负责召集宗亲大臣举行忽里勒台大会另选新君。卜鲁罕和左丞相阿忽台等准备拥立元成宗

元武宗

的堂弟安西王阿难答。但是，元世祖生前有日后帝位必须传给真金太子之后的成约，依此应是元成宗长兄甘麻剌的长子也孙铁木儿（后为元泰定帝）。元成宗的讣告传至怀孟，元成宗次兄答剌麻八剌的次子爱育黎拔力八达与其母答己也以奔丧的名义回到京城，准备夺取帝位。一场血腥的权力争夺已不可避免。

按照蒙古婚俗，弟有收兄寡妻的习俗，答剌麻八剌死后，铁穆耳很想纳其貌美的嫂子答己为妃，结果被生性好妒的卜鲁罕皇后阻止，因此，她与答己开始有矛盾。大德十年（1306年），卜鲁罕皇后曾密谋将答己与其子爱育黎拔力八达贬往怀州。元成宗去世之后，卜鲁罕皇后担心镇戍北边的亲王海山归来后报复前怨，便密令安西王阿难答来京师，准备立他为皇帝。右丞相哈剌哈孙表面上并不反对卜鲁罕皇后，暗中却派人北迎海山于漠北，南迎爱育黎拔力八达于怀州。他将京城百司的符印全部收起，封闭府库，把守掖门，控制机枢，对于来自内廷的旨意，他佯装有病，不予署理。当时适逢海山从漠北派遣脱脱来京师办事，哈剌哈孙便令他速还漠北，将京城里的变故报告海山。

海山在漠北，距大都路远，其弟爱育黎拔力八达先到大都。哈剌哈孙连夜派人鼓动他说："怀宁王路途遥远，不能马上到达，如不及早动手，怕夜长梦多，生出不测，事不宜迟，应先发制人才是。"当时，皇后已决定让阿难答于次日登基，但爱育黎拔力八达提前一步，率先带领卫士闯入内廷，逮捕了左丞相阿忽台和安西王阿难答等人，以"乱祖宗家法"的罪名，将其全部杀死。诸王阔阔出、牙忽都等劝爱育黎拔力八达即皇帝位，但他考虑到其兄海山拥有重兵且能征善战，不敢造次，于是先以监国的名义掌握政权，与哈剌哈孙一起日夜居守禁中，防备事变。另派使者奉玉玺北迎海山。

大德十一年（1307年）三月，海山率3万精兵到达和林，得悉爱育黎拔力八达政变成功，便召集诸王驸马等商议南下夺取帝位。其母答己听信阴阳家关于"海山即位，运祚不长"的说教，并遣派近臣将此话告诉海山。海山听后十分不满，率部下精兵分三路南下。答己大惊，忙遣脱脱回报海山，邀请他速来京师。此前太后因海山迟迟不来，已遣阿沙不花前往说明诸王群臣拥戴之意，细述了安西王谋变以及爱育黎拔力八达平叛监国的始末。海山觉得情况确切，便于大德十一年（1307年）五月到达上都。母子三人相会一处，大会诸王。废元成宗皇后卜鲁罕，贬谪东安州，后又赐死。同时还收捕了阿难答的同伙宗王明里铁穆耳，也押至上都赐死。

海山在星者指定的日子举行了即位大典。之后，在大安阁朝会诸王、文武百官，宣布大赦天下。

元武宗即位之后，大量任用自己的亲信执掌要枢，将旧朝文武一概更换。朵尔朵海为太傅知枢密院事。中书右丞相哈剌哈孙加太保官，并且兼管军国重事。知枢密院塔剌海为中书左丞相，参与枢密院、宣徽院事，同阿沙不花等并为中书平章政事。特授乞台普济为中书平章政事，脱脱为御史大夫。

元武宗初年，很想因循汉制，重儒尊道。所以即位不久，他就遣使前往阙里，以太牢之礼祭祀孔子，而且加号"大成至圣文宣王"，对全国遵行儒教者予以优赦。中书右丞孛罗帖木儿用蒙古文译《孝经》，进呈元武宗览阅，得到嘉奖。元武宗命令中书省刻板模印，遍赐诸王大臣。因元武宗尊崇圣教，宫廷内外，一时间习经成风。

但是，元武宗嗣位不久就坐享承平，渐渐耽于荒逸，每日除听朝外，就在宫中宴饮，因沉湎酒色，信用佞幸，元武宗对朝政很少认真过问，元朝政局非但未从元成宗末年的混乱中走出来，反而愈来愈坏。当时西方僧人势力在朝中炙手可热，气焰嚣张。元武宗建兴圣宫，常请僧侣们入内祷佛祈福。他还派军士1500人以及大量民工修建五台山佛寺。并令皇太子亲自主持在大都城南建造佛寺。他还命令喇嘛翻译佛经。当时有人反对崇信喇嘛，元武宗下诏，凡是民众殴打西僧者截其手，骂西僧者断其舌。他还多次赏赐西僧，对善于献谀的喇嘛教瓦班，还授予翰林学士承旨的官职。

至大通宝

西僧无所顾忌，蠹害百姓，成为当时的一大祸害。

元武宗的性格易喜易怒，若明若暗，有时能宽大为怀，有时则显得酷暴残忍。奢侈、挥霍更超过元成宗。即位之初，他大赏诸王、宗族，搞得两都府库储备空虚，入不敷出。即使在这样的情况下，元武宗仍是挥金如土。至大元年（1308年）正月，江南有绍兴、台州、庆元、广德、建康、镇江六路发生大饥荒。死者甚众，饥户达46万多，百姓无食充腹，纷纷起来反抗。灾荒之余，随之而来的是疫病大作，同年九月江浙一带死者相枕，父卖其子，夫鬻其妻，哭声震野。政府财政更为困难。再加上元武宗大兴土木，建城修寺，营造私第，财政危机再度出现。

元武宗为寻找摆脱财政困难的出路，重新采用了忽必烈的老办法：立尚书省以经理财用，就是变更钞法。同年九月，开始发行"至大银钞"。使得至元钞大为贬值，广大百姓备受其害。元武宗时的财政赤字数，创元朝建立以来的纪录。由于滥发纸钞，充作银两，致使物价腾跃，加上统治者从中盘剥，中饱私吞，百姓备受其苦。

尽管如此，主持尚书省的脱虎脱、三宝奴等人，还是备受元武宗恩宠。至大三年（1310年）六月，元武宗让脱虎脱和三宝奴总治百司政务，独揽尚书省大权，并赐予他们珠衣以示恩遇。元武宗为平衡物价也曾在路府州县设立常平仓，丰年收籴粟麦米谷，值青黄不接时减价出粜，但由于钞币贬值，吏治衰败，财政危机仍未消除。

元武宗有时也能够接纳臣下的建议，实施一些有益的措施。他采纳尚书省臣的提议，将自太祖以来所行政令9000余条，删除烦冗，使归于一，编为定制，避免了格例不一，官吏任刑随意的弊端。他还接受乐实的主张，对江南豪族年收成粮食五万石以上者，令其每石上缴二升，另质一子从军。其所输粮食，一半入京师给养卫士，一半留在本地以备凶年。至大二年（1309年）十月，元武宗下令解除酒禁，设立酒课提举司。御史台臣奏言："年景不好，粮食短缺，不宜马上解除酒禁。"元武宗当即下令省臣讨论此事。但这些措施都未能使元武宗成为一个善于守成、御政有方的圣明君主，他的泛赐、淫乐和大兴土木以及用人不力使元朝统治出现了危机。

元武宗宠幸众妃，很晚才册立皇后。至大三年（1310年）正月，始封弘吉剌氏真哥为后。真哥的从妹速哥失里也被封为皇后。弘吉剌氏是蒙元一代最显赫的家族，世居也里古纳河一带。祖上特薛禅因从太祖铁木真起兵有功，深得太祖器重。他的女儿孛儿帖·兀真被太祖立为皇后。特薛禅的儿子按陈跟随太祖南征北战，立有赫赫战功。太祖赐按陈号"国舅按陈那颜"，并授以银印，封河西王，赐钱20万缗。且降旨："弘吉剌氏生女为后，生男尚公主，世世不绝。"

真哥的祖父脱怜，是按陈的裔孙，元世祖忽必烈时授以本藩千户，赐以驿券、国符各四个。领兵守朔方客鲁连河一带。后随族文按答尔秃平定了乃颜的叛乱，被赐号"拔都儿"。他的儿子（也就是真哥的父亲）进不剌继承父位。

真 哥

真哥在诸后妃中最为元武宗所宠爱。元武宗天性好色，整天和真哥沉溺于声色宴舞之中，致使朝政日坏，国势日衰。中书平章政事阿沙不花为此曾直犯龙颜，对元武宗说："陛下近来面色憔悴，大不如前。酒色就像两把利斧砍伐孤树，长此以往，终致仆倒。"元武宗表面接受阿沙不花的劝告，事后一如既往。果如阿沙不花所言，元武宗终于在酒色这两把利斧的砍伐下，于1311年倒下了。真哥皇后也只有独守空房，形影相吊了。泰定四年（1327年）十一月，真哥皇后去世，无子，谥号"宣慈惠圣皇后"。

元武宗的妃子中，亦乞烈氏生了和世琜（后为元明宗），唐兀氏生了图帖睦尔（后为元文宗）。三宝奴曾劝说元武宗重新立己子为太子，因右丞相康里脱脱反对，才维持原状。宦官李邦宁也曾入告元武宗，称："陛下春秋日富，皇子渐长。自古以来，只有父作子述，未闻有子立弟。"元武宗很不高兴，叱责道："我已决定，你不必多言。"

由于沉耽淫乐，酗酒过度，元武宗身染重病，但他恣意游幸，还命令筑建中都城，让司徒萧珍监工，调发兵役数万，限五个月竣工，逾期加罪。至大四年（1311年）正月元旦，百官入殿朝贺，等候半天，宫监传话说元武宗身体不适，免行大礼。朝臣只得退班。过了七天，元武宗崩于玉德殿。在位不足五年（1307—1311年），享年31岁。他的灵柩被葬在起辇谷，与他的先祖安息一处。

五月，文武百官也先帖木儿等上尊谥为"仁惠宣孝皇帝"，庙号武宗。蒙古汗号为曲律（意为俊杰）可汗。

八、孜孜为治遵成宪，元仁宗破约传子

元仁宗孛儿只斤·爱育黎拔力八达（1285—1320年），元朝第四位皇帝（1311—1320年在位），蒙古帝国第八位大汗。元武宗海山之弟，元英宗硕德八剌之父。

元仁宗自幼熟读儒籍，倾心释典，曾命王约等将《大学衍义》节而译之为蒙文，赐臣下说："治天下，此一书足矣。"并将《贞观政要》和《资

治通鉴》等书摘译为蒙文，令蒙古、色目人诵习。又出兵西北，击败察合台后王也先不花。

早年从太常少卿李孟学习儒家典籍。大德九年（1305 年），出居怀州。大德十一年（1307 年），元成宗崩，与其母回京城大都奔丧，与右丞相哈剌哈孙合谋，诛谋自立的安西王阿难答与中书左丞相阿忽台，拥立统军北边的长兄怀宁王海山为帝，是为元武宗。元武宗即位后他被立为皇太子（实为皇太弟），

元仁宗

领中书省、枢密院，相约兄终弟及，叔侄相传。后元仁宗师从太子詹事王约辅导，王约屡劝勿露锋芒，终成仁政。

至大四年（1311 年）正月，元武宗崩，皇太子爱育黎拔力八达继位，汗号普颜笃汗，是为元仁宗。之后他大张旗鼓地进行改革。诛元武宗幸臣三宝奴、脱虎脱、乐实等人，取消尚书省；罢建元中都；停用至大银钞；进用汉族文臣，减裁冗员，整顿朝政，改变成、武两宗的衰败之势。

皇庆元年（1312 年），元仁宗将王约特命为集贤大学士并将他的"兴科举"建议"著为令甲"。皇庆二年（1313 年）十月，元仁宗要求中书省议行科举。皇庆二年农历十一月十八日（1313 年 12 月 6 日），元仁宗下诏恢复科举。延祐元年（1314 年）农历八月二十日，全国举行乡试，一共录取 300 人。延祐二年（1315 年）农历二月 300 名乡试合格者在京城大都举行会试取中选者 100 人，农历三月初七，100 名会试中选者在京城大都皇宫举行殿试（廷试），最终录取护都答儿、张起岩等 56 人为进士。此次科举仿唐宋旧制，尊崇朱熹之学，史称"延祐复科"。蒙元灭金、宋后，科举废弃。"延祐复科"距离宋亡 36 年，距离金亡更达 81 年，汉族士人至此方重获正常的晋身途径。民族矛盾有所缓和。

延祐元年（1314 年）曾在江浙、江西、河南等地进行田产登记，清查田亩，以增加国家税收。但是当延祐元年（1314 年）十月经理正式实行时，由于官吏的上下其手导致的执行不力，很多富民通过贿赂官吏隐瞒田产，很多贫苦农民和有田富民则被官吏乱加亩数，广大农民深受其害，最终导致延祐二年（1315 年）江西赣州蔡五九起义。虽然两个月中就被平定，但是元仁宗迫于形势，不得不停止经理，并减免所查出的漏隐田亩租税。史称"延

阿纳失失里皇后

祐经理"。

当初元武宗即位时，以元仁宗有定策功，乃以母弟为储，相约兄弟相袭，叔侄相继。但元仁宗即位后，却在子侄间难以决断，太后答己、权臣铁木迭儿等亦劝元仁宗传位己子。终于，延祐二年（1315年）十一月，元武宗长子和世㻋被封为周王，次年三月被徙居云南，途中元武宗旧臣谋奉之以叛，事不成，周王走避金山。

延祐三年（1316年）十二月，元仁宗立儿子硕德八剌为皇太子，打破了叔侄相传的誓约。但这个做法导致后来元朝长达20年的政治混乱及宫廷斗争。

延祐七年（1320年）正月，元仁宗爱育黎拔力八达崩于大都光天宫，还葬起辇谷。同年三月，继位的元英宗硕德八剌为其父上谥号圣文钦孝皇帝，庙号仁宗。

九、施新政触怒权贵，遭刺杀"南坡之变"

元英宗孛儿只斤·硕德八剌（1303—1323年），元朝第五位皇帝（1320—1323年在位），蒙古帝国第九位大汗。元仁宗嫡子。

1. 早年登位

硕德八剌自出生以后，便一直在他父亲元仁宗的身边长大。他所接受的儒家的说教相比较而言算是很充分的，所以颇思大有为于天下。元仁宗想要立他为皇太子，硕德八剌知道后去拜见皇太后，坚决推辞说："我年纪太小而且能力不足，况且我兄长还在，应该立我的兄长，让我来辅佐他。"皇太后不允许。

延祐三年（1316年），硕德八剌被立为皇太子。监察御史段辅、太子詹事郭贯等，上奏皇帝要为皇太子硕德八剌选择师傅，元仁宗欣然接受。延祐六年（1319年）十月，授给他玉册，下诏命所有机构的事务都要去先交给硕德八剌，然后向皇帝奏报。硕德八剌对中书省的大臣说："皇上把天下的事务都交给了我，我日夜战战兢兢，唯恐哪里做不好。你们一定不要有所顾忌，一定要恪勤乃职，不要有懈怠的地方，以免达不到为君父解忧之效。"

延祐七年（1320年）正月二十一日，元仁宗去世。三月十一日，18岁的硕德八剌在太皇太后答己及右丞相铁木迭儿等人的扶持下，在大都大明殿登基称帝，汗号格坚汗，是为元英宗，改元"至治"。元仁宗一死，答己太后便以太皇太后之尊制出中宫，把被罢了相的铁木迭儿重新调入中书省，出任右丞相。铁木迭儿复相后，"睚眦必报"，对从前弹劾过他的人肆行威福，予以打击。硕德八剌本人缺乏像忽必烈和元仁宗那样的既有声望又足可信赖的潜邸侍臣班子，这时候差不多处于孤立无援、"孑然宫中"的境地。所能托付者，一个是与他同样迂阔而不谙世故的年轻宰相拜住，另一个则是暗藏祸心的妻舅铁失。农历五月十一日，硕德八剌任命拜住为左丞相，以遏制太皇太后和铁木迭儿的权力扩张。

2. 争夺权力

至治元年（1321年）五月，硕德八剌下令毁掉上都的回回寺庙，在那里修建大型佛教寺庙。七月，赏赐晋王也孙铁木儿百万贯钞。十一月初九，群臣为元英宗上尊号继天体道敬文仁武大昭孝皇帝。

自延祐七年正月元仁宗去世直到至治二年（1322年）秋，从元朝中央政府的政令中，可以明显地看出两个不同政治派别的施政倾向及其互相冲突。元仁宗死后第三天，元英宗尚在"素服寝于地，日歠一粥"的居丧期间，答己便故技重演，抢先命铁木迭儿为右丞相。翌月，铁木迭儿即与内朝相为表里，夺前中书平章政事李孟所受秦国公印，命四川拘捕行省平章赵世延到京，并以违太后旨之罪杀前御史中丞杨朵儿只、中书省平章萧拜住。与此同时，与答己集团关系密切的黑驴、木八剌、赵世荣等人则相继从外省调入中书任职。这样，元仁宗时期曾与答己和铁木迭儿相对抗的汉法派中坚分子，在元英宗即位之前就遭到了答己的清洗，幸免于祸的汉人儒士，也在淫威慑逼之下钳口摇手，不敢再多出议论。答己还想进一步扩大清洗的范围，通过徽政院使向元英宗"请更朝官"。元英宗显然不满太皇太后的作为，回答说："此岂除官时耶？且先帝旧臣，岂宜轻动。俟予即位，议于宗亲、元老，贤者任之，邪者黜之可也。"

元英宗于大都即帝位后，在有关朝廷中枢机构的人事安排问题上，帝、后双方长期

元英宗

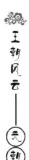

争持不下。铁木迭儿以赵世延尝劾其奸，诬以不敬下狱，请杀之，并究省台诸臣。元英宗不允，私下对近臣说："顷铁木迭儿必欲置赵世延于死地。朕素闻其忠良，故每奏不纳。"铁木迭儿又以和市织币薄恶，请免右丞高昉，元英宗还是不允。时而仍有后党得逞的迹象。最早揭发张弼案的上都留守贺胜，即于元英宗继位以后两个月，被后党乘隙奏准，以"便服迎诏"罪弃市。元英宗的态度，有时也很强硬。贺胜坐弃市的同月，有告岭北平章阿散（原中书左丞相）、新任中书平章黑驴、徽政院使失烈门等谋废立，元英宗不待鞫状，命悉诛之。他估计此案很可能与答己有关，所以急忙将案犯诛杀了事，一则除去太皇太后的几名心腹，二则也阻止了案犯旁牵蔓引，致使帝、后矛盾进一步表面化。

尽管有后党的牵制，元英宗登基之后，还是急切地希望有所动作，求收速效以逞快一时。他下诏由吏入官，秩止从七品，恢复了元仁宗时曾经公布但又很快收回的规定。但是这些措置的实际效果究竟如何，不是没有问题的。元英宗的诏旨，有一些在京城之内都不克实行。关于罢建寺之费等规定，更被他本人热衷营造的行为所破坏。延祐七年（1320 年）十一月，诏"各郡建帝师八思巴殿，其别视孔子庙有加"。这应是在全国范围修建帝师寺的开始。这一时期的其他营建项目也不少，甚至已到"民劳役巨"的地步。

3. 主政改革

至治二年（1322 年）八、九月，铁木迭儿、太皇太后相继去世。元英宗感受到的政治压力顿时减轻，他推进新政的决心也大为加强。十月，元英宗擢升木华黎后人拜住为中书右丞相，虚左丞相之位而不拜，以示对拜住信任之专；次年五月又以铁失独署御史大夫事，与专任拜住用意相同。这时两人还已分别兼领左、右钦察卫和宗仁卫事，以及左、右阿速卫和中翊卫事。军政权力的高度集中也隐约反映出，元英宗身边堪受信用的人似乎不是很多。农历十月二十五日，元英宗任命拜住为中书右丞相，并且不设左丞相，以拜住为唯一的丞相。在右丞相拜住、中书省平章政事张圭等的帮助下，元英宗进行改革，并实施了一些新政。

元英宗新政的主要措施包括：

（1）大量起用汉族官僚和士人，张圭、王结、王约、吴险等人都被召超擢。"士大夫遭迸弃者，咸以所长收叙；文学之士，则待以不次之除。"为召起虞集，朝廷遣使赴蜀未遇；求之江西，又不见；时虞集方省墓吴中，使至，乃受命趋朝。可见当时朝廷起用儒臣心情之迫切。

（2）推行"津助赋役法"，即在各地确定一部分田亩，"使应役之人更掌之，收其岁入以助役费，官不得与"。在苏湖地区，"凡民田百亩，令以三亩入官，为受役者之助"。此处所谓"入官"，仅指在名义上被征用为官田，实际上助役田多被分配到承当差役的各人户，归他们经营（自种或招佃），以其收入作为当役补贴。

（3）至治三年（1323年）正月，诏令朝臣听读审议元仁宗时编纂的累朝格例，并将延祐二年（1315年）之后新颁格例类集增补入内。二月，遂定名《大元通制》，颁行天下，一共有2539条，其中断例717条、条格1151条、诏赦94条、令类577条。是书条格和断例部分的篇目和编排，分别依照金《泰和律令》和《泰和律义》。《大元通制》中的许多条款，在形式上虽然属于临事制宜的个别指令或纪录公文，但它们作为单行法，对处理类似事务具有普遍的法律效能。因此，《大元通制》是具有法典性质和权威的官方政书，对于统一元朝的政制法程起了积极的作用，也体现了元廷通过颁布法典来加强它作为一个中原王朝的正统形象的用心。

（4）清算太后集团遗毒，澄清吏治。十一月，答己死后甫两月，元英宗再次发出"罢世祖以后冗置官"的诏令。翌日，即罢去徽政院。按徽政院原是侍奉皇太后的机构，答己死后撤罢徽政院本来理属当然，但在当时情况下，减罢"徽政院断事官、江淮财赋之属六十余署"，这一行动难免带有雷厉风行、倾其巢穴的政治色彩。与此同时，拜住把原先受铁木迭儿压制而未加追究的"诳取官币"案重新提出来，遂诛杀当时尚在世的铁木迭儿之子八里吉思以及刘夔、囊加台，仆铁木迭儿父祖碑，追夺其官爵及封赠制书，他的另一个儿子锁南也被黜职。

元英宗曾经想把征东行省（高丽王国）郡县化，罢征东行省，改立三韩行省，完全和元朝的其他行省一个待遇，"制式如他省，诏下中书杂议"，因为集贤大学士王约说："高丽去京师四千里，地瘠民贫，夷俗杂尚，非中原比，万一更化，疲力治之，非幸事也，不如守祖宗旧制。"得到丞相的赞同，设立三韩行省奏议没有实行。最终高丽国祚得以存续，高丽人知道后，为王约画像带回高丽，为之立生祠，并说："不绝国祀者，王公也。"

4.政变被弑

元英宗的新政使得元朝国势大有起色，但新政却触及了蒙古保守贵族的利益，引起了他们的不满。元英宗对铁失的宠信，似乎并未因他涉及诳取官币案而马上改变。以铁失独署御史大夫事，就发表在事后两个多月的至治三年（1323年）五月。但是到六月，形势突然发生了变化。由于拜住等人将铁木迭儿的"过恶"反复陈奏，元英宗对这个死去已近一年的权臣

速哥八剌皇后

的憎恶，竟急剧加深而不能自抑。他的怒火开始发泄到被视为铁木迭儿"奸党"的那些朝臣，包括先已宣布赦免不究的铁失身上。此时恰逢元英宗在上都夜寐不宁。"惧诛者"于是唆使番僧建言作佛事禳灾，希冀作佛事而获得大赦。但拜住却声色俱厉地责备番僧："尔等不过图得金帛而已，又欲庇有罪邪？"铁失等人把拜住的话理解为元英宗又要惩治"有罪"的暗示。"闻之益惧，乃生异谋。"而且元英宗下令清除朝中铁木迭儿的势力，随着清理的扩大化，铁木迭儿的义子铁失在至治三年八月初四（1323年9月4日）准备刺杀元英宗。

元英宗从上都出发，准备回到大都去。上都一向是保守派蒙古贵族势力盘踞的据点。那天晚上，元英宗硕德八剌住宿在上都以南30里的南坡店。铁失纠集了一批对他心怀怨恨的守旧贵族，其中就有铁木迭儿的儿子锁南发动兵变。他们冲进硕德八剌的住宿地，杀掉宰相拜住。铁失亲自闯进硕德八剌的幄殿，杀害了元英宗。史称"南坡之变"。

从表面上看来，南坡之变完全是一次难以事先预料的突发性事件。但它的发生，又与元英宗的个人性格以及当时的蒙古—回回贵族与汉法派之间的斗争形势，具有某种程度的必然联系。虽然汉族文人经常喜欢按照儒家观念将元英宗的形象理想化，元英宗的个人性格却绝非如此单纯。或许恰恰是由于长期受太皇太后的压抑，他似乎比在他之前的任何一位皇帝都热衷于表现天子的威严。

元英宗去世时年仅21岁，后从葬诸帝陵。泰定元年（1324年）二月，上尊谥曰睿圣文孝皇帝，庙号元英宗。

十、泰定致和堪守成，元室动乱多事秋

元泰定帝孛儿只斤·也孙铁木儿（1293—1328年），元朝第六位皇帝，蒙古帝国第十位大汗（1323—1328年在位）。元世祖忽必烈的曾孙，元裕宗真金之孙，元显宗甘麻剌之子。

当初元世祖忽必烈以其第四子那木罕为北安王，镇戍北边。北安王死后，忽必烈以其长孙甘麻剌代之，封号晋王。晋王于大德六年（1302年）早死，

也孙铁木儿承袭父位，嗣封为晋王，仍镇守北边。

也孙铁木儿虽身居漠北，但他对京城的动向十分关注。他的幸臣王府内史倒剌沙常侦伺朝廷事机。倒剌沙遣其子哈散到丞相拜住手下做事，并且充任宫廷宿卫。哈散曾告诉也孙铁木儿，御史大夫铁失与拜住相忤，想图谋害之。至治三年（1323年）八月初二，也孙铁木儿正在秃剌一带狩猎，铁失密遣亲信斡罗思前来通告说："我与也先铁穆耳、失秃儿已经谋定，事成之后，推立您为皇帝。"也孙铁木儿不知政变能否成功，怕受牵连，下令拘禁斡罗思派别烈迷失等赴上都，告知逆谋，但人还没到，元英宗已被弑。

铁失一伙所以选中晋王，主要是基于对元英宗新政的仇视。驻守于漠北的也孙铁木儿是蒙古诸王中最强有力的军事游牧贵族首领，是保守的蒙古旧贵族的代表，而且双方关系始终很密切。

九月初四，也孙铁木儿接受玺绶，即位于龙居河（今克鲁伦河），大赦天下。他随即任命也先铁穆耳为中书右丞相，倒剌沙为中书平章政事，铁失为知枢密院事，失秃儿等人也分别被授予不同的官职。

行弑之后，铁失、失秃儿等人急驰大都，连夜赶回中书省，收封了全部印信，静候晋王的消息。十月，也孙铁木儿派旭迈杰和纽泽赴上都祭告天地、宗庙、社稷。并且调集侍从，准备择日向京师进发。也先铁穆耳等人自恃大功在身，肆意妄行，威权愈甚。宗王买奴密陈元泰定帝道："也先铁穆耳等人合谋图逆，共弑先皇，其所以奉玺迎您，是怕陛下兴师问罪。若权归他手，陛下转成傀儡，此后一举一动，反被逆党所制，他们安享荣利，陛下反蒙恶名，不如斩杀逆党，讨平奸贼。"也孙铁木儿立即遣晋邸卫兵杀死了也先铁穆耳、完者、锁南、秃满等人。改以旭迈杰为中书右丞相，陕西行中书左丞相秃忽鲁、通政院使纽泽并为御史大夫。并派旭迈杰和纽泽速赶至大都搜除逆党。自恃政变有功企望得到重赏的铁失、失秃儿、赤斤铁穆耳、脱火赤章台等人出城相迎。卫士们一拥齐上，将铁失等人除去冠带，

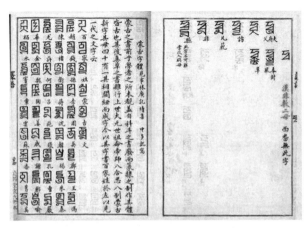

中国历史上唯一一篇用白话文写就的即位诏书

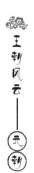

就地正法，并将弑君者的子孙全部杀死，籍没他们的财产；他还搜捕了诸位叛王以及御史台经历朵儿只班、御史撒儿塔罕、兀都蛮郭等人。也孙铁木儿还任命旭迈杰兼阿速卫达鲁花赤，对曾经参与南坡之变的阿速卫严加控制。

同年十一月，也孙铁木儿到达大都。十二月，也孙铁木儿又一次对铁失余党进行了清洗：处死了月鲁、秃秃哈、哈敦等人；流放诸王月鲁铁穆耳于云南，按梯不花于海南，曲吕不花于奴儿干，李罗及兀鲁思不花于海岛。

也孙铁木儿即位之后，先后尊皇考晋王谥曰光圣仁孝皇帝，庙号显宗。皇妣晋王妃曰宣懿淑圣皇后。尊先帝硕德八剌谥为睿圣文孝皇帝，庙号元英宗。并改元为泰定。他接纳了御史台的建议，给铁木迭儿当政时惨遭诬杀的杨朵儿只、萧拜住、贺伯颜、观音保等人平反昭雪，将幸存者召还录用，死者予以赠官抚恤。因旭迈杰、买奴等将领清除逆党，功劳卓著，元泰定帝赏给买奴泰宁县 5000 户，加爵泰宁王，赏赐给旭迈杰金 10 锭、银 30 锭、钞 70 锭。其余臣下也各有爵赏。他还追赠前丞相拜住为太师，爵东平王，谥号忠献，称为清忠一德功臣，授其子答儿麻失里为宗仁卫亲军都指挥使。他的近臣倒剌沙虽曾与铁失等人密议，但并未获罪，元泰定帝仍任命他担任了中书左丞相。倒剌沙很快成为泰定朝最具实权的人物。

泰定元年（1324 年）二月，江浙行省左丞赵简上书请求开经筵、择师傅。元泰定帝遂命平章政事张圭、翰林学士承旨忽都鲁忽儿迷失、学士吴澄、集贤直学士邓文原，以《帝范》《资治通鉴》《大学衍义》《贞观政要》等书进讲。

元泰定帝对贵族仍采取宽疏政策，导致朝政松弛。元朝定制，太庙内神主一概用金铸制。因太常守卫不谨，元仁宗神主被盗，监察御史宋本、赵成庆、李嘉宾等奏言要追查责任者，如追查，要牵连一大批人，结果元泰定帝并未处置。对辽王脱脱妄杀宗王妃主一案，他也未予制裁。前太尉不花矫制诏令强令寡妇古哈再嫁给家吏撒梯，台官据实劾奏，因即烈、不花贿赂左丞相倒剌沙，元泰定帝竟下了一道赦诏。适逢当时灾异频仍，元泰定帝在监察御史史鹏南等人谏议之下，对朝政的废弛始有重视，他告谕倒剌沙说："朕即位以来，无有一人能与我讲习成法。知而不言则是不忠，而且容易陷人于罪。以后应多向我汇报你所知道的情况，使我也明知法度。天下一切政务，能守法以行，则民众乂安；反之，则天下罹于忧苦。凡事防之于小则易，救之于大则难，你把我的话明告于众，让他们慎重行事。"但倒剌沙不是一个忠直的贤辅良佐，在他的蛊惑下，元泰定帝时期的种种过失有增无减，其中尤以崇佛事为最烈。元泰定帝多次令番僧大修佛事。每作佛事，数万僧人会集一处，元泰定帝还大加赏赐，并命各处建造佛寺，铸造金像，所费以亿万计。元泰定帝信佛达到了迷狂的地步，他认为兴佛事可以避灾御难。他命令岭北守边的宗王彻彻秃，每月修佛事一次，以防外患入侵。还让僧徒在大殿之内作佛事以压天雷。他在光天殿特请西僧讲习西番经，并且让800僧徒伙同僧人帝师游览京城。元泰定帝本人亲受佛戒于帝师，连皇后弘吉剌氏等人也都至帝师前受戒，元泰定帝还将帝师八思巴的塑像颁赐给各行省，让他们供奉祭祀，并用纯金书制了用西番文字写成的《藏经》。帝师亦思宅卜每年所受赏赐不可胜计，他的兄弟索诺木藏布竟领西番三道宣慰司事，封白兰王，赐金印，甚至还娶了公主为妻。众僧徒也是各有名号，佩金带玉，他们气焰熏灼，无所不为，成为一大社会公害。每遇天变人异，元泰定帝总是令番僧默祈解禳。番僧请求释赦囚犯，他就屡下赦诏，奸盗贪淫等罪行，一律降恩不问，律令王法全变得如同虚设。元泰定帝迷信佛事，把郊天祀祖的大礼也搁到一边。监察御史赵思鲁提议天子应亲祀郊庙，元泰定帝不以为然地说："世祖成宪中并无亲祀郊庙之事。我只知效法世祖，世祖所行的事，我一定遵行；世祖未行的事，我也不愿增添。此后郊天祭庙，由大臣代便就是了。"他只信佛佑，对朝中事务已漠不关心了。

僧人帝师亦思宅卜死去之后，元泰定帝大修佛事，命塔失铁穆耳、纽泽监督，召集京畿僧侣诵经讽咒，一搞就是几十天。他又延请西僧藏班藏卜为帝师，赐奉玉印，大加赏赐。为增福延寿，元泰定帝在兴圣殿，设经坛，供金佛，在锣钹声中又跪受了无量寿佛戒，并分赐数万两金银钞赏给僧徒。

泰定年间，各地水旱、地震等灾害交相发生，元泰定帝除了祈求佛佑之外，也组织兴修了一些水利工程。泰定元年（1324年）五月，他调发兵民修筑运河大堤。泰定二年（1325年），在汴梁设行都水监，备捍河防，并且命令濒河州县正官兼任知河防事。五月，浙西诸郡暴雨连降，江湖水溢，遂命江浙行省及都水庸田司调发役卒疏浚排水。后又在松江设置一个都水庸田司，负责江南河渠水利。对各处流民也曾适当予以安抚，元泰定帝发给蒙古流民粮钞，将他们遣还本部，并严令他们不得擅自迁徙，违者斩首，藏匿流亡者也要杖笞。为安顿蒙古饥民，泰定元年七月，元朝政府一次就给钞29万锭。对汉族流民，他也派官吏护送他们还乡，对聚至千人的饥民还要杖打罚笞。泰定三年（1326年）正月，将山东、湖广一带的官田分赐给流民耕垦，每人受田3顷，并给少量牛具。还向各地颁行了《农桑旧制》。

由于滥行爵赏，财政很窘迫。西南边省连绵不断的苗乱与瑶乱，也费用了不少财力。加上水旱灾害，政府的赈济、减免税收，都加剧了当时的财政危机。为摆脱这种困境，元泰定帝甚至以七品以下的官爵为诱饵，招募富民入粟拜官，2000石可得从七品，1000石得正八品，500石从八品，300石正九品，不愿入仕者旌表其门。所募粮食储于义仓之中，防备郡县水旱之饥。

元泰定帝对汉人的防范甚严。泰定二年六月，河南息州的汉人赵丑厮与郭菩萨二人扬言说："弥勒佛当有天下。"结果被元军逮捕。朝廷如临大敌，命令宗正府、刑部、枢密院、御史台与河南行省，会同审讯，唯恐汉人造反。广西普宁有一个和尚陈庆安造反，自称皇帝，结果很快被镇压下去。元廷规定，汉人不得藏执兵仗，有军籍者，武器征则发给，归来后马上上缴。元泰定帝为稳固帝位还规定，在外地诸王私自入京者，不供其所用，如携带宿卫士兵私自入京，则要获罪。

元泰定帝虽有零星的治绩，但他本人不能从贤纳谏。中书平章政事张圭等人联名奏疏，历陈时政得失，指出崇佛厚赐对百姓的危害，官员冗滥的弊端等社会问题。

元泰定帝浏览多时，渐渐厌烦，劝张圭下去休息。张圭愤闷无奈，只好托称老病，上表辞职。元泰定帝念其忠直，命他养病西山，并加封蔡国公，知经筵事。张圭一再恳请，得准返归乡里，不久便死去。

元泰定帝非常怀恋北方的生活，他命西安王阿剌忒纳失里和金枢密院事燕帖木儿留守京师，自己率皇后、皇太子及丞相倒剌沙等人，向北巡幸上都。他在行宫之内，整日沉于酒色之中，不再过问朝政。与他的先祖一样，元泰定帝也是个嗜酒好色之人，他曾派阔阔出等人专程到高丽，搜罗30名美女供其玩乐。对向他敬献葡萄酒的诸王脱别帖木儿、哈儿蛮等人，他一次就颁赏金银6000锭。由于酗酒好色，游猎享乐，元泰定帝身染疾病。终于致和元年（1328年）七月，死于上都行宫之中，年仅36岁。遗体葬于起辇谷。

元泰定帝尸骨未寒，燕帖木儿等人发动政变，谋立元武宗之子怀王图帖睦尔为皇帝。九月十三日，图帖睦尔即皇帝位于大明殿，是为元文宗，改元天历。而倒剌沙和梁王王禅等人也在同月立泰定帝皇太子阿速吉八为帝，改元天顺，并派兵进攻燕帖木儿指挥的大都防线，经过两个多月的较量，燕帖木儿屡屡得胜，年仅9岁的天顺帝不知所终。元泰定帝早立太子维系大统的梦想化成了泡影。

十一、元文宗杀兄夺位，悔当初舍子传侄

1. 一月皇帝

阿速吉八是元泰定帝也孙铁木儿的幼子，延祐七年（1320 年）生。泰定元年（1324 年）三月，被立为皇太子。致和元年（1328 年），元泰定帝死，年仅 9 岁的阿速吉八继位。

元泰定帝死后，当时身为左丞相的倒剌沙专权自用，过了一个多月仍不立新君，致使朝野上下一片震动。留守大都的金枢密院事燕帖木儿借机谋立武宗海山次子怀王图帖睦尔为帝。致和元年（1328 年）九月，图帖睦尔在大都称帝，这就是元朝历史上的元文宗皇帝。

元泰定帝

元文宗继位之后，消息很快传到了上都。倒剌沙为了达到继续独揽朝政的目的，在宗室诸王脱脱、王禅的支持下，匆忙把阿速吉八抱上了皇帝的宝座，改元天顺，史称天顺帝。元天顺帝继位之后，倒剌沙便立即派遣梁王王禅、右丞相答失铁穆耳、御史大夫纽泽、太尉不花等分路南犯，破居庸关，进兵昌平，直逼大都。面对上都蒙古军的进攻，燕帖木儿急与其弟撒敦、子唐其势等率军迎战，王禅等屡败兵溃。十月，燕帖木儿的叔叔、东部蒙古元帅不花铁穆耳伙同齐王月鲁铁穆耳兵围上都，倒剌沙屡次出战皆败，被迫捧着皇帝玺出城投降。图帖睦尔兵入上都，仅做了一个月皇帝的天顺帝不知所终。庙号"天顺帝"。

2. 杀兄夺位

元代争夺皇位的斗争异常尖锐。元武宗海山是通过其母弟爱育黎拔力八达"先发制人"发动宫廷政变登上皇帝宝座的，因此，元武宗即位之初便立弟为皇太子。同时，兄弟俩之间曾达成协议，兄终弟及、叔侄相承，即在元仁宗死后，由元武宗的长子和世㻋继承大统。但是，延祐三年（1316 年）元仁宗撕毁前约，立嫡子硕德八剌为太子，将元武宗长子和世㻋封为周王，令其出镇云南。和世㻋就任途中纠合陕西行省丞相阿思罕等，以关中兵北上问鼎，兵败，逃亡阿尔泰山西北集聚力量。元英宗即位，对堂弟图帖睦尔（元武宗之次子）心怀恐惧，命他出居海南。从此，武、仁后代

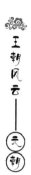
矛盾加深。至治三年（1323 年）八月初五铁失发动"南坡之变"，弑元英宗，迎嗣晋王也孙铁木儿为帝，是为元泰定帝。元泰定帝上台后，在 1324 年将图帖睦尔召回京城，封为怀王。事隔不久，元泰定帝对年少气盛的图帖睦尔放心不下，于是下令将他迁居建康（今南京）。致和元年（1328 年）三月，元泰定帝病危，中书左丞相倒剌沙等人，匆忙将图帖睦尔迁往江陵（今湖北江陵县），以防止他争夺皇位。

元仁宗传位有偏，自然会引起元武宗后代的强烈不满。同时，元武宗宠臣燕帖木儿也为元武宗二子目前的遭遇鸣不平。他寻找机会，等待有朝一日，为元武宗的儿子夺回皇位。早在元武宗镇北边时，燕帖木儿就充任宿卫十余年，元武宗"特爱幸之"。及元武宗即位，燕帖木儿拜正奉大夫，同知宣徽院事。在元仁宗及元泰定年间，他又历任左亲军都指挥使、太仆卿、同金枢密院事、金枢密院事等职，掌握兵权，是一位很有实力的大臣。燕帖木儿"自以身受元武宗宠拔之恩"，当然是一心向着元武宗后代的。

致和元年（1328 年）七月，元泰定帝死于上都（今内蒙古正蓝旗东），燕帖木儿认为时机已到，乘机与西安王阿剌忒纳失里等谋立元武宗之子，在大都（今北京）发动政变。八月初四清晨，京城各署官员汇集兴圣宫，讨论国事，燕帖木儿率 17 名近卫亲兵携带兵器闯入宫中，外面又排列着勇士数百人，一个个手执兵刃，望着百官。他向众人严厉宣布："元武宗海山有两个儿子，个个孝友仁义，天下人都爱戴他们。今日正统应当归属于他们，敢有再紊邦纪，不从义举者，即以乱贼论，当即斩首。"说完，燕帖木儿亲手将中书平章政事乌伯都剌和伯颜察儿二人捆了起来，又下令卫兵逮捕了中书左丞朵朵、参知政事王士熙，参议中书省脱脱、吴秉道等人，统统把他们投入监狱。政变一举成功。为防他变，燕帖木儿与西安王入守内廷，分布心腹于枢密院。自东华门夹道，排立军士，使人传命往来。一面再召百官入内，听候命令，遣前河南行省参知政事明里董阿、前宣政院使答剌麻失里，急趋江陵迎接怀王图帖睦尔，并让他们催促河南行省平章伯颜选兵扈从，不得延误。这时，燕帖木儿又传令封府库，收百司印，遣兵扼守各路要害，推前湖广行省左丞别不花为中书左丞相，詹事塔夫海涯为平章，前湖广行省右丞速速为中书左丞，前陕西行省参政王不怜台吉为枢密副使，与中书右丞赵世延仍为原职，分典庶务。燕帖木儿宿卫禁中，一夕数徙，有时夜不能眠，和衣坐到天明。暗中想到自己的同母弟撒敦、儿子唐其势还在上都，便密令塔失帖木儿召使返京。两人得了消息，都抛弃家眷，星夜奔回。这时京内无主，人心惶惶，谣言沸腾。燕帖木儿恐人心不安，或生变故，命塔帖木儿诈充南使，报称怀王且夕且至，民勿疑惧。又命乃马台诈作北使，称周王也已启驾南来。又命撒敦率领雄兵，镇守居庸关；唐其势屯兵古北口，以御上都。一面再遣撒里不花、锁南班，往江陵促驾早发。

元文宗

几天后，河南行平章政事伯颜突然接到燕帖木儿密谕，让伯颜整装待发，一俟图帖睦尔到达河南境内，立即率兵扈从北上。伯颜原为元武宗亲信，从 15 岁起，即侍元武宗于藩邸，元武宗即位之后，又历任吏部尚书、御史中丞、尚书平章政事；元仁宗年间，任周王和世㻋常侍官至御史大夫；泰定年间，历任江西行省平章政事、河南行省平章政事。他自认"夙荷武皇世恩，委以心膂"，因此，当燕帖木儿将谋立元武宗子图帖睦尔的意图密告于他时，伯颜立即表示全力支持，并遣使报燕帖木儿说："今尽力京师，河南事我当自效。"伯颜召集同僚及其属下，说明情况并"会计仓廪、府库、谷粟、金帛之数，乘舆供御、牢饩膳羞、徒旅委积、士马刍粮供亿之须，以及赏赉犒劳之用，靡不备至"。不足之数则令州县征收明年田租，及向商人借贷，"约倍息以偿"。再有不足，则邀截经过河南的东南常赋，"辄止之以给其费"。又征发民丁，增置驿马，修补城池及武器，严格巡逻及侦察，做军事上的准备，并招募勇士 5000 人以迎怀王图帖睦尔南下，而亲自勒兵迎候。所以当图帖睦尔由江陵北上途经河南时，伯颜全副武装，与百官父老引导怀王入内，明日又护送北行。图帖睦尔平八月至大都，"入居大内"。此时上都军队已开始进逼大都防线。

九月初，燕帖木儿诸王、大臣请图帖睦尔"早正大位，以安天下"，图帖睦尔因其兄周王和世㻋在漠北，且拥有相当实力，不敢接受，另外他还考虑到虽说自己得到燕帖木儿等人的全力扶持，然而，此时倒剌沙在上都联合诸王，聚集重兵，步步逼近京城，胜负难测，恐招杀身之祸。于是他推辞说："我的哥哥还在北方，论年龄和才德，应该由他继承皇位才对呀。"燕帖木儿劝他说："人心向背之机，间不容发，一旦丧失良机，后悔莫及。"图帖睦尔于是表示："如果真是万不得已的话，我就先维持几天吧。""当皇帝并不是我的心愿，大哥一旦到来，我就让位给他。"于是，在燕帖木儿等拥立下，怀王图帖睦尔于九月十三日即帝位于大都大明殿，是为元文宗，

改元天历。

倒剌沙在上都闻知图帖睦尔在大都称帝，急忙与右丞相塔失铁穆耳、脱脱、王禅密谋，拥立元泰定帝幼子、年仅9岁的阿速吉八为帝，改元天顺，并加紧进攻大都。一场大规模的帝位争夺之战——天历之战终于爆发。

在两都之战爆发一个多月里，上都军向居庸关、古北口等军事重镇发起猛烈进攻，正当燕帖木儿率兵迎战之时，辽东诸王朵罗台又起兵支援上都军，率兵进逼能州（今北京通县），直趋大都。京城两面受敌，图帖睦尔大惊失色，好在燕帖木儿及时领兵回防，击溃辽东军。上都军虽遭挫折，但主力尚存，这时，陕西行省也起兵响应上都，反对图帖睦尔，兵分三路东进，形势十分严峻。十月初，倒剌沙纠集所有兵力，欲与大都军一决雌雄，不料在全军南下，上都空虚之际，燕帖木儿的叔父不花帖木儿率领东北地区的蒙古军乘机包围了上都。十月十四日，坐镇上都的倒剌沙见大势已去，只得手捧皇帝宝玺投降。南下的上都军不战自溃，东进陕西军队也很快瓦解。十一月，倒剌沙、王禅及其党羽也先铁穆耳等均被杀。两都之战终以图帖睦尔胜利而告结束。

图帖睦尔依靠燕帖木儿等一举击溃上都军之后，不敢有违先前诺言，立即遣使奉迎其异母兄周王和世㻋于漠北，和世㻋先命孛罗为使至大都。天历二年（1329年）正月，元文宗又数次遣使迎和世㻋。告知他说，他本人已经逊位，劝请和世㻋早日登位。和世㻋对弟弟的劝请信以为真，遂于正月即帝位于和林（今蒙古人民共和国哈尔和林）之北，是为元明宗。二月二十一日，当元文宗所遣之使撒迪从元明宗处回到大都，元文宗方知元明宗已即位，于是在三月派权臣燕帖木儿奉皇帝宝玺于元明宗。元明宗接得皇帝宝玺后，乃立其弟为皇太子。此时一场阴谋正在策划进行之中。八月初一，元明宗到达王忽察都（今河北省张北北）之地。初二，元文宗也北迎至此。元文宗入见，兄弟俩握手言欢，元明宗举行宴会。几天后，元明宗突然"暴崩"，为元文宗和燕帖木儿之所为。元文宗携皇帝大印"疾驱而还"，一路上，燕帖木儿白天率宿卫士以跟随保护。夜间亲自披甲执坚对元文宗巡逻保护，如临大敌，于八月初八加上都，八月十五日，元文宗重新即帝位于上都。

3. 舍子传侄

元文宗最初本无害兄之意。当燕帖木儿率诸王、大臣，伏阙请怀王"早正大位，以安天下"时，怀王曾推辞说："大兄在朔方，朕敢紊天序乎！""必不得已，必明著朕意以示天下而后可。"因此，在即位诏中也申明"神器不可以久虚，天下不可以无主，周王远隔朔漠，民庶遑遑，已及三月，诚恳迫切。朕姑从其请，谨候大兄之至，以遂朕固让之心。"当周王决定南下即位时，西北诸王察阿台、沿边元帅朵烈捏、万户买驴等率军扈从，元武宗旧臣孛罗、尚家奴、哈八儿秃等随从。行至金山，岭北行省平章政事泼皮、武宁王彻彻秃、金枢密院事帖木儿不花继至，一时"诸王、旧臣争先迎谒，所至成"。又派孛罗至京师，通报周王起程情况。"两京之民闻帝使者至，欢呼鼓舞说：'吾天子实自北来矣！'"此番情景，对周王来说自然兴高采烈；对已做了三个月的皇帝的元文宗来说，心中自有一番醋意，让出宝座的味道不是好受的；对政变英雄燕帖木儿来说，一群西北诸王、旧臣大摇大摆地到京师来摘苹果，自然十分嫉恨，特别是他在与元明宗接触时发现，元明宗皇帝决非等闲之辈，今后决非我等可以驾驭得了的，想到自己目前一人之下，万人之上的显赫地位前途未卜之时，才下此毒手。由于元文宗与元明宗毕竟有骨肉之情，因此极易产生悔过之意。

元明宗死后，元文宗为了表示悔过和掩人耳目而特设专门管理元明宗皇后宫事的宁徽寺，让八不沙母子三人住在里面，给纱万锭，币帛 2000 匹，费用是宽裕的，打算把两个侄子扶养成人，并封懿璘质班为王。可是后来由于元文宗和卜答失里皇后害怕他们透露元明宗被害真相以及皇位继承问题，突然给八不沙皇后加上许多罪名，将她"推杀于烧羊火坑里"。妥懽帖睦尔也被送到高丽大青岛中，"不与人接"。后又精心策划妥懽帖睦尔生身之谜，于至顺二年正式诏告天下，说"元明宗在朔漠之时，素谓非其己子"。然后将妥懽帖睦尔移于广西静江大圆寺，并暗地派人欲加害于他。

元文宗夫妇在杀兄害嫂谪侄之后，于至顺元年（1330 年）十二月，正式立自己的儿子燕王阿剌忒纳答剌为皇太子。可是，不久，太子忽然生起病来，烧了三天三夜，身上发出红斑，急得元文宗和皇后日夜不安，只在床前看视，寸步不离。就在太子得病的当天夜里，元文宗正坐在太子床前，用手抚摸，忽见太子瞑目大叫道：

元文宗御笔画作《相马图》

"你想立太子吗？我俩人特来索命了。"元文宗听到后，疑是冤魂出现，心中一惊，吓得倒在床上几乎晕了过去，慌得皇卜答失里没了主意，忙跪到床前，口称该死，只求先皇先后，勿念前事，保佑太子性命要紧。元文宗听了一片呓语禁不住自怨自艾，回头见卜答失里皇后，泪流满面，更觉凄惶。举手抚摸太子，身上犹如火烧一般，似醒非醒、似睡非睡的样子。任你如何呼喊，也不答应。

元文宗夫妇都十分笃信喇嘛。他们相信因果报应，相信天命不可违。看到儿子有时热得发昏，仍旧满口谵语，不是元明宗附体，就是八不沙皇后缠身，累得元文宗皇后卜答失里祈神祷鬼，并不灵验，只好求助于帝师，虔修佛事，以图挽回。于是让宫禁内外，筑佛坛八处，由帝亲自登坛，后集西僧，极诚顶礼。今日拜忏，明日设醮，琅琅诵经，喃喃说咒，所有皇宫里的人们没一个不斋戒，没一个不叩祷，吁求太子长生，连皇后卜答失里也时宣佛号，一天到晚把阿弥陀佛及救苦救难观世音等梵语，总要念到数万声。怎奈莲座无灵，杨枝乏力，任你每日祈祷，那西天相隔甚远，何从见闻。卜答失里无可奈何，整日里以泪洗面。至顺二年（1331年）正月，燕王只做了39天皇太子，竟一命呜呼了！这一打击，对元文宗夫妇来说是致命的。现在唯一的希望是寄托在次子古纳答剌身上了，偏偏古纳答剌也是病魔缠身，元文宗夫妇又是为他祈福，又为他作佛事一周岁，最后还是不放心，把他寄养在权臣燕帖木儿家中，改名为燕帖古思。燕帖木儿等多次劝元文宗立燕帖古思为皇太子，元文宗思忖再三，还是没有答应。

皇太子之死，对元文宗的精神刺激太严重了。他常常精神恍惚，反思往事，王忽察都毒杀其兄，似历历在目，皇太子之死莫非是元明宗来讨还血债了？再加上天灾频仍，时局不稳、社会动荡，竟把他折磨得虚弱不堪，染上了一种奇症，整日昏昏，谵言呓语。皇后卜答失里在床前服侍，但听元文宗所说：无非旧日阴谋，有时大声呼痛，竟似有人捶击一般。有一天晚上，卜答失里坐在身旁，忽然被元文宗抓住双手，大声喊叫哥哥饶恕我！嫂嫂饶恕我呀！吓得卜答失里皇后头发都竖起来了。嗣见元文宗神志稍稍清醒，才敢问明痛苦。元文宗不禁叹息道："朕病将不起了，自思此先造了大孽，得罪兄嫂，目今悔不可追。"至顺三年（1332年）八月，文宗溺血竟一病不起了。

有道是"鸟之将死，其鸣也哀；人之将死，其言也善"，元文宗临终前，召集卜答失里皇后、子燕帖古思、权臣燕帖木儿说："从前王忽察都之事，是朕平生的一大错误。朕常中夜思之，悔之无及。燕帖古思虽为朕子，朕因爱之，然今日大位，乃明宗之大位也，汝辈如爱朕，愿召明宗子妥懽帖睦尔来，使登大位，如是，朕虽见明宗于地下，亦可以有所措辞而塞责了。"言毕而终，享年 29 岁。

元文宗死后，皇后卜答失里和权臣燕帖木儿控制了朝中大权。二人经过周密策划，决定拥立元明宗年仅 7 岁的次子懿璘质班继承皇位。懿璘班只做了 43 天皇帝便一命呜呼，皇位再度虚悬，卜答失里临时摄政。

十二、当年铁马游沙漠，万里归来会二龙

1. 元明宗和世㻋

元明宗（1300—1329 年），名和世㻋，是元武宗长子，母仁献章圣皇后，亦乞烈氏。元文宗之兄，元宁宗、元惠宗之父。元朝第九任皇帝，蒙古帝国第十三任大汗。

和世㻋的父亲孛儿只斤·海山是元成宗铁穆耳的哥哥答剌麻八剌的长子。元成宗时期，因镇守漠北，平定海都叛乱有功，大德八年（1304 年），海山受封为怀宁王。元成宗死后，海山弟爱育黎拔力八达到大都监国，遂迎立海山继承了帝位。元武宗海山即位之初便立弟爱育黎拔力八达为皇太子，作为帝位的继承人。同时，兄弟俩之间曾达成协议，兄终弟及、叔侄相承，即在元仁宗爱育黎拔力八达死后，由元武宗海山的长子和世㻋继承大统。然而，元仁宗即位后，背弃了当初的协议。

元仁宗延祐三年（1316 年）春，元廷议立皇太子。当时右丞相铁木迭儿为谄媚元仁宗以巩固自己的地位，建议立元仁宗之嫡子硕德八剌为皇太子。此时，元仁宗早将同其兄海山的约定忘之脑后，便顺水推舟，封元武宗子和世㻋为周王，出镇云南。

天历元年（1328 年）七月，元泰定帝也孙铁木儿病死上都，丞相倒剌沙专权自用，过了一个多月仍不立新君，致使朝野上下议论纷纷。燕帖木儿为了感激海山家族，决定助其称帝。八月份的一天黎明，大都群臣突然接到通知，急忙赶到兴圣宫中，但是，等待他们的却是一大群手持刀枪的武士。慑于威力，大多数人赶忙表示拥护和世㻋为帝，不识时务的中书左丞朵朵等被投入监狱。燕

元明宗

帖木儿控制了大都局势。但是，当时和世㻋远在西北沙漠，燕帖木儿怕日久生变，遂遣使至江陵去迎和世㻋的弟弟怀王图帖睦尔。同时，为了安定民心，又声称已遣使北迎周王和世㻋。9月份，在燕帖木儿等拥立下，怀王图帖睦尔终于登上了皇帝的宝座，这就是元文宗。图帖睦尔仍不忘表白："当皇帝本不是我的心愿，大哥一旦到来，就让他统治天下吧。"

就在图帖睦尔在大都称帝之际，在上都的丞相倒剌沙亦拥立元泰定帝的幼子、年仅9岁的阿速吉八为帝，并派王禅率军南下征讨，破居庸关，进兵大都。大都方面派燕帖木儿同其弟撒敦、子唐其势等率军迎战。几经激战，倒剌沙军败北。十月，在大都方面军的进逼下，倒剌沙被迫投降，后被处死。天顺帝阿速吉八不知所终。上都、大都重又恢复了联系。

天历二年（1329年）正月，图帖睦尔遣使撒迪劝进。于是和世㻋便在和林之北登基称帝了，是为元明宗。

元明宗一登皇位，马上显示出长兄和皇帝的凌人之势。遣返元文宗图帖睦尔的使臣撒迪等，并以教训的口吻对他们说："我的弟弟原来颇为喜爱读史书，近来没有停下吧？要知道在处理政事之余，应当和贤士大夫们打成一片，细细领悟史籍的要旨，这样才能了解古今治乱兴衰的道理啊！你们回去后，请把我的意思告诉他。"

图帖睦尔与元明宗之间不可避免地产生了权力之争。天历二年（1329年）二月，图帖睦尔即在大都成立了奎章阁学士院，并擅自拜官除职，然后又装模作样地派使奏请元明宗。木已成舟，元明宗只得同意．并假意对前来奉皇帝玺的图帖睦尔亲信大臣燕帖木儿说："凡是我弟弟任命的京师官吏，一律不要更改，你把我的意见转告他吧。"天历二年（1329年）四月，元明宗便迫不及待地开始了夺回权力的行动，任命元武宗旧臣哈八儿秃为中书平章政事，前中书平章政事伯帖木儿为知枢密院事，常侍孛罗为御史大夫。赛帖木儿、买奴并同知行枢密院事。中书省、枢密院、御史台乃元代中央三大要害部门，分别负责政务、军队和监察。在确立了中央权力的同时，元明宗又把目光转向了地方，任命怯来、只儿哈郎并为甘肃行省平章政事，忽剌台为浙江行省平章政事，那海为岭北行省平章政事。五月，又选用潜邸旧臣及扈从士，受制命的有85人，六品以下的26人。这一行动又严重地动摇了元文宗在地方上的势力范围。与此同时，元明宗从二月开始向南进发，逼近大都。

面对元明宗咄咄逼人的姿态，图帖睦尔自知难以直接对抗，表面上谦恭退让，屡次遣使北迎元明宗，并遣使请他对一些重大问题进行裁定，以为麻痹。

天历二年（1329年）八月，元明宗率众南下，到达了上都附近的王忽察都，北上迎接元明宗的图帖睦尔遂铤而走险。此时，元明宗已完全丧失了应有的警惕性，被图帖睦尔及其党徒燕帖木儿用毒药害死在宴席上。一场表面平静实则险恶的帝位之争就这样结束了。

元宁宗

元明宗在位仅8个月，终年30岁，死后葬于起辇谷中。谥号"翼献景孝皇帝"，庙号"明宗"。

2. 元宁宗懿璘质班

元宁宗（1326—1332年），名懿璘质班。元明宗次子，母皇后乃蛮真氏。元朝第十位皇帝。

元文宗图帖睦尔是通过弑兄重新登上皇帝宝座的。他临死之际，为了赎回自己的罪行，诏令在他死后，立他兄长和世㻋的儿子为帝。

至顺三年（1332年）八月，元文宗病死。把持朝政的燕帖木儿欲立文宗之子古纳答剌为帝。元文宗死后，燕帖木儿为继续专权，就请求皇后卜答失里立她的儿子古纳答剌为帝。卜答失里为了执行丈夫的遗诏，予以拒绝。由于当时元明宗帝和世㻋的长子妥懽帖睦尔远在广西静江，而次子懿璘质班却深得元文宗宠爱，受封为王，留在元文宗身边。这样，1332年十月，卜答失里遂奉元文宗遗诏拥立年仅7岁的懿璘质班登上了皇位，是谓元宁宗。卜答失里成了元王朝的实际统治者。

然而，元宁宗似乎没有当皇帝的福分，同年十二月，在位仅43天便离开了人世，葬起辇谷中，追谥为"冲圣嗣孝皇帝"，庙号"宁宗"。

十三、信知海内归明主，春风先到凤凰台

元惠宗孛儿只斤·妥懽帖睦尔（1320—1370年），元朝第十一位皇帝，也是元朝作为全国统一政权的最后一位皇帝。大蒙古国第十五位大汗。元明宗长子，元宁宗长兄。生母是迈来迪。

1. 少年时代

延祐七年（1320年）四月十七日，妥懽帖睦尔出生于西北察合台汗国所属的金山（阿尔泰山）一带。他是元朝周王和世㻋（后来的元明宗）的

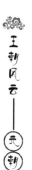

长子,元世祖忽必烈的五世孙,其世系依次是真金(元裕宗)、答剌麻八剌(元顺宗)、海山(元武宗)、和世㻋(元明宗),而妥懽帖睦尔的出生与成长也是伴随着皇位之争的腥风血雨。至大四年(1311年),元武宗海山(妥懽帖睦尔的祖父)驾崩,他的弟弟爱育黎拔力八达以皇太子身份继位,是为元仁宗。按元武宗与元仁宗的约定,继承元仁宗皇位的是元武宗长子和世㻋,但元仁宗即位后却反悔了,试图立自己的儿子硕德八剌(后来的元英宗)为皇太子,而把和世㻋封为周王,命其出镇云南。延祐三年(1316年)十一月,和世㻋行至延安时,与元武宗旧臣图谋恢复皇储地位,结果招来元仁宗的追杀,和世㻋被迫奔往西北的金山(阿尔泰山),得到察合台汗国的庇护。在和世㻋避难金山期间,纳了一名回回女子、郡王阿儿厮兰的后裔罕禄鲁迈来迪,并与她生了妥懽帖睦尔。迈来迪生下妥懽帖睦尔后便去世了,后来被追尊为贞裕徽圣皇后。

妥懽帖睦尔出生那年正值元仁宗驾崩之年。此后至天历元年(1328年),元朝皇位更迭频繁、内乱不断,先后经历了元英宗、元泰定帝、元天顺帝三位皇帝,皇位又落入了元武宗一系的手里,这就是在两都之战中取胜的和世㻋之弟图帖睦尔(元文宗,即妥懽帖睦尔的叔叔)。图帖睦尔宣称将皇位禅让于自己的哥哥和世㻋,和世㻋在天历二年(1329年)即位于漠北,是为元明宗,没来得及去大都便被图帖睦尔一伙毒死于王忽察都。图帖睦尔再次登基,是为元文宗,元明宗留下的孤儿寡母的地位岌岌可危。天历三年(1330年)四月,元明宗皇后八不沙(妥懽帖睦尔的嫡母)被元文宗皇后卜答失里杀害。至顺元年(1330年)七月,元文宗将妥懽帖睦尔流放到高丽大青岛加以监禁,不许与外界接触。第二年,有人向元文宗密告辽阳与高丽要奉妥懽帖睦尔造反,元文宗乃昭告天下,声称妥懽帖睦尔不是元明宗的亲生儿子,并在至顺二年(1331年)十二月派遣枢密院使尹受困、中丞厥干等从高丽接回了妥懽帖睦尔,转而流放他到广西静江(今桂林)。

妥懽帖睦尔在静江居住了一年左右,在这期间他寓居于大圆寺中,受该寺的秋江长老教导,学习了《论语》《孝

元顺帝

经》，并每日练习写字两张。后来妥懽帖睦尔被召回大都时，还将他学习所用的书册文具藏入小皮匣中，随时翻看。妥懽帖睦尔性格亦活泼好动，常常掘地为穴，撒尿其中，然后和成泥，做成各种玩具。又喜欢养"八角禽"，有时鸟飞到池塘中的枯树枝上，妥懽帖睦尔竟顾不得脱靴，下水捕捉，秋江长老多次加以制止。他还经常做孩子王，带领二三十个小孩做纸旗杆，插在城上。秋江长老还注意培养妥懽帖睦尔的言行举止，教导他："太子乃国家金枝玉叶，不比凡民，见大官人来，切不可妄发言，亦不可不自重。"于是每当有官吏来寺里巡查时，妥懽帖睦尔就正襟危坐，官吏一旦离开，就嬉戏如初，所以是"一时勉强，素非涵养有之"。妥懽帖睦尔即位后，为报答秋江长老的恩德，不仅大加赏赐，还将大圆寺改为万寿殿（现址为靖江王府）。

2. 登基为帝

元文宗驱逐妥懽帖睦尔以后，便于至顺元年（1330 年）十二月立自己的儿子阿剌忒纳答剌为皇太子，可是一个月后太子就死了。这对信仰藏传佛教、相信因果报应的元文宗夫妇来说无疑是一个沉重的打击，尽管他们还有儿子燕帖古思，但元文宗在至顺三年（1332 年）八月驾崩时遗言："当年在晃忽叉（王忽察都）弑杀明宗皇帝是我铸成的大错，后悔莫及。如今我有一子燕帖古思，虽然我爱他，但现在理应将皇位传给明宗的长子妥懽帖睦尔。这样我去世后也对明宗有个交代了。"

当时，把持朝政的权臣太平王燕帖木儿没有立年长的妥懽帖睦尔，而是立了就在大都的明宗幼子懿璘质班（妥懽帖睦尔异母弟）继位，是为元宁宗。不料当年十一月，元宁宗就驾崩了。燕帖木儿欲立燕帖古思继位，但元文宗皇后卜答失里坚持立妥懽帖睦尔。于是派遣中书左丞阔里吉思前去静江接妥懽帖睦尔回京。到了良乡，燕帖木儿率人持卤簿来迎接他。燕帖木儿与妥懽帖睦尔并马徐行，说明了拥立他为皇帝的意思。妥懽帖睦尔还是个 13 岁的孩子，一时吓得不敢回答，所以燕帖木儿怀疑他，到大都后也没有立他为帝，再加上司天监的太史也说妥懽帖睦尔不可立，立则天下乱，所以元朝皇位空缺了半年之久。

元代藏文史料对此有更详细的记载，当时的占卜者说："如果和世㻋的长子妥懽帖睦尔在鸡年等待六个月然后再登上皇位，那么皇运将和薛禅汗（元世祖）一样久长。"对此说法，众位大臣们说："这样将皇位空置，国家的责任由谁来担负？"这时燕帖木儿说："你们对天神的预示再好好测算，如果真是如此，能使皇帝圣寿久长那就再好不过，皇位空悬时期国家重任

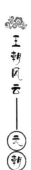

由我来承担。"

在这半年间，卜答失里临朝称制，燕帖木儿的弄权也登峰造极。至顺四年（1333年）五月，燕帖木儿因纵欲过度而亡，卜答失里在内定自己的儿子燕帖古思为妥懽帖睦尔继承人以后，决定正式奉妥懽帖睦尔为帝。

至顺四年（1333年）六月初八，妥懽帖睦尔即位于上都，是为元惠宗。元惠宗即位后改年号为"元统"，并封燕帖木儿之女伯牙吾氏（答纳失里）为皇后、卜答失里为太皇太后、燕帖古思为皇太子。

3. 扳倒权相

妥懽帖睦尔登基后，是一个"深居宫中，每事无所专焉"的傀儡皇帝，继燕帖木儿而兴的权臣伯颜以右丞相的身份专擅朝政，但是燕帖木儿家族的势力仍然很大，其弟撒敦为左丞相、儿子唐其势为御史大夫，女儿答纳失里还拥有皇后之尊。到元统三年（1335年）时，撒敦死去，唐其势升为左丞相，欲与伯颜争权，遂与撒敦弟答里密谋发动政变，杀伯颜，废顺帝，另立元文宗的义子塔剌海（燕帖木儿之子，唐其势之弟）。同年六月，伯颜粉碎唐其势的政变，消灭燕帖木儿余党，同时将答纳失里皇后逐出宫中，并将她杀害。同年十一月，元惠宗以"祖述世祖"为名改年号为"至元"。

当时，伯颜被封为秦王，一手遮天，"势焰熏灼，天下之人惟知有伯颜而已"。他大肆排斥异己，甚至杀了自己的老主人郯王彻彻秃一家，并贬谪宣让王帖木儿不花和威顺王宽彻普化。他聚敛财富，穷奢极欲，甚至出入太皇太后卜答失里宫中，与其私通，以致大都传诵"上把君欺，下把民虐，太皇太后倚恃着"的讽刺伯颜的歌谣。伯颜最被人诟病的是排汉的民族压迫政策，在他的主导下，蒙古、色目殴打汉人、南人不得还手，禁止汉人、南人学习蒙古、色目文字，重申汉人、南人不得执兵器之戒，严格控制汉人做官的限界，汉人、南人遭到前所未有的排斥，在伯颜当权下的中书省只有王懋德、许有壬、傅岩三人做过左丞和参知政事。地方上甚至还没收汉人铁制农具及禁止汉人文化活动。（后）至元元年（1335年）十一月，伯颜取消了科举考试，也是一大倒退。在面临汉人反抗时，伯颜甚至提出了杀绝张、王、刘、李、赵五姓汉人的主张，所幸元惠宗没有听从。

伯颜的倒行逆施使社会矛盾原本就十分尖锐的元朝更加动荡不安，广西、山东、四川、江西、福建、河北、河南等地爆发了农民起义或少数民族起义，元末农民起义的著名领袖彭莹玉就是在（后）至元四年（1338年）发动袁州起义，失败后广泛传播白莲教，埋下了10多年后全国性动乱的火种。而（后）至元五年（1339年）在河南更发生一起"假传圣旨"的闹剧，河南吏员范孟自称有圣旨，杀了河南行省平章政事月鲁帖木儿以下一干官僚，不久后范孟被杀。此事可以看出当时元朝纲纪松弛到了何等程度。

伯颜专权所导致的乱象都被元惠宗看在眼里，他与伯颜的侄儿脱脱早已图谋除掉伯颜。而伯颜也蠢蠢欲动，与卜答失里合谋以燕帖古思取代元顺帝。至元六年（1340年）二月，元惠宗与脱脱利用伯颜出猎之机，发动政变，罢黜伯颜，先贬为河南行省左丞相，再流放南恩州阳春县（今属广东），至此伯颜时代落下帷幕，元顺帝得以亲政。在政变中，元顺帝坐镇玉德殿，主符檄，发号令，其间杨瑀等文臣在御榻前起草贬斥伯颜的诏书时，有"以其各领所部，诏书到日，悉还本卫"的语句，元顺帝指示说："自早至暮，皆一日也，可改作时。"充分显示出他的果断与精明。同年六月，元惠宗为报杀父之仇，下诏毁太庙文宗室，废太皇太后卜答失里并将她赐死，流放燕帖古思，还缴销了当年元文宗宣称他不是元明宗儿子的诏敕。元惠宗完成复仇之举后，"被服衮冕，裸于太室"，祭告父亲元明宗，并追上谥号。次年正月，元惠宗改元"至正"，任命脱脱为右丞相，宣布将"与天下更始"，准备大展宏图、中兴元朝。

4. 锐意图治

进入至正时代，元惠宗"图治之意甚切"，脱脱为挽回元朝统治危机，亦实施了一系列改革，史称"脱脱更化"。脱脱恢复了科举制度，颁行《农桑辑要》，整饬吏治，征召隐逸，蠲免赋税，开放马禁，削减盐额，编修辽、宋、金三史，实行儒治，包括开经筵与太庙四时祭、亲郊祭天、行亲耕礼等活动。在元惠宗的励精图治与脱脱的勤勉能干之下，至正初年的元朝一度呈现回光返照的局面，在伯颜时代受压抑的汉族儒生也为之振奋，当时的欧阳玄写道："至正宾兴郡国贤，威仪重见甲寅前。杏园花发当三月，桂苑香销又七年。豹隐山中文泽雾，鹏搏海上翼垂天。明时礼乐须奇俊，莫道儒生自圣颠。"

就在"更化"如火如荼的至正四年（1344年），脱脱以多病而欲隐退，再加上萨满说流年不利，所以连续17次上表请辞，元顺帝终于同意。此后五年间，元惠宗又任用阿鲁图、别儿怯不花、朵儿只、贺惟一（太平）等人为相，他

至正通宝

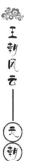

们虽然不是奸臣，但能力都不如脱脱。在此期间，元惠宗继续推行了以廉政建设为中心的一些改革措施，如颁行《至正条格》、定荐举守令法、派遣24名官员巡视宣抚全国各地等。元惠宗亦未丧失图治之心，他十分重视地方守令的任用，必须亲自过目，考察其贤愚，并谆谆告诫那些陛辞的地方官说："汝守令之职，如牧羊然。饥也，与之草；渴也，与之水。饥渴劳逸，无失其时，则羊蕃息矣。汝为我牧此民，无使之失所，而有饥渴之患，则为良牧守矣。"在至正五年（1345年）十月遣官奉使宣抚时，又命其"布朕德意，询民疾苦，疏涤冤滞，蠲除烦苛。体察官吏贤否，明加黜陟，有罪者，四品以上停职申请，五品以下就便处决。民间一切兴利除害之事，悉听举行"。可是当时奉使宣抚的官员除了苏天爵、王守诚等少数人较有政绩以外，其余反而加剧了官场的腐败与民间的疾苦，特别是江西、福建一带，更流传着"九重丹语颁恩至，万两黄金奉使回""奉使来时，惊天动地；奉使去时，乌天黑地。官吏都欢天喜地，百姓却啼天哭天""官吏黑漆皮灯笼，奉使来时添一重"等民谣。可见元朝的腐败已是无可救药了。

对元惠宗打击最大的要数当时罕见的天灾。自至正四年（1344年）以后，中国进入了灾害多发期，尤以腹里和河南行省最为严重。那时候，黄河决口、饥荒频仍、瘟疫爆发，人民流离失所，大量死亡，就连大都也受到影响，当时客居大都的高丽人李谷写道："饥民云集京师，都城内外，呼号丐乞，僵仆不起者相枕藉。"元惠宗命官府加以赈济，并颁诏罪己，至正九年（1349年）又重新起用脱脱为中书右丞相，希冀挽回元朝的颓势。

5. 天下大乱

此时由天灾引发的后遗症正困扰着元廷，首先是由河患引发的严重的财政危机，漕运、盐税锐减，中央政府财政收入下跌，国库渐虚；其次是河患导致社会动荡不安，小规模农民起义频繁发生，特别是至正八年（1348年）方国珍兄弟啸聚海上，对元廷赖以生存的海道漕运构成威胁，元廷无法镇压，只得加以招抚；同时，吏治不仅没有根本性的扭转，反而在灾荒时期变本加厉，史载"及元之将乱，上下诸司，其滥愈甚"。总之，元朝老百姓生活在水深火热之中，大乱一触即发。脱脱第二次拜相后，试图力挽狂澜，但他采取变钞和起用贾鲁治河两大政策，却为元朝掘好了坟墓。时人讥讽说："丞相造假钞，舍人做强盗。贾鲁要开河，搅得天下乱。"终于，在至正十一年（1351年），由刘福通等红巾军引爆元末农民起义，元顺帝派枢密院同知赫厮、秃赤率6000蒙古精锐阿速军及各路汉军前往镇压，但对阵时见红巾军声势浩大，急呼"阿卜！阿卜！"（跑），根本无力镇压。史载"至正十一年寇起淮南，凡浙西、江东南、湖南北,以闽、蜀之地,凡城所不完者皆陷",元朝在许多地方的统治机构瘫痪,陷入土崩瓦解的绝境。

元惠宗也不再有至正之初的那种勤政朝气,开始宠幸佞臣康里人哈麻,但仍然过问政事。元顺帝问责脱脱:"汝尝言天下太平无事,今红军半宇内,丞相以何策待之?"脱脱汗流浃背。脱脱面临元末农民起义的乱局,一方面加紧防汉措施,军机一概不让汉人与闻;另一方面依赖地主富豪的捐献及其组织的"义兵"来对抗红巾军,造成了元末军阀混战的恶果,同时,脱脱在至正十二年(1352年)八月亲自南下督师,镇压徐州的芝麻李红巾军,九月破徐州,屠其城。到至正十三年(1353年)底,红巾军一度转入低潮。以元顺帝为首的元朝统治者忘乎所以,为脱脱建生祠于徐州(当时已改名武定州),立平寇碑,又封赏各有功将领。此时元廷开始商议立高丽贡女奇皇后所生的爱猷识理答腊为皇太子,脱脱对此有微词,哈麻趁机挑拨离间,为元宫廷的内乱埋下伏笔。

至正十四年(1354年)正月,张士诚崛起,在高邮建立大周政权,同年九月,元惠宗再命脱脱出师,不仅包括蒙古、汉军,还囊括了西域、吐蕃、高丽等地的军队,号称百万之众。张士诚无力支架,只能死守孤城高邮。哈麻利用脱脱不在朝,又进谗言诬陷脱脱及其弟也先帖木儿,元顺帝听信了哈麻等人的话,下令削脱脱兵权,安置淮安路。脱脱深受忠君思想影响,接诏后便交出兵权,而他所统率的"大军百万,一时四散",红巾军势力大振,元朝官军再也无力组织起来镇压起义了,只能依靠地主武装。脱脱全家被流放,他本人先后被安置于淮安路、亦集乃路、云南镇西路,至正十五年(1355年)十二月在流放云南的途中被哈麻矫旨杀害。

6. 宫廷内斗

自脱脱被逐杀以后,元惠宗彻底堕落,他受哈麻蛊惑,声色犬马,沉溺密宗,修炼所谓"男女双修之术",还在宫中建清宁殿,绕殿一周建百花宫,每五日一移宫,朝政则交给皇太子爱猷识理答腊。至正十六年(1356年),哈麻企图让元顺帝禅让于皇太子,被其妹夫秃鲁帖木儿捅给元顺帝,元惠宗大怒,说:"朕头未白,齿未落,遽谓我为老耶?"遂贬斥哈麻。此后又有朴不花、搠思监等搅乱朝政。史载"是时天下多故日已甚,外则军旅烦兴,疆宇日蹙;内则帑藏空虚,用度不给;而帝方溺于娱乐,不恤政务"。当时元朝已丧失半壁江山,就连都城也处于危机之中。至正十八年(1358年)十二月,元朝陪都上都被破头潘、关先生所率的红巾军攻破,宫阙被焚,此后元惠宗停止了每年到上都避暑的传统。至正十八、十九年,由于农民

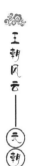

起义导致漕运断绝，大都发生饥荒，饿死数十万人。这一状况直到张士诚降元运粮才有所好转。至正二十年（1360年）十二月，漠北阳翟王阿鲁辉帖木儿起兵作乱，直逼上都，并遣使告诉元顺帝："祖宗以天下付汝，汝何故失其太半？盍以国玺授我，我当自为之！"次年被镇压。

周朗《佛郎国献马图》

此时奇皇后与皇太子渐萌异心，企图让元惠宗禅位。他们害死了反对内禅阴谋的左丞相贺惟一，又以宦官朴不花、丞相搠思监为倚靠，赶走直言进谏的陈祖仁、李国凤等大臣，逐渐控制了朝廷。外部则是元廷倚赖镇压红巾军的察罕帖木儿（后由扩廓帖木儿即王保保继承）与孛罗帖木儿两支军阀相互争抢地盘，中原大地民不聊生。

至正二十三年（1363年），受皇太子一党陷害的元顺帝母舅老的沙出奔大同的孛罗帖木儿大营，皇太子一党追索不成，要求元顺帝讨伐孛罗帖木儿，至正二十四年（1364年）四月和七月，孛罗帖木儿两度进攻大都，先迫使元顺帝交出朴不花与搠思监，将其杀死，后又使元顺帝拜他为右丞相，并赶走了皇太子爱猷识理答腊。皇太子逃到太原的扩廓帖木儿大营中，元朝一度呈现两个朝廷的局面。孛罗帖木儿当政之初，杀掉了秃鲁帖木儿等教元顺帝淫乐的奸臣，赶走宫中的西番僧侣，裁汰宦官，减省钱粮，一度颇有作为，但后来秽乱后宫，酗酒杀人，而且在皇太子一方来攻时，吃了几个败仗，元惠宗也对孛罗帖木儿极其不满，命威顺王子和尚伺机暗杀孛罗帖木儿。至正二十五年（1365年）七月二十九日，孛罗帖木儿入宫时被杀手徐士等人刺杀于延春阁李树之下。刺杀行动进行时，元顺帝躲在密室内，约定事成则放鸽铃声。听到鸽铃声后，元顺帝走出密室，下令民间杀尽孛罗帖木儿的部下（即所谓"川军"），同时命人将孛罗帖木儿的人头装进匣子里，送到太原的皇太子处。至正二十五年（1365年）九月，扩廓帖木儿护送皇太子还京，元顺帝任命老臣伯撒里为右丞相，扩廓帖木儿为左丞相，宫廷内斗告一段落。

7. 失国亡身

而后，元惠宗又封扩廓帖木儿为河南王，南下肃清江淮，不料却引发了扩廓帖木儿与李思齐、张良弼等诸多军阀在河南、山西、陕西等地混战的局面。元惠宗怀疑扩廓帖木儿有异志，命皇太子爱猷识理答腊总领天下兵马，开大抚军院，讨伐扩廓帖木儿。这场军阀混战一直持续到大都失守前夕，极大损耗了元朝的有生力量。元惠宗虽昏庸，亦知国难当头，至正二十七年（1367 年）秘密在高丽济州岛建造宫殿，以备将来逃难之用。在元朝内乱期间，朱元璋坐大于南方，将陈友谅、张士诚、方国珍等群雄次第削平，并在至正二十七年（1367 年）十月发动"驱逐胡虏、恢复中华"的北伐战争。至正二十八年（1368 年）正月，朱元璋自称皇帝，国号大明，建元洪武。明军高歌猛进，势不可当，到至正二十八年（1368 年）闰七月时，元惠宗才与扩廓帖木儿和解，但为时已晚。

至正二十八年（1368 年）闰七月二十三日，明军抵达直沽，二十六日，知枢密院事卜颜帖木儿出大都迎战明军，被擒杀，太庙牌位也被收集好，在逃难时一起带走。二十七日，元惠宗命淮王帖木儿不花监国，庆童为中书左丞相，自己则做好逃难的准备。二十八日，元惠宗驾临大都清宁殿，召见众臣及三宫后妃与皇太子，正式宣布将逃往上都。知枢密院事哈刺章（脱脱之子）力谏不可，元惠宗说："也速已败，扩廓帖木儿远在太原，何援兵之可待也？"宦官赵伯颜不花跪地痛哭进谏说："天下者，世祖之天下，陛下当以死守，奈何弃之！臣等愿率军民及诸怯薛歹出城拒战，愿陛下固守京城！"元顺帝叹息说："今日岂可复作徽、钦！"到了这天夜里，大都健德门开，元惠宗与皇太子、后妃及 100 多名大臣出奔上都。元顺帝一路上如惊弓之鸟，连山峰塌方都以为是明军到来。八月十五日，元顺帝一行终于抵达上都，此前大都已经在八月初二被明军攻占，监国淮王帖木儿不花等殉国。元朝在中原统治结束，北元开始。

元惠宗在北逃时感慨道："朕不出京师，安知外事如此！"元顺帝被赶出大都以后，朱元璋遣使招降他，元顺帝作《答明主》一首，诗曰："金陵使者渡江来，万里风烟一道开。王气有时还自息，圣恩无处不昭回。信知海内归明主，亦喜江南有俊才。归去诚心烦为说，春风先到凤凰台。"到上都后又"昼夜焦劳，召见省臣或至夜分""召见群臣，询恢复之计"，颇有重新振作的姿态。当时，哈刺章请求元顺帝命扩廓帖木儿入援，得到元顺帝同意。扩廓帖木儿不负元顺帝希望，于至正二十八年（1368 年）十月初，在韩店与明军打了一个漂亮的胜仗。元顺帝被这一胜利冲昏头脑，封扩廓

帖木儿为齐王，并命令他挥师收复大都，明军趁机偷袭，扩廓帖木儿大败，仅以18骑逃走。此后元顺帝再度消沉，身体每况愈下，至正二十九年（1369年）元旦朝贺时，他就托病不出，此后经常因病辍朝。当时元军连战连败，至正二十九年（1369年）六月十三日，元顺帝又弃上都奔应昌，其间许多大臣进谏速奔和林，但由于阿鲁辉帖木儿事件的阴影，元顺帝都没采纳。至正三十年（1370年），元顺帝病重，由皇太子爱猷识理答腊总军国诸事。同年四月二十八日，元顺帝因痢疾驾崩于应昌，享年51岁，太尉完者、院使观音奴奉梓宫北葬。死后庙号惠宗，明太祖朱元璋以其"知顺天命，退避而去"，给予了"元顺帝"的尊号。蒙古汗号"乌哈笃汗"（一作乌哈噶图汗，意为明智的）。

8.鲁班天子

元顺帝在建筑工艺、机械工程等方面是一个天才，建造宫殿时，元顺帝自画屋样，又亲自削木构宫，让工匠按他的图纸来搭建。建龙船时，也是亲自出马，绘制其样本，船首尾长120尺，广20尺，前瓦帘棚、穿廊、两暖阁，后屋殿楼子，龙身与殿宇用五彩金妆，前有两爪。上用水手24人，身衣紫衫、金荔枝带、四带头巾，于船两旁下各执篙一。龙船建好后，元顺帝坐着船自后宫至前宫山下海子内往来游戏，船行驶时，其龙首眼口爪尾皆动。又自制宫漏，高约六七尺，宽大约是其一半，造木为匮，藏在诸壶其中，运水上下。匮上设西方三圣殿，匮腰立玉女捧时刻筹，时间到了以后，就浮水而上。左右列二金甲神人，一悬钟，一悬钲，到了夜晚则神人自动按更而击，无分毫差。当钟钲鸣叫时，在侧的狮凤皆翔舞。匮之西东有日月宫，飞仙六人立宫前，遇子午时，飞仙自能耦进，度仙桥达三圣殿，随后又退立如前，"其精巧绝出，人谓前代所鲜有"。元顺帝还自制五云车，也是精巧绝伦。因此，大都人都管元顺帝叫"鲁班天子"。

明军攻入大都时，曾缴获元顺帝自制的宫漏，作为战利品献给明太祖朱元璋。朱元璋看了后说："废万几之务，而用心于此，所谓作无益、害有益也。使移此心以治天下，岂至亡灭？"命左右将其捣毁。

作为元朝在位时间最长，且被《元史》记载为亡国昏君的元顺帝，对于亡国的确难辞其咎。但他在元朝发展中就教育、文化和科技方面所起的积极作用，却是不容抹杀的。

十四、没落元廷退漠北，明月清风话北元

北元（1368—1634年），是蒙古族在蒙古草原的政权。至正二十八年

（1368年）元惠宗出逃大都，迁都滦京，仍以"大元"为国号，因地处塞北，故称"北元"。此后北元几度南征都未能重占大都。

犹如置身海雾中的蜃楼，繁华一幕便就此殆尽。至正二十八年（1368年），朱元璋称帝建立明朝，接踵而至的就是强悍的北伐，一步一步地逼迫着元廷后退，一步一步地驱逐元廷，一步一步地攻占元廷中心。没落的元廷，拱手退居漠北，史称北元。明建文四年（1402年），元臣鬼力赤篡夺政权建立鞑靼，北元灭亡。元朝政权就此消失在长河之中，以后的蒙古政权分裂为鞑靼与瓦剌。

1. 退守漠北

至正二十八年（1368年）七月，明将徐达等率军攻占大都，孛儿只斤·妥懽帖睦尔北奔上都。除元惠宗坐镇蒙古故地以外，山西、甘肃的扩廓帖木儿；辽东的纳哈出；云南的把匝剌瓦尔密，都在各自的管辖之地策应着大元皇帝的军事行动。此外，北元与高丽、畏兀儿仍旧保持着政治上、经济上的联系。

至正二十八年（1368年）冬，元惠宗命大将扩廓帖木儿从山西出兵夺回大都，军行途中，明太祖命大将徐达袭击他的后方太原。元军回师救援，正中计谋，被明军袭破大营。折兵4万，仅率18骑逃入甘肃。山西被明占据。至正二十九年（1369年）春夏，中书右丞相也速几次进攻通州，均被明军击退。明军乘势北进。元惠宗从上都退往应昌，宗王庆生、平章鼎住被明军追及擒杀，1万将士被俘。上都陷落。蒙古贵族留恋故元，一直图谋恢复其在全国的统治，不断向明朝统治地区发动进攻，明朝对此深以为患。

至正二十九年（1369年），常遇春、李文忠攻占上都，元惠宗北走应昌。同年，徐达和扩廓帖木儿大战沈儿峪，最终徐达大破扩廓帖木儿。擒郯王、文济王及国公、平章以下文武僚属860余人，将士8.45万余人，马驼杂畜以巨万计。扩廓帖木儿仅挟妻子数人奔和林。左副将军李文忠等率东路出居庸关，直克应昌，元惠宗之孙买的里八剌及后妃、诸王、官吏等多人被俘，解往京师。时元惠宗已卒，太子孛儿只斤·爱猷识理答腊仅以数十骑败走和林，会合败于陕甘的扩廓帖木儿，在和林即皇帝位，称必力克图汗，年号宣光，以明年（1371年）为宣光元年。

宣光元年（1371年），明军15万兵分

驱逐胡元的明太祖朱元璋

三路，出击漠北。中路徐达出雁门趋和林，东路李文忠由居庸出应昌，西路冯胜由金兰趋甘肃。中路军由徐达统率，在土剌河打败扩廓帖木儿的军队，随后扩廓贴木儿与元将贺宗哲合军，向徐达的主力发起进攻，徐达被击败，其所率明军遭到毁灭性打击，明军死亡数万人。李文忠所率东路军与北元兵在克鲁伦河、土剌河、鄂尔浑河一线受挫。冯胜所率之西路军，在甘肃永昌、扫林山等地击败元军。出兰州，由亦集乃路至瓜州、沙州，取得了一定的胜利。这一次明对元的战争，西路军胜利，中路军失败，东路军失败，整体以失败告终。明军在短时期内不敢再深入草原作战，北元则争取了喘息时间，双方在边境地区不断发生拉锯式的冲突。此后，朱元璋吸取此役受挫的教训，采用尺进寸取，专事经营沿边地区的方针，向辽东和青海方向延伸，得地后随即设卫，避免孤军深入漠北，北元诸王将士相继归附。

宣光五年（1375年），扩廓帖木儿病死漠北。这一年纳哈出进攻辽东州城，屡被击败。

2. 中原尽失

明朝在屡征元朝的同时，对主动投降和战争中被俘的大批北元贵族、官吏和军民，都给予优厚的待遇并予安置。明朝希望借此招引更多的北元人马。明初几十年间，确实有大量的蒙古人和汉人从北方跑到内地，成为明朝的臣民。当然，明朝的最终目的是招降北元皇帝。朱元璋曾封元昭宗孛儿只斤·爱猷识理答腊之弟孛儿只斤·脱古思帖木儿为崇礼侯，不久将他送还漠北，并几次遣使给元昭宗送信，劝他及早归降。

宣光八年（1378年），孛儿只斤·爱猷识理答腊死去，庙号昭宗。其弟孛儿只斤·脱古思帖木儿继任为北元皇帝，称乌萨哈尔汗，年号天元，继续与明朝对抗。其丞相驴儿、蛮子、哈刺章和国公脱火赤等集军于应昌、和林寇掠塞下。明朝多次招降不成，于天元二年（1380年）派沐英率师出讨，战于亦集乃路，俘获其国公脱火赤、枢密知院爱足、平章完者不花等，其余众多降。与此同时，明廷又开始对云南及辽东的经略，以翦除北元在此两地的势力。据守云南的梁王把匝剌瓦尔密为元世祖忽必烈第五子忽哥赤的后裔，明兵取大都后与北元遥相呼应，执臣节如故，又两次杀害明廷的劝降使节。朱元璋遂决定用兵。

天元三年（1381年）七月，朱元璋命傅友德为征南将军，蓝玉、沐英为副将军，远征云南。明军在曲靖击败司徒平章达里麻所将领精兵10余万，俘2万，后直取昆明。梁王见大势已去带着妻、子一同投滇池自杀。左丞达的、右丞驴儿均自杀。与漠北蒙古贵族逐相呼应的这支力量被消灭了。蓝玉、沐英相继攻取大理等地，平定云南。

天元三年（1381年），纳哈出率20万元军驻扎金山（吉林双辽市）一带，始终没有受到很大的军事冲击。这支强大的势力，是明朝攻打北元时的掣肘之患。

天元九年（1387年），朱元璋以冯胜为大将军，与傅友德、蓝玉等率兵20万出征东北，明军步步为营，修筑宽河（河北宽城县）、会州、富峪（河北平泉县境）、大宁（今内蒙古宁城县）四座城，用以存积粮草。随后大军直趋金山。明军压境，纳哈出深感不安。这时明军派来了使者，劝他投降，不久纳哈出的部将全国公观童向明称臣。经过一番犹豫动摇，最后纳哈出投降了，20万部众除一些逃散的之外，都作了俘虏，其中仅官员将校就有3300多人。纳哈出被朱元璋封为海西侯。自此辽东尽属明有，漠北与高丽的联系亦被阻绝。

纳哈出率部投降，使形势发生了巨大的变化。朱元璋立即命蓝玉为大将军，征讨下一个更主要的目标——元昭宗爱猷识理答腊之弟脱古思帖木儿。他认为"肃清沙漠，在此一举"，因此要求蓝玉勿失时机，必取成功。

3. 江山易主

天元十年（1388年）三月，蓝玉率师15万北进。四月，到捕鱼儿海（今贝尔湖），距离脱古思帖木儿营地不过百余里路程。脱古思帖木儿以为明军与纳哈出作战不久，粮草匮乏，不会深入北方再战，没有做迎敌的准备。而明军前锋奔袭他的大营之时，恰好风沙弥天，几十步外不见人。明朝兵马突然出现，脱古思帖木儿根本不能做有效的抵抗，太尉蛮子仓促上阵，很快战败被杀。脱古思帖木儿带着太子天保奴、知院捏怯来、丞相失烈门等数十人逃往和林方向，行至土剌河一带，为其部将也速迭儿所缢杀，捏怯来、失烈门南下，投降明朝。经此一役，乌萨哈尔汗的次子地保奴、嫔妃公主123人、官员3000余人、人口7.7万多、马驼牛羊15万多头，以及大量印章、图书、兵器、车辆，都被明军俘获。

这次的失败使黄金家族——忽必烈家族的大元政权丧失了在蒙古人中至高无上的中

布里牙特·乌格齐

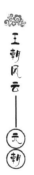
央汗国的地位，大多数蒙古部落宣布脱离它而独立。布里牙特·乌格齐（即鬼力赤）于1402年杀元昭宗的儿子尼古埒苏克齐汗孛儿只斤·额勒伯克。而后，布里牙特·乌格齐立尼古埒苏克齐汗之子孛儿只斤·坤帖木儿继位。

明建文四年（1402年），布里牙特·乌格齐杀坤帖木儿后称汗。永乐六年（1408年），蒙古太师阿鲁台又杀布里牙特·乌格齐，迎立孛儿只斤·本雅失里为汗，称完者图汗。永乐十年（1412年），瓦剌首领绰罗斯·马哈木杀完者图汗，向明朝称臣。1412—1415年间大汗空位。永乐十三年（1415年），瓦剌绰罗斯·马哈木拥立孛儿只斤·答里巴为大汗，自任太师。1415年，阿鲁台再次攻打瓦剌，大汗孛儿只斤·答里巴、太师马哈木先后战死。绰罗斯·马哈木的儿子绰罗斯·脱欢拥立布里牙特·额色库为汗。明仁宗洪熙元年（1425年），阿鲁台拥立东蒙古科尔沁部首领哈萨尔七世孙孛儿只斤·阿岱为蒙古大汗。明英宗正统三年（1438年），卫拉特首领绰罗斯·脱欢杀大汗孛儿只斤·阿岱和阿鲁台。

4. 袭扰明朝

对于明朝皇帝来说，成吉思汗的黄金家族的元朝已经完结了，草原的这些新君主是一支没有显赫历史的民族，他们在帝国的历史上既不显赫也不重要，他们不可能如黄金家族那样具有无上的威望和号召力。那么，元对于明的威胁就应该自此结束了。

但卫拉特人并没有忘记他们继承的是蒙古帝国的汗位，虽然在表面上，他们把自己和其他蒙古人尤其是黄金家族的距离拉得很远，但他们无时无刻不在想着恢复蒙古帝国原来的疆域。

在明朝还比较强的时候，卫拉特人是不会随便捋虎须的，他们还记得祖上马哈木的教训。因此，恢复帝国的第一刀他们向西南地区的察合台汗国砍去。布里牙特·额森击败了东察合台汗国的卫思汗，强娶了他的妹妹哈尼木公主，因为卫思汗是黄金家族，所以这一政治联姻，使得卫拉特人有了足以号召所有蒙古人的血统。

布里牙特·额森继承其父绰罗斯·脱欢的王位时，蒙古帝国的疆域从巴尔喀什湖延伸到贝加尔湖，又延伸到长城附近。并以明朝拒绝贸易之名进攻明朝。

朱祁镇

明正统十四年（1449年）在土木堡之战中，打败明军，俘虏了朱祁镇。因不善围攻战，瓦剌大军无法攻陷大同和宣化，于是布里牙特·额森带着朱祁镇返回蒙古草原。

5. 弑君称汗

3个月后，布里牙特·额森卷土重来，进军至北京西北郊，遭遇明朝名将于谦的抵抗，发动的各次进攻均被击退，不久明朝的各路援军赶来。由于受到优势兵力的威胁，沿居庸关撤退。1450年，布里牙特·额森决定释放明英宗，并于1453年与明议和，并宣布自己是明的属臣，这一行动表明他抛弃了大蒙古国的宗主权，把自己看成是一个独立的可汗。这无疑是不明智的举动，原本已经臣服于他的各黄金家族的部落和汗国又重新自立。明景泰四年（1453年），布里牙特·额森杀死孛儿只斤·脱脱不花后僭称"大元天圣大可汗"，遭到黄金家族的不满和反抗。

明景泰六年（1455年），布里牙特·额森被暗杀。布里牙特·额森之子阿马桑赤台吉继其父汗位，在景泰七年（1456年）进攻东察合台汗国，在伊犁河附近大败羽奴思汗。而在这时，皇后哈尼木（卫思汗之妹）在后方制造混乱，她的儿子亦不剌忻和也里牙思两兄弟对阿马桑赤发动叛乱，却没有成功。但经过这次内乱，卫拉特的实力严重地被削弱了。

6. 达延中兴

在卫拉特人实力削弱的时候，成吉思汗后裔们并未立即组织反攻，因为他们正在家族战争中互相残杀。

明宪宗成化三年（1467年），成吉思汗的第27代继承人孛儿只斤·满都鲁在讨伐他的侄孙和继承人博勒呼济农孛儿只斤·巴图孟克的一次战争中去世。而博勒呼济农（晋王）在他能够称汗之前的明成化六年（1470年）也被暗杀。一度人丁兴旺的黄金家族中，仅剩下晋王之子孛儿只斤·巴图孟克。

孛儿只斤·巴图孟克的命运极其不幸，据权威学术史料《蒙古黄金史》记载，达延汗巴图孟克乃北元必力克图汗，即元昭宗爱猷识理答腊的直系子孙，家族的长辈都在内讧中死去，小小的孩子孤苦无依，连他的母亲都抛下他改嫁了，这简直比成吉思汗年幼时的遭遇还要悲凉。所幸，孛儿只斤·满都鲁的年轻遗孀满都海赛音可敦把他置于自己的保护之下。满都海赛音可敦在明成化六年（1470年）宣布孛儿只斤·巴图孟克继承蒙古大汗，尊号达延汗。满都海赛音可敦率领军队打败了卫拉特人，将他们彻底赶出了蒙古中东部地区，为达延汗日后的统治奠定了基础。

达延汗在位时间37年，从明成化六年（1470年）到明武宗正德十二

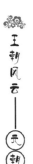

年（1517年）。在明宪宗成化十七年（1481年）亲政之后，达延汗镇压了右翼的土默特人、兀良哈人的叛乱。并从1497年到1505年间，他对从辽东到甘肃的明朝边境地区进行了一系列卓有成效的攻击，使得明朝无法与卫拉特人联系。

明嘉靖二十二年（1543年）达延汗去世，达延汗之孙孛儿只斤·博迪继承了汗位，尊号阿剌克汗。虽然广大的领土被达延汗的众多子孙瓜分，但从明嘉靖二十三年（1544年）到明崇祯七年（1634年）蒙古帝国的汗位一直稳固地在达延汗的长支后裔察哈尔部中传承，历经阿剌克汗

达延汗

（1544—1548年）、库登汗（1548—1557年）、札萨克图汗（1557—1593年）、彻辰汗（1593—1604年）和呼图克图汗（1604—1634年）。

虽然达延汗的长期统治稳定了蒙古帝国汗位传承，但并没有克服蒙古民族的最大弱点——实行瓜分家族遗产的习惯法。当帝国的创建者死后，帝国便成了一种类似联邦式的家族国家，国内的各级首领，都是兄弟或堂兄弟，他们虽然承认察哈尔部的最高权力，但处于半独立状态。

7. 走向灭亡

随着时间的流逝，察哈尔部的汗位继承者们逐渐失去了足以统治整个蒙古的力量，西方的卫拉特人和东方兴起的女真人都是他们可怕的敌人。但这个时候，卫拉特人正在对付哈萨克汗国、沙皇俄国以及内部的绰罗斯家族与和硕特家族的权力争夺，因此，结束蒙古帝国历史的，只能是女真人建立的后金了。

明万历三十二年（1604年），孛儿只斤·林丹巴图尔继承汗位，接受黄教沙尔巴呼图克图的灌顶戒教，称呼图克图汗。呼图克图汗并不是一个昏庸无能的大汗，他早已看出后金对于蒙古的野心，因此上从继位始，便开始重新统一各部，自称"统领四十万众蒙古国巴图鲁青吉斯汗"。

明天启七年（1627年）派兵收服右翼鄂尔多斯、喀喇沁、土默特等部，与喀尔喀部却图汗结为联盟，声威大振，所辖地域东起辽东，西至甘肃。但是，次年，朵颜兀良哈的苏布台、喀喇沁的达来台吉、土默特和布石图汗、额尔多斯的额仁沁济农以及永谢布、阿苏惕、阿巴嘎、喀尔喀等部联

合组成大军 10 万，在土默特的召城一战中，消耗了呼图克图汗精锐兵力 4 万余人，这使得呼图克图汗的实力大为削弱，而他的敌人是综合了蒙古人的彪悍和汉人的谋略的后金大汗努尔哈赤和皇太极，这就注定有勇猛少计谋，统治着的已经衰微的蒙古帝国的他只能失败。

爱新觉罗·努尔哈赤时期，科尔沁部、扎鲁特部便在联姻之下归附了后金。土默特、喀喇沁、兀良哈等部为了避免呼图克图汗的报复，也投奔了后金。明天启五年（1625 年），呼图克图汗出兵嫩江，攻打科尔沁部。后金出兵援助科尔沁，呼图克图汗退走。爱新觉罗·皇太极即位后，把呼图克图汗作为主要的敌人。明崇祯元年（1628 年），派遣贝勒爱新觉罗·阿济格与老哈河上游受孛儿只斤·林丹巴图尔统治的喀喇沁部会盟，共击呼图克图汗。九月，爱新觉罗·皇太极亲率大兵至绰洛郭尔，宴会察哈尔部控制下的敖汉、奈曼、喀尔喀、札鲁特和喀喇沁等部领兵前来的诸首领。呼图克图汗有大汗之名，但已经陷入了孤立，被迫退出西拉木伦河流域，至归化城（今呼和浩特）固守。

明崇祯五年（1632 年）四月，爱新觉罗·皇太极再率大军西进，爱新觉罗·多尔衮从征。至西拉木伦河畔，会集蒙古诸部兵，共击孛儿只斤·林丹巴图尔。面对势力远胜自己的敌军，呼图克图汗无奈自归化城驱人畜 10 万渡黄河西逃。但面对已经大势已去的局势，部众十之七八在途中散去。呼图克图汗逃奔青海，两年后在青海打草滩病死。

明崇祯八年（1635 年），多尔衮再次率军西征，孛儿只斤·额尔孔果洛额哲献出传国玉玺，整个漠南蒙古完全纳入了后金的版图。至此，大蒙古国的汗位断绝，北元彻底覆灭，蒙古帝国走向终结。

北元虽然偏安一隅，疆土远不及元朝，但是它却是蒙古族历史上经济、文化快速发展的时期。对于明朝统治者来说，北元是他们的眼中钉、肉中刺，誓要将它覆灭不可。从朱元璋到朱棣，明朝曾多次北伐，进攻北元。可是，明朝始终没有彻底将北元势力铲除，这个由蒙古人创造的北方帝国，伴随了整个明朝的历史。

征服漠南蒙古的皇太极

第三章 后宫风云

坤以承乾元，人道莫先于夫妇；后以母天下，王化实始于家邦。元朝时，后宫位号简单朴素，只设有皇后、妃、嫔三等，但人数不定。元朝皇帝可立多位皇后，但是只有一位皇后是正宫，接受册宝，其他皇后也只不过等于是高等妃子罢了。

虽然位号很少，但这不代表后宫人数也简单，元朝后宫以"斡耳朵"来区分后妃的地位，斡耳朵是宫帐的意思，一座宫帐里面可能同时住着好几位皇后和嫔妃，而在众多宫帐中，以第一宫帐中的第一皇后地位最尊。

元朝宫闱内部，争宠嫉妒，倾轧残杀，以及种种秽闻丑行，更对整个官僚机器隐寓着潜在的危险。

一、自古巾帼博须眉，三贤圣母美名传

蒙古族把成吉思汗十一世祖母阿兰高娃、成吉思汗生母诃额仑、成吉思汗夫人孛儿帖尊为"蒙古三贤圣母"。

1. 成吉思汗十一世祖母阿兰高娃

阿兰高娃，蒙古语意为"美丽的阿兰"，成吉思汗十一世祖母。

阿兰高娃在蒙古传说里享有崇高的地位，被誉为阿兰娘娘，是她生育并创建了蒙古尼伦部。她的时代正处于孛儿帖赤那与成吉思汗的中间时代，是成吉思汗的上溯11世祖母。史书对于阿兰高娃的婚姻作了有趣的描述：

据说都蛙锁豁儿与弟弟朵奔蔑儿干（后者是成吉思汗的11世祖）正在打猎，看到一丛百姓顺水行来。哥哥说："有一个黑车子前头有一个女儿生得好，若是不曾嫁人呵，索与弟弟朵奔蔑儿干做妻。"朵奔蔑儿干去看了，"这女儿名阿阑豁阿，果然生得好，也不曾嫁人。"他于是就"取（掠取）了阿阑豁阿为妻"。这是对于蒙古人历史上较早出现的抢婚现象的经过加工的描述。

婚后阿兰高娃与朵奔蔑儿干共生二子。这一天朵奔蔑儿干前往脱豁察温都儿山打捕野兽，"于树木内遇兀良哈部落（南下蒙古人的一支）的人，在那里将杀了一个三岁鹿的胁扇肚脏烧着。朵奔蔑儿干问他索肉。兀良哈人将这鹿取下头皮带肺子自要了，其余的肉都与了朵奔蔑儿干"，"朵奔蔑儿干将得的鹿肉驮着回去，路上遇着一人引着一个儿子行来……其人说：'我是马阿里黑伯牙兀歹人氏。我而今穷乏，你那鹿肉将与我，我把这儿子与你去。'朵奔蔑儿干将鹿的一只后腿的肉与了，将那人的儿子换去家做使唤的了。"

阿兰高娃

史书还记载了阿兰高娃父亲的故事，他住的地方因野火燃烧把野兽都吓跑了，听得不儿罕山野物广有，遂带全家迁去。

以上故事说明在阿兰高娃时代，仍是以狩猎为主，间接证明这时南下到额尔古纳河上游的蒙古人仍在这一带生存，没有走远。但这并不是说这时没有驯养牲畜，据史书记载，朵奔蔑儿干和阿兰高娃的上一代脱罗豁勒真及其妻孛罗黑臣，曾有"两个好骟马"，而朵奔蔑儿干"驮肉"，自然也是用马。要知道，额尔古纳南部分布着世界上最优良的草甸草场，这里很可能是内蒙古高原畜牧业的起点和摇篮。

2. 成吉思汗生母诃额仑

诃额仑（？—1207 年之后），斡勒忽讷氏，成吉思汗（元太祖铁木真）的生母。又作诃额伦、月伦太后。她早年接连遭受新婚遭掳、丈夫被毒、族人抛弃等坎坷，凭借顽强的毅力和超人的才干，她在腥风血雨之中成功抚养大了铁木真兄弟。

诃额仑以善良、聪明、贤惠闻名。诃额仑是一位强悍、有魄力、有首领气质的女人。铁木真 9 岁时，他的父亲被塔塔尔人用毒酒暗害而死。由于失去了首领，部落陷于分裂状态，族人和部众纷纷离散。诃额仑夫人飞马挥纛拦截部众，义正词严地斥责逃跑者。部众离散之后，她又带着几个尚未成年的子女，在斡难河上游的森林中、草原上艰苦度日。采野果、挖山菜充饥，钓鱼、捉鼠、捕获野兽果腹。在异部人的追杀中历尽风险和苦难。用先祖的训辞教育子女们成材。在成吉思汗征战期间，诃额仑母亲据守在

后方老营。66 岁时病逝。

凭借多年的征战中的英勇，智慧和忍耐，铁木真摆脱了困厄的处境，一步步壮大起来。1206 年，铁木真大会蒙古诸部，成为蒙古共主，并获得从此名扬中外的尊号"成吉思汗"。诃额仑夫人也由此成为了蒙古帝国的太后。

大蒙古国建国后不久，萨满教巫师帖卜·腾格里（汉译为"通天巫"）试图利用自己的宗教影响力与成吉思汗的王权竞争。为了挑起王室内部的争端，帖卜·腾格里利用自己在宗教上的绝对权威，蛊惑成吉思汗，使成吉思汗对胞弟合撒儿起了猜疑之心，最终决定抓捕并审讯合撒儿。

诃额仑母亲得知后，连夜赶去。第二天清晨太阳刚出来时，她赶到了现场，对已经是成吉思汗的儿子当众愤怒地训斥了一番。等到母亲怒气平息后，成吉思汗说："受到母亲的怒责，儿子很害怕，很惭愧，儿子先回去了。"

于是成吉思汗回去了，在诃额仑和孛儿帖的提醒下，他幡然醒悟，果断除掉了帖卜·腾格里，稳固了王权。但他对合撒儿仍心存戒意，他背着母亲，暗中夺取了分给合撒儿的大部分百姓，只给合撒儿剩下 1400 户百姓。诃额仑母亲知道这件事后，心里忧闷，不久就去世了。

3. 元太祖成吉思汗的嫡皇后孛儿帖

弘吉剌·孛儿帖（1161—?）谥号光献翼圣皇后，姓博司忽儿翁吉剌，现内蒙古呼伦贝尔新巴尔虎右旗人。元太祖成吉思汗的嫡皇后，居于第一汗尔敦（蒙古宫帐），地位最高、最得敬重、最得宠、年迈后亦如此。

孛儿帖兀真与成吉思汗

孛儿帖是翁吉剌惕人。19 岁时与铁木真成婚。貌美贤能、颇具魄力与远见。在铁木真称汗前后的创业中，孛儿帖的建议和主张经常起到决策性的作用。在成吉思汗的家族及整个孛儿只斤氏族中，享有崇高的名望，异常受人尊重。逝世之后，忽必烈追谥她为"光献皇后"；后又加谥为"光献翼圣皇后"。

孛儿帖生有 4 个儿子与 5 个女儿，儿子分别是术赤、察合台、窝阔台、拖雷，其中窝阔台后来登基，是元朝的太宗皇帝，另外三人被元世祖忽必烈追尊为皇帝，其中，拖雷是睿宗皇帝，术赤是穆宗皇帝，察合台是圣宗皇帝；女儿分别是豁真别乞、扯扯亦坚、阿剌合别乞、秃满伦、阿儿答鲁黑。当初孛儿帖被蔑儿乞族掳走，等救回时已有身孕，于是传说这时生下的术赤可能是蔑儿乞人的孩子，而"术赤"二字是"客人"的意思。但也有人说孛儿帖被篾儿乞人掳走的时间不超过九个月，术赤有可能是成吉思汗的儿子。

有一次，孛儿帖的父亲特薛禅所在的翁吉剌部被迫与札木合等部落联盟攻击成吉思汗。而特薛禅却一如既往地支持着女婿成吉思汗，暗中让人给成吉思汗送去"契丹文密报"，收到后孛儿帖兀真把"契丹文密报"翻译给成吉思汗，从而避免了一场浩劫。

萨满巫师在蒙古人心中有崇高不可动摇的地位，蒙力克的第四个儿子阔阔出是萨满巫师，但他骄横狂妄，假巫术之名挑拨成吉思汗与其弟合撒儿的感情，又羞辱斡赤斤，多次滋事，于是孛儿帖兀真进言，请成吉思汗杀阔阔出，从此安定了族人。

据《蒙古秘史》记载，杭克拉湖（现蒙古国内）边是成吉思汗的老营，成吉思汗在这里游牧的时候听说"金国王晶丞相在贝加尔湖一带袭击了塔塔尔人，塔塔尔人已经跑到浯勒札河一带"，成吉思汗听完后马上通知王汗让王汗集结部队袭击塔塔尔人。为了彻底消灭塔塔尔部落，也告知与塔塔尔部落有世仇的卓尔其（成吉思汗的堂兄撒察别启的部落）部落派兵前来支援，然而等了整整 6 天不见踪影，成吉思汗只好率领不太充足的兵力出征。这时姗姗来迟的卓尔其人，不但没有跟随其后，反而袭击了成吉思汗在杭克拉湖边一带的老营，在孛儿帖兀真沉着冷静的指挥下老少和妇女齐心协力终于击退了这一突然袭击，以最小的代价避免了一场灭顶之灾。

二、"四帝之母"拖雷妻，乃马真氏"六皇后"

1. 克烈·唆鲁禾帖尼

克烈·唆鲁禾帖尼（1192？—1252 年），大蒙古国（蒙古帝国）皇太后，克烈氏，是拖雷的正妻，蒙哥、忽必烈、旭烈兀、阿里不哥的生母。元宪宗蒙哥和元世祖忽必烈都做过大元（大蒙古国）的帝王，旭烈兀在西亚开创了伊儿汗国，阿里不哥 1260 年在蒙古本土被部分宗王贵族推举即位，并和忽必烈争位达 4 年之久。由于她的这四个杰出的儿子都做过帝王，因此她被后世史学家称为"四帝之母"。

克烈·唆鲁禾帖尼是克烈部王汗的弟弟札合敢不之女，1203 年成吉思汗灭克烈部后，把她许给拖雷为妻。

唆鲁禾帖尼管理才能出众。1232 年农历九月拖雷去世后，唆鲁禾帖尼

唆鲁禾帖尼

掌管拖雷家族。窝阔台提出让她嫁给长子贵由，被她以诸子尚未成人为理由拒绝。窝阔台擅自决定把属于拖雷的3000户授与儿子阔端，拖雷属下很多大臣不服，唆鲁禾帖尼说服他们遵从大汗旨意，笼络了阔端，使他后来站在拖雷家族一边。

唆鲁禾帖尼治家有方，管教诸子遵守札撒。元太宗十三年农历十一月初八（1241年12月11日）窝阔台去世，汗位虚悬，乃马真后称制，法济混乱，很多宗王贵族滥发牌符征敛财物，唯有她和儿子们没有这样做，为拖雷家族赢得了声誉。她爱护属下臣民，对违法官员和军士加以严惩，她领地内百姓的处境比其他宗王领地要好。

唆鲁禾帖尼信奉聂斯脱利派，但优待各种宗教的教士和学者，对儒学和儒士非常优待。

唆鲁禾帖尼深谋远虑，机智果断，帮助拖雷家族夺取汗位。她赏赐宗王和军民，获得广泛拥戴。她善于处理和窝阔台的关系，成吉思汗死后留下的军队共有12.5万人，其中11.1万人由拖雷继承，因此军国大事窝阔台都与她商议。

窝阔台死后，乃马真后欲立长子贵由为大汗，拔都与贵由不和，不肯参加选汗大会，后来，成吉思汗幼弟铁木哥斡赤斤也领兵来争位，帝国面临内战和混乱的危险。唆鲁禾帖尼决定率诸子参加大会，元定宗元年农历七月十二日（1246年8月24日）拥立贵由登基，安定了局势并使得威望进一步提高。贵由即位后借口叶密立的气候适合养病，率军离开都城和林向西进发，实际是去攻打拔都。唆鲁禾帖尼秘密派使者告诉拔都加以防备，拔都立即起兵向东进发。通过此事进一步拉拢了拔都的术赤家族。元定宗三年农历三月（1248年3月27日至4月24日），贵由西行途中去世，据说是被拔都派奸细毒死。

唆鲁禾帖尼极力拉拢拔都，目的是取得术赤家族的支持，拔都以长支宗王的身份遣使邀请宗王、大臣到他的驻地召开忽里勒台，商议推举新大汗。窝阔台系和察合台系的宗王们多数拒绝前往，贵由皇后斡兀立海迷失只派大臣八剌为代表到会。唆鲁禾帖尼则命长子蒙哥率诸弟及家臣应召前往。拔都在会上极力称赞蒙哥能力出众，又有西征大功，应当即位，并指出贵由之立违背了窝阔台遗命，窝阔台后人无继承汗位的资格。大会通过了拔都的提议，推举蒙哥为大汗。窝阔台、察合台两家拒不承认，唆鲁禾帖尼和蒙哥又遣使邀集各支宗王到斡难河畔召开忽里勒台，拔都派其弟别儿哥率大军随同蒙哥前往斡难河畔，但窝阔台、察合台两家很多宗王仍不肯应召，大会拖延了很长时间。由于唆鲁禾帖尼的威望甚高，并且善于笼络宗王贵族，多数宗王大臣最终应召前来，1251年农历六月举行忽里勒台大会，元宪宗元年农历六月十一日（1251年7月1日），宗王大臣们共同拥戴蒙哥登基即大汗位。

蒙哥登基后，尊唆鲁禾帖尼为皇太后。此后，为了巩固汗位，唆鲁禾帖尼镇压反对者毫不留情，并亲自下令处死元定宗贵由的皇后斡兀立海迷失。

元宪宗二年农历正月（1252年2月12日—3月11日），唆鲁禾帖尼因病去世。

至元三年（1266年）十月，太庙建成，制尊谥庙号，唆鲁禾帖尼上谥号为庄圣皇后。

至大二年十二月六日（1310年1月7日），元武宗海山为唆鲁禾帖尼加上尊谥显懿，从此之后，唆鲁禾帖尼的谥号变为显懿庄圣皇后。

2. 乃马真后

乃马真氏(？—1246年)，史称乃马真后，名脱列哥那，窝阔台汗的皇妃。

脱列哥那是乃蛮族人（11—12世纪居住在蒙古高原西部、说突厥语的民族，后被蒙古征服），蒙古帝国第二任大汗窝阔台（元太宗）的皇妃，在妃嫔中排名第六，所以汉文史书中称呼她为"六皇后"（窝阔台的正牌皇后为孛刺合真）。脱列哥那早期的经历不详，唯一清楚的是，她为窝阔台生下长子贵由，由此在帝国政治中的影响力不可小觑。

贵由虽然是长子，但由于性格懦弱、身虚多病，所以很不受窝阔台的待见，而大汗钟意的接班人，则是智勇双全的第三子阔出（生母不详）。然而阔出福薄命短，年纪轻轻地便战死在对宋战场上，时在南宋端平三年（1236年）。阔出之死让窝阔台十分伤心，但即使在这种情况下，他依然

乃马真后

不肯立贵由为太子，而是打算册立阔出之子失烈门为储君。

然而，就在窝阔台筹备立失烈门为储君的事宜时，却因酒色蚀骨，突然于淳祐元年（1241 年）十一月病死于行宫之中。大汗的暴崩打乱了失烈门接班的计划，而脱列哥那早有扶立儿子为汗的打算，但考虑到诸王多有不服，便决定由自己临朝称制，然后再实施把贵由推上汗位的计划。

对于脱列哥那的图谋，宰相耶律楚材表示反对，但由于势单力薄，没有盟友做奥援，最终只好称病不朝，3 年后竟郁郁而终。耶律楚材是两朝贤相，极受成吉思汗和窝阔台的器重，但是连他都无法阻挡脱列哥那上台，那么其他诸王、大臣便更不想做"出头鸟"。所以在这种情况下，脱列哥那如愿以偿地登上摄政的位子，统领这个广袤无垠的大帝国。

脱列哥那临朝称制后，为了给儿子创造继承汗位的条件，不仅大肆赏赐诸王、大臣，还赐予他们各项特权，以此来获取他们的拥护。与此同时，脱列哥那还加紧清洗窝阔台时期的重臣，并换上一批虽然不学无术，但却无比忠诚于自己的亲信。在这种情况下，右丞相镇海、中州断事官牙剌瓦赤（主持中原的财赋事务）等人纷纷逃亡，而脱列哥那的贴身女仆法提玛、佞臣奥都剌合蛮则得到重用。

法提玛本是波斯徒思人，是西域的女俘，被俘虏到哈剌和林后经常接近乃马真后的斡耳朵（蒙古包即宫殿）。因此当乃马真后称制后她也权倾朝野，包括封疆大臣所办的军国大事都要通过法提玛做中介，她曾与脱列哥那合谋逮捕中书右丞相镇海和燕京行台断事官牙剌瓦赤。镇海、牙剌瓦赤得知后逃奔到阔端斡耳朵，寻求其庇护。中书令耶律楚材也含怨而死。大商人奥都剌合蛮却被派往中原，接替牙剌瓦赤的职务。

脱列哥那及其亲信都是昏庸无能之辈，她执政期间成吉思汗的《札撒》被搁置造成法度不一。诸王"人人都向四方派遣使臣，滥发诏旨牌符；他们四下结党,各自为政"（志费尼《世界征服者史》),这令蒙古帝国濒于崩溃。

此时，蒙古境内又遭遇多年难见大旱灾，以至于出现"河水尽涸，野草自焚，牛马十死八九"的惨景。然而面对灾情，脱列哥那非但没有进行赈灾，反而授意奥都剌合蛮肆意搜刮民间财产，意在解决财政危机。脱列哥那的举动令国内怨声四起，反抗运动此起彼伏，让蒙古朝廷疲于奔命。毫不夸张地讲，若脱列哥那再多执政几年，蒙古帝国必然会走向崩亡。

但就在此时，自认为时机成熟的脱列哥那，下令召集忽里勒台（蒙古诸王大会，多用于推举大汗、决定征战等大事），要求诸王拥戴贵由为大汗。在诸王当中,术赤系诸王首领拔都（成吉思汗之孙,术赤嫡次子）威望最高,但因为他跟贵由关系不和，便以患病为由婉拒出席。而其他诸王则因屡受脱列哥那的笼络，自然乐意推举贵由为大汗。就这样，在淳祐六年（1246年）八月，贵由被推举为大汗。

贵由登基后，脱列哥那完成了自己的使命，随即宣布归政。脱列哥那虽然名义上交出了权力，但仍在幕后时时干涉朝政，直到同年底病死后，贵由才真正地亲政掌权。脱列哥那把蒙古帝国搞得乌烟瘴气，最后却得以善终，实在是幸运得很。忽必烈称帝后，追谥脱列哥那为昭慈皇后，并让她的牌位升祔太宗庙。

三、海迷失幕后垂帘，察必后多裨时政

1. 海迷失后

海迷失后（？—1252年），斡兀立氏（瓦剌），名海迷失，元定宗贵由的第三皇后。

南宋淳祐八年（1248年）贵由汗去世，皇后海迷失在拔都等诸王支持下，抱幼子失列门垂帘听政，称制三年。在位时两子忽察、脑忽另建府邸与其母相对抗，以致一国三主；另一方面，宗王们又擅自签发文书，颁降令旨。由于朝廷内部的纷争，汗国陷入了混乱之中；又遇大旱，导致民不聊生。

海迷失后

经两年斗争，元宪宗元年（1251年）七月初一，宗王们举行忽里勒台大会，拥戴拖雷的儿子蒙哥登基即位，海迷失后被拘禁起来。元宪宗蒙哥即位后，海迷失后暗中策动窝阔台系的宗王，并且施巫术暗害蒙哥。元宪宗二年（1252年）夏天，事情败露，海迷失后被蒙哥下令投入河中溺死。

至元三年（1266年）十月，元世祖忽必烈为海迷失上谥号为钦淑皇后。

2. 弘吉剌·察必

弘吉剌·察必（？—1281年），姓弘吉剌氏，名察必，济宁忠武王弘吉剌·按陈之女，元世祖忽必烈的皇后。

察必容貌漂亮，元世祖忽必烈未继位之前，她便侍奉元世祖，在元世祖众多妻妾中最受宠爱，并为元世祖生下长子元裕宗真金。

元宪宗九年（1259年），元世祖征伐南宋时，渡江围攻鄂州，恰逢元

宪宗蒙哥在合州去世，元世祖的弟弟阿里不哥留守和林，其党羽阿蓝答儿等人劝阿里不哥自立为大汗，乘传发山后兵，距离开平仅100余里。察必派人责问阿蓝答儿："发兵是大事，太祖的曾孙真金在此，你们难道不知道吗？"阿蓝答儿听到此话，内心很是沮丧。阿里不哥派脱里出行省燕京调动民兵，察必听说后，秘密派人快速报告给元世祖，让元世祖迅速撤军。又派人追回元世祖让其北归，于是元世祖继位之事得以确定。

中统三年（1262年），察必被立为皇后。至元十年（1273年）三月（一作十月）受册封，上尊号为"贞懿昭圣顺天睿文光应皇后"。元代册封皇后的礼仪，自此开始。

一日，四怯薛官奏请划京城外附近农田为牧马场地，元世祖允准，察必想谏阻。一次察必趁太保刘秉忠在元世祖身边，故意责备刘秉忠说："你是汉人中聪明谋臣，皇帝听从你的意见，为何不加谏阻？过去初定都于此时，划农田为牧地还犹可说，如今各有定业，还侵夺农田，这合理吗？"元世祖默不做声，划农田为牧场的事不了了之。

察必曾于太府监支用了丝绸，元世祖说："这些东西均军国所需，非私有之物，皇后怎可任意支取？"从此以后，亲率宫女进行纺织，将旧弓弦的丝织成绸缎以做衣服，宣徽院的羊皮置之无用，她取来缝为地毯，其勤俭节约如此。

蒙古帽本无前檐，元世祖常感到阳光耀眼，并将此事告诉察必，察必加上前檐，元世祖大喜，以后就成为蒙古帽的定式。后又为元世祖制衣一件，没有衣襟，没有领袖，后长前短，有两根带子，名曰"比甲"，便于骑马射箭，当时人皆仿效之，成为时装。

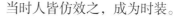

翰林学士王思廉曾经为元世祖读讲《资治通鉴》，读到唐太宗怒魏征，长孙皇后朝服拜贺得贤臣的事，元世祖命内官带王思廉到皇后察必殿阁前覆读讲。察必说："是诚有益圣德，复有类此者。汝宜以时进读。"其贤明多类如此。

至元十三年（1276年），平定宋朝，宋幼主赵㬎到上都朝见元世祖，元世祖大宴群臣，众皆欢乐。只有察必沉默不语，元世祖问她："我今平定江南，自此以后不再兴兵打仗，大家都欣喜若狂，唯独你不

察 必

高兴，是何缘故？"察必跪奏道："妾闻自古无千岁之国，将来能使我们子孙不像宋朝皇帝那样成为亡国之君就幸甚了。"

元世祖在大殿上陈列着从宋朝府库中得来的各类珍贵物品，召察必来观看，察必看一遍就走了。元世祖遣宦官问察必想要什么，察必说："宋朝历代皇帝贮存这许多东西留给子孙，而子孙保不住，尽归我朝，我怎忍心取走一物！"这时宋太后全氏被

弘吉剌·察必缝制的比甲

俘，送至大都，但不习惯北部风土，察必多次奏请放宋太后全氏回江南，元世祖始终不允，认为放他们回去，若有流言蜚语，会杀他们全家，这不是爱他们而是害他们，要爱他们，就把他们安置在京师，加以抚恤。此后，察必更加厚待宋太后。

至元十八年（1281年）二月，察必去世。至元三十一年（1294年）四月，察必的孙子元成宗铁穆耳即位，同年五月，追谥为"昭睿顺圣皇后"，供奉于元世祖庙祭祀。

察必皇后禀性聪明，善于把握事业成败的契机，所以在元朝建立之初，成为元世祖的左右助手。

四、强悍泼辣泰定后，太平王妃八不罕

八不罕（生卒年不详）。元泰定帝孛儿只斤·也孙铁木儿的皇后。

八不罕是弘吉剌氏按陈孙干留察的女儿，长得十分美丽，后来嫁给也孙铁木儿为妻。也孙铁木儿是在政变中意外得到皇位的，总结元英宗帝后的命运，他早早就做好预防。

泰定元年（1324年）三月，刚刚坐稳皇位的也孙铁木儿便册立弘吉剌氏八不罕为皇后，同时册立八不罕所生的儿子阿速吉八为皇太子，封另一个儿子的麻亦儿间卜继承自己当初的晋王之位。但是元泰定帝的皇后八不罕是一个非常强悍泼辣的女人，她不但参与朝政，她还毫无顾忌地把元泰定帝宠幸的婢女宫姬随意赐给与自己勾结在一起的大臣亲信，以此铲除情敌收买人心。元泰定帝虽身为皇帝，因性情软弱却在生活上处处受制于她；虽然有心励精图治，却又只知沉湎于巫术佛法，将国家治得江河日下。说

起来他虽有皇帝之命，却根本没有皇帝之材，结果是皇帝也没当好，日子更是过得不怎么样。

致和元年（1328年）七月，36岁的元泰定帝在上都一命归西，八不罕立即以皇后身份执掌朝政，打算靠着年幼的儿子过一把摄政女王的瘾。大约也正是因为她过于自信，因此虽知危机重重，仍然没有让儿子立即继位，而是先以皇后的名义处理政务，命亲信平章政事乌伯刺赶往元大都收掌百司印章，颁布皇后敕书安抚官员百姓。然而八不罕皇后千算万算，却终于没算得过命运。因为，当初对于元泰定帝的继位，朝臣宗王们虽然多有不满，却大多随波逐流不想出头。然而有一个人却打算将这种不满付诸行动。此人名叫燕帖木儿，是元武宗海山称帝之前就已经跟随其左右的亲信，此时已经当上了大都留守，手中掌握着枢密符印。燕帖木儿心中一直感激元武宗当年的知遇之恩，早在元泰定帝重病期间，他就已经开始策划迎立元武宗之子继位，现在，他终于等到了机会。

八月初四这天，趁着满朝文武齐聚兴圣宫听使者宣读八不罕皇后敕书的时候，燕帖木儿指挥自己的亲信武士，将从前不在自己笼络中的朝臣宗支统统活捉，恶狠狠地宣布了迎立元武宗之子的决定。官员们的性命都在他的手里，还有什么可说的，只能唯命是从。按照继位顺序，燕帖木儿本该首先拥立元武宗海山的长子周王和世㻋，但和世㻋正在边陲封地镇守，急切间难以返回大都。燕帖木儿为防时间拖得太长发生意外，便派人前往江陵，请元武宗海山的次子怀王图帖睦尔先行返京登基。

九月，怀王回到大都。十三日，他登基为帝，是为元文宗。称帝的同时，元文宗颁布了一道诏书，向天下许诺，说自己乃是迫于局势方才称帝的，只待兄长周王和世㻋返回，便将帝位奉还。听说怀王称帝的消息，上都城内属于元泰定帝一派的大臣宗王后妃们也不甘示弱，立即拥立皇太子阿速吉八为帝，改元天顺，史称元天顺帝。但天无二日，国无二主，如今元王朝既有了两个皇都两个皇帝，内战立即爆发。在燕帖木儿身先士卒的统领下，元文宗一派的军队屡屡获胜，终于在十月十三日攻克上都，天顺朝只存在了两个月即告终了。元泰定帝的朝臣宗王多被斩杀，元泰定帝的后妃们都被幽禁，年仅9岁的天顺帝从此下落不明，很可能是死于乱兵。由于燕帖木儿在整个夺位过程中立下双重汗马功劳，满怀感激的元文宗封其为太平王、中书右丞相、知枢密院事、加"答剌罕"称号（即得到了代代相袭的免死金牌、自由出入宫禁并可用皇帝礼节的特权）。燕帖木儿从此逐步成为元后期最不可一世的权臣。而他还有一项足以令中国历史上其他权臣汗颜的成就：他先后迎娶了元文宗"赐婚"的宗室公主、朝臣媚妇40余人。

元八花头鎏金金钗

最精彩的一幕则在政变成功一年以后发生。当时元文宗按照元王朝宫廷惯例，将在权力斗争中落败的元泰定帝后妃发配安东州，由于她们身份特殊关系重大，元文宗让燕帖木儿亲自押送。殊不知燕帖木儿色胆大过天，竟在路上将八不罕皇后以及元泰定帝最宠爱的两名妃子——充王买住罕的一双女儿必罕与速哥答里都勾搭上了。不久之后，燕帖木儿便在元文宗的纵容下，公然将元泰定帝的后妃统统纳为妻妾。

八不罕皇后从此成了太平王妃，也就此在史书上消失了踪迹。

五、狼狈为奸结权臣，流放赐死报亦酷

弘吉刺·卜答失里（1307—1340 年），弘吉刺部人，元文宗图帖睦尔的皇后。父为驸马鲁王雕阿不刺，母为元顺宗之女鲁国公主祥哥刺吉。

卜答失里出身世代与黄金家族联姻的弘吉刺部，是鲁王雕阿不刺与鲁国公主祥哥刺吉之女，有一兄阿里嘉室利。大德十一年（1307 年）出生于全宁鲁王府。泰定元年（1324 年）十月，元泰定帝将卜答失里许给怀王图帖睦尔，也就是她的表兄。泰定二年（1325 年）正月，卜答失里与图帖睦尔一道南下建康（今江苏南京）就藩。致和元年（1328 年）三月与图帖睦尔徙居江陵。同年七月元泰定帝驾崩于上都，八月大都发生政变，燕帖木儿派人迎怀王自江陵入大都，九月十三日怀王图帖睦尔即位，是为元文宗，改元天历，卜答失里亦成为皇后，天历二年（1329 年）二月受册宝。

在两都之战中，元文宗一方获胜，后又让位于其兄周王和世㻋，是为元明宗，天历二年（1329 年）四月，元文宗成为皇太子，卜答失里亦为皇太子妃。天历二年（1329 年）八月，元文宗毒死元明宗而复辟，十一月，再次立卜答失里为皇后。天历三年（1330 年）四月，卜答失里与宦官拜住谋杀元明宗皇后八不沙，将她推入烧羊火坑中活活烧死。

至顺三年（1332 年）八月，元文宗在上都去世。信仰藏传佛教、相信因果报应的元文宗夫妇对于害死明宗夫妇一事一直心有不安，再加上他们所生的长子阿刺忒纳答刺在至顺元年（1330 年）十二月被立为皇太子，一

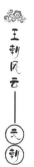

卜答失里

个月后就死去，更加剧了他们的恐惧。虽然元文宗夫妇还有一子燕帖古思，但萨满告诉卜答失里说："儿幼，当大福恐不任。"因此卜答失里不愿立自己的儿子，而元文宗也在临终前召来卜答失里、燕帖古思和权臣燕帖木儿，遗命传位于元明宗长子妥懽帖睦尔。燕帖木儿自作主张，对卜答失里说："阿婆且权守上位，安王室，妥懽帖睦尔居南徼荒瘴之地，未知有无，我与宗戚诸王徐议之可也。"于是他不立远在广西的元明宗长子妥懽帖睦尔，改立近在大都的元明宗次子鄜王懿璘质班，是为元宁宗。至顺三年（1332 年）十一月十二日，卜答失里被元宁宗尊为皇太后，在兴圣殿接受朝贺。同月二十六日，7 岁的元宁宗驾崩。

元宁宗驾崩以后，燕帖木儿试图立卜答失里之子燕帖古思为帝，但被卜答失里否决，她说："天位至重，吾儿恐年小，岂不遭折死耶？妥懽帖睦尔在广西静江，可取他来为帝，且先帝临崩云云，言犹在耳。"于是妥懽帖睦尔被迎入京师，但燕帖木儿心里不爽，迟迟不让他即位，于是在皇位空缺期间由卜答失里临朝称制，一切事务由燕帖木儿决定，再上奏卜答失里而奉行。燕帖木儿死后，妥懽帖睦尔方能于次年（1333 年）六月登基，是为元惠宗（元顺帝）。即位时卜答失里曾约定以自己的儿子燕帖古思为皇位继承人。

元惠宗即位后，伯颜当权，为卜答失里设徽政院，置官属 366 员，负责侍奉卜答失里；又欲为卜答失里上尊号，但卜答失里以元文宗尚未祔庙而拒绝。元统二年（1334 年）十月，为卜答失里上尊号"赞天开圣仁寿徽懿昭宣皇太后"。元统三年（1335 年）八月，议进封卜答失里为太皇太后，由于卜答失里是元惠宗的婶婶而非祖母，所以此举在当时颇遭非议，朝臣许有壬、泰不华等都曾劝谏，但未被接受。至元元年（1335 年）十二月十七日，为卜答失里上尊号为"赞天开圣徽懿宣昭贞文慈佑储善衍庆福元太皇太后"。

史料记载"文后性淫，帝崩后，亦数堕胎，恶丑贻耻天下"，又记载其做太皇太后时，权臣伯颜常常进入她宫中彻夜不归，以至于大都流传着

"上把君欺，下把民虐，太皇太后倚恃着"的讽刺伯颜的谚语。

当时，卜答失里与权臣伯颜狼狈为奸，又与元惠宗关系紧张，经常批评元惠宗"不用心治天下，而乃专作戏嬉"，元惠宗生了皇子（爱猷识理答腊）以后，她更与伯颜合谋废黜元惠宗，立自己的儿子燕帖古思为帝。（后）至元六年（1340年）二月，元惠宗与脱脱发动政变，罢黜伯颜，卜答失里失去依靠，地位危殆。元惠宗仍铭记着元文宗的杀父之仇，同年六月，有台臣上奏："太皇太后非陛下母也，乃陛下婶母也。前尝推陛下母（指元惠宗嫡母八不沙）堕烧羊炉中以死，父母之仇不共戴天。"于是元惠宗清算起元文宗夫妇的罪行，下诏毁太庙元文宗室，并称"叔婶卜答失里，怙其势焰，不立明考（元明宗）之冢嗣，而立孺稚之弟懿璘质班，奄复不年，诸王大臣以贤以长，扶朕践位。国之大政，属不自遂者，讵能枚举……卜答失里本朕之婶，乃阴构奸臣，弗体朕意，僭膺太皇太后之号，迹其闺门之祸，离间骨肉，罪恶尤重，揆之大义，削去鸿名，徙东安州安置"。于是卜答失里被褫夺尊号，迁出宫中，流放东安州（今河北廊坊），不久后被赐死。

六、伯颜忽都性节俭，动以礼法拒皇宠

弘吉剌·伯颜忽都（1324—1365年），姓弘吉剌氏，名伯颜忽都，元武宗皇后宣慈惠圣皇后弘吉剌·真哥的侄子毓德王弘吉剌·孛罗帖木儿之女，元顺帝第二任皇后。

至元三年（1337年），元朝最后一代皇帝妥懽帖睦尔的皇后钦察答纳失里因其兄唐其势谋反受牵连被杀，元顺帝打算立宠妃奇氏为皇后。

权相伯颜坚决反对，原因是奇氏为高丽人，主张立元武宗皇后侄子的女儿伯颜忽都。

强调一下，伯颜与伯颜忽都二人没有亲属关系。元顺帝拗不过伯颜，只好接受了。同年三月十七日，元顺帝立伯颜忽都为皇后。

伯颜干了一辈子坏事，唯独立皇后这件事做对了。伯颜忽都是个守妇道、知礼仪、十分难得的好女人。

伯颜忽都的祖父答失八都鲁曾任四

伯颜忽都

川行省左丞相，父亲孛罗帖木儿受封毓德王，任右丞相。

姑祖母为元武宗孛儿只斤·海山的皇后，是个名副其实的大家闺秀。她入主后宫，崇尚节俭，性情豁达，从不参与后宫嫔妃的争风吃醋，为人处世，时时刻刻以礼法约束自己。

元顺帝当时十分宠爱高丽美女奇氏，大部分时间与奇氏腻在一起，有内侍常常密报皇后伯颜忽都，伯颜忽都并不嫉妒，也从无怨言。

有一次，元顺帝去上京巡视，皇后伯颜忽都随行。途中，元顺帝忽然想和皇后亲近，就派内侍传旨令皇后安排迎驾事宜。

这种事要是换成一般的女子，皇帝要来过夜是巴不得的好事，非但不会拒绝，还得刻意打扮一番，花枝招展恭迎圣驾。皇后伯颜忽都识大体、顾大局，她认为皇帝在夜间突然更换住处是宫中大忌。

伯颜忽都一脸正色说："夜幕降临，皇帝不应该选择这个时候到后宫过夜。"

内侍通报皇帝，元顺帝纠缠不休，令内侍多次说服皇后。伯颜忽都坚持原则，严词拒绝，没有给丈夫留丝毫情面。元顺帝由此更加敬重她。

伯颜忽都自居住坤德殿，衣着整齐，行为端正，从不轻易离开后宫半步，先后为元顺帝生下真金和雪山两个儿子。

至正二十五年（1365年）秋八月，伯颜忽都皇后病逝，年仅42岁。

在整理皇后遗物时，元顺帝的宠妃奇氏发现皇后的衣物大都破旧不堪，嘲笑说："这怎么能是正宫娘娘穿着的东西呢？"由此可见，伯颜忽都皇后的节俭并非徒有虚名。

七、高丽贡女奇皇后，狷黠矫饰乱朝纲

奇皇后（1315—1369年），蒙古姓肃良合氏，名完者忽都。高丽人，高丽王朝大贵族总部散郎奇子敖之女，元惠宗第三任皇后。

1. 得宠受封

奇皇后原是高丽大贵族总部散郎奇子敖之女，出生于高丽幸州（今韩国京畿道高阳市），少女时期便是幸州颇有名气的数一数二的美女，后以高丽贡女的身份被献上于元廷，入宫服役。最初为元惠宗的奉茶宫女，她不仅长得美丽，还十分伶俐。元惠宗临幸了她，对她宠爱非常。这件事被元惠宗皇后钦察答纳失里得知，怒不可遏地召来奇氏，数棰辱之。

元统三年（1335年），答纳失里的兄弟谋反，皇后答纳失里也被废为庶人，后赐死。元顺帝想要立宠爱的奇氏为皇后，可是丞相伯颜力阻，称

奇氏卑贱，不能继立中宫，此事就此作罢。

后至元三年（1337年），身为弘吉刺氏后裔的伯颜忽都被立为正宫皇后。奇氏也因为受宠受封妃嫔，其后诞下爱猷识理答腊，更册封为第二皇后，居住在兴圣宫，受宠至极，三年后又为元惠宗生下脱古思帖木儿。

奇氏固然聪慧，但为人十分狡诈。史书记载，说她"性狷黠，务自矫饰"。她诬陷丞相伯颜弄权，后遭罢相。当时高丽京畿大旱，奇氏叫人开仓放粮，以得民心，百姓高呼万岁。

奇皇后

2.奇后乱国

但在此之后，元惠宗被她的美貌吸引，由此得宠，二人关系亲密异常，后为惠宗生下两个儿子，惠宗愈加宠爱她，奇氏由于得宠，并为元惠宗生有两个儿子，便恃宠而骄，牵连家族。奇氏的家族在高丽，由于奇氏当了皇后，竟然公开侮辱高丽王，甚至说要做高丽王。但是奇氏家族仍不收敛，高丽王十分愤怒，便将奇氏的父兄处死。等到自己的大儿子爱猷识理答腊长大后，奇氏竟又唆使太子攻打高丽，以报高丽王杀她宗族之仇，损兵折将收场。

奇氏平日里和幼时的邻居朴不花狼狈为奸，在朝廷中排除异己，遇到不顺从她的便想方设法地加害。史书记载，奇氏曾经意图逼自己的夫君元惠宗退位，自己做皇太后，儿子爱猷识理答腊做皇帝。为了达成阴谋，她找到了丞相太平。但太平并不领情，指责奇氏谋大逆。奇氏怒不可遏，诬告太平丞相，致太平丞相被流放。不久，奇氏又将他加害致死。

至正二十五年八月二十一丁未日（1365年9月7日），伯颜忽都皇后驾崩，享年42岁。奇氏见其所遗衣服敝坏，大笑："正宫皇后，何至服此等衣耶！"一个月后，皇太子（奇氏长子元昭宗爱猷识理答腊）从冀宁回京，哭伯颜忽都皇后哭得很悲痛。

此时，奇氏可谓是年老色衰，年近50岁，元惠宗不免花心，宠爱汉人女子。当时宫中有"七贵"，都为元惠宗所宠，皆可立后。但她们皆为汉人，立后不可能。元惠宗赐奇氏姓肃良合氏，改蒙古名为完者忽都。当年12月，给予了奇氏正宫皇后之位，授以册宝。

3. 大元末日

奇氏被立为正宫皇后，已经是志得意满，便从此不再谋图内禅，与元惠宗的关系也更加亲热了。但在至正二十八年（1368年），明军破大都，至此结束了元朝统一中国的历史。

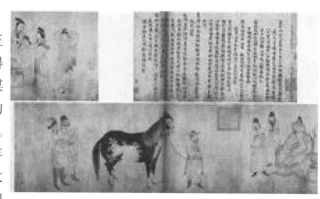

《佛郎国献马图卷》中的奇皇后

元惠宗偕同奇氏、后宫妃嫔、皇太子等人北逃，逃到了和林，建立北元。第二年（1369年），奇皇后逝世。第三年（1370年），元顺帝驾崩。宣光八年（1378年），元昭宗在和林去世。奇氏次子乌萨哈尔汗承袭北元汗位。

据史书记载，乌萨哈尔汗有两个儿子，长子年纪轻轻便被阿里不哥的后裔也速迭儿刺杀；次子被明朝军队俘虏，后被流放于琉球，郁郁而终，至此，脱古思帖木儿（即乌萨哈尔汗）一脉从此绝嗣。

奇皇后的大儿子元昭宗爱猷识理答腊的直系后裔巴图孟克，后来成为蒙古民族赫赫有名的民族英雄"中兴之主"达延汗，外喀尔喀七部（即今蒙古国的主体部族喀尔喀部的前身）之祖格埒森扎便是达延汗的第九个儿子。

第四章　元朝的统治与衰亡

元末阶级矛盾和民族矛盾的极端尖锐化，终于导致了元末农民起义。这次起义规模大、时间久，以红巾军为主力的农民起义军沉重打击了元朝在全国各地的统治，为朱元璋最后推翻元朝创造了条件。

一、四等人制分高下，十级职业儒丐同

1. 四等人制

元朝政府为了巩固统治，采取人为的民族分化政策，把境内的各族人民分为四等。这是元朝政治制度中非常独特的表征。

四等中的第一等当然是蒙古人，他们是天之骄子，掌握各级政府的要职。第二等是色目人，指西域各族人和西夏人，他们当亡国奴较早，较能得到蒙古人的信任。第三等是"汉人"，即原来金统治区域的汉族和契丹、女真等族人。第四等是"南人"，地位最为低下，包括南宋统治区域的汉族和其他各族人。

这四等人的界限是森严的，重要的官职、军职均由蒙古人充任，蒙古人不足时则用色目人。虽然根据官方规定，汉人是不能担任达鲁花赤等官职的，但事实上并没有很有效地执行起来。在史料中能很容易地找出汉人当达鲁花赤的例子。这一方面说明，元政府曾试图把一些职位专门留给某些民族成分的人，但这些规定却一次又一次地被破例。另一方面也说明，外族在对中国进行统治的时候，无法避免一些被同化的现象，这里面相当大的政治上的灵活性，表示汉人的作用不能被轻易取代。

汉人与南人的区别，主要体现在税收上。元朝税收制度南北不同，北方（汉人区）用租庸调制，南方用两税制。造成这种情况的原因，主要是元朝建立初期南北分裂的局势，宋金两国税制不同，而蒙古统治者对统一税制缺乏兴趣，其主要的精力还是放在侵略战争上。因而，对于历史遗留

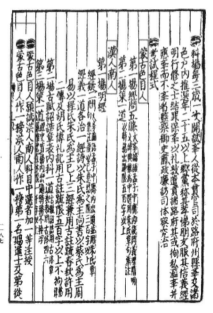

史料中记载的四等人制

下来的问题并没有着手进行改革，造成在元朝同是汉人而南北有所不同的社会现象。

元朝比较复杂的是"色目人"。色目人，是元朝对除蒙古以外的西北各族、西域以至欧洲各族人的概称。"色目"一词源于前代，意为"各色名目"。当时色目人有多少种，说法不一。因为当时西域、欧洲人的民族成分很繁杂，元人对他们的译名又不统一，所以不可能精确地记载元代色目人的种数。常见于元人记载的色目人，有唐兀、乃蛮、汪古、回回、畏兀儿、康里、钦察、阿速、哈剌鲁、吐蕃等。色目人在元朝的建立和统一全国的过程中大量进入汉族居住地区，他们作为蒙古人征服中亚和西域的归附者受到元朝的重视，被列为全国四等人中的第二等人，待遇仅次于蒙古人。色目人的上层人物，有的是军队将领，有的是政府官员，有的是勾通官府的大商人。色目官员在元朝各级政府机构中占有一定的地位，他们可以担任汉族官员不能担任的职务，如地方政府的达鲁花赤；一般则规定蒙古人任达鲁花赤，汉人任总管，色目人任同知，以便互相监督。在科举考试和入仕方面，色目人享有的优遇几乎与蒙古人相同。色目人犯重刑，与蒙古人一样由大宗正府处置。但是，元朝给予色目人的优遇只能使他们的上层人物受益，下层色目人则像普通的汉人那样，处于无权地位，有不少贫苦的色目人沦为奴婢。

2. 儒家地位的衰落

元朝除了"四等人制"以外，还有个特别的东西，虽然正史上没有明确记载，但其社会影响非常之大！

元政府依照不同职业的性质，又把帝国人民分为10级：

（1）官（政府官员）；

（2）吏（政府雇员）；

（3）工（高级技术人员）；

（4）商（商人）；

（5）医（医生）；

（6）匠（低级技术人员）；

（7）艺（优伎、演员）；

（8）娼（娼妓）；

（9）儒（儒士、道学家）；

（10）丐（乞丐）。

这里最刺眼的就是儒的地位大大降低，与宋朝的文人形成过于鲜明的对比！

有据可考的是，对元朝统治下的人民作这样"十级"的划分，的确是蒙古元朝的产物。虽然其中有不同的版本，如将僧、道人列入其中，但儒士，在蒙古人看来，是彻头彻尾的寄生虫，连儒家所最鄙视的娼妓都不如，但这却实实在在是一个历史阶段的真实写照。

蒙古元朝在开国前50年间，基本排斥汉人在朝中做官，虽然实际上有汉人谋到相对较高的位置，但制度上的设置还是明确的，只是执行上的问题而已。

元朝的主导思想就是要用本民族的意志来统治天下，最主要地体现在一个大计划上，即将中原及江南的良田都改造成牧场，以便放牧，过传统的游牧生活。这虽然看起来十分可笑，还可理解是属于正常的思维意识。就连忽必烈倾向汉文化，也是基于"以汉制汉"的思想，治理天下主要还得靠亲人的原始思想，主要的官员还是以蒙古人与色目人为主。这样，汉人在朝中的确难以谋到重要的位置。

另外一个主要的问题在于，汉人的天下被外族掌控，是件难以接受的事，因此，汉人多有不屈从的意志，这就难以有与蒙古人合作的治世态度，这也造成了不利于官员留任的客观结果。

还有一个原因是，元朝统治天下后，废除了

蒙古骑兵追杀金军

科举制度，朝中任用官员，以世袭、同僚举荐和提拔小吏为主要方式。这样，导致学而优则仕的道路被封堵了。因而儒士的社会地位下降是难免的，其一时的落魄成为当时社会的显性特征。

二、横征暴敛激民变，争权夺利战诸王

1.各族人民的反抗斗争

从攻南宋以来，连年战争，加以宫廷廪禄、宗藩岁赐，都需要巨额经费来支持。忽必烈急于解决国用不足的问题，因而日益信用以"理财助国"邀宠的大臣阿合马、卢世荣、桑哥等人主持国政。至元七年（1270年）至至元九年（1272年）、至元二十四年（1287年）到至元二十八年（1291年）间，两次设尚书省综理财用。

尚书省的理财政策主要包括：增加税收、兴铁冶、铸农器官卖、"括勘"（追还被私人、寺院夺占的南宋公田，起征田赋）、"理算"（追征各地历年积欠的钱粮）、变更钞法等，使国家的收入显著增加。但由于吏治腐败，专注搜刮，流于横征暴敛，成为阻碍社会经济发展的重要原因之一。

同时，为了对外战争，打造东征海船，沿海和江南地区徭役征发日益加重。人民不堪沉重的封建剥削与压迫，纷纷起义。至元二十年（1283年），江南各族人民起义凡200余起，至元二十六年（1289年）更增至400余起。在这前后，爆发了广州欧南喜、黎德和福建黄华、钟明亮等人领导的几次规模较大的起义。

2.与北方诸王之战

至元初年，忽必烈巩固对中原汉地的统治后，立即着手恢复大汗对西道诸王的政治控制。他诏令窝阔台后王海都入觐，把察合台系诸王八剌从朝廷派回察合台兀鲁思，控制当地局势。海都拒不入朝，至元五年（1268年），在按台山挑起兵端。返回中亚夺得察合台兀鲁思汗位的八剌也为争夺斡端（新疆和田）与元朝开战。至元六年（1269年），海都、八剌和术赤后王忙哥帖木儿在答剌速河谷举行忽里勒台，划分各自在中亚草原的势力范围及河中农耕区的财赋收入，联合反对大汗和伊儿汗阿八哈。至元八年（1271年），忽必烈命皇子北平王那木罕出镇阿力麻里。此后，元政府采取置驿、遣使安抚、设畏兀儿断事官等措施，不断加强对天山南北的统治，企图相机西进。至元十三年（1276年），那木罕所部宗王昔里吉（蒙哥子）等叛，械系那木罕与安童，逾按台山占领吉利吉思，并于次年分道东进。八月，伯颜率元军破昔里吉于鄂尔浑河。战事延续五年之久，元军虽收复岭北，

海都在畏兀儿之西的势力却迅速发展起来。至元二十二年（1285年），海都拥立的察合台兀鲁思汗笃哇（八剌子）围畏兀儿都城火州，大掠后退兵，以后又连续进犯畏兀儿地区。至元二十四年（1287年），东道诸王以斡赤斤后王乃颜为首，又在辽东叛乱。忽必烈亲征，败叛军主力，擒乃颜。次年，诸王合丹等复叛，被元军击溃东逃，数年后败亡。至元二十五年（1288年），海都、笃哇举兵东犯，至元二十六年（1289年）春，掠称海，至杭海山，击败镇边宗王那木罕以及甘麻剌（忽必烈孙），进据和林。忽必烈最后一次率军亲征，复和林，留伯颜镇守。至元之末，元政府已明显地收缩了天山南部的防线，而在岭北却顺利地将海都逐过按台山，牢固地掌握了祖宗"肇基之地"。

至元三十一年（1294年）正月，忽必烈在大都去世，庙号世祖。皇太子真金先死，其子铁穆耳受皇太子宝，抚军于漠北，闻报赶回上都，大会诸王宗亲，四月即位，是为元成宗。元贞二年（1296年）秋，西北诸王药木忽儿（阿里不哥子）、兀鲁思不花（蒙哥孙）粮匮厌乱，归投元廷。元成宗得讯，遣土土哈载粮西迎。从大德元年（1297年）至四年（1300年），元军与海都、笃哇在北边屡次交锋。五年，海都、笃哇东逾按台山，下营于铁坚古山。皇侄海山与大将床兀儿、晋王甘麻剌、太师月赤察儿合力苦战。海都先胜后败，受伤后与笃哇退出岭北，在这年秋冬之间病死。

三、社会矛盾白热化，挑动黄河天下反

1. 社会诸矛盾的激化

元朝末年，吏治腐败，财政破产，军备废弛。燕帖木儿死后，伯颜独秉国政，政治势力迅速扩大。中书省、枢密院官员大都出其门下，每罢朝，一拥而退，朝廷为之一空。他一次所受赐田多达5000顷。大批蒙古贵族、官僚通过受赐、占夺等方式转化为大土地所有者，汉族地主也大肆兼并土地。广大农民在沉重的封建负担下丧失土地，破产流亡。伯颜当权时，中原连年灾荒，人口存亡相半，朝廷竟不加救济。官吏勒索、贿赂公行，民间将他们与"贼"一样看待。后至元年间（1335—1340年），广东朱光卿、河南棒胡、四川韩法师、福建李志甫、江西彭莹玉及周子旺等相继聚众起义；东北、西北、湖广各族人民也起兵反元。以伯颜为代表的一部分蒙古贵族，企图用加剧民族压迫的政策来镇压以汉族人民为主体的反元斗争。忽必烈在位时，就将全国居民按种族、地域分为四等，对汉人、尤其是南人中的平民加以各种防范压抑。这时，伯颜继废止科举之后进一步下令禁止汉人、

南人学蒙古、色目文字，以阻塞他们的仕途；并扬言要杀张、王、刘、李、赵五姓汉人。伯颜还企图废元顺帝另立。他的所作所为使当时的社会危机更加深刻。后至元六年（1340年），伯颜侄脱脱得到元顺帝支持，乘伯颜出外行猎，将他贬黜。元顺帝起用脱脱当政，于次年改元至正，宣布"更化"，恢复科举取士，开马禁，减盐额，修辽、金、宋三史，政治一度较为清明。至脱脱第二次出任中书右丞相时，国库空虚，灾荒频仍，为解救危机，他变更钞法，勒黄河回故道以拯治河患，在京畿附近营田，募人佃种以救北方粮荒。但这些都未能缓和已全面激化的社会矛盾，而开河、变钞直接催发了轰轰烈烈的元末农民大起义。

2. 起义的爆发

至正四年（1344年）五月，黄河暴溢，北决白茅堤、金堤（今河南兰考东北）。沿河州郡先遇水灾，又遭旱灾、瘟疫，灾区人民死者过半。黄河决堤后，冲坏山东盐场，严重影响元朝政府的国库收入。至正十一年（1351年）四月，顺帝命贾鲁为工部尚书、总治河防使，发汴梁（今河南开封）、大名等13路15万民工及庐州（今安徽合肥）等18翼2万军队，开凿280里新河道，使黄河东去，合淮河入海，时紧工迫，官吏乘机舞弊，人民痛苦更深。至正十年（1350年）底，顺帝又决定变更钞法，滥发纸币，造成物价飞腾。"开河"和"变钞"促使元末社会矛盾进一步激化。

贾鲁开河后，北方白莲教首领韩山童及其教友刘福通等决定抓住这一时机，发动武装起义。他们一面加紧宣传"弥勒下生""明王出世"，一面又散布民谣"石人一只眼，挑动黄河天下反"，并暗地里凿了一个独眼石人，埋在即将挖掘的黄陵岗附近河道上。独眼石人挖出后，河工们惊诧不已，消息传出，大河南北，人心浮动。

至正十一年（1351年）五月初，韩山童、刘福通、杜遵道、罗文素、盛文襄、韩咬儿等，聚众3000人于颍州颍上（今安徽颍上），杀黑牛白马，誓告天地，准备起义。刘福通等宣称韩山童为宋徽宗八世孙，当为中国主，刘福通自称南宋名将刘光世后代，当辅之。韩山童发布文告，称："蕴玉玺于海东，取精兵于日本；贫极江南，富称塞北。"又打出"虎贲三千，直抵幽燕之地；龙飞九五，重开大宋之天"的战旗，表示推翻元朝，恢复大宋的决心。

龙凤通宝

不幸谋泄，遭到地方官镇压，韩山童被捕牺牲，其妻杨氏、子韩林儿逃到武安（今江苏徐州）。刘福通等仓促起兵，于五月初三一举攻克颍州（今安徽阜阳）。起义军头裹红巾为标志，故称红巾军；起义军多为白莲教徒，烧香拜佛，故又称香军。红巾军占领颍州后，元廷遣枢密院同知赫厮、秃赤率阿速军及各路汉军前往镇压，被击败，接着，红巾军占领亳州（今安徽亳县）、项城（今河南项城南）、朱皋（今河南固始北）。九月，克汝宁府，又克息州（今河南息县）、光州（今河南潢川），众至10万。江淮各地纷纷起兵响应。

元廷把刘福通领导的主力红巾军，视为"心腹大患"。至正十一年（1351年）九月，元顺帝令知枢密院事也先帖木儿、卫王宽彻哥率诸卫兵10余万人前往镇压。十月，又派军增援。十二月，元军攻陷上蔡，韩咬儿被俘遇害。至正十二年（1352年）三月，元军屯兵汝宁沙河岸，被刘福通击溃。但乃蛮人察罕帖木儿、罗山人李思齐纠集地主武装，号称"义兵"，与红巾军为敌，对刘福通起义军威胁很大。

刘福通在颍州发动起义成功后，对在江淮一带从事秘密活动的南方白莲教僧人彭莹玉及其门徒鼓舞很大。至正十一年夏，彭莹玉（又名彭翼）及其徒赵普胜等起兵巢湖。

四、头裹红巾闹革命，十年天完损元气

天完（1351—1360年），是元末农民起义建立起来的一个政权。

至正十一年（1351年）八月，徐寿辉与邹普胜、彭莹玉等在蕲州（湖北蕲春）发动旨在推翻元朝蒙古统治的起义，起义军以头戴红巾为标志，以"弥勒佛下世普救民生"等口号发动群众，首先攻克蕲水（湖北浠水），占据此地，立刻宣布建国，国号定为天完。

蒙古统治者占据中原地区以后，曾经设想将全部良田统统变为牧场，这个计划虽然没有完全实现，但却对中原、江南地区的传统农业造成了极大的破坏。贵族地主兼并了大量土地，造成土地高度集中，他们不仅有万贯家财，而且拥有范围极为广阔的田产。元朝最高统治者视所有土地为囊中物，随意处置而不计后果，元朝皇帝的一个惯例就是初登帝位时，就以大量土地为赏赐，用以笼络王公大臣。

大臣伯颜仅在河南一地就拥有皇帝的赐田50万亩之多，大都城西的大承天护圣寺一次就得到皇帝的赏田1600万亩。许多农民因失去土地而沦为佃户或贫农，从而形成了更多的社会矛盾和更大的社会反对力量。地

主对佃户不断加重剥削，任意增加地租，有的还将佃租随土地转卖。

元朝横征暴敛，苛捐杂税名目繁多。当时，人们不仅要缴纳户税、丁税、地税，另外还要缴纳盐、茶、醋、酒、金银铜铁、竹木花草、山泽、湖泊、乳牛和鱼苗各种税赋，元末的税额竟是元初的 20 多倍，人民群众不堪重负。

由于统治阶级挥霍无度，所以财政入不敷出，元朝于是又采取滥发货币的方法来缓解财政危机，结果更加祸国殃民。

在这种情况下，农民起义便相继爆发。首先是农民刘福通，利用白莲教暗中串联穷人，进行农民起义的发动工作。有一次，元政府强迫征集 15 万农民，挖掘黄河河道，监督的官吏乘机克扣河工的钱粮，河工们受苦受累，还要挨饿受冻，因而怨声载道、群情激愤。刘福通派了数百名教徒，借民夫身份在工地上进行宣传发动。他们一面传播"石人一只眼，挑动黄河天下反"的歌谣，一面凿了个石头人埋在工地上，民工在挖泥时很快将独眼石头人挖出，起义的烈火随即点燃。

至正十一年（1351 年），北方红巾军起义终于爆发。在刘福通的领导下，红巾军攻占府衙，捕杀贪官污吏，开仓散米以赈贫民，受到了群众的热烈拥护，因而吸引了大量的群众加入起义军的队伍中。在不断的胜利进军中，农民革命力量得到迅速发展，全国各地纷纷响应。

与黄河流域起义相呼应，长江流域的农民起义也很快爆发。徐寿辉、彭莹玉领导的农民起义，是长江流域力量最为强大、持续时间最长、历史影响极深远的起义。

徐寿辉，蕲州罗田（湖北罗田）人，出身贫苦，以贩布为生，是南方白莲教的传播者之一，有广泛的群众基础；彭莹玉，出身佃农，自幼出家，善用偏方治病，救活了许多人，因而深受老百姓喜爱，被称呼为"活神仙"。彭莹玉也以白莲教为名，开展起义的组织发动工作。在北方白莲教起义爆发前，他们曾组织过起义，但因走漏消息而遭受挫折。这一次，徐寿辉、彭莹玉抓住时机，借北方义军节节胜利，迅速扩展之大势，毅然发动南方起义。起义军一举攻占蕲州（湖北浠水），随即又攻占黄州。

徐寿辉起义军建立政权后，立即调度各路人马，向元朝政府发动猛烈的攻击，使天完政权获得很大发展。起义军在很短的时间里，取得了一系列重大、辉煌的胜利，先后攻占了汉阳、武昌、安陆、江州、岳州、房州和归州等地，然后分兵取瑞州、徽州、饶州。长期遭受残酷剥削和压迫的广大群众，自动聚集起来，汇入红巾军起义的队伍中。

由于元朝蒙古军长期骄奢松懈，早已丧失作战能力，或开门出降，或闻风而逃。起义军攻占各地后，毫不留情地惩治贪官、捕杀豪绅，给元朝政府以沉重打击。

至正十二年（1352年），徐寿辉率起义军主力东征，又取得新的重大胜利。起义军首先攻占昱岭关，从而打开了浙皖两地的重要通道，撤去了杭州的屏障。继而，起义军攻占余杭县城，随后进占杭州，处死了元朝城守，使杭州城人心大快。

进入杭州城后，徐寿辉将起义军驻扎在明庆寺与妙行寺等地，以免影响老百姓的生产、生活与经商。同时，徐寿辉下令打开元朝的杭州府库，将粮食与钱财散发给老百姓，并向他们进行解释宣传。群众看到起义军在为群众谋利益，又理解红巾起义和天完政权的宗旨与目标，便十分拥护起义军，许多人积极参军。因而在杭州，徐寿辉的力量进一步壮大。

徐寿辉在杭州，一面安排巩固城防，一面派出部队向浙东发展。

在江阴，地主豪强许晋为保护自身利益，暗中勾结官府，试图通过内外夹击来打败起义军。但起义军英勇作战，不仅一举击败元军主力部队，还将许晋纠集的以流氓地痞为主干的乌合之众彻底摧毁。

但此时，元政府重新进行战略部署，将江浙、湖广、江西等地的官军集中起来，统一调度，向起义军发起疯狂反扑。徐寿辉最得力的助手、南方红巾军创始人之一彭莹玉，在战斗中不幸被俘并壮烈牺牲，造成了天完政权的严重挫折和损失。

由于彭莹玉部已遭失败，元军主力集中攻打浙江，徐寿辉因势孤而撤出杭州，且战且退，重新回到湖北境内。徐寿辉的部将倪文俊，有一定的指挥作战能力，他先奉徐寿辉之命率部攻占武昌、汉阳，并打败附近郡县的元军，又拥戴徐寿辉恢复帝位，定都汉阳。倪文俊接着又率部向湖南方面发展，先后攻占岳州、澧州、衡州等地。但是，倪文俊性情暴躁，居功自傲，竟想取代徐寿辉，遭到部下的强烈反对。倪文俊谋杀徐寿辉的图谋败露后，仓皇逃出汉阳，被陈友谅用计杀死。

陈友谅斩倪文俊后，取代了倪文俊而成为天完政权掌握实权的大人物。经过重新部署，陈友谅指挥起义军向江西和安徽发展，并先后攻占安庆、池州、龙兴、瑞州以及赣州。至正十九年（1359年）底，陈友谅移师江州，名义上仍以徐寿辉为帝，实际上独揽大权，既自称汉王，又自置官属，窃位之心昭然若揭。第二年的夏天，徐寿辉被陈友谅杀害。

南方红巾军在徐寿辉死后遭受最严重的打击，天完政权完全被陈友谅篡夺。陈友谅随之蜕变为割据一方的军阀。

南方红巾军另一个重要将领明玉珍，则坚持红巾军的宗旨，使天完农民政权在蜀中又有延续。

明玉珍，湖北随州人，农民出身，性情刚毅忠直。徐寿辉起义蕲水时，明玉珍即在家乡响应。他招募了一支千余人的队伍，结营扎寨，以待时机。徐寿辉所部攻打荆州，明玉珍正式起义并率部配合作战，荆州战役胜利后正式加入红巾军。明玉珍作战勇敢，能身先士卒，很受下属的爱戴与拥护。他先奉命守沔阳成功，又奉命率军入川，率部驾驶战船溯江而上，直扑重庆，经过一番激战终于击败元朝守城部队，活捉其守城主将，占领重庆。捷报及俘虏送到汉阳后，徐寿辉即任命明玉珍为陇蜀右丞。接着，明玉珍派兵四次讨伐，彻底击败川内元朝官军，基本上平定了川蜀。

陈友谅谋害徐寿辉后，明玉珍旗帜鲜明地表示坚决反对。他先派兵封锁夔门，断绝与陈友谅的一切来往，继而在重庆城南为徐寿辉设庙立碑，春秋两季都亲自前往祭祀。1362年，明玉珍被部下拥立为帝，定国号"大夏"。

明玉珍坚持红巾军及天完政权既定的纲领、目标，继续与元朝展开坚决斗争。大夏农民政权不仅得到巩固，而且不断地给元朝统治沉重打击，地盘、实力都获得发展。可惜，明玉珍因为长年征战、政务繁重、伤病交加，不幸于1366年去世，时年仅36岁。此后，大夏政权便每况愈下，徐寿辉领导的南方红巾军起义的余火，最后就在这里熄灭了。

其他非红巾军系统的起义军，以方国珍、张士诚两支最强大，活动范围最广。盐贩方国珍，早在至正八年（1348年）春即起义于台州黄岩（今浙江黄岩），聚集数千人，劫夺漕运粮，扣留元海运官员。元廷招降，方国珍屡降屡反。盐贩张士诚于至正十三年（1353年）正月，与其弟张士义、张士德、张士信及李伯升等18人，招集盐丁，起兵反元，乘胜攻下泰州，连克兴化、高邮。至正十四年（1354年）正月，自称诚王，国号大周，改元天祐。九月，脱脱总制诸王各军马、诸省各翼军马，出征高邮，

仙桃市沔城镇故居内陈友谅塑像

号称百万。高邮正危在旦夕时，脱脱受到中书平章哈麻等弹劾，被免职流放，元廷另以河南行省左丞相太不花等代领其兵。由于临阵易将，元军不战自溃，张士诚则乘机出击，元军解体。从此元军丧失了优势。

五、元王朝垂死挣扎，朱元璋结束夷治

1. 垂死挣扎的元末统治集团

脱脱在高邮前线被贬后，元朝统治集团更加腐朽不堪，内部倾轧，军阀混战，终于到了不可收拾的地步。哈麻因阴荐西番僧"演揲儿"（意为"大喜乐"）法，深爱元顺帝妥懽帖睦尔所宠，继任中书左丞相，弟雪雪拜御史大夫，妹婿秃鲁帖木儿亦受宠。元顺帝终日过着荒淫无耻的生活，"怠于政事，荒于游宴"，国家大权尽归哈麻兄弟。哈麻、雪雪阴谋废元顺帝，立皇太子爱猷识理答腊，并杀秃鲁帖木儿等。事泄，反被元顺帝、秃鲁帖木儿定计杀掉。元顺帝命搠思监为右丞相、太平为左丞相。皇太子生母奇皇后与爱猷识理答腊仍谋废立，令宦官朴不花与左丞相太平商议，太平不肯，于是宫廷内分为支持皇太子的搠思监、朴不花一派和支持元顺帝的老的沙、秃鲁帖木儿一派。

元末农民起义爆发后，元军在起义军打击下土崩瓦解。但依靠地主武装起家的察罕帖木儿、答失八都鲁、李思齐、张良弼等逐渐崛起，形成了新的军阀集团。答失八都鲁在北方红巾军的打击下兵败病死，其子孛罗帖木儿继之；察罕帖木儿死后，其养子扩廓帖木儿继之。这四家军阀出于争权夺利，长期以来互相攻伐不已，皇太子为了控制朝政，以扩廓帖木儿为外援，老的沙等则依靠孛罗帖木儿对抗。

至正二十四年（1364 年），右丞相搠思监、朴不花指责孛罗帖木儿图谋不轨，于是就下诏削其官爵，解其兵权。孛罗帖木儿拒不从命，遣秃坚帖木儿出兵大都，元顺帝不得已将搠思监、朴不花缚送给他，并复其官爵。皇太子很不甘心，命扩廓帖木儿出兵攻打孛罗帖木儿，孛罗帖木儿又出兵攻大都，皇太子战败，逃奔冀宁。孛罗帖木儿入大都，元顺帝命孛罗帖木儿为中书右丞相，节制天下军马，老的沙为平章政事，秃坚帖木儿为御史大夫。至正二十五年（1365 年），皇太子下令扩廓帖木儿讨伐孛罗帖木儿，孛罗帖木儿战败。七月，孛罗帖木儿被刺死于宫中，余党被杀。九月，皇太子和扩廓帖木儿入京，命扩廓帖木儿为中书左丞相。奇皇后要扩廓帖木儿逼元顺帝让位，扩廓帖木儿不从，请求带兵外出。闰十月，元顺帝封扩廓帖木儿为河南王，代皇太子总制关、陕、晋、鲁诸道兵马，出征南方。

但李思齐不服。至正二十七年（1367 年），李思齐、张良弼、孔兴、脱列伯等结成联盟，与扩廓帖木儿交战。十月，顺帝罢扩廓帖木儿兵权，其原统军兵由白琐住、虎林赤、貊高等分别统率。另立抚军院，由皇太子总制天下兵马，专防扩廓帖木儿。这时朱元璋即将北伐，元朝行将灭亡。

2. 朱元璋结束夷治

蒙古元朝从成吉思汗到忽必烈，被人称为蒙古帝国或者大元朝，他们曾经是那么善战与骁勇，东伐西征无往而不胜。可是，才过了近百年，在中原取得统治不过几十年后，居然就不会打仗了。

在全国各地纷纷发生农民暴动的时候，元朝军队也四处出击镇压，但常常无功而返，多数都是被迎击而落败溃逃。只有在脱脱统率大军去镇压农民起义的时候，元军还能有点成效。可是，脱脱却被政府弃用了。一个人决定了江山的成败，这也是江山摇摇欲坠的征兆，因为此人一倒，江山必不可保。

实际上，元朝末年发生的农民起义和兵变虽然遍布全国各地，但有一个显著的特征，就是各自为政，起事后稍有成效，就都想自立为王，而且相互间多有交恶，矛头并非齐齐对准元朝政府。

这时，元朝政府没能采取各个击破、分化瓦解的方式将那些不利于国家统治大局的因素消灭在萌芽状态，一方面是元惠宗妥懽帖睦尔政治上无能，屡次丧失良机；另一方面也是蒙古贵族内部的争斗过于激烈，极大地损伤了蒙古兵的战斗能力；还有一个重要的方面就是，几十年的夷族统治，蒙古人并没有做到收拢汉族人心，蒙古政权在取得统治地位后对于元朝的制度建设是失败的，随时随地不断地发生兵变与民暴，就是民族矛盾的体现，这不仅仅是元朝政治腐败和腐朽的普遍原因。

元代武士

由徐寿辉等人建立起来的天完政权，后来与刘福通遥相响应，把民暴的势态搞得很大，也可以说是比较彻底地动摇了元朝的政治。不过，天完政权内部的争权夺利与派系斗争，最终没能完成其革命的使命，先于元朝而消亡。

然后就是朱元璋与陈友谅之间的争斗，即著名的鄱阳湖之战。这场战争结束之后，起事反对元朝政权的各地武装势力基本归于朱元璋的势力之下了。这给朱元璋北伐元朝政府制造了不可不为的条件。

朱元璋决定北伐时，实际上有两种战略上的选择。

朱元璋的手下刘基、常遇春提议直取大都，以其精锐部队消灭元朝的疲惫之师，占领大都后，分兵出击，则天下一统的大功即可告成。而朱元璋自己认为，大都是元朝经营了上百年的都城，防御工事坚固，孤军深入进攻，太过危险，应先取山东，

领兵攻入元大都的徐达

再占河南，折攻潼关，取得东西南三方面的军事要点后，再攻取大都，必将成功。

后来讨论的结果是执行朱元璋的计划。

于是，朱元璋以徐达为征虏大将军，统率全军；以常遇春为副将军，另以参将冯胜、右丞薛显、参将傅友德各领一军，全力北伐。在部队出征之前，朱元璋再出一妙招，找人写了一篇檄文发布天下。

檄文中再三申明军纪，告诫出征将士，北伐不是攻城略地，而是推翻蒙元暴政、解除人民痛苦，提出"驱逐胡虏，恢复中华，立纲陈纪，救济斯民"的口号，对于蒙古人和色目人，若愿意成为新皇朝的臣民，则与中原人民一样看待等。

北伐军节节胜利，迅速攻下山东诸郡，占领开封，平定河南，同时攻克潼关。随后，北伐军攻克元朝首都大都，元惠宗带着后妃太子慌忙弃城逃走，奔向漠北，统治中原长达98年的蒙元政权就这样被赶出了中原。至正二十八年（1368年），40岁的朱元璋告祭天地，经过了百年的努力，汉人终于重掌了政权，终于实现了自己的梦想："驱逐胡虏，恢复中华。"

朱元璋也从一个横笛牛背的牧童、小行僧而成为明朝的开国皇帝。

当元惠宗弃大都北逃时，蒙古人统治中国的政权即告消失，但就整个蒙古帝国而言，只是统治中国的大元政权退出了关内的中原之地。他们虽然一路北逃，但还维持着元政权的组织与大部分制度，依然是与明朝对立的一个帝国。不过，蒙古人退回草原后，他们本身那种各部族之间的争斗依旧很激烈，就像元政府那样，很快就自损实力，又渐渐地回到过去游牧政权时的状态了。

第二编

风云人物

　　忽必烈建立的元朝，是 1271 年确定的。元朝这个概念，可以有两种理解。一种指 1271 年以元为国号起到 1368 年灭亡为止，另一种是成吉思汗 1206 年建国到 1368 年灭亡为止。忽必烈以前，大蒙古国相继有 4 位大汗，即成吉思汗、窝阔台汗、贵由汗和蒙哥汗，忽必烈被尊称为世祖。从祖制相继上看，元朝的历史，应当始于 1206 年，终于 1368 年，延续了 163 年。

　　蒙元时期的名将能臣，主要集中在前期，后期则出现了一些权臣。元朝的人才政策很开明，仔细一看，元朝时代的名臣名将里面汉人、藏族人、蒙古人、契丹人等，都有十分出色的人物。特别是前期，猛将如云，蒙古铁骑横扫天下，所向无敌。

第一章 军事将领

一、蒙古四獒震天下，骁勇善战四先锋

蒙古四獒（即"四先锋"）分别为蒙古军大将：速不台、者勒篾、哲别、忽必来四人。很多人都说是"蒙古四狗"，但獒和狗不同，这四人均是独当一面的大将。如果没有他们四人，成吉思汗打天下估计要费劲很多了。

1. 神箭手哲别

哲别（？—约1224年），原名只儿豁阿歹，蒙古别速部（又作别速剔）人，蒙古帝国名将。

哲别是蒙古别速惕部人。别速惕部曾与泰赤乌等部在一起对抗铁木真，哲别当时是泰赤乌部一个首领秃答的部属。

南宋嘉泰元年（1201年），铁木真与札木合所率11部联军会战于阔亦田地方，哲别射伤了铁木真的白嘴黄马。在这次战役中，铁木真拼死获胜，泰赤乌部势衰，哲别终于投奔铁木真。铁木真问射伤自己爱马的人是谁，哲别一口承认，并且表示："倘若饶我，赐我一命，赴汤蹈火，在所不辞。"铁木真认为他很坦诚，可以交朋友，将他改名为哲别（意为箭镞），要他"就像我跟前的'哲别'似的保护我"。从此，哲别成为铁木真麾下的一员大将。

南宋嘉泰二年（1202年），铁木真征伐塔塔尔诸部时先立誓约说："战胜追击时，不取遗物，待事毕散发。"事后族人按弹、火察儿和答力台背约，铁木真派哲别和忽必来二人去夺没他们掠获的全部牲畜和财物，分给军中。后铁木真初建怯薛，此时的哲别已是一名重要成员。

南宋嘉泰四年（1204年），铁木真进伐乃蛮，遣忽必来与哲别为前锋。当时，哲别与忽必来、者勒篾、速不台以"朵儿边·那孩思"闻名，被形容为具有"铜的额颅、凿子似的嘴、铁的心、锥子似的舌"的凶猛战将。这一仗，铁木真大胜，擒杀乃蛮部首领太阳汗，其子屈出律（古出鲁克）

逃遁。

成吉思汗元年（1206 年），铁木真建立大蒙古国，被尊为成吉思汗。并编组千户，哲别被委任为千户长。

成吉思汗五年（1210 年），金国为了防备蒙古人南下，在边境修建了坚固的据点乌沙堡，在当年的八月，"哲别"率领的先锋军袭击该处并得胜而回。

成吉思汗六年（1211 年）起，哲别在征伐全国的战事中屡建奇功。是年冬，哲别采用佯败返击的战术攻入居庸关，游骑进至金中都（今北京）城外。金纥军来援，哲别返袭群牧监，驱其马而还。次年（1212 年）冬，哲别攻金东京(今辽宁辽阳)，又施退兵回袭之计，连退 50 程，而后留下辎重，挑选快马，日夜急驰，突然袭击成功。

成吉思汗八年（1213 年）七月，哲别攻取居庸关，成吉思汗遂兵分三路，大举伐金。

1216 年，哲别奉成吉思汗之命进击据有西辽国土的乃蛮部的屈出律。针对屈出律强迫伊斯兰教徒改宗的做法，哲别宣布"每个人都可以有自己的信仰，保持自己祖先的宗教规矩"。于是他赢得了当地居民的支持。

成吉思汗十三年（1218 年），屈出律从可失哈耳（今喀什）出逃，哲别追赶到撒里桓地方（即色勒库勒湖附近某地）将其歼灭。

掳斩屈出律的是先期投向哲别的可散八思哈长官，哲别令他持屈出律的头传示各地，可失哈耳、押儿牵（今新疆莎车）、斡端（今新疆和田）诸城遂望风归附。凯旋归来，哲别将俘获的 1000 匹白嘴黄马献给成吉思汗，实现了他的一个诺言，因为他当年投奔铁木真，承认射伤白嘴黄马一事时还说过："对我开恩，我将带来很多这样的马。"

成吉思汗十四年（1219 年），成吉思汗发兵西征，哲别为先锋，后以速不台为援，再后以脱忽察儿为援。兵指不花剌（今乌兹别克布哈拉）时，哲别与速不台均遵照成吉思汗命令，行进时先不惊动摩诃末；但脱忽察儿违命掳掠，遂使摩诃末闻风逃逸，其子札兰丁迎战失吉忽秃忽，直逼成吉思汗大营。哲别与速不台、脱忽察儿倒杀回来，才使战局改观。次年春，成吉思汗兵锋指向撒麻耳干，闻知摩诃末南逃，即命哲别、速不台与脱忽察儿率领 3 万精兵穷追。

成吉思汗降旨说："朕命你们去追赶花剌子模沙算端，直到将他们追上为止……你们不擒获他不要回来。""归顺者可予奖励，发给保护文书，为他们指派长官；流露出不屈服和反抗情绪者一律消灭掉！三年内结束战争，通过钦察草原回到我们的老家蒙古。"

哲别挥军渡过阿姆河的主源必阳札卜诃，先进抵巴里黑（今阿富汗北境的巴尔赫），随即紧追到你沙不儿，摩诃末又遁。哲别与速不台分兵追寻，哲别经过木维因、袆椓答而、阿模里和阿思塔剌巴忒等城，对抵抗者均加杀戮，在剌夷城与速不台会合。

摩诃末逃到阿模里答讷牙州的郊区，与随行大臣们商议，感到厄运难免，只得遁入宽田吉思海（今里海）的小岛上栖身，不久忧病而死。

成吉思汗与他的将领们

哲别与速不台继续率军抄掠伊剌克阿只迷（或称波斯伊剌克）诸州和阿哲尔拜占（今译阿塞拜疆）、谷儿只（今格鲁吉亚）等国。哈耳、西模娘、剌夷、忽木、撒札思、赞章、可疾云、箴剌合、哈马丹、纳黑彻汪、薛剌兀、阿耳迭比勒拜剌罕、吉阳札等城均遭残破。

成吉思汗十七年（1222年）春，蒙古军与谷儿只军队遭遇，"哲别带着五千人埋伏在一个隐秘的地方，速不台带着军队冲上去。最初，蒙古人败退，谷儿只人追了上来。哲别遂从埋伏处冲出来，将他们包围在中间，一下子歼灭了三万谷儿只人"。在大胜谷儿只军后，哲别和速不台进取打耳班（一作铁门关，今俄国杰尔宾特西），从此凿石开道，越过太和岭（今高加索山）。北高加索的阿兰人与黑海、里海北边草原的钦察人联合起来抵抗蒙古人。哲别和速不台派人通知钦察人说，我们是同一部落的人，而阿兰人则是我们的异己，我们之间应该互不侵犯；同时，给钦察人送去许多财物。钦察人信以为真，撤了回去，这样，蒙古人战胜了阿兰人。接着，

哲别与速不台又击溃松散下来的钦察人，并且将原已送去的财物夺了回来。

钦察残部向斡罗思（即俄罗斯）国逃去乞援。斡罗思伽里奇侯密赤思老会同乞瓦侯小密赤思老等率领一支 8 万人的大军前来声援。哲别与速不台又佯作退兵，一连 12 天，斡罗思与钦察联军进行追击，十分疲惫倦怠，蒙古军队突然转身反击，在阿里吉河畔马里乌波里附近大战获胜，俘杀大小密赤思老。

接着，他们抄掠速答黑城热那亚商人的钱财，而后东向攻打也的里河（今伏尔加河）上的不里阿耳国，折向东南降伏乌拉尔地区的康里人，最后经锡尔河北边的草原而与成吉思汗的蒙古大军相会合。

成吉思汗十九年（1224 年），蒙古军向西越过了第聂伯河，扫荡了斡罗思南部并进入克里米亚半岛。这时传来了大军结束西征东返蒙古老家的消息，于是哲别和速不台率领大军经钦察草原东归。

东归途中，曾经威震蒙古草原，痛击金国，横扫"花剌子模"，西辽、钦察草原的征服者，成吉思汗的"神箭"陨落了。哲别因年事已高和长年远征的辛劳病死于军中，其卒年未有确切记载。

2."巴特尔"速不台

速不台（1176—1248 年），元代前期名将。蒙古兀良哈部人。

速不台之父哈班(也作札儿赤歹兀)有二子,长子忽鲁浑(也作者勒篾),次子即速不台,兄弟二人俱骁勇善骑射。成吉思汗在班朱尼河时,哈班曾赶着群羊进献,不料半途遇盗,哈班被擒。忽鲁浑与速不台赶到与贼相斗,贼盗人马俱倒,其余皆逃走了。兄弟二人遂救其父,羊群得以赶赴行在（即成吉思汗所在之地）。成吉思汗非常欣赏兄弟二人的忠诚与勇敢,遂留在身边,各授以百户之职。

速不台随军攻金桓州（今内蒙古正蓝旗北），率先登城，从而破城。成吉思汗赞赏其勇，命赐金帛一车。当时蔑里吉部强盛不附。速不台请求前去征讨，获得准许。先选裨将阿里出领百人先行，以窥其虚实，速不台率军继进。阿里出临走，速不台告诫阿里出说："你止宿时，一定要带些婴儿玩具随行。走则扔之，使他们以为我军携家而逃。"阿里出依其计而行。蔑里吉见了，果然上当，遂不做防备。不久，速不台率大军至蟾河，与蔑里吉相遇，一战而胜，并获其二将，尽降其众。其部主霍都逃奔钦察，速不台带兵追击，与钦察军战于玉峪，又败钦察军。

成吉思汗西征回国，其主灭里委国而去。成吉思汗命速不台、哲别追击其主，至灰里河，哲别战斗不利。速不台驻军河东，告诉其军众每人点燃三支火炬以张军势,灭里见状惊恐,遂乘夜而逃。速不台遂不战而胜灭里。又命速不台统兵万人由不儿罕山（今蒙古肯特山）必里罕城追击,灭里又逃入海,但没过一月,灭里便在惊恐中病死。于是速不台尽获其所弃珍宝献于成吉思汗。

第二年,速不台又辗转追击,平定了钦察汗国,活捉了其酋长,收降其众。随后,速不台又跟着成吉思汗征战河西,速不台率军攻下撒里畏吾、特勒勒、赤闵等部,及德顺、镇戎、兰、会、洮、河诸州,得北马 5000 匹,全部献于朝。直至成吉思汗驾崩,速不台才还师。

南宋绍定二年(1229 年),元太宗窝阔台继位。速不台从元太宗攻潼关,战失利,元太宗责之。当时拖雷在藩邸,闻听此事后劝元太宗说,胜败兵家常有之事。元太宗方息怒,命速不台立功自效。于是速不台又引兵随拖雷经略河南。当时蒙古军师出牛头关,在三峰山猝遇金将完颜合达所率 20 万金兵。蒙古军四面出击。金军大败,被蒙古军杀戮殆尽。三峰山之战,金军主力几乎全军覆没,从此金军一蹶不振。

绍定五年（1232 年）夏,拖雷还驻官山,留速不台统诸道兵围攻汴京（今开封）。第二年,金主完颜守绪渡黄河北走,速不台令军兵追至黄龙岗,又大败金军,斩首万余人。金主复南逃至归德府（今河南商丘）,不久又逃入蔡州。金汴京降元。速不台俘其后妃及宝器献给朝廷,进围蔡州。蔡州被攻破,金主完颜守绪自焚而死,金亡。南宋淳祐八年（1248 年）速不台去世,终年 73 岁。入元后,他被追封河南王,谥忠定。

3."有福庆的伴当"者勒篾

者勒篾,蒙古兀良哈氏,札儿赤兀岱之子,速不台之兄。居不儿罕山（肯特山）地区,与蒙古部为邻。

者勒篾之父名叫著名的冶金匠人,叫作札儿赤歹兀。札儿赤歹兀曾是铁木真父亲也速该的仆从,后也速该被塔塔尔人毒杀。札儿赤歹兀等到铁木真长大成人后,重新来投,见铁木真时说,当年我曾对你父亲说过,我做他的奴才,我的孩子做您的孩子的奴才,现在我把儿子送来了,供您驱使。从此,铁木真得一猛将。

者勒篾自幼侍从铁木真,多有功劳,被铁木真誉为是"有福庆的伴当",曾相随逃避蔑里乞人追击。

南宋淳熙十六年（1189 年）,铁木真即蒙古部汗位时,者勒篾与博尔术同被封为众官之长,参与运筹,随从统一蒙古各部,以果敢善战著称,有"饮露骑风"之美称,屡救铁木真于危难之中。嘉泰二年（1202 年）,

者勒篾在与泰赤乌部作战中，搭救受重伤的铁木真。翌年，孤军断后，截击克烈部进攻，掩护铁木真撤退。嘉泰四年（1204 年），充先锋，与乃蛮部作战。

开禧二年（1206 年），蒙古国建立，者勒篾封千户长，为十大功臣之一，享有犯九罪不罚的特权。后卒于成吉思汗时代，死因不详。

4.帝国名将忽必来

忽必来（？—1211 年），又作虎必来，巴鲁剌思氏，蒙元帝国名将，成吉思汗帐下"四勇"之一。

忽必来早年与弟忽都思投靠铁木真，随从参加统一蒙古各部战争。

宋淳熙十六年（1189 年），忽必来与忽都思共同拥戴铁木真为蒙古部汗，充"云都赤"（佩刀侍卫）。

嘉泰二年（1202 年），忽必来受命整顿军纪，对战争中违令私掠财物之阿勒坛、忽察儿等予以惩治，籍设其所掠财物。嘉泰四年（1204 年），充先锋，征乃蛮部，威震群敌，战功居多。

开禧二年（1206 年），蒙古国建立，忽必来封千户长，并总管汗国军务。

忽必来为十大功臣之一，与者勒篾、哲别、速不台并称"四獒"。据《史集》载，其所辖千户隶属成吉思汗第五子阔列坚，后统兵西征哈剌鲁，

成吉思汗六年（1211 年），迫使哈剌鲁部主阿儿思兰汗归降，并携其至怯绿连河（今克鲁伦河）行宫朝觐成吉思汗。不久去世。

二、蒙古四杰辅霸业，叱咤风云平天下

蒙古四杰指的是成吉思汗部下的四位杰出将领，分别是博尔忽、木华黎、博尔术和赤老温。

1.淇阳王博尔忽

博尔忽（?—1217），又作孛罗忽勒、博罗浑、钵鲁欢、孛罗浑、博鲁温等。蒙古国大将。许兀慎氏。成吉思汗母月伦太后养子，以智勇著称。原附属主儿乞部，南宋庆元三年（1197 年）主儿乞败亡后，被月伦太后收作养子，充当"那可儿"（伴当），随从铁木真（成吉思汗）统一蒙古各部，并与汪古儿等同典御膳。庆元五年（1199 年），受命与博尔术等援救克烈部王汗，战败乃蛮部曲薛吾军。嘉泰三年(1203 年)，在合兰真沙陀中，与克烈部对垒，只身营救汗子窝阔台（元太宗）于危难中。嘉泰四年（1204 年），以蔑里乞首领带儿兀孙降后复叛。与沈白领右翼军追至薛凉格河（今色楞格河），讨平叛军。开禧二年（1206 年）蒙古国建立时，因功封千户长，并配合博

尔术同掌右翼军队。与木华黎、博尔术、赤老温并称"掇里班·曲律"（蒙古语，意为四杰），世任"怯薛"（护卫军）之长，为十大功臣之一，享有九次犯罪不罚的特权。成吉思汗十二年（1217 年），征讨秃马惕部时，中伏兵死于军中。及秃马惕部平，以该部民百户赐其妻，以示抚恤。后追封淇阳王。

2. 智勇双全木华黎

在成吉思汗麾下，有一员出类拔萃的大将叫木华黎。从蒙古草原到中原战场，木华黎都自率一军，独当一面，屡立战功。

木华黎（1170—1223 年），蒙古高原札剌亦儿部人。世居斡难河（今蒙古鄂嫩河）东。元代开国功臣，著名将领。其父孔温窟哇在成吉思汗麾下为将。

木华黎沉毅多智略，双臂若猿，善于骑射，能挽弓二石还多。他随成吉思汗征战，以忠勇闻名。曾与博尔术立在风雪之中，用手撑支毡帐，遮蔽成吉思汗，从半夜到天明，竟不移足。他曾在溪谷间，引弓射贼，三箭中三人，保护成吉思汗出了溪谷。

克烈王汗与乃蛮交战，出师不利，求援于成吉思汗。成吉思汗便派木华黎、博尔术引军去救援。木华黎在按台与乃蛮兵激战，终于大败乃蛮兵，获甲仗、马牛甚多而还。不久，克烈王汗惧怕成吉思汗的力量越来越强大，遂谋议袭击成吉思汗。成吉思汗得知后，派遣木华黎选精锐骑兵乘夜袭击克烈王汗兵营，王汗兵大败，王汗逃走，后死。克烈部在当时蒙古高原诸部中力量最为强大，此战王汗全军溃败，其他部落不寒而栗，纷纷前来投依成吉思汗。成吉思汗登大汗位后，封木华黎、博尔术为左、右万户长。

成吉思汗在统一蒙古高原各部后，便开始谋议对金朝发动进攻，以扫除这一进兵中原、南下江南的障碍。南宋嘉定四年（1211 年）三月，成吉思汗派木华黎等大将从征南下。蒙古军正值士气旺盛之时，出师南下，首克德兴（今河北涿鹿），再拔云中（今山西大同）、九原（今内蒙古五原），进围抚州（今河北张北）。金兵号称 40 万，列阵野狐岭（今河北万全西北）北。木华黎身先士卒冲入敌阵，蒙古骑兵随后冲杀过去。成吉思汗又指挥诸路大军并击金兵。金军溃乱，无法抵挡，于是败退。蒙古军追到浍河堡，又是一阵掩杀，金军号称 40 万军马到此时被杀得七零八落，伏尸百里。此战蒙古军以少胜多，大胜金军。

锦州（今辽宁锦州）张鲸聚众 10 余万，杀金节度使，称临海郡王，来降木华黎。成吉思汗诏令以张鲸总领北京 10 提控兵，从掇忽阑南征未附蒙古国的州县。这时，木华黎察觉张鲸有反叛之意，遂令部将萧也先监其军。掇忽阑、张鲸企图逃走，被萧也先执拿，送往成吉思汗处，随即被杀。

张鲸弟张致听到其兄被杀，愤而占据锦州，背叛蒙古，并率兵攻陷平、瑞、利、义、懿、广宁等州。木华黎率蒙古不花等军数万，讨伐张致。成吉思汗九年（1214年），张致又率兵攻陷兴中府。七月，木华黎率军至兴中城下，斩张鲸之子张东平及士卒12000余人。随后攻下开义县，进围锦州。成吉思汗十一年（1216年），张致派部下张太平、高益出战，皆败还。蒙古军围困锦州一月有余，张致怨愤部下诸将不勤力杀敌，于是斩杀败将20余人。高益恐惧，于是趁张致不备，绑了他出城而降，木华黎斩杀张致。

成吉思汗十二年（1217年）八月，木华黎被铁木真封为太师、国王、都行省承制行事，全权指挥攻金。攻占蠡州（今河北蠡县）、大名府、益都、淄州（今山东淄博）、登州（今山东蓬莱）、莱州、潍州（今山东潍坊）、密州。

成吉思汗十三年（1218年），攻占太原、忻州、代州（今山西代县）、泽州（今山西晋城）、潞州（今山西上党）、汾州、霍州（今山西临汾）、平阳府。

成吉思汗十四年（1219年），攻占岢州、岚州（今山西岚县）、火山军、石州（今山西吕梁）、隰州、绛州。

成吉思汗十五年（1220年），率军至满城（今河北保定），武仙在真定府（今河北正定县）投降，木华黎采纳史天倪的建议，下令严禁劫掠百姓，广得民心。进至滏阳，金邢州守将武贵投降。率轻骑入济南，收降南宋济南治中严实及其所辖相、魏、磁等8州30万户。在黄陵冈（今河南兰考东）激战中，灵活用兵，下马督战，令将士引弓齐发，打败号称20万的金军，攻占卫州、单州。

成吉思汗十六年（1221年）冬，连取葭州（今陕西佳县）、绥德，旋于延安城东设伏夜战，击败金兵3万，斩敌7000余人。

成吉思汗十七年（1222年），

洛阳太师国王木华黎祭祀地金肯苏力德碑

围攻京兆府（今陕西西安），因金兵 20 万婴城固守，不克，遂留兵 6000 人与金军对峙，还遣 3000 人扼守潼关；自率主力西取凤翔，围攻月余不下。

成吉思汗十八年（1223 年）春，渡黄河至闻喜（今属山西闻喜县），病卒于军中，是年 54 岁。

元英宗至治元年（1321 年），追赠木华黎为体仁开国辅世佐命功臣、太师、开府仪同三司、上柱国、鲁国王，谥号"忠武"。

1216 年，正当成吉思汗指挥攻金战争最激烈的时候，西方发生了杀死蒙古使者和商队的事件。成吉思汗气愤不过，决定亲自西征，而把指挥攻金的大权交给木华黎，并命他为太师、国王。可是，当时只给木华黎留下了 1.3 万兵马，主力都随成吉思汗西征去了。用这样少的部队，在长城内外、黄河流域广阔的战场上作战，别说是打败金军，恐怕连支撑局面也是不容易的。然而智勇双全的木华黎，没有被兵少势单的困难所吓倒，最后顺利地完成了攻金任务。

木华黎经营中原的主要功绩，并不在军事上的攻城略地，而是在政治上的经营管理。从他统领中原事务的 1217 年开始，他接受了一些汉族将领的建议，一改过去蒙古铁骑烧杀抢掠的惯例，下令禁止滥杀和乱抢，顿时"军事肃然，吏民大悦"。他还对屠城抢掠后就撤的做法做了改变，注意恢复农业生产，大力收服汉族地主武装，力图长期占领和统治中原地区。此前，黄河之北、燕京、西京地区一片混乱：金朝已经败退，蒙古人烧杀抢掠之后就走，处于一种两不管的真空状态。于是，各路地方豪强纷纷招兵买马，自主管理，成为割据一方的武装势力。木华黎经管中原后，采取了收服吸附的政策：凡归降的地方豪强，一律就地授官，或原职不动，或改授高职，依旧管辖原有的地盘。因此，越来越多的地方豪强纷纷归顺木华黎，蒙古在中原的势力与日俱增，金朝原有的地方机构土崩瓦解，彻底溃退。

对待降将，蒙古军有一个转变的过程。当初，蒙古兵见了敌军就杀，抓到俘虏不留生路，攻下城池就按惯例屠城。木华黎看到，杀人越多，反抗越烈，因此总想变一变蒙古军这一惯例。当时在河北省有一个叫张柔的人，是金国的抗蒙地主武装首领，有兵 10 多万人，依仗熟悉风土人情的有利条件，在长城内外与蒙古军周旋，也曾打一些小胜仗，被金国升为元帅，任中都（今北京）地区的最高指挥官。蒙古军对张柔非常愤恨。1218 年，木华黎率蒙古军与张柔的部队在紫荆关附近交战，正在双方激烈拼杀时，张柔的战马中箭跌倒，张柔从马上摔了下来。这时一个蒙古兵举起战刀对准张柔就要砍去，木华黎挥戈将战刀挡回，几个蒙古兵将张柔绑起来。

木华黎审问张柔，张柔闭口不答。蒙古兵强迫其下跪，张柔挺直身子坚决不跪，并说："彼帅也，吾亦帅也。大丈夫死即死，终不偷生为人屈。"(《元朝名臣事略》) 木华黎十分敬佩张柔这种宁死不屈的精神，便亲自为张柔解绑、让座。几天以后，又把张柔的父母妻子迎入军中，厚加款待。张柔佩服蒙古军的英勇善战，也看清了金国十分腐败，末日临近，于是便归降了蒙古军。从此，木华黎顿时增加了兵力数万人，很快便攻克城邑30多座，开辟新区千余里。

当时辽东有一支称"黑军"的抗蒙武装，首领石天应不仅懂兵法、善骑射，而且还会制造作战器具。木华黎觉得此人是个人才，便千方百计地加以招降，命石天应为兴中府的最高长官。石天应看到木华黎十分重用有才华的将领，便一心一意跟随木华黎征战，屡打胜仗，不久便被升为龙虎上将军、元帅右督军。后来，有一次木华黎在向陕西进军途中，被波涛汹涌的黄河挡住了去路。正在木华黎犯难之时，随行的石天应说自有办法。木华黎问有什么妙法？石天应说："造舟楫，建浮桥，以济师。"在场的众将讥笑说："水涨波恶，济师纯系笑谈。"木华黎鼓励说："尽管干，成功了功劳归你，不成功再想他法。"石天应因有木华黎的支持，便厉声道："有沮吾事者，断其舌！"(《元史·石天应传》) 石天应说干就干，不出一旬，一条横跨黄河的水上浮桥架成了，蒙古军顺利地渡过黄河，直趋西安。诸将佩服石天应的才华，更佩服木华黎的用人之道。

据当时某个史学家统计，木华黎先后招纳降将65人，除了极少数反复无常者外，有49人受到重赏重用。其中，有升元帅的，有升万户的，有升兵马都统总管的，有授金紫光禄大夫的，有授金虎符的，有授其他各种荣誉称号的。木华黎厚待降将，促使许多降将不惜以鲜血和生命效忠木华黎。其中最典型的是李守贤兄弟几个。他们在归附木华黎后，人人都受到了重赏、重用，因而个个都甘愿效忠于蒙古军。李守贤官至兵马都总管，积劳成疾，病死军中。兄李伯通官至龙虎上将军，英勇战死。兄李伯温，官至元帅府

木华黎雕像

事，守平阳，城陷，先杀妻子投井中，后以刃植柱自刺心而死。弟李守正官至都元帅，作战负伤，裹创战死。弟李守忠官至都元帅，被金军俘送开封后，拒绝金廷以高爵诱降，大骂金朝昏庸腐败，被金人置于铁笼中火烹而死。

木华黎厚待降将，直接壮大了蒙古军的实力，在敌方营垒中引起了连锁反应。金军将领武贵，最初听到蒙古军南下的消息，唯恐被杀，便弃城而逃，后来听说木华黎给蒙古军下达了"敢有剽房者，以军法从事"的命令，而且对降将倍加重用，便主动跑回来投附，木华黎升其官职。山东济南有个叫严实的首领，管辖 8 州 30 万户，听说木华黎的政策大得人心，便主动带领所部归附，使木华黎不战而得 8 州 30 万户。木华黎拜严实为金紫光禄大夫、行尚书省事；授其部将刘通为上将军、左副都元帅；严实的女婿张晋亨及其兄张显，都授节度使；严实的外甥刘显时称"神童"，9 岁任千户，归附木华黎后，升行军万户。史书记载，归附木华黎的主将或属将，凡是忠勇和有才干者，在官职和荣誉上都各得其所。因而在金国大地上，形成了一股望风归附的潮流，从而为以后蒙古灭金提供了良好的条件。

成吉思汗西征欧亚，战果赫赫，诸多原因中有一条是：他有一个稳定的后方。这要归功于主管中原军政事务的大臣木华黎。他随成吉思汗南征北战，战功赫赫，是一位杰出的军事统帅，也是能对成吉思汗施以重大影响的少数几个人之一。

3. 广平王博尔术

博尔术（1162—1226 年？），原名博儿术。蒙古阿儿刺氏。又作孛斡儿出、博郭尔济。蒙古国大将。与成吉思汗同宗，均系海都后裔。纳忽伯颜子。以"志意沉雄，善战知兵"著称。

博尔术 13 岁时，曾协助铁木真夺回被盗取的牧马，两人分兵奇袭夹击。盗贼抛下牧马，双方战于大赤兀里，两军相接，铁木真下令作出殊死战斗，一步不能退后。博尔术将马绳系于腰上，在原地寸步不离。铁木真相当赞赏他的胆色，以此契机结成好友，并加入铁木真麾下。此后以那可儿（伴当）身份，追随铁木真，两人"共履艰危，义均同气，征伐四出，无往弗从"。当时诸部纷争，每次博尔术负责夜间警戒时，铁木真必定可以安心入眠。每次会面，谈及政事，以至通宵达旦，君臣间极有默契，如鱼得水。

铁木真曾被怯烈围困鏖溃，并失了爱马。博尔术便抱着铁木真，一起逃到荒野。当时正值雨雪，两人无法得知牙帐所在，便躺卧在草地上，与木华黎一同张开毛毡皮裘去遮挡铁木真，从早到晚一直站立，寸步不移，

直到夜深，雪已厚达数尺之后才被发现，三人最终幸免于难。在三姓蔑儿乞人袭蒙古部时，再次被风雪围困，博尔术再入敌阵，但无法找到铁木真。于是急令搬走辎重，才发现铁木真已经返回卧憩车当中。当他听到博尔术回来时，感慨道"聪天赞我

博尔术

也"，众人逃入不儿罕山，幸免于难。

宋淳熙十六年（1189 年），铁木真被推举为蒙古部汗后，与者勒篾同被封为众官之长，参与运筹。随从统一蒙古诸部，无役不从，屡救铁木真于危难之中。

庆元五年（1199 年），受命与木华黎等援救克烈部王汗，战败乃蛮部曲薛吾军。

嘉泰二年（1202 年），随从铁木真战察罕塔塔尔等四部于答阑捏木儿格思。翌年，战克烈部于合兰真沙陀，均有战功。

开禧二年（1206 年）蒙古国建立时，因功封右翼万户长兼千户长，统辖汗廷以西至阿尔泰山的广大地区，深受器重，群臣无出其右者，被铁木真誉为"犹车之有辕，身之有臂"。并命汗子察合台从之受教诲。与木华黎、博尔忽、赤老温并称"掇里班·曲律"（蒙古语，意为四杰），世任"怯薛"（护卫军）之长，为十大功臣之一，享有九次犯罪不罚的特权。

成吉思汗二十一年（1226 年），随从征西夏，不久病逝。

窝阔台汗八年（1236 年），因功赐其后裔广平路 17300 余户为分地。大德五年（1301 年），追封广平王。

4. "把阿秃儿"赤老温

赤老温，又称齐拉衮，逊都思氏。锁儿罕失剌之子，合答安皇后之兄。蒙古国大将，以雄勇善战著称。

赤老温原附属于泰赤乌部。铁木真早年遭泰赤乌部塔儿忽台执禁，得其营救幸免于难。后归附铁木真，随从参加统一蒙古各部的战争。曾与博尔术等一起，配合克烈部，击败乃蛮部曲薛吾军。因为作战勇敢，铁木真

赐号"把阿秃儿"（勇士）。宋开禧二年（1206年）蒙古国建立时，与父同掌1000户，代父领军，统领薛凉格河（色楞格河）地区。与博尔术、木华黎、博尔忽并称"掇里班·曲律"（蒙古语，意为四杰），世任"怯薛"（护卫军）之长，为十大功臣之一；并世袭"答剌罕"之号，享有九次犯罪不罚的特权。

三、王位空缺摄国政，拖雷之功著社稷

孛儿只斤·拖雷（1193—1232年），成吉思汗孛儿只斤·铁木真第四子（幼子），尊号"也可那颜"（大官人）。

拖雷是成吉思汗的正妻孛儿帖所生的第四个儿子，三个哥哥为术赤、察合台、窝阔台。

成吉思汗八年（1213年），拖雷攻占金国德兴府（今河北省涿鹿县），后来又随父攻克金的雄、霸、莫、河间等河北州郡和山东各州郡。

成吉思汗十四年（1219年）西征时，拖雷与其父成吉思汗统率主力越过沙漠，直趋不花剌。父子俩率蒙古军从那黑沙石出发，过铁门关（今乌兹别克沙赫尔夏勃兹南90公里拜松山中的布

拖 雷

兹加勒山口）南下。成吉思汗从诸军中选拔强悍者组成了一支精锐部队，命拖雷率领，先渡阿姆河去取呼罗珊诸城。后来，成吉思汗进围塔里寒寨（今阿富汗木尔加布河上游之北）。塔里寒军民凭险据守，蒙古军围攻7个月，直到拖雷奉召回军与其父会合时才将此山城攻克下来。该城的守军和人民皆被屠杀殆尽。不久，拖雷受其父之命进入呼罗珊地区，对敢于反抗蒙古的城市进行残暴的报复。有一次，因一支蒙古小部队在马鲁城下被歼灭，拖雷于成吉思汗十六年（1221年）三月就率7万精兵围攻马鲁，马鲁长官出城投降，拖雷假许不杀，但在蒙古军入城后只选取工匠400人后将全部居民和降卒进行屠杀，死者达70万人，马鲁城被夷为平地。

五月，拖雷再攻你沙不儿，城中遣教长、绅士出城请降，拖雷不许，下令架大炮、抛石机猛攻，入城后纵兵肆杀。此外，途思、奈撒（今土库曼阿什哈巴德东）、志费因诸城都遭到疾风烈火般的扫荡。因时至盛暑，拖雷军被成吉思汗召回塔里寒。拖雷军于回途时攻打也里（今阿富汗赫拉

特），也里城军民抵抗，8天后守军长官阵亡，拖雷允许城内居民投降，免于屠城，但札兰丁的1.2万将士全部被杀。

成吉思汗十四年（1219年），拖雷参加西征后，按照蒙古习俗，幼子出征前，成吉思汗的忽兰夫人从行。她对成吉思汗说："诸皇子中，嫡子有4人，主上西归后应由何人承统？"成吉思汗听后认为话中有理，当下召见诸弟和诸子，议定将来由窝阔台为汗位继承人。

成吉思汗二十二年（1227年），成吉思汗在临死前，再次把诸子召到身边，要他们服从窝阔台的领导，兄弟间要精诚团结。不久，成吉思汗病死，按照封建帝制王驾崩，应立即由他指定的继承人登基即位，可是蒙古的忽里勒台制（部落议事会制度）仍然在起作用，窝阔台不能因其父的遗命继位，必须等待忽里勒台的最后决定。其间，王位空缺两年，便由拖雷监摄国政。成吉思汗生前分封诸子，拖雷留在父母身边，继承父亲在斡难河和怯绿连的斡耳朵、牧地和军队。成吉思汗死后，留下的军队共有约12.5万人，其中大部分（11.1万）都由拖雷继承。

蒙古窝阔台汗元年（1229年）秋，为了推选新大汗，蒙古的宗王和重要大臣们举行大会。宫廷内就有人恪守旧制，主张立幼子拖雷，反对成吉思汗的遗命，大会争议了40天。此时术赤已死，察合台全力支持窝阔台，拖雷势力孤单，只得拥立其兄窝阔台即位。

窝阔台汗二年（1230年），拖雷和窝阔台分兵攻金。他们遵照其父成吉思汗的遗嘱，用武力假道宋境。

窝阔台汗三年（1231年）冬天，拖雷在均州三峰山（今河南禹县境内）打败金军的主力部队，乘胜攻占了河南诸郡等地。

窝阔台汗四年（1232年）夏，由于天气酷热，拖雷只得率军回师，后在途中得病而死。史料中记载了元睿宗拖雷死亡有多种因素，究竟哪种说法合乎情理、实际，还有待考究。

拖雷长子孛儿只斤·蒙哥即位后追上尊号，谥"英武皇帝"，庙号"睿宗"。

至元二年（1265年）其四子孛儿只斤·忽必烈在位时，

拖雷

被改谥为景襄皇帝。至大二年（1309年），加谥"仁圣景襄皇帝"。

拖雷在成吉思汗及窝阔台时期曾经发挥过重大作用，当时人认为"拖雷之功，著在社稷"。

拖雷在成吉思汗诸子中军事能力是最强的，这点是毋庸置疑的。他的军事成就也是杰出的，但他在西征途中也犯了不少错误，比如大肆屠杀与破坏城池。

民国官修正史《新元史》柯劭忞的评价是："周公金縢之事，三代以后能继之者，唯拖雷一人。太宗愈，而拖雷竟卒，或为事之适然，然孝弟之至，可以感动鬼神无疑也。世俗浅薄者，乃疑其诬妄，过矣！"

四、衣冠不改只如先，关会通行满尘廛

伯颜（1236—1295年），蒙古八邻部人。元朝初年名臣、军事家。

伯颜智略过人，深明大义，用兵筹谋，出神入化。在带兵、用兵、治军方面都有值得兵家称道之处。统20万大军伐宋，如统一人。成功还朝，口不言功，行囊仅有随身衣被。又善作诗文，惜今无作品传世。

伯颜的曾祖名叫述律哥图，曾在元太祖成吉思汗时，任蒙古八邻部左千户之职。其祖阿刺，袭父职，兼断事官。因平定忽禅有功，成吉思汗就把八邻部这块土地赏赐给他，由他管理食用。伯颜父亲晓古台，也世袭父职。由于随宗王旭烈兀（成吉思汗之孙、拖雷之子）开拓西域，所以伯颜随父亲生活，在西域长大。

元世祖至元初（1264年），旭烈兀派晓古台进大都（今北京）入朝奏事，伯颜随行。当时伯颜30岁左右，元世祖忽必烈见其相貌英俊、身材魁梧、谈吐文雅、出口不凡，甚是欣赏，于是说："伯颜非宗王之臣也，留在京城让他随朕办事。"于是伯颜留在京师，在元世祖忽必烈手下当差。忽必烈曾与伯颜谈论国事，伯颜的所谈所识总比当时的朝臣要高出一筹，这令元世祖更加礼待于他。忽必烈还下敕书，让安童的妹妹嫁给伯颜。

至元二年（1265年）七月，伯颜由于忠心耿耿，办事干练，由一名侍臣官越级提拔为光禄大夫、中书左丞相。当时，朝中大臣遇有难办之事，伯颜总能从容地用一两句话解决、了断。这种高超的决策能力和果断的处事作风赢得群臣们一片赞赏，许多朝中大臣翘起拇指叹服地说："真宰辅也。"至元四年（1267年），伯颜改任中书右丞，至元七年（1270年），迁同知枢密院事。至元十年（1273年）春，伯颜持节奉玉册立燕王真金为皇太子。至元十一年（1274年），元世祖决定大举进攻南宋。是年秋七月，

元世祖忽必烈任命伯颜为统帅，率大军20万征讨南宋。九月，伯颜率领蒙古铁骑会师于襄阳，然后兵分三路向南挺进。十二月，元军采用声东击西之计，从汉口巧渡长江之后，袭取荆湖重镇鄂州（今湖北武汉）。伯颜命阿里海牙领兵4万镇戍鄂州，分兵攻取湖南、广西等地，自己与阿术率水陆大军沿江东下。

元军飞渡长江，沿江东进，令宋廷沿江各州郡极度恐慌。至元十二年（1275年），正月，黄州、涟水、蕲州、安庆、池州等州郡的宋朝知官、将领纷纷献城请降。二月，伯颜大败南宋"蟋蟀宰相"贾似道于丁家洲。是役之后，伯颜与取道淮西南下的合答、董文炳会合。溧阳、镇江等地宋军皆请降，淮西滁州诸郡亦相继归降。

银镀金錾花双凤穿花玉壶春瓶

三月，蒙古大军拿下建康（今江苏南京）。忽必烈闻此捷报，十分高兴，遂诏伯颜以行中书省驻建康，阿塔海、董文炳以行枢密院驻镇江。

至元十二年（1275年）十一月，伯颜派军在占据无锡州、太湖和平江后，派宋降臣游介实，奉元世祖诏书副本出使宋朝，以诏书的形式劝谕宋朝的诸位大臣投降元朝。十二月，元大军驻无锡。宋朝柳岳等奉宋国主及太皇太后书及宋诸大臣给伯颜的书信来见伯颜，流着泪对伯颜说："太皇太后年迈体衰，我们国君又太幼小，况且我们正处于国丧期间，自古礼不伐丧，望哀怜体谅宋主的情况，能退兵班师。此后宋朝岂敢不每年进奉修好？之所以落到今日这步田地，都是那个奸佞之臣贾似道背信弃义失言于贵国造成的呀。"伯颜回答说："我主上即位之初，曾奉国节至宋，愿与宋修好，而汝国却执留我使者16年，因此今天才兴师问罪。去年，宋又无故杀害我廉奉使等，这是谁的过错？如要使我师不进，请效法当年钱王纳土与宋，李后主出降于宋。你们宋朝当日得天下于奸佞小人之手，今日失天下者，不也是失之于权奸小人之手吗？这一切都是天意啊，不用多说了。"柳岳只有顿首哭泣不已。

至元十三年（1276年）正月，元军进军临平镇，军至皋亭山。宋主遣临安府守贾余庆同宗室尹甫、吉甫等人，奉传国玺及降表到军前，伯颜接纳。伯颜派遣囊加歹与贾余庆还临安，召宋宰相来谈议降事。当时宰相陈宜中见大军压境弃城而逃，宋廷只好任命文天祥为代丞相去处理议降一事，但遭到了文天祥的拒绝。

正月下旬，谢太后遣丞相吴坚、文天祥、枢密谢堂等人来见伯颜。伯颜抚慰后，便让他们回返临安；但看到文天祥言谈举止与一般人不同，怀疑他有二心，便扣留军中。文天祥数次请归，伯颜均笑而不答。伯颜命令忙古歹、唆都将文天祥羁留。又令程鹏飞、洪双寿同宋臣贾余庆交换宋主削帝号、递降表。

三月，伯颜入临安，令唐兀歹、李庭护送宋君臣北上。伯颜兵发临安，宋主求见伯颜，伯颜说："没有归降进入朝廷，还谈什么相见的礼仪！"五月，伯颜与宋主到了上都，世祖忽必烈在大安阁接受朝拜，降授宋主为开府仪同三司，检校大司徒，封瀛国公。至此，平定宋朝。

正当元廷上下沉浸在欢呼胜利的喜庆氛围时，突然北方传来宗王昔里吉、玉木忽儿、脱脱木儿、撒里蛮等自阿力麻里叛乱的消息。叛军进掠和林（今蒙古人民共和国哈尔和林），弘吉刺部只儿瓦台等起兵响应，大漠南北为之震动。在这危急时刻，忽必烈命伯颜火速率军北上，平定叛乱。

伯颜亲率大军，大败昔里吉于斡鲁欢河（今蒙古鄂尔浑河）。不久，叛军内讧，昔里吉败走南方海岛，病死。至元十八年（1281年）二月，伯颜奉命从皇太子真金戍守漠北。

至元二十二年（1285年）秋，长期驻守畏兀儿、哈密立（今新疆哈密）的宗王阿只吉，被察合台汗国之汗笃哇所击败，忽必烈一气之下，削除了他的军权，让伯颜取而代之，镇戍西北。当时，驻守西北的蒙古军队缺乏粮食，伯颜下令将士采掘蒺怯之叶和蓿敦之根贮藏，盛冬时节，士兵和战马皆以此为食充饥。又传令，凡捕食塔刺不欢的野兽军士，可收集和攒它们的毛皮，经过动员一下收集了几万张，伯颜既而遣使运至京师。忽必烈见状，笑着说："伯颜以边地寒，军士无衣，欲易吾缯帛耳。"遂令廷臣，大量补充边关将士的衣物。

至元二十四年（1287年）春二月，有人密告乃颜欲反，忽必烈诏令伯颜前去打探虚实。乃颜是元宗王，铁木哥斡赤斤玄孙，塔察儿孙，承袭斡赤斤分地，据有哈刺温山（大兴安岭）东西两侧和辽东大部。伯颜临行前让随从人员携带大量的衣裘，沿途均赠予驿人。抵达乃颜驻地后，乃颜设宴欢迎伯颜，暗中却派人做好埋伏，准备擒拿伯颜。极具洞察力的伯颜一眼就察觉出乃颜的阴谋，他借故与随从溜走，分三路奔往驿站。驿人因为得到过伯颜赠送的衣裘，纷纷前来敬献骏马。伯颜等人飞身上马，把乃颜的追兵远远地甩在了后面。

乃颜的谋反之心路人皆知，于是，忽必烈决定铲除这个祸根。是年夏

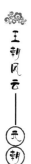

四月，乃颜联络诸王势都儿、哈丹等举兵反叛，进军潢河（今西拉木伦河）流域。忽必烈勃然大怒，决定亲自征讨逆贼，伯颜相从。伯颜奏请召大将李庭、董士选至上都，令其指挥诸卫汉军，运用汉军战术对付叛军。忽必烈接受了伯颜的建议，遂命李庭和董士选率汉军、玉昔帖木儿率蒙古军同时进发，又命伯颜自别失八里移军驻守哈剌和林，阻挡海都和乃颜两军会合。当时，乃颜之部将金家奴、塔不歹进逼乘舆，李庭、董士选以汉军列前步战获胜。不久，乃颜在不里古都伯塔哈之地（哈拉哈河与诺木尔金河交汇之三角地带）兵败后被俘杀，势都儿投降，哈丹逃至朝鲜后自杀。

至元二十七年（1290年），阿里不哥之子、宗王明里帖木儿在海都的支持下举兵反叛。伯颜奉诏征讨。军士抓获叛军一间谍，忻都挥刀就砍，伯颜急忙制止，并赏赐叛军间谍大量财物，并让他带一封书信给明里帖木儿。此书信晓以大义，明以祸福，规劝明里帖木儿回心转意，拥戴元廷。明里帖木儿看信后热泪盈眶，长泣不止。事后不久便率众归降了元朝。至元三十年（1293年）冬十二月，伯颜被已身患重病的忽必烈召回京都。第二年正月，忽必烈去世。伯颜以朝廷重臣、顾命大臣身份总领百官。至元三十一年（1294年）四月，即忽必烈去世3个月后，铁穆耳在伯颜等人的拥戴下，于上都大安阁正式即帝位，是为元成宗，次年改元元贞。当时，许多诸侯王对铁穆耳继承帝位表示不服，有人甚至公然表示抗议。伯颜手握宝剑，站在殿堂之上，威严无比。他陈述祖宗宝训，宣示顾命，阐明所以拥立铁穆耳的理由，声色俱厉，怒目相向，诸王无不胆寒，纷纷下拜。

五月，伯颜拜开府仪同三司、太傅、录军国重事，依前知枢密院事，赐金银各有差。当时，江南三省多次恳请罢行枢密院，元成宗问计于伯颜。伯颜正在病中，他睁开双眼说："内而省、院各置为宜，外而军、民分隶不便。"元成宗点头称是，三院遂罢。

元贞元年（1295年）冬十二月，伯颜因病不起，溘然长逝，时年60岁。大德八年（1304年），元成宗特赠他宣忠佐命开济功臣、太师、开府仪同三司，并追封他为淮安王，谥忠武。元顺帝至正四年（1344年），又给他加赠宣忠佐命开济翊戴功臣，进封淮王。

五、浴血一生不见信，身后数年始追王

1. 兀良合台

兀良合台（1201—1272年），蒙古帝国名将。开国功臣速不台长子，蒙古兀良哈部人。

窝阔台汗五年（1233年），兀良合台随贵由东征大真国，破蒲鲜万奴于辽东（今吉林延吉东城子山）。窝阔台汗七年（1235年）随诸王拔都征钦察、兀鲁思、阿速、孛烈儿诸部，分兵后随拜答尔深入孛烈儿（波兰）、捏迷思（德意志）等部，攻陷波兰首都克拉科夫。后又在莱格尼察战役中大败波德联军。南宋淳祐八年（1248年），贵由汗去世，汗位空缺三年，兀良合台因是蒙哥身边一怯薛之长，故积极附和拔都的主张，推戴蒙哥即大汗位。

元宪宗二年（1252年），奉蒙哥命辅佐忽必烈领军远征大理，绕道西南，企图从侧背攻宋。元宪宗三年（1253年），蒙古军入云南境降附摩（今摩梭人）、么些（今纳西族）二部，遂至金沙江。兀良合台分兵攻取白蛮诸城寨，率师取龙首关，与忽必烈会合共同攻下大理城。次年，忽必烈率军北还，留下兀良合台继续征服大理国境内未附诸部。兀良合台东进，占押赤（今昆明市），俘潜逃至此的大理国王段兴智。其子阿术征赤秃哥儿、罗罗斯（四川凉山地区）等地。侵入云南的蒙古军在兀良合台指挥下，经过两年战争，平大理五城、八府、四郡，乌蛮、白蛮等37部。元宪宗六年（1256年），奉蒙哥汗之命率领所部，出乌蒙（云南昭通），趋泸江，破秃剌蛮三城（四川境内），在马湖江（四川境内）大败宋将张都统3万兵，夺其船200艘，但随即被史俊打败而南返（马湖江之战）。元宪宗七年（1257年），蒙哥汗依兀良合台建议，在云南设置郡县。授他银印，加大元帅，还镇大理。十月，进攻交趾（越南），"军令严肃，秋毫无犯"，攻陷其国都升龙（今越南河内），交趾国主降附，还军押赤城。

元宪宗八年（1258年），蒙哥汗亲征宋，复命兀良合台率军北上，从云南包抄南宋。遂率万余军北上，兀良合台率蒙古骑兵3000和爨（啰啰）、僰（白人）军万人入广西，在老苍关大败宋军号称6万，连下贵州（今广西贵县）、象州，入静江府（今广西桂林），破辰州（今湖南沅陵）、沅州（今湖南芷江），于次年正月直抵潭州（长沙）城下。在宋境转战千余里，大小13战，号称歼敌40余万。闻忽必烈正围攻鄂州（今湖北武汉），遣使联络，遂与忽必烈所派援兵会合，渡江北上。忽必烈中统元年（1260年）四月，忽必烈即位。兀良合台至上都，解兵权。至元九年（1272年）去世，享年72岁。后追封河南王，谥武毅。

兀良作为一名将领，其一生充满传奇色彩。同其父亲速不台一样，兀良合台同样以征战地域范围广而著称，其征战范围东达图们江流域，西至波兰、捷克、匈牙利等地，向南则攻占过越南首都河内。这在军事史上绝对是个奇迹。伴随着征战，也增加了中国对西方的了解，如《元史·兀良

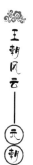

合台传》中提到的"丙午，又从拔都讨孛烈儿乃、捏迷思部"，是中国关于捏迷思（德意志）的最早的汉文纪录。

身为蒙古和元朝的五朝元老，兀良合台却并未得到忽必烈的信任。作为蒙哥汗时的重臣，《新元史·兀良合台传》载忽必烈对其是"疑而忌之"，待兀良合台北上后即解除了他的兵权，就连忽必烈平定阿里不哥的叛乱时，兀良合台得到的任务也仅是留守京师。难怪《元史·阿术传》中有"子孙父子浴血三世，至不怜吉歹始追王"的悲叹。

2. 阿术

阿术（1234—1287年），元世祖时名将。蒙古兀良哈部人。

阿术出身将门，其祖速不台，曾随太祖成吉思汗西征，多有战功；其父兀良合台，是元宪宗时名将。阿术在年少时，即从其父兀良合台征讨西南夷。每战率精兵为候骑，兵锋所向，摧枯拉朽，皆莫敢当其锋。元宪宗年间，阿术随父军至大理（今云南地区），平大理，克诸部，降交趾，均出入行阵间，勇猛异常。元宪宗蒙哥曾夸赞阿术未有名位，却能挺身奉国，特赠黄金300两。

元宪宗九年（1259年），兀良合台奉命率兵自西南方突入宋境。在南宋境内，阿术随父"转斗千里"，"大小十三战未尝败北"（《元史·兀良合台传》）。在近十年的军旅生活中极大地锤炼和提高了自己的军事谋略和指挥才干。

世祖忽必烈继位，留阿术宿卫皇宫。中统三年（1262年），阿术随诸王拜出、帖哥征讨叛将有功。九月，以宿卫将军拜征南都元帅，治兵于汴（今河南开封），又攻复宿州（今属安徽）。至元元年（1264年）八月，与宋兵战于两淮，屡战皆胜，军声大振。

当时，宋军尚固守襄阳、樊城（今湖北襄樊北），以为江南的屏障。元世祖忽必烈命阿术治守汴、宿，用兵两淮，实是为克拔襄、樊做准备。

至元四年（1267年）八月，阿术率元军观兵势于襄阳，后入南郡，攻取仙人、铁城等寨栅，俘获众多而还。第二年，于白沙口处筑建鹿门和新城等堡，随后又在汉水中修筑台垒，与夹江堡相呼应。自此，宋朝派往援助襄阳的军队在此都被阻回，襄阳成了一座无援的孤城。

至元九年（1272年）三月，元军增兵围逼樊城。宋裨将张顺、张贵装军衣百船，从长江上流顺流而至襄阳。阿术率军攻破张顺、张贵军。张顺战死，张贵入襄阳，后也被阿术所擒。是年九月，元廷加封阿术的官职为同平章事。十二月，元军攻下樊城，襄阳守将吕文焕也出城降元。

至元十一年（1274 年）正月，阿术入大都谒见世祖忽必烈，与参政阿里海牙同奏请伐宋。世祖准其奏，诏命增兵 10 万，与丞相伯颜、参政阿里海牙共同率兵伐宋。三月，晋升阿术为平章政事。元军南下，绕郢州（今湖北钟祥）而过。进攻宋沙洋、新城，俱下之。这时，宋将夏贵率宋军水师战船扼守江、汉之口，两岸守御坚固。阿术亡于是用军将马福之计，回船返至沦河口，欲从阳罗堡西面的沙芜口率军渡长江。十二月，攻克阳罗堡。元军水陆并

至正型元青花龙纹大瓶

进，齐趋鄂汉。宋兵正欲迎战，元军于城外烧焚宋船只 3000 艘，火焰冲天，烟雾弥漫，汉阳鄂州城内军民大恐，遂先后而降。

至元十二年（1275 年）二月，元军兵至丁家洲，元军派骑兵夹岸而进，并于两岸架起火炮，用火炮击宋军中坚。宋军兵阵已乱。阿术挺身登舟，手自持舵，突入敌阵，诸军继进，宋兵大溃。元军在丁家洲攻破宋军的最后一道防线，从此宋军再无力抵抗元军进军临安。

宋朝以重兵驻扎扬州城，宋都临安依恃扬州，以为掎角之势。四月，元世祖命阿术分兵围取扬州。阿术率军先至真州（今江苏仪征），在珠金砂击败宋军，斩宋兵 2000 余人，遂军抵扬州。元军即至扬州后，阿术命造各种攻城战具，又命于真州储粟，并树木栅以断宋军的粮道。宋都统姜才领兵两万来攻真州之栅，阿术指挥骑兵渡河击宋军，姜才所带宋兵溃败，元军擒宋军副将张林，斩首宋兵 18000 余人。十月，诏拜阿术为中书左丞相。时元军正进取临安，阿术兵驻瓜洲，切断扬州援兵，所以伯颜能兵不血刃平宋，阿术之功非小。

至元十三年（1276 年）六月，经过数次攻战，扬州宋军大败，宋守将李庭芝以朱焕守扬州，挟姜才出城东走。阿术率兵追袭，杀宋步卒千人，李庭芝入泰州。七月，朱焕举扬州城降，不久泰州孙良臣开城降，捆绑了李庭芝、姜才，奉命斩于扬州市中。九月，阿术入朝谒见元世祖忽必烈于大明殿，献宋俘。元世祖命论功行赏，实封泰兴县 2000 户民于阿术。

灭宋之后，阿术与其他军将一样被调至北方镇压叛乱的诸王。至元二十三年（1286 年），阿术受诏命北伐叛王昔剌木等，第二年平叛凯旋。后不久复又西征，至哈剌火州（今新疆吐鲁番），因病去世，时年 54 岁。

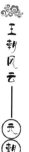

六、出入将相五十年，上不疑而下无怨

史天泽（1202—1275年），字润甫。燕京永清（今属河北）人。大蒙古国及元朝初年名将。

1. 锋芒初露

史天泽祖上财力雄厚，为乡里大姓。至其父史秉直时，正值金朝末年，国家衰乱，各地地主武装多据地自保。史秉直喜爱读书、讲求义气，在当地很有影响。

史天泽为史秉直第三子，他身高八尺，声如洪钟，善骑射，勇力过人。

元太祖八年（1213年）秋，成吉思汗铁木真率部南下。十月，铁木真麾下骁将木华黎进至河北，史秉直率数千人到涿州（今河北涿州市）迎降。木华黎令史秉直仍统率其族众，屯驻霸州（今河北霸州市），并以其子史天倪为万户，史天泽则任帐前总领。次年，史秉直随木华黎攻金北京大定府（今内蒙古宁城西），因功授行尚书六部事。史氏家族的政治、军事地位自此开始确立。

元太祖十五年（1220年），金朝真定经略使武仙以真定（治今河北正定）投降蒙古，木华黎命史天倪任河北西路兵马都元帅，守卫真定，武仙为副帅。

元太祖二十年（1225年）春，史天泽护送母亲北归。不久，武仙叛乱，邀杀史天倪。史天倪的幕僚王缙、王守道等在燕京追上史天泽，建议他收集散落在近郊的部曲。史天泽毅然南还，至满城时，已聚集部众甚多。史天泽又派监军李伯祐向蒙古国王孛鲁请求援助，孛鲁令部将笑乃歹率军3000人援助史天泽，史天泽承兄职为河北西路兵马都元帅。两军会合后，合攻卢奴（今河北定州）。武仙部将葛铁枪率万人来战，史天泽身先士卒，将士们勇气倍增，以一敌十。葛铁枪被俘，余部溃散。史天泽军威大振，随即下中山（今河北定州），略无极，拔赵州（今河北赵县），进军野兴，与前来赴援的兄长史天安所部会合，共击武仙，一举收复真定。

不久，南宋大名总管彭义斌联合武仙意图夺回真定。史天泽等扼守赞皇，武仙不能进军。彭义斌势单力薄，焚山自守。史天泽选拔精锐士卒50人为先锋，自率铁骑继后，攻杀彭义斌。史天泽勇名大振。彭义斌亡，南宋从此尽失河朔之地。

其后，武仙令奸细在真定城中纠结同党，里应外合，又夺取真定。史天泽只率部众数人向藁城守将董俊求援，董俊把数百精兵交付史天泽。史天泽率军连夜赶赴真定，与笑乃歹合兵，武仙不能敌，退保西山抱犊寨。

史天泽急攻抱犊寨，武仙弃寨逃遁。接着，蚁尖、苍峪、马武等寨以及相州（今河南安阳）、卫州（今河南汲县）等地亦降。真定局势得以稳定。

史天泽以真定为中心，任用原金朝治下的儒士和官员，缮城壁、修武备、招集流散、存恤穷困，在几年之间，颇有治绩。他以此为根据，成为了汉人的一大世侯。

2. 统兵伐金

元太宗元年（1229 年），窝阔台汗即位，决定全力伐金。窝阔台选拔史天泽、刘黑马、萧札喇为三大帅，统领汉兵。史天泽任真定、河间、大名、东平、济南五路万户。

元太宗二年（1230 年）秋，窝阔台、拖雷率主力攻山西，破代州（今山西代县）、石州（今山西离石）。十月，围攻卫州武仙军。此时，史天泽率领诸军合围于卫。金朝大将完颜合达率众 10 万援救武仙，双方展开激战，蒙古军败退。只有史天泽所部千人绕出敌后，击败金朝一支偏师。既而又与蒙古军再次合攻，武仙逃走，卫州再被攻克。

元太宗三年（1231 年），窝阔台在官同召集会议，决定兵分三路伐金：中路攻河中府（今山西永济蒲州镇），入汾阳；左军进兵济南；右军自凤翔经宝鸡，假道南宋，袭击汴京（今河南开封）腹背。三军预定次年春于汴京合围。十月，窝阔台亲率中路军猛攻河中，至十二月破城。此时，史天泽受命在东线削弱金朝的防守力量。

元太宗四年（1232 年）春，窝阔台自白坡渡河，令史天泽军处自孟津进河南与拖雷军会合。史天泽率军抵达时，拖雷军已于钧州（今河南禹县）三峰山大败完颜合达军，金军主力全部溃灭。史天泽军乘胜取京东，连续招降了太康（今河南太康）、柘县（今河南林县北）、瓦冈（今河南滑县南）、睢州（今河南睢县）等地，并在阳邑（今河南登封东南）斩杀金将完颜庆山奴。

元太宗五年（1233 年）春，金哀宗完颜守绪从汴京突围，先渡河而北至黄龙岗，命大将完颜白撒西袭新卫、卫州。史天泽闻讯后，即率轻骑解围。但金军已完成对新卫城的合围，史天泽奋戈突至城下，向守军大呼："你等勉力奋战，援兵很快会到。"随即又杀出重围。次日，蒙古大军至，完颜白撒等败走蒲城，史天泽军紧迫不舍。完颜白撒领兵尚有 8 万，被蒙汉军斩杀殆尽。

金哀宗乘船东下，抵达归德（今河南商丘）。撒吉思不花不听史天泽劝告，在睢阳背水而营，于归德之战中全军覆没。金哀宗又于六月间逃到蔡州（今河南汝阳），窝阔台命都元帅塔察儿率大军围攻。史天泽军从北

面进攻，遇汝水阻挡，史天泽命军士结筏潜渡，血战数日，立下战功。

元太宗六年（1234年）正月，蔡州城破，金哀宗自杀，金朝灭亡。史天泽率军返回真定。

3.伐宋之战

蒙古灭金以后，又将进攻目标指向南宋。元太宗七年（1235年），皇子阔端率军攻入南宋陕西、四川，皇子阔出和诸王忽都秃、口温不花等率军南攻襄汉。史天泽随曲出南征，进至枣阳（今湖北枣阳），遇到顽强抵抗。史天泽率先强攻登城，终于攻克枣阳。进攻襄阳（今湖北襄樊）时，宋军于峭石滩陈船数千，掎角以掣蒙古军之肘。史天泽亲率两舟，满载死士，勇往直前，径冲宋阵，宋军为之气夺，落水者以万计。

元太宗九年（1237年），史天泽随宗王口温不花围光州（今河南潢川），史天泽亲率军先破外城，又破子城。复州（今湖北西阳西南）之战，宋军舟船3000艘锁湖面为栅，史天泽亲执桴鼓督勇士40人猛攻，宋军栅破，复州守军畏惧请降。寿春（今安徽寿县）之役，史天泽军独当一面。宋军乘夜劫营，史天泽单骑迎战，手刃数人，将士们相继赶来助战，宋军被尽数驱入淮水溺死。史天泽乘胜连下滁州（今安徽滁县）、盱眙（今属安徽盱眙）和宝应（今属江苏）等淮东州县。

元宪宗二年（1252年），蒙哥汗赐史天泽卫州五城为分邑。当时，"汉地不治"，地方官的暴虐，苛重的征派，使许多地方再次发生人口流散、土地荒芜的现象。河南、陕西尤为严重。忽必烈受命主持漠南汉地军国重事，即以史天泽、赵璧等为河南经略使。史天泽等至河南，选贤才，置提领，察奸弊，均赋税，更钞法，设行仓，立边城，诛奸恶，肃官吏，置屯田保甲，兴利除害。不到二三年，河南大治，民安商乐，军备也得到加强。又命其侄史权、史枢戍守唐州、邓州屯田，进逼南宋重镇襄阳、樊城（今湖北襄樊）。

元宪宗七年（1257年），蒙哥对忽必烈产生猜忌，派阿兰答儿、刘太平等到陕西、河南钩考钱谷。阿兰答儿对河南官员罗织罪名，但史天泽以勋旧身份而独见优容，史天泽说："我是经略使，是非功罪，理当我责，今舍我而罪余人，心何能安。"于是许多人得到开释。

元宪宗八年（1258年）秋，蒙哥由西蜀进军伐宋。

元宪宗九年（1259年）春，蒙哥亲统大军攻合州（今四川合州），宋将王坚凭钓鱼城坚守。蒙古军数月不能破城。夏季，军中疫病流行。正议回师，宋将吕文德率艨艟大舰千余艘，溯嘉陵江而上。蒙古军迎战于三槽山（今四川合川县南）西失利，蒙哥急命史天泽抗御。史天泽分军为两翼，跨江反击，亲统舟师顺流纵击，三战三捷，重创末舰数百艘，追至重庆而还。

4. 屡平变乱

中统元年（1260 年），忽必烈在开平（今内蒙古正蓝旗东）即帝位，询问史天泽治国方略。史天泽建议"当先立省部以正纲纪，设监司以督诸路，需恩泽以安反侧，退贪残以任贤能，颁俸佚以养廉，禁贿赂以防奸"。忽必烈表示赞许，并一一采纳。忽必烈命他到长江中游撤回蒙

史天泽雕像

古军，事毕，改授河南宣抚使，不久兼江淮诸翼军马经略使。

忽必烈即位后，当时留守和林的阿里不哥也在和林（今蒙古人民共和国哈尔和林）称汗。双方遂开始了激烈的汗位之争。

中统二年（1261 年）五月，史天泽官拜中书右丞相，实行他的治国方略，并定省规十条，以保证政务畅通。史天泽知无不为，言谈中一定考虑其结果，不强行不能行之事。不禁止民所必犯之事，顺应时势，通变制宜。又协调上下官僚之间的关系，使事完功成、泽被百姓。史天泽在任期间，还罢去了一些诸色差役，统一了赋税制度，在一定程度上减轻了农民负担。同年秋，阿里不哥率众突袭移相哥军，乘胜南下。十一月，忽必烈与阿里不哥军战于昔木土脑儿（今内蒙古东乌珠穆沁旗西北）。诸王合丹、丞相线真等将右军，诸王哈必赤将中军，诸王培察儿和史天泽等将左军，合势进攻，斩阿里不哥大将合丹火儿赤。阿里不哥败走。

中统三年（1262 年）二月，据守山东的李璮暗中联络南宋，发动武装叛乱，忽必烈急召诸路蒙汉军平叛。三月，史枢、阿术等败李范于高苑老僧口，李璮退守济南。四月，忽必烈命史天泽出征。史天泽急筑长围，树林栅，以防李璮突围。李璮被围四月，城中粮尽，李璮投大明湖自杀未遂，被斩杀。

李璮之乱平定后，一些儒臣上书，认为乱事之起，是由于诸侯权重。史天泽遂上奏："兵事、民事的机权，不可以集中在一家手里。罢去诸侯兵权，请从臣家开始。"史氏子侄即日解除兵权者有 17 人。忽必烈委任史天泽节度诸将出征李璮。史天泽自始至终，都未曾把诏旨示人。平乱后入朝，忽必烈加以慰劳，史天泽又尽将功劳归于众将。

5. 勤政爱民

史天泽器量恢宏，善于观察时势。自忽必烈建元中统以来，中书省官

员少则有五六人，多时至六或八人，他们列坐一堂，每到商议施政方针时，常常各持己见，等待国相表态然后再决定。史天泽为相后，每到此时，便分情况予以处置：如果此事无害，那就决意施行；如果有所不妥，就心平气和地详细分析，以使其合于事理。所以他为相10多年间，有时秉承上意，有时据理更改，进行多方周旋，使天下人颇为受益。

史天泽不仅战功卓著，而且治民有方。早在金朝大将武仙二次占据真定被击退后，蒙军主帅笑乃歹怨愤百姓反复，将城中居民万人驱赶出去，欲杀众人示威。史天泽说："他们都是我们的子民，不过是被贼人胁制。何罪之有？"在他的劝说之下，百姓都获释放。

史天泽知人善任，求贤若渴。他攻打卫州时，问卫州名士蒲察辅之："金朝有才干的人，你认识谁？"蒲察辅之举荐近侍局副使李正臣。等到攻破归德后，史天泽见数人被缚，便问其中一位是谁，那人说是李正臣。史天泽不仅免除其罪，而且派人护送他到真定。让李正臣做参谋，把真定路所有公事都全权交付给他。

每当南征北战，史天泽必签数十张空名委札，有可任用者可立即委任。卫州成为史天泽食邑后，史天泽命军前参议王昌龄治理，罢除了以前的一切蠹政。有失职者诬陷王昌龄，史天泽却更加信任他。

6. 重诺知止

当初，金将武仙害都元帅史天倪，史天泽继任其职。史天倪之子史楫长大后，史天泽立即引史楫觐见大汗窝阔台，请求解去自己都元帅之职，转授史楫。窝阔台感叹说："过去争官者多。让职者少。你这样做，实在应该称赞。"特任史楫为真定兵马都总管。史天泽又请准朝廷任其次侄史权为唐、邓军万户。元宪宗进驻六盘，诏令征兵，原拟任史天泽之子为师，史天泽又保奏其二哥之子史枢充新军万户。蒙哥汗时，他上奏请辞，蒙哥予以褒美他谦逊的美好品德，不予同意。

史天泽40岁开始读书，尤爱读《资治通鉴》，对书中义理理解透彻，对成败是非，常有自己独特的见解。史天泽告诫子侄："史氏起于陇亩，今身名显赫，宗族昌盛，何以报答累朝盛恩？若因王事身死边野，马革裹尸归葬，是我的夙愿。你等要谨遵此训，如若违背，等于是揭我坟墓。"

史天泽拜相之日，史家府宅外寂静如旧。有人劝史天泽自炫权力，史天泽拿出唐代大臣韦澳劝诚宰相周墀的"希望相公（称呼宰相）无权。爵位俸禄的赏赐及刑罚，都是天子的权柄，臣下怎么用'权'来做事"！来告谢此人，此人为此惭愧，对史天泽更加敬佩。

7. 中枢重臣

至元元年（1264 年），加光禄大夫，仍任中书右丞相。

至元三年（1266 年），史天泽改任辅国上将军、枢密副使。

至元四年（1267 年），史天泽改任中书左丞相。他提议建立三卫和寓丘于农之策，二三年间，国家面貌和军队实力，已蔚然可观。

至元六年（1269 年），忽必烈欲取襄汉地区，命史天泽与驸马忽刺出筹划经略。史天泽等选要害之地，筑城堡工事，贮藏兵储，做攻南宋准备。次年，因病返回燕地。

至元八年（1271 年），授开府仪同三司、平章军国重事，忽必烈让丞相安童告诉史天泽："中书省、尚书省、御史台，或一月或一旬，遇到大事可以与你商量，小事就不必烦劳你了。"

至元十年（1273 年），与平章阿术等进攻樊城，元军用回回炮攻破樊城。二月，襄阳宋将吕文焕出降。

至元十一年（1274 年），伯颜和史天泽总领大军 20 万乘胜进攻南宋。大军自襄阳水陆并进，至郢州，史天泽因病北还。

至元十二年（1275 年）二月七日，史天泽在真定病逝，享年 74 岁。他逝世前上奏："臣年岁有终，死不足惜。只希望天兵（元军）渡江时，切勿肆行杀掠。"忽必烈听闻讣讯后震惊哀悼，派近臣追赐史家白金 2500 两，并追赠史天泽为太尉，谥号"忠武"。后累赠太师，进封镇阳王，朝廷还为其立庙纪念。

史天泽及其家族为巩固和发展蒙古贵族在中原的统治立下功劳，是忽必烈推行汉法的主要大臣之一，也是元朝时汉族显贵的代表人物。

史天泽器量恢宏，识虑明哲，知时识势，应变制宜。每临大事，遇大难，论大政，必毅然以天下之重自任，以竭忠殉国、尊主庇民为原则，从不追求个人富贵权势。他"出入将相五十年，上不疑而下无怨"，甚至被人比作郭子仪、曹彬。他一生谨慎，多谋善断，料敌用兵，主张攻心为上，力戒杀掠。

七、鞠躬尽瘁"董大哥"，灭宋先锋张弘范

1. 董文炳

董文炳（1218—1278 年），字彦明。真定藁城（今河北省藁城县）人。元世祖时名将。

董文炳出身将门，其父董俊是成吉思汗时名将。董文炳警敏善记诵，

年虽幼但俨如成人。董文炳17岁时袭父职为藁城令,城中同僚皆其父同列,因他年少,不免轻视他,甚至城中衙吏也多不畏惧董文炳。但董文炳明于听断,以恩济威,不久,父之同列皆束手听命,而衙吏抱案求其签字时,皆不敢仰视,连乡里亲故、百姓俱都被其化服。当时真定县十分贫困,加以旱蝗之灾,民不聊生,但征敛日暴,百姓苦不堪言。董文炳遂以自家私谷千石献于县中,又为民还贷,民方赖以稍安。又籍县里闲田让贫民耕种,于是流离者渐返,数年后民食以足。董文炳冒着被治罪的风险,少报户数以减赋敛,民皆富实。当时府官征敛无度,董文炳俱按之不给,有人谗言于府,府官遂陷害董文炳,董文炳遂弃官而去。

南宋宝祐元年（1253年），忽必烈受元宪宗蒙哥命伐南诏。董文炳得知后,便带领46名义士,追元世祖军而行。然而路途遥远,一路上人马死亡殆尽。等进入吐蕃境内,只有两人跟随董文炳继续前进。他们的马匹也已死亡,两人以死马肉当食粮。徒步而行。正在这危难时候,军中使者路过这里,得知他们的情况后,便策马而回,报于忽必烈。这时董文炳弟董文忠已跟从忽必烈,忽必烈即命董文忠解上厩之马五匹载带粮食迎接董文炳二人。之后,董文炳便在元世祖麾下用事。由于他的勤快警敏,办事有方,日渐受到元世祖的信任。

南宋开庆元年（1259年）秋,忽必烈受命伐宋。军至淮西台山寨,命董文炳带兵先去攻夺。董文炳带数十骑驰至寨前,向寨首谕以祸福,守寨者开门投降。九月,忽必烈军至阳罗堡。宋军在阳罗堡守备甚严,筑堡于长江岸边,陈列战船于长江之中,军容盛肃。董文炳带敢死士出战,经过一番激战,宋军败退。但正欲率大军渡江,元宪宗蒙哥死讯传来。十一月,只好班师。

南宋景定元年（1260年），忽必烈继位于上都,为元世祖。中统二年（1261年）,擢升董文炳为山东东路宣抚使。同年,李璮叛元,率叛军攻入济南,叛军气焰颇嚣张。董文炳会合诸军围攻济南,筑长围围之,李璮遂不能逃遁。几个月后,贼势困窘。贼众擒李璮献于元军,出城降元。时李璮兵有2万余人,皆勇而善战。元军主帅怒其反复附贼,便分置于诸军之中,且下令各军将他们秘密杀害。董文炳军中有贼兵2000余人,独为保全。

元世祖至元三年（1266年），又授董文炳为邓州光化行军万户及河南等路统军副使。至元七年（1270年），改山东路统军副使,治所设于沂州（今山东兰山）。至元九年（1272年），董文炳迁升为枢密院判官,行院事于淮西。遂修筑正阳两城,两城夹淮河而相望,以牵制宋襄阳之军及为捣宋之腹心之地做准备。

至元十年（1273年），元军大举伐宋。董文炳先在正阳挡住宋将夏贵的猛攻，九月自正阳南下安庆（治今安徽潜山）。至元十一年（1274年）正月，他与伯颜在安庆会师，迫使宋守将范文虎归降，又随大军顺江而下，攻克当涂、采石。在至元十二年（1275年）三月打下建康（今江苏南京）后，进驻镇江。在镇江战役中，董文炳又大败张世杰、孙虎臣的水军，获战船700艘，宋军力从此穷蹙。这年十月，元军分三路进趋临安（今浙江杭州），董文炳居于左路。他下江阴（今属江苏），招张暄，顺江出海，进取澉浦，第二年（1276年）正月已占有盐官（今属浙江）。这时伯颜中军已抵临安城北，张世杰企图使宋帝逃往海上，但董文炳军绕出临安城南，堵住了宋帝的入海之路。不久，宋恭帝赵㬎遣使上表投降。二月，董文炳等人进入临安城。三月，伯颜班师，诏令董文炳留守治事。七月，以董文炳为中书左丞。

至元十四年（1277年），忽必烈在上都召见董文炳，派他到大都视事。至元十五年（1278年）夏，董文炳已有病，但仍加任金枢密院事，不久病逝。后赠平章政事，谥忠献。

元世祖至元十一年（1274年）盛夏的一天，淮河中游正阳（今安徽霍丘东北）城下，正在进行着一场激烈的大战。南宋淮西制置使夏贵指挥10万水师，乘涨水之时向正阳城发起猛烈进攻。与此同时，城上元军的奋力抵御，炮石似雨，飞箭如蝗，烟火弥漫，杀声震天。有一魁梧战将，时而挽弓射箭，时而挥剑喊杀，毫不畏惧地指挥守军一次次地击退宋军的进攻。他，就是元淮西参知政事、据守正阳的主帅董文炳。

董文炳在长期领军作战中，屡立战功。他的特点是上阵身先士卒，以自己的模范行动激励将士奋战。此次作战，他已数天没下城头，始终与将士们在一起抗击宋军。

宋军屡攻不克，死伤惨重，有的将领建议暂时撤军休整再作计议。宋将夏贵本也无心再战，但想到朝廷之命难违，于是硬着头皮组织全力攻城。宋兵似洪水般向城池涌去，炮石如暴雨自战船上直落城头，激起滚滚浓烟。

在此危急的形势下，董文炳更是不离城头一步。他见一批批将士倒下，心急如焚，一边令大家誓死抗击，一边挽弓放箭，射杀爬上云梯的宋兵。突然，一支利箭穿透董文炳的左肩，鲜血染红了战袍。正在附近指挥作战的部将胡挺见主帅负伤，赶紧过去搀扶。董文炳咬紧双牙，忍痛令其拔出利箭，并顺手撕下一片衣襟按住伤口。胡挺劝主帅下去裹伤，董文炳好似没有听见。此时，宋军纷纷爬上云梯，有几处已突破城垛，上了城头。董

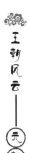

文炳猛推胡挺,大声喊道:"大家正在浴血奋战,我怎忍心离开帅位!"说完,他倾全身之力拉弓再射,连续发箭40余支,当他发现箭筒已空,又令取来10多支箭继续发射,使冲上来的宋军纷纷倒毙。后来,董文炳终因精疲力竭,昏厥过去。将士们见主帅如此勇悍,都拼死效力,又一次地击退了宋军的进攻。

第二天,数万宋军水兵又乘涨水之时发起进攻。因董文炳的伤势太重,其子董士选代父督战。宋军越攻越猛,元军寡不敌众,损失惨重。正在帅府治伤的董文炳,朦胧中听见部将议论"宋军攻势猛烈"之事,突然惊醒,令左右帮助穿甲取剑。前来探望的行省丞相合丹,上前按住董文炳说:"彦明兄,你伤势甚重,怎好忍痛出战?我再命一将辅助董士选指挥就是。"董文炳咬了咬牙,答道:"选儿能力有限,况此战关系重大,我怎能安坐得住!"说罢,在几个部将护卫下登城指挥。元军将士见主帅带伤出战,斗志倍增,奋力抗击,又击退了宋军多次强攻,杀死宋兵无数,还俘获宋将一名。自此,宋军被迫撤退,再也不敢进攻正阳城了。

由于各地元军对宋军的有力牵制,元丞相伯颜所率的主力军沿长江而下,所向披靡。1275年,董文炳率所部官兵与伯颜会师于安庆。随后,又进取建康(今南京市)、镇江、广德等地。同年七月,宋将张世杰、刘师勇、孙虎臣等率水军战船近万艘,列阵焦山(今属镇江)江面,每10船连成一舫,欲与元军决一死战。在激战前夕,董文炳深知此战敌众己寡,对元军来说是凶多吉少,于是召集儿子董士元、董士选训教,嘱咐他们要奋力杀敌,绝不能临阵胆怯,并交代说:"假若我和士选战死,士元不必悲伤,应更奋勇,接替为父、你弟指挥部队继续杀敌。"这时,他的侄儿董士表也来请战。董文炳有些犹豫,劝慰说:"我弟仅有你这一个儿子,怎能忍心让你出战呢!现有我们父子三人前往,你就不必去了。"后来见董士表再三请求,态度坚决,董文炳只好同意其前往。

焦山之战打得非常激烈。董文炳及其子、侄各率战船领先冲入敌阵,将士们也驾船紧跟,直插宋军舟营,火箭、炮石一窝蜂似的向宋船投去。江面上硝烟弥漫,火焰蔽江,炮声、弩箭声、厮杀声震天动地,从早晨一直打到中午。董文炳再次负伤多处,仍然裹伤再战。当发现宋军主帅张世杰突围东逃时,他又率一支水兵紧紧追杀数十里。此战结果,元军俘杀宋军万余人,获战船700艘,取得水上作战的全胜。

董文炳以自己奋勇当先的实际行动,赢得了众将士的诚心效力,所部参战数十次,从未打过败仗,因而深得元世祖忽必烈的器重,称其为"董大哥"。在他临终之时，还不忘军家之任，特地嘱咐其弟董文忠说："愿董氏世有男儿能骑马者，勉力报国，则我死而瞑目矣。"

2. 张弘范

张弘范（1238—1280 年），字仲畴。易州定兴（今河北定兴）人。元世祖时名将。

张弘范善马槊，颇能作诗歌。元宪宗蒙哥六年（1256 年），其兄张弘略任顺天路总管，他赴蒙古大汗的驻地述职之后，张弘范被留下代理工作，这给他提供了展示其行政管理才能的绝好机会。他决意要改革风气，严格整顿纪纲。当时蒙古军队的纪律很差，他们所过之处，百般骚扰。张弘范认为："国家应该是有法制的，应令行禁止，不允许有违法的行为。凡不遵守法度的，都要绳之以法。"这样，许多违反军纪的蒙古兵都受了处分，不少人挨了军棍。从此以后，蒙古军队风清弊绝，耳目一新。

元世祖中统元年（1260 年），张弘范被任为御用局总管。中统三年（1262 年），改行军总管，随从亲王合必赤讨伐叛贼李璮。在平叛进军中，他不避艰险，屡立奇功，成为忽必烈很器重的一个青年将领。李璮伏诛后，朝廷因为李璮专权兵事而能够叛乱，所以罢免大藩子弟中当官者，张弘范亦在其中。

至元元年（1264 年），张弘范因济南败贼之功又被授为顺天路管民总管，佩金虎符。第二年，移守大名（今河北大名）。至元六年（1269 年），元军伐宋围襄阳，授张弘范为益都淄莱等路行军万户，协同伐宋。

至元八年（1271 年），张弘范命军士筑一字城围逼襄阳，破樊城外城。至元九年（1272 年），元军攻樊城。张弘范肘部中了流矢，他把伤口裹扎了一下，马上就到大本营进见主帅，提出以水师截江道，断绝樊城的救援。同时在攻取的策略上，建议用水陆夹攻的办法，先攻破樊城，只要樊城攻下，襄阳也就无险可守了。他的这些主张，取得主帅同意后，立即组织新的进攻，他身先士卒，轮番猛扑，很快就拿下了樊城。襄阳守将吕文焕见大势已去，遂出降。弘范遂与吕文焕入朝，元世祖赐锦衣、白金等物，将校俱各有赏赐。

至元十五年（1278 年），宋张世杰立广王赵昺于海上，闽、广响应，元世祖诏命张弘范率军征讨，授以蒙古汉军都元帅之职。张弘范发兵先至扬州，选将校水陆两万人，分道南征，并以弟张弘正为先锋。元军进军至漳州（今福建龙溪），驻军于城东，命别将攻南门、西门，乘虚破其北门，遂破其城。接着又攻下了鲍浦寨，临海诸郡邑皆望风降附。接着又擒获了宋丞相文天祥，待以宾礼。

至元十六年（1279 年）正月，元军由潮阳港发船入海，至甲子门，获

宋将刘青、顾凯。于是知道了广王的所在。元军至压山，宋军千艘大船泊于海中，建楼橹于其上，看似坚固无比。张弘范出奇兵先断其汲水之路，又烧其宫室。四分其军，各驻泊在东、南、北三面，张弘范自率一军相离一里多地。待两军船舟相接，张弘范命鸣金撤障，于是伏兵顿起，弓弩、火石交作，顷刻间并破宋七船，宋师大溃。宋臣陆秀夫见大势已去，遂背其主赵昺投江而死。张世杰冲出重围，准备召集旧部，找寻赵宗室后裔再图恢复。元军李恒的舰队追至大洋，没有追赶上。不幸遇大风浪，船翻之后全船的人都淹死在平章山下。其余将吏皆降，岭海全部平定，张弘范令石工磨压山阳面之山峰石，勒石纪功而还。十月，张弘范入朝，元世祖赐宴内殿，慰劳甚厚。

至元十七年（1280 年），张弘范瘴疠疾发作而病死，享年 43 岁。元廷赠银青荣禄大夫、平章政事，追谥武烈。至大四年（1311 年），加赠推忠效节翊运功臣、太师、开府仪同三司、上柱国、齐国公，改谥忠武。延祐六年（1319 年），加保大功臣，加封淮阳王，谥献武。

八、百战不屈赍恨死，天下奇男王保保

在历史上，王保保是一个叱咤风云、纵横天下，被明太祖朱元璋称为"天下奇男子"的人物。大概是在洪武初年，有一天明太祖朱元璋大宴群臣时突然发问："天下奇男子谁也？"众人都回答说："常遇春是也。常遇春将不过万人，横行无敌，真奇男子也。"明太祖笑着说："遇春虽人杰，吾得而臣之。吾不能臣王保保，其人，奇男子也。"据姚明的《清溪暇笔》载，在明太祖夸赞王保保为天下奇男子后，"其后民间凡遇有微劳自矜者则诮之曰'尝西边拿得王保保来耶'（有本事到西边把王保保抓来），至今遂成谚语"。

扩廓帖木儿的原名叫王保保，他的父亲是汉人，母亲是察罕帖木儿的姐姐。察罕帖木儿的曾祖则是窝阔台。因为察罕帖木儿没有子嗣，所以将王保保收为养子。察罕帖木儿让王保保既受汉人的教育，又学蒙古人的武艺，所以王保保身材魁伟，颇有英雄气质。

至正二十一年（1361 年），察罕帖木儿派他运送粮食到京师，受到元顺帝的接见，并被赐予蒙古名字"扩廓帖木儿"（扩廓是"青"的意思），此后他以蒙古名字取代了汉名"王保保"。

至正二十二年（1362 年），扩廓帖木儿养父察罕帖木儿组织地主武装义兵，平定北方红巾军，扩廓帖木儿随军征战。第二年，察罕帖木儿在降将田丰军营中被王士诚刺杀，元廷即在军中拜扩廓帖木儿为银青荣禄大夫、

太尉、中书平章政事、知枢密院事、皇太子詹事,仍便宜行事,率领其父部众。扩廓帖木儿开始了辉煌的人生。

扩廓帖木儿领兵后,率诸路军急攻益都王士诚。由于城池坚固,扩廓帖木儿命元军挖掘地道以入。攻破益都后,他取田丰、王士诚之心以祭其父,

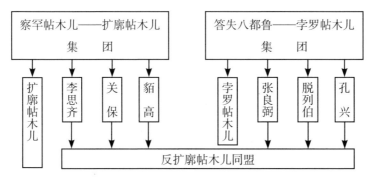

元末军阀混战关系图

余众皆被诛杀。随后,他又遣关保取莒州,于是山东的红巾军全部被镇压。

平定北方的战事暂时停息后,扩廓帖木儿与孛罗帖木儿之争立即激化。当初察罕帖木儿被刺,扩廓帖木儿总其兵之时,孛罗帖木儿戍兵大同,屡次派兵争夺晋、冀地盘,并与陕西军阀张思道(又名张良弼)相联结。平定北方之后,孛罗帖木儿乘扩廓帖木儿战事方休,移兵汴、洛之机,南侵扩廓帖木儿守地,遣其将竹贞袭据陕西。扩廓帖木儿也不示弱,两人在太原、大同之间数度交战。

扩廓帖木儿为集中力量对付孛罗帖木儿,采取纵横捭阖手段与据有江淮、势力不断壮大的江南行省左丞相朱元璋主动修好。

与此同时,元廷内部的斗争也日益尖锐。御史大夫老的沙与宦官朴不花素不和,为奇皇后和皇太子所恶。元顺帝将老的沙遣回,老的沙投奔了大同的孛罗帖木儿。而右丞相搠思监、朴不花与皇太子则结成一帮依靠扩廓帖木儿为外援。至正二十五年(1365年)四月,搠思监、朴不花诬称孛罗帖木儿与老的沙图谋不轨,元顺帝下诏削了孛罗帖木儿兵权、官职,让他归四川。孛罗帖木儿拒不从命,朝廷命扩廓帖木儿出兵讨伐。后经宗王等人上书说情,并与孛罗帖木儿会师。元顺帝怕事情闹大,急忙下诏,贬斥搠思监、朴不花,孛罗帖木儿官复原职。

诏书虽下,搠思监、朴不花依然留居大都。这年四月,孛罗帖木儿以此为由,派兵进攻大都。皇太子见势不妙,率侍卫军出逃,搠思监、朴不花二人则被孛罗帖木儿杀之。孛罗帖木儿的大军浩浩荡荡进入京师,元顺

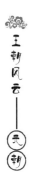

帝赐宴慰勉，仍以孛罗帖木儿为太保、中书平章政事，兼知枢密院事，守御大同。

这年五月，皇太子出奔至路儿岭，知孛罗帖木儿、秃坚帖木儿复职，愤怒不已，于是命扩廓帖木儿调动军队，分道进攻孛罗帖木儿，被孛罗帖木儿军杀得大败。皇太子再次出奔太原。孛罗帖木儿等三人进大都，元顺帝于宣文阁接见，再次给三人加官晋爵。

至正二十六年（1366年）三月，皇太子在扩廓帖木儿军中下令调岭北、甘肃、辽阳、陕西各地军队，共讨孛罗帖木儿。孛罗帖木儿派也速南御扩廓帖木儿，没想到也速倒戈。孛罗帖木儿在京郁郁不乐，终日与老的沙饮宴，荒淫无度，酗酒杀人，喜怒无常。元顺帝极为不满，密令杀手杀了孛罗帖木儿。老的沙、秃坚帖木儿也在出逃路上被诱捕、处死。孛罗帖木儿被杀后，元顺帝召皇太子还京，扩廓帖木儿因护送有功，被封为太傅、左丞相。

扩廓帖木儿在京城待了两个月，请命南平江、淮。于是元顺帝诏封扩廓帖木儿为河南王，代皇太子亲征，总制关、陕、晋、冀、山东等处并迤南一应军马。

当时朱元璋已经灭了陈友谅，尽有江、楚之地，张士诚据淮东、浙西。扩廓帖木儿知道义军很强，不可轻进，于是驻军河南，檄关中四将军会师大举。这四位将军是李思齐、张思道、孔兴、脱列伯。这四人根本不服扩廓帖木儿调遣，特别是李思齐，他与察罕帖木儿同时起兵，是扩廓帖木儿的前辈，更是不服。于是，四人共推李思齐为盟主，与扩廓帖木儿对立。双方相持一年，前后百战，胜负未决，扩廓帖木儿占上风。朝廷命人传旨，令两家罢兵，但是根本无法控制。元顺帝无奈，于至正二十七年（1367年）八月命皇太子总天下兵马，动员所有兵力，南下剿杀各地反元武装。这道诏书显然是脱离实际的。一来，元朝内部一直是军阀混战，其军事力量全都用于内耗。再者说，当时没有任何人有力量统一指挥各路军阀。

诏书下后，首先在扩廓帖木儿军内发生兵变。先是貊高被胁迫背叛扩廓帖木儿，再是关保宣布脱离扩廓帖木儿，并上书朝廷，列扩廓帖木儿罪状。元廷对扩廓帖木儿拒不南攻江淮而西攻关陕，又跋扈不从命早就不满，正愁找不着借口削其兵权，貊高、关保上奏其罪状，正好是个机会。于是，元顺帝以扩廓帖木儿不受调遣、构兵仇杀缴了其兵权，所有从行官属悉令还朝。扩廓帖木儿被迫交出兵权，退军屯泽州（今山西晋城）。

至元二十八年（1368年）正月，朱元璋即皇帝位，定国号为明，建元洪武。明军北伐按既定方针向大都逼近，而元朝统治集团内部依然无休止地你争我斗。

正月，朝廷命关保领兵守城。扩廓帖木儿立即遣兵进据太原，尽杀朝廷所置官。二月，元顺帝下诏削夺扩廓帖木儿爵邑、官职，令诸军合攻扩廓帖木儿。扩廓帖木儿自泽州退守晋宁（今山西临汾）。这时候，明军已一步步逼近元大都。元都危在旦夕，元帝又慌忙恢复扩廓帖木儿官爵，但扩廓帖木儿抱着观望态度拒不勤王。五月，明军兵临大都城下，元顺帝率三宫后妃、皇太子、皇太子妃及扈从官员北奔上都。八月，明军入大都，元亡。

名将常遇春

明军占领大都后，元朝残余势力仍不可小觑。扩廓帖木儿拥兵数十万屯驻山西、李思齐、张思道等盘踞陕西、辽阳有兵10余万，云南则有梁王把匝剌瓦尔密把守。实力最强的是山西扩廓帖木儿，扩廓帖木儿不除，明廷将后患无穷。朱元璋命徐达、常遇春率师取山西。未几，又派偏将军汤和、右副将军冯宗异（即冯国胜）增援。由于前锋的汤和部孤军冒进，被扩廓帖木儿在韩店打得大败。

在上都的元顺帝，谋复大都心切，为了拉拢扩廓帖木儿，改封其为梁王，仍为中书左丞相，命其速出兵攻大都。扩廓帖木儿于是集合主力，北出雁门，经保安、居庸关向北京前进。而此行动迅速被老谋深算的徐达等人发现了弱点。徐达等人认为北京有孙都督据守，且有坚城，不足为虑。扩廓帖木儿倾巢而出，太原空虚，而明军主力离太原很近，于是乘虚直捣太原，扩廓帖木儿慌忙回救太原。当时明军骑兵先到，而步兵未完成集结，常遇春向徐达建议夜袭。徐达采用了常遇春的建议，选精骑夜袭扩廓帖木儿。扩廓帖木儿仓促间穿着一只鞋，乘着一匹老马逃奔大同，从者仅18骑。当时大同已为明军占领，扩廓帖木儿再奔甘肃。

洪武三年（1370年）正月，扩廓帖木儿久围兰州不下。朱元璋命徐达为征虏大将军、李文忠为左副将军再征西北。当时扩廓帖木儿已撤离兰州，纵兵四掠。3月，徐达兵至定西，扩廓帖木儿退屯本道峪（今定西西北），徐达进兵沈儿峪，与扩廓帖木儿隔深沟对垒，立栅以逼之。徐达命令卫士兵昼夜轮番掠扰元军，使之无法休息。如此过了七天，初七夜，徐达令军士停止骚扰，待元军熟睡之际，突袭元中军，擒获元军大小官员，扩廓帖

兰州王保保城遗址

木儿带着妻子儿女数人从古城北逃出，"至黄河，得流木而渡，入宁夏奔和林"。至此，残元势力基本上退至漠北。

扩廓帖木儿逃到和林不久，元昭宗也来到这里（当时元顺帝已死），对扩廓帖木儿以国事任之。从此扩廓帖木儿开始了独撑将倾天下的重任。

洪武五年（1372年）正月，因扩廓帖木儿军常南下骚扰，朱元璋决定出师北击，命徐达、李文忠、冯宗异三路并发，共15万人。中路军徐达深入至漠北土拉河时与扩廓帖木儿军相遇。这一次，扩廓帖木儿巧妙而坚决地击败了明朝第一大将徐达，扩廓帖木儿亲自率领小部队且战且退，把敌人引向和林，而他手下的大将贺宗哲率领主力在和林以逸待劳。结果，徐达大败，死伤数万人。此时，明军另两路一败一胜，总体说来，明军失败。此战是明军与残元军战争中第一次重大失利。

朱元璋遣军深入漠北不能取胜，扩廓帖木儿又屡屡犯边，因而转为和平攻势，争取北元归降。朱元璋对扩廓帖木儿非常重视，曾七次至书信劝降，苦口婆心，仁至义尽，但扩廓帖木儿始终不降。最具传奇色彩的有两次劝降。一次是派魏赛因不花劝降，他曾是扩廓帖木儿留守山东的重将，在洪武元年投降了明朝。后来朱元璋派其赴塞北劝降扩廓帖木儿，"扩廓帖木儿鸩杀之"。另一次是洪武七年（1374年）夏，朱元璋遣李思齐到漠北劝谕扩廓帖木儿。此人也是在洪武初年投降了明朝。扩廓帖木儿对李思齐"待以宾礼"，不久就派人送李思齐回国，到了边境，骑士说："主公有命，请留一物为别。"李思齐说："我远来无所赉。"骑士说，那就留条胳膊吧。李思齐没办法，只好自断一臂，回去没多久就死了。

元朝势末，扩廓帖木儿却始终不降，对此朱元璋很是不理解，也很是无奈。

洪武八年（1375年）八月，让明军屡尝败绩、自己屡败屡战的"奇男子"扩廓帖木儿病死。不久，北元在明军和瓦剌的打击下也覆亡了。

第二章　帝国政要

一、一朝风云君臣会，大计已成勋名传

刘秉忠（1216—1274年），初名刘侃，法名子聪，字仲晦，号藏春散人。邢州（今河北省邢台市）人，祖籍瑞州。大蒙古国至元代初期杰出的政治家、文学家。

刘秉忠活跃于蒙元初期政坛，对一代政治体制、典章制度的奠定发挥了重大作用。他对元大都的规划设计，奠定了北京市最初的城市雏形。刘秉忠还兼擅诗文词曲，有《藏春集》《平沙玉尺经》等传世。

刘秉忠出身世宦之家，自幼聪颖，8岁入学就能日诵文数百言。13岁在帅府做人质，17岁为邢台节度使府令史，以便于就近奉养其亲。刘秉忠为令史时常郁郁不乐，一日感叹道："我家世代为官，难道我宁愿沦为书记小吏吗？大丈夫生不逢时，只有隐退以待时而起。"便弃官隐居于武安山中。若干年后，被天宁寺虚照禅师收为徒弟。后又云游云中，留居南堂寺。

元世祖即位之前，海云禅师奉召，路过云中时听闻刘秉忠博学多才，邀与同行。刘秉忠拜见元世祖后，元世祖甚为称赞，多次垂询。刘秉忠于书无所不读，尤其深入研究《易经》及宋邵雍《经世书》，至于天文、地理、律历、占卜无不精通，天下事了如指掌。元世祖甚是宠爱，留其身边供职。后数年因父亲去世奔丧回家，元世祖赐金百两为治葬之用，且遣使送至邢州。服丧期满，便召还至和林。刘秉忠至和林后上书数千百言。元世祖对他的这番议论，甚为赞赏，均加采纳。刘秉忠又上言道："邢州

刘秉忠

户口原有万余，自兴兵以来都不满数百，若派真定的张耕、洺水的刘肃这样的良吏去治理，必定能恢复旧日盛况。"于是朝廷派张耕为邢州安抚使，刘肃为副使。不久流民复业，升邢州为顺德府。

元宪宗三年（1253年）、元宪宗四年（1254年）和元宪宗九年（1259年），刘秉忠随元世祖两次征伐大理和伐宋时，力劝元世祖勿滥杀，所以每克一城都没有妄戮一人，所至人民全活者不可胜计。

中统元年（1260年），元世祖即位，采纳刘秉忠的建议，下诏建元纪年，设立中书省和宣抚司。朝廷旧臣、山林隐士都被录用。刘秉忠虽居于皇帝左右，但仍着旧服，当时人称他为"聪书记"。

至元元年（1264年），翰林学士承旨王鹗奏言："刘秉忠早在陛下即位前，就参与军国大事，有劳有功。今陛下即位，万象更新，而刘秉忠仍着旧装，我等于心不安。应正其衣冠，给以厚爵。"元世祖采纳，当天便下诏拜刘秉忠为光禄大夫、太保，参与领导中书省政事，又将翰林侍读学士窦默的女儿嫁给刘秉忠为妻子，在奉先坊赐他宅第，"以少府宫籍监户给之"。

刘秉忠受命后以天下为己任，凡国家大小事务，都知无不言，言无不尽，深得皇帝宠信。所推荐和提拔的人，后都为名臣。

至元三年（1266年），刘秉忠又受命在原燕京城东北设计建造一座新的都城。新城规模宏伟，工程浩大，在刘秉忠和张柔、段桢等主持下，进展很快。

至元六年（1269年），刘秉忠订立朝仪，制定官制，朝见皇帝礼节、百官的服饰及俸禄等。

至元八年（1271年），刘秉忠建议忽必烈，取《易经》"大哉乾元"之意，将蒙古更名为"大元"，忽必烈采纳了，这就是元王朝命名所由来。

刘秉忠还主持了元朝首都大都和陪都上都的营建。至元十一年（1274年）正月，大都宫阙建成。

刘秉忠学问功底深厚，是一位著名的学者、诗人和散曲家，自号藏春散人，每以吟咏自适。他一生在天文、卜筮、算术、文学上著述甚丰，计有《藏春集》六卷、《藏春词》1卷、《诗集》22卷、《文集》10卷、《平沙玉尺》4卷、《玉尺新镜》2卷等。

杨镰的《元诗史》就用了相当篇幅评价其诗，认为"他是元初北方诗坛有代表性的诗人之一"，评价刘秉忠的文学成就，主要依据今存之《藏春集》（或名《藏春散人集》《藏春诗集》）六卷，所收为诗和词，收诗计七律239首，七绝151首。《永乐大典》残卷中尚有一部分刘秉忠诗。刘秉忠一生写作有大量文章，但后世所能够看到的，仅有《全元文》卷一一五所收 3 篇。评其词作，大致可依据《藏春集》卷五与《全金元词》所收刘秉忠的散曲，今知有小令《干荷叶》一组 8 首和《蟾宫曲》一组 4 首，分别载《阳春白雪》前集卷一和《阳春白雪》后集卷一，《全元散曲》收录。其中《干荷叶》第五至第八首可以断定非刘秉忠作，则实存散曲两组 8 首。

刘秉忠

刘秉忠的词、曲在元代都称名家。张文谦《刘公行状》则称其"诗章乐府，又皆脍炙人口"。人们谈元词，无例外地要举出《藏春词》，清人编《历代诗余》，选刘秉忠词五首（两首误收，一首《沁园春》非刘秉忠所作，一首《干荷叶》虽为刘秉忠作但属曲而非词）。清顾嗣立《元诗选》小传称其"以佐命元臣，寄情吟咏，其风致殊可想也"。顾奎光《元诗选》录其诗三首，评价在耶律楚材上。今人论元词，刘秉忠也居重要位置。前人论刘秉忠词，最有影响的文献有二：一为王鹏运《藏春乐府跋》，二是况周颐《蕙风词话》卷三之《藏春词》。王鹏运"谓雄廓而不失之伧楚，蕴藉而不流于侧媚"二语，为刘秉忠词风格评论定调。后人研究，多由此二语生发。

刘秉忠隐居武安山之时，正值全真道的盛期，他与全真道道士居于一处是有深刻的历史根源的。与全真道道士相处的这段日子，极大地影响了刘秉忠的生活，以至于他后来自号藏春散人，甚至连他自己的文集也名之为《藏春集》。这一切无不深刻地打下了道教的烙印。

刘秉忠在出家隐居期间对于道教有一定的研究，后又入寺为僧，对于佛教更是精通，加之他原有的儒家文化功底，使得他年纪轻轻便成为学兼儒、佛、道三家的学者，成为一代学术领袖。

南宋嘉熙二年（1238 年），有名的大法师虚照禅师主持天宁寺，当他听闻刘秉忠行高节端、才高于世，便派遣弟子颜仲夏招其为僧。因为刘秉忠擅长文词，虚照禅师便让其作了书记一职，刘秉忠本人也取法号子聪，后人称他为僧子聪。后来，刘秉忠跟随虚照禅师云游，来到云中（今山西大同市），留在南堂寺修行。在这段时间里，刘秉忠尽其所能，博览群书，特别精通《易经》及邵氏《经世书》，对于天文、地理、律历、三式六壬奇门遁甲之类，也无不精通。除潜心读书之外，刘秉忠的诗赋、书法、音

乐等方面的天赋也得到充分的发挥。刘秉忠所作的诗章乐府，都脍炙人口，他的书法效法颜真卿的正楷、二王的草书，有口皆碑，当时人把他的音乐才能誉为"得琴阮徽外之遗音"，声声皆妙。刘秉忠在出家隐居期间中，获得意想不到的收获，成为当时群儒之翘首学者。

至元十一年（1274年）八月，刘秉忠忽然无病而逝，享年59岁。元世祖闻耗惊悼，对群臣说："秉忠为朕尽忠三十余年，小心谨慎，不避艰险，言无隐情，其学问之深，唯朕知之。"下令出内府钱将其安葬于大都。

至元十二年（1275年），元世祖追赠刘秉忠为太傅、赵国公，谥号"文贞"。元成宗时，赠太师，谥文正。元仁宗时，又进封常山王。有元一代，汉人位封三公的，仅有刘秉忠一人而已。

二、助元建制异族相，功名赫赫煊史册

耶律楚材（1190—1244年），燕京（今北京）人，字晋卿，号湛然居士。因曾在北京玉泉山居住，故又称玉泉居士。政治家、文学家。

1. 生平简介

耶律楚材出生于金后期，其父耶律履在金世宗时任尚书右丞。耶律楚材虽然是契丹人，但他自幼就接受汉文化教育，深受儒家思想的熏陶，成年后，他在治国方面便遵循儒家济世安民之道。耶律楚材天资过人，博览群书，能过目成诵。他17岁入仕，24岁为并州（治今河南濮阳）同知（州的副长官），后迁左右司员外郎。

此时，北方蒙古族军队在成吉思汗的率领下，一举吞灭了金王朝。成吉思汗听说耶律楚材才学过人，下诏要亲自召见他，耶律楚材仰慕成吉思汗的雄才大略，认为追随这样的君主，可以施展其远大的抱负，于是欣然应召。成吉思汗一见耶律楚材身材伟岸，声音洪亮，便心生爱意。耶律楚材以渊博的学识受到成吉思汗的宠信，成吉思汗让他跟随自己西征。成吉思汗运用军事手段扩大统治领域，无心改变蒙古族原有的社会政治制度，不重视耶律

耶律楚材

楚材以儒治国的主张，只把他作为汉文书记官和占卜星相家使用。在成吉思汗统治的 10 年中，耶律楚材很不得志，曾在诗中流露："致军泽民本不难，言轻无用愧偷安。十年潦倒功何在，三径荒凉盟已寒。"

成吉思汗病逝，暂由其四子拖雷监国，耶律楚材受命回燕京，负责收集图书经籍。原来，蒙古军队攻下城池，只顾抢夺财物和人口，耶律楚材却搜集图书和药材。不久，军中疾病流行，耶律楚材用所收的药材救活了数万将士，此事引起蒙古统治者对汉族文化的重视，拖雷派耶律楚材到燕京搜集图书，耶律楚材出色地完成了任务。

他还协助拖雷整顿统治秩序。由于各州郡官吏任意杀戮，掠夺财物，兼并土地，因而耶律楚材受命与宗王塔察儿共同惩治"剧贼"。耶律楚材通过调查发现，这些"剧贼"都是燕京权贵的亲属，便将"剧贼"全部逮捕入狱。权贵们大为震惊，纷纷向塔察儿行贿，以求免罪。在耶律楚材的劝诫下，塔察儿处死了"剧贼"首恶 16 人，安定了燕京。惩治剧贼，显示了耶律楚材的政治才干和清廉刚正的节操，因而获得蒙古统治集团的信任。

拖雷监国两年后，按照成吉思汗的遗诏，由窝阔台继承汗位。在举行登基大典时，耶律楚材为使会议开得庄严隆重，就说服亲王察合台率先遵守君臣之礼，实行跪拜，以尊君权。窝阔台即位后，为树立自己的威严，试图惩戒那些未按时来朝拜的王公大臣。耶律楚材劝窝阔台以宽厚待人，防止扩大矛盾，稳定政局。窝阔台采纳了他的建议，从前不拥护他的人都前来归附。耶律楚材为了帮助窝阔台建立各种制度，撰写了《便宜一十八事》，它涉及官吏设置、赋役征收、财政管理、刑法条例等方面。窝阔台对耶律楚材的才能大加赞赏，当即授命他为中书令，典颁百官，会决庶务，使他成为一人之下、万人之上的宰相。

耶律楚材协助窝阔台，进行了一系列政治改革，以适应"汉化"地区高度发达的封建社会需要。首先，逐步废除屠城杀掠的政策，稳定社会经济，避免被统治地区的反抗斗争，从而有利于蒙古国的统一与安定。其次，耶律楚材谏阻"裂土分民"，主张建立军、民、财分治的中央集权制。窝阔台曾打算按照蒙古国的惯例，将新占领的中原地区分赐给亲王和功臣。耶律楚材当即指出，"裂土分民"只会扩大彼此间的矛盾，不利于国家的统一。不如由政府派遣官吏到各州县负责税收，收入作为俸禄发给诸王和功臣，不让他们擅自征税。这样地方征税的权力收归中央，可以加强中央集权的实力，压制地方势力的滋长，避免分裂局面的发生。窝阔台接受了他的建议，令耶律楚材制定地方官军民财三权分立的制度。耶律楚材还及时

向窝阔台建议说，天下虽得之马上，而不可在马上治理，道出以文治国的道理。窝阔台便让耶律楚材选拔一批文臣到政府部门任职。为推进"汉化"，还将当时一些著名的儒士请到燕京，充实到政府各级机构，从而改善了官员的文化素质。

耶律楚材在窝阔台统治时期，较充分地发挥了自己的治国之能，促使蒙古统治集团接受"汉法"，建立起一整套政治经济制度，促进了蒙古社会经济文化的发展，奠定了元代统一国家的规模。明朝的张溥认为他"相二帝辟草昧，开基元德"，可比周召二公之功。然而耶律楚材的结局十分悲惨。他所实行的改革措施，遭到蒙古贵族们的反对。

南宋淳祐元年（1241年）冬，窝阔台去世，乃马真皇后专政，亲信一个叫奥都剌合蛮的西域人，耶律楚材逐渐失去了权势。

耶律楚材只比窝阔台多活了两年半。在这两年半里，他活得非常艰难，因为偌大一个国家，有多个民族，言语不通，文化不同，他以一介书生孤立在尚武的游牧民族庙堂之上，想运用自己所学，是件多么难的事啊。南宋淳祐四年五月十四日（1244年6月20日），耶律楚材悲愤而死。"砥柱中流断，藏舟半夜移"，消息传出，倾国悲哀，许多蒙古人都痛哭，如同失去自己的亲人。汉族的士大夫更是流着眼泪凭吊这位功勋卓著的契丹族政治家，他们的良师益友。蒙古国数日内不闻乐声。正如其同时代人暮之谦在《中书耶律公挽词》中所言："忽报台星折，仍结薤露新，斯民感天极，洒泪叫苍旻。"

2. 政治革新

（1）官制。

蒙古建国之初，实行军政合一制度，只有万户、千户、百户等统率军队的长官，没有治理政事的长官。

耶律楚材为了改变这种状况，提出建议："地方上应设置官吏统治老百姓，另设万户总管军队，使军政互相遏制，防止独断独行。"窝阔台采纳了。窝阔台还根据他的建议，在中央设立了最高行政机构中书省，任命耶律楚材为中书令（宰相）。此外，耶律楚材还主张用孔孟之道作为治国治民的准则，选用儒生来担任各级官吏。

（2）礼制。

蒙古国虽然有贵贱尊卑之分，但是从来没有像中原地区封建王朝那样有严格的君臣之别。南宋绍定二年（1229年）秋天，蒙古国的宗王和大臣们在曲绿连河曲雕阿兰地方举行忽里勒台（大会）。窝阔台被选为大汗之后，耶律楚材对察合台说："你虽然是大汗的哥哥，但是从地位上讲，你是臣子，应当对大汗行跪拜礼。你带头下跪了，就没有人敢不拜。"于是，察合台就率领黄金家族和各级长官向大汗窝阔台下拜。从此，蒙古国有了尊汗的下拜礼。

（3）法制。

成吉思汗并没有制定完整的法律，"札撒黑"只是一种适用于草原的习惯法。蒙古统制范围扩大到中原以后，刑事案件大大增加了，情况也复杂得多了，耶律楚材便提出《便宜一十八事》作为临时法律，严禁地方官擅自滥杀老百姓，不准商人财主贪污公物，打击地痞流氓杀人盗窃，禁止地主富豪夺取农民田地，这样，社会秩序就渐渐安定下来。

耶律楚材

3. 经济改革

在经济上，耶律楚材针对中原腹地遭受多年的战争破坏，生产凋敝、百姓困苦的情况，主张轻徭薄赋，爱惜民力，发展生产。在耶律楚材的建议下，窝阔台改变了过去"裂土分区"的分封制。窝阔台登基后，有人建议把中原变为牧场。耶律楚材说，军队征服南宋需要供给；如果在中原平均征收地税、商税、盐税和铁冶税，以及其他山泽之利，每年可以获得白银 50 万两、帛 8 万匹、粟 40 余万石，就足够军需之用了。窝阔台听了，就委派耶律楚材主持中原赋税。耶律楚材于是在中原设立了 10 路课税使，全部委任儒士，使中原地方避免了一次历史大倒退。

4. 军事建树

蒙古军队侵略亚欧各国和征服国内各民族的时候，曾有这样的规定：凡是进攻敌人的城镇，只要对方进行抵抗，一旦攻克，不问老幼、贫富、逆顺，除工匠外，大部分杀戮，少数妇女和儿童成为奴隶。耶律楚材还坚决反对战争中的残暴行为，建议：凡是很巧的工匠，拥有财富的大户，都集中在汴京城里，这些人一概不能杀。国家兴兵打仗，就是为了得到土地和人民，得地无民，又有何用！窝阔台犹豫不决。耶律楚材说，奇工巧匠、富厚之家皆荟萃于此城中，若悉数屠戮，我军入城将一无所获。窝阔台觉得有道理，采纳了耶律楚材的建议。下令，除完颜氏一族外，余皆赦免，汴

京 147 万生灵始得保全性命。金朝覆亡后,秦(今甘肃天水)、巩(今甘肃陇西)等 20 余州军民因害怕屠城,皆抗命不降,又是耶律楚材居中调停,窝阔台下诏不杀,于是秦、陇等处皆稽首归附。其后蒙古军攻取淮、汉诸城,也照此办理,遂成定例。

5. 文化成就

(1)尊孔崇儒。

文化上,耶律楚材大力倡导儒学,推崇孔子。金灭亡后,他派遣人进入城中,寻访孔子的后裔,得 51 代孙孔元措。在耶律楚材的建议下,窝阔台汗五年(1233 年)孔元措袭封衍圣公称号,并返回山东曲阜奉祀,使宋、金以来,衍圣公的称号在新朝得以继续。他征得太宗的同意,修复了孔庙,优待孔子后裔,建立了国子学,用封建文化教育民众。窝阔台汗九年(1237 年),耶律楚材又提出恢复科举取士。第二年,元朝首次开科取士,一次录取了 4000 多人。

(2)保护人才。

耶律楚材为了使蒙古上层接受汉文化,利用蒙古贵族的实用主义思想,名为因俗而治之,主要从保护和任用儒才、传播儒家礼教的方面入手,但是基本未被采纳。耶律楚材深知要统治中原非用中原的制度不可,而熟知汉法统治之道的是汉儒士。为窝阔台所倚重的耶律楚材作为金朝旧臣,很清楚汴梁城中聚集了绝大多数金朝的达官世宦、国学生员和在野名士,他在汴梁还未被蒙古军占领时,就"书索翰林学士赵秉文、衍圣公孔元措二十七家",又"召名儒梁险、王万庆、赵著等"。还包括金户部员外郎刘汝翼、著名琴师苗秀实及其子苗兰等人。汴梁城下后,耶律楚材和窝阔台的侍医郑景贤等人进言,劝阻屠城。他还亲自到城中,办理各项善后事务,在救济亲族的同时,也很关心城中士大夫的命运。耶律楚材确实尽自己所能,尽量为士大夫们提供保护。当时在汴梁躲避兵祸者高达 147 万,耶律楚材建议选工匠、儒、释、道、医、卜之流,散居于河北,官为给赡养,给予一定的特殊照顾。亡金战争中招集儒士等专门人才,并给予一定特殊照顾,这一措施在以后蒙古对宋的战争中继续得到实行,成为定例。于是他在得势之时大力保护汉儒士并引荐他们进入仕途,在蒙古灭金国、吐蕃、大理和征伐南宋时,许多名士如元好问、赵复、窦默、王磐等人都被保护并起用。这对于北方学风的兴盛有很大的影响。窝阔台汗九年(1237 年),随着金朝的灭亡,统治地域的扩大,国家需要大量的人才来治国。耶律楚材上奏说:制造兵器的人必须用良工,守城的人必须用儒臣。窝阔台听从了他的建议，于是命宣德州宣课使刘中随郡考试，以经义、辞赋、论分为三科，儒人被俘为奴的，也命令考试，其主人藏匿不遣散的处死。得到士人达4030人，免为奴隶的达1/4。

（3）保护文化。

窝阔台汗八年（1236年）年六月，耶律楚材请求在燕京设立编修所，在平阳设立经

耶律楚材读书堂

籍所，编集经史，召儒士梁陆充任长官，以王万庆、赵著为副长官。燕京编修所和平阳经籍所是大蒙古国时期编辑、印刷图书的重要机构。燕京编修所负责编撰、出版图书，平阳经籍所主要负责刻印图书。编修所与经籍所的设立一方面为士大夫提供了一个容身之所，使他们得以继续研讨学问，另一方面也有助于中原传统文化的保存和恢复。

（4）戊戌选试。

大蒙古国初次任用儒士治理中原取得一定成效后，耶律楚材适时向窝阔台指出：儒臣的事业，不积累几十年，几乎不是很容易做到的，因此应同僧、道一样，保护和使用儒士。窝阔台同意了他的建议，可以任用儒士作为官员，并同意耶律楚材提出的"校试"中原儒士的办法。窝阔台汗九年（1237年），窝阔台发布了试选儒士的诏书。考试主要在次年，即1238年（戊戌年）举行，史称戊戌选试。奏请在中原诸路举行儒士考试，选取儒士4030人，这些中选儒士有不少人后来成为元世祖忽必烈朝名臣。于是我们不得不说，元朝的科举制只不过是一种形式，并没有在耶律楚材的基础上走多远。

科举考试的恢复，提高了中原儒生的地位，为国家发现招揽了大量的人才，如杨奂、张文谦、赵良弼、董文用等人，他们后来都是忽必烈时代的名臣，为完成蒙古国的汉化做出了巨大贡献。这次考试使大批儒士得到身份的提高和课役上的优待，在文化、教育、政治、经济各领域都发挥了重要的作用，为忽必烈时期蒙古帝国的发展繁荣积蓄了力量、奠定了基础。

6. 个人作品

作为一个文人，耶律楚材留下了众多优美的诗歌，他的《湛然居士集》中收录了600余首诗。尤其是随军出征时写的景色诗，风格雄健豪放，情

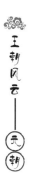

调苍凉。耶律楚材也能填词,除此之外,现存篇幅最长的契丹语诗篇《醉义歌》就是由耶律楚材译为汉文,并保存下来的。仅就文化上的贡献而言,耶律楚材已是一个足以彪炳史册的巨人。

在术数方面,耶律楚材撰有《玉钥匙》《插泥剑》,后人在此基础上撰《玉函地学全秘》(又名《玉函通秘》),在风水术发展史上有重要地位,是后世玄空飞星风水学的源流。

作为一个"楚材晋用"的异国臣子,耶律楚材辅佐过成吉思汗、拖雷、窝阔台、乃马真皇后,任丞相多年,影响巨大。耶律楚材所创立的规章奠定了有元一代的制度,但直到忽必烈时期才得以真正实现。元世祖中统二年(1261年),忽必烈遵耶律楚材的遗愿,将他的遗骸移葬于故乡玉泉以东的瓮山,即今北京颐和园的万寿山。耶律楚材去世90年后,至顺元年(1330年),被追封为广宁王,赠太师,谥文正。"文正"是古代文官最高级别的谥号,最近一个得此谥号的是清朝的中兴名臣曾国藩。

作为叱咤风云的契丹皇族之后,耶律楚材自己内心充满了自豪感,曾写诗云:"赫赫东丹王,让位如伯夷。藏书万卷堂,丹青成画癖。四世皆太师,名德超今昔。"

耶律楚材是13世纪中国的一位大政治家和大学者。就他的政治活动而言,在窝阔台时期,他主持大蒙古国对中原地区的治理,使蒙古游牧贵族在适应中原封建文明的道路上大大前进了一步。他以自己积极的活动促使大蒙古国居庸关内外的地方很有特色地联系在一起了。他的事业在他的晚年遭到挫折,但后来又在忽必烈时期得到了恢复和发展。耶律楚材的活动是适应着当时的历史趋势的,因而他在历史上是一位值得肯定的人物。

他的许多举措,使新兴的蒙古贵族逐渐放弃了落后的游牧生活方式,采用汉族以儒教为中心的传统思想和制度来治理中原,使战争不断的乱世转为和平的盛世,使先进的中原封建农业文明得以保存和继续发展,也为后来忽必烈建立元朝奠定了基础。

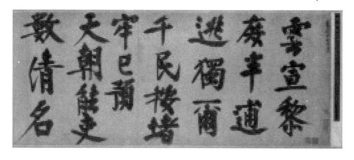

耶律楚材《送刘满诗卷》局部图

三、安童两度任首辅，崇儒政宽誉贤相

安童（1248—1293 年），蒙古札剌亦儿氏，木华黎四世孙。

安童之母帖木伦，弘吉剌氏，是元朝皇帝忽必烈的昭睿皇后之姊，经常往来于宫中，宠信无比。忽必烈即帝位，因安童系开国元勋之后，遂召 13 岁的安童入宿卫，为四怯薛之长。

中统四年（1263 年），忽必烈擒获阿里不哥叛党千余人，欲置重刑。当时安童站在侧旁，忽必烈便问他："朕欲将他们置于死地，你看如何？"安童从容对答："人各为其主，陛下刚刚平定天下，就以私怨杀人，此例一开，将何以怀柔招附那些将降而未降之人呢？"忽必烈听其言，惊叹不已："你如此年少，竟能如此深谋远虑，此言正与朕意吻合。"从此，安童深受忽必烈器重。

至元二年（1265 年）秋八月，忽必烈破格提拔年仅 18 岁的安童为光禄大夫、中书右丞相，增食邑至 4000 户。自此，安童成为中国历史上罕见的少年宰相。安童积极协助忽必烈接纳儒家典章制度，举凡帝号、官制、郊祀、太庙、农桑、赋役、钱钞、舆服、谥表、科举、刑律、祭令、旌表、经筵进讲等，无不竭力推行，几于生吞活剥，终使元朝体制的汉化印痕触目皆是，忽必烈也因之成为声名仅次于成吉思汗的一代英明帝王。毫无疑问，大力实施汉制，努力改变旧俗，构成了安童宰相生涯的闪光点。

少年宰相的风采引起了一批顽固守旧官吏的嫉恨。至元五年（1268 年），廷臣密议设立尚书省，让回回人阿合马领衔组阁，并奏请让安童移位三公。当忽必烈让群臣议论此事时，参知政事兼枢密副使商挺一针见血地指出："安童，国之柱石，若为三公，是崇以虚名而实夺之权也，甚不可。"商挺之举得到群臣一片喝彩。这一次，安童的政治地位得到加强和巩固，经历了一场有惊无险的考验。

至元八年（1271 年），陕西地方官也速迭儿建言，因为遭遇饥荒，盗贼滋横，必须显戮一二，以示惩罚。忽必烈敕令中书省商议对策，安童主张应该小心从事，不可妄开杀戒。忽必烈采纳其策，使天下老百姓免遭一场无辜的杀戮。

鉴于从中央到地方官多庸才，不利于政令畅达，安童遂于至元十一年（1274 年）上书忽必烈，乞加黜汰，得到恩准。

至元十二年（1275 年），忽必烈命安童随从皇子北平王那木罕出镇阿力麻里（元代西北城市，遗址位于今新疆霍城西 13 公里处），防御蠢蠢欲

动的西北诸王。

成吉思汗西征后，阿力麻里成为蒙古察合台汗国的统治中心，后为窝阔台系后王海都占据。在突厥语里，阿力麻里是"苹果园"的意思，充满诗情画意。次年冬，那木罕所部宗王昔里吉等叛变，劫持那木罕和安童，分别送交术赤系后王忙哥帖木儿和窝阔台系后王海都。叛军连年对北起吉利吉思、金山（阿尔泰山）、南至畏兀儿地、斡端（今和田）等元朝统治地区发动战争，气焰十分嚣张。

在度过长达 8 年的囚禁生涯之后，至元二十一年（1284 年），安童和皇子被放还。忽必烈马上召见，亲切慰劳。是年冬十一月，安童复拜中书右丞相，加金紫光禄大夫。安童 18 岁第一次拜相，待到第二次拜相，年已 36 岁，恰好经过了一个轮回。至元二十二年（1285 年），中书右丞卢世荣因整治钞法，听任民间买卖金银，铸至元钱，实行铁、酒、马、盐专卖等屡受弹劾，终致下狱被诛。安童奉旨与诸儒条陈其所用之人、所为之事，使这些人的官职悉遭罢免。至元七年（1270 年）至九年（1272 年），忽必烈第一次设立尚书省。回回人阿合马因头脑精明、善于理财受到忽必烈的器重。阿合马历任中书左右部兼诸路都转运使、中书平章政事、制国用使、平章尚书省事等官职，掌管中央财政，实行扑买、理算诸法。

阿合马有才无德，心术不正。他利用忽必烈对自己的宠信，骄横跋扈，强占民田，侵吞国家财赋，安插子侄位居要职，遭到朝中蒙、汉官员的多次弹劾。安童见群情激愤，也趁势上书斥责阿合马蠹国害民之劣迹。后来，阿合马遭人诱杀，忽必烈追查其罪，命发家剖其棺，戮尸于通玄门外，纵犬食之。又惩处其子侄，并籍没其家产。至元三十年（1293 年）春正月，安童病死于京师乐安里家中，享年 46 岁，真可谓英年早逝，壮志未酬。

史称，安童死后，冻雨连下三日。听到安童的死讯，元世祖忽必烈极为震惊，悲叹道："人言丞相病，朕固弗信，果丧予良弼。"哀痛之余，元世祖诏大臣监护丧事。大德七年（1303 年），元成宗孛儿只斤·铁穆耳赠封安童为推忠同德翊运功臣、太师、开府仪同三司、上柱国、东平忠宪王，并命人为其镌刻开国元勋命世大臣之碑。

安童两度出任首相，能荐用和亲厚儒臣，崇尚汉法，政刑宽平，多次制止滥用死刑，故有贤相之誉。但在任期间，前有阿合马、后有桑哥以理财受到元世祖信任，使他难以完全贯彻以儒治国的方针。

四、世称李道为贤相，帝重严陵是故人

李孟（1255—1321 年），字道复，号秋谷，元代中叶政治家。后唐皇室沙陀贵族后裔。先世居潞州上党（今山西长治）。祖父李昌祚，任金潞州税务同监，归降蒙古，授潞州招抚使，佩银符。其父李唐（1226—1306 年），通蒙古语，从军于秦、陇，1248 年，以才能被兴元行省夹谷龙古带辟为掾，自此，长期在汉中担任幕僚职务，遂迁居汉中，至元八年（1271 年）退职家居。

1. 元仁宗潜邸，文学侍臣

李孟自幼力学，博闻强识，通贯经史，善文章，常纵论古今治乱兴衰之故，有志用世。当时科举尚未恢复，读书人谋求官职的主要途径是担任吏员，李孟不愿由吏途出仕，于是在家开馆教授生徒，来学者甚多，声名益著，前辈名士大夫如商挺、王博文、刘宣、魏初过汉中，皆与交往。至元十九年（1282 年），随父居四川（时李唐当就任四川行省幕职），行省拟辟为掾，辟为晋原县主簿，皆辞不就。时值权臣阿合马被杀，主张行汉法的皇太子真金得以真正参决朝政，支持新任中书右丞相和礼霍孙改革阿合马专权时的弊政，起用儒臣；至元二十年（1283 年），刑部尚书崔彧又奏陈时政 18 事，中有广开言路，多选正人，以及博访耆儒硕望，以重翰林之选等条，被元世祖采纳，诏命中书省、御史台商议施行，朝政出现了革新气象。李孟以为施展其学识才能的时机已到，乃赴京师，受到行中书右丞杨吉丁器重，推荐给真金，召见于东宫。至元二十二年（1285 年），未及擢用而真金死，杨吉丁延请为家塾师。翰林诸名公赏识其才，呈请中书省授以馆阁之职，但铨曹却拟为梓潼县主簿，不受。至元二十三年（1286 年），李唐出任夔府路（治今四川奉节）总管府经历，李孟离京赴夔府省亲。至元二十八年（1291 年），随父还居汉中。

至元三十一年（1294 年），李孟在父亲敦促下再次北上求仕，路过关中，时元成宗即位，诏命各省采访元世祖朝政事以备修史，陕西行省留李孟参与讨论编次，送京进呈。皇太后阔阔真（真金妃）为孙子海山、爱育黎拔力八达（已故真金次子答剌麻八剌之子）选聘名儒为师，李孟被推荐当选。大德三年（1299 年），海山出镇漠北。爱育黎拔力八达留京中，李孟"日侍讲读"，甚得亲信和敬重，召画工为之画像，命集贤大学士王颙书其号"秋谷"二大字，亲自刻匾并署名其上，旁注"大德三年四月吉日为山人李道复制"。元成宗闻李孟名，诏授官职，执政者以李孟未尝登门拜谒，沮格不行。

元成宗晚年疾病缠身,朝政多决于皇后卜鲁罕及执政大臣。大德九年(1305年)六月,立皇后卜鲁罕所生皇子德寿为皇太子。十月,出于卜鲁罕之谋,遣爱育黎拔力八达与其母答己出居怀州(今河南沁阳)。李孟仍随侍爱育黎拔力八达,忠勤如故,为他讲论古先帝王得失成败之理及治天下之法,并引荐人才为其用。于是,更加受到信任,成为心腹谋士。出谋划策,两定内难。十二月,皇太子德寿死。

大德十一年(1307年)正月初八,元成宗病故,一场争夺皇位的斗争随即爆发。自元世祖依汉制册立皇储,就赋予了皇太子真金一系继承皇位的正统地位。元成宗别无其他嫡嗣,真金长子甘麻剌一支已出封漠北,"具有盟书,愿守藩服","不谋异心,不图位次",因而有资格继承皇位的只有答剌麻八剌嫡子海山和爱育黎拔力八达。元成宗皇后卜鲁罕操纵朝政多年,曾谋贬爱育黎拔力八达母子,为了免遭报复并继续掌权,不愿皇位落入海山兄弟手中,遂与其党左丞相阿忽台、平章八都马辛、中政使怯列等策划,先实行皇后临朝称制,以安西王阿难答(世祖第三子忙哥剌之子)为辅,掌握主动权,然后拥立阿难答为帝。阿难答与诸王明里铁木儿已于元成宗死前三日至大都,参与谋划。

朝中反对立安西王的一派以右丞相哈剌哈孙为首,他秘密遣使分赴漠北和怀州,向海山、爱育黎拔力八达报告,请他们速回京城。爱育黎拔力八达犹豫未决,李孟进言,先指出安西王图谋皇位违背了"支子不嗣"的元世祖典训,继而说以利害,谓形势危急,而海山远在万里,一旦安西王得逞,下诏来召,势将难以自保。经他启发,爱育黎拔力八达母子决计回京,二月十六日至大都。哈剌哈孙守宿东掖门,称病卧床以抵制皇后内旨,爱育黎拔力八达遣李孟前往与他计议,适逢皇后接连派人来探病,李孟假装医者,从容上前为哈剌哈孙诊脉,瞒过了皇后使者耳目。

据《元史·李孟传》记载,李孟从哈剌哈孙处得知安西王即位日期已定,即还报,主张先发制人,尽快采取行动。同列意见不一,有人认为,皇后掌有玉玺,可以调动四卫之士(怯薛),安西王侍卫亦多,而殿下(爱育黎拔力八达)侍卫才数十人,恐难成功,不如等兄海山到来再行动。李孟分析说,皇后之党违弃祖训,欲立庶子,人心必然疑惑不附,殿下进入内廷,晓以大义(指对宿卫之士),凡明白事理者都将舍彼而听命于殿下,成功必有把握;如果失去了时机,让安西王抢先即了位,即使海山来到,他岂肯拱手让位,必将发生内战。爱育黎拔力八达命以占卜决之,卜者按照李孟的事先嘱咐只言大吉,于是决计举事。据《武宗纪》《仁宗纪》及

《哈剌哈孙传》，哈剌哈孙于三月初一夜遣人密报皇后已定于三日临朝称制的消息，并提出不能等海山到来，"当先事而发"的主张。应该说，后一种记载更具权威性，哈剌哈孙以右丞相兼掌一部分宿卫并守宿宫内，他的主意无疑起着决定性作用。但根据同时代人对李孟"定难"功勋的赞颂，李孟运筹定策，不避艰险与嫌疑，在这次政变中确是起了重大作用。传记所载事实是可信的，很可能是在他与哈剌哈孙的秘密联络中商议了计策，故敢于力主先期举事。三月初

李 孟

二，爱育黎拔力八达率李孟等侍从、卫士由延春门入宫，哈剌哈孙来迎，立即控制了宫廷，召捕阿忽台等诛之，囚阿难答、明里帖木儿（后送上都由元武宗下令赐死），贬卜鲁罕皇后出居东安州。

政变一举成功，爱育黎拔力八达监国，李孟被任为中书参知政事。李孟久在民间，备知民情，其处理政务兴利除害，悉皆得当；因抑绝侥幸之风引起群小人不满，仍毫不退缩。然而，随着政变成功而来的海山兄弟之间的皇位风波，却使他陷入困窘恐惧。海山居长，又因统军漠北，手握重兵，论名分和实力，皇位自当优先属他。但在他还没有南还之前，爱育黎拔力八达便在朝中诸王、大臣和宿卫军支持下扑灭政敌，先掌握了皇权，当下就有诸王阔阔出、牙忽都等请爱育黎拔力八达早登帝位，据《元史·仁宗纪》载，他当即推辞，表示无意"觊望神器"，皇位应属其兄海山。但令人疑惑的是，其母答己却请阴阳家推算两子星命以"问所宜立"，"推算"结果兄凶弟吉，即遣内侍以此传谕海山，意在要他主动退让而拥立其弟。可是海山野心勃勃，一闻元成宗死讯，其部下大将就提出以武力为后盾来取皇位；三月至和林，迫不及待地召集诸王勋戚大会商议推戴，并向他们颁发赏赐。对母亲的劝谕，他极为恼怒，竟指责为"近日任事之臣"的奸谋，并表示皇位志在必得，随即亲率大军南下。在这种情况下，答己只得慌忙遣使迎请海山南来即位。李孟在这场皇位风波中的态度不明，只是他作为爱育黎拔力八达的心腹谋士参与策划政变，事成后又立即被任命为执政大臣，不能不招致嫌疑。海山对"任事之臣"的指责充满杀机，无疑使他深感震惧，于是就在海山南来之际提出辞职说："执政大臣宜出于嗣天子亲擢，今銮舆

在道,臣未见颜色,诚不敢冒当重寄。"爱育黎拔力八达不准,他竟不告而别,逃到许昌陉山中隐居。五月,海山(元武宗)即位,果然就有人告发说:"内难之初定也,李孟尝劝皇弟以自取。"元武宗察其诬,不予追究,爱育黎拔力八达也不敢再推荐李孟。

时隔两年多,爱育黎拔力八达才在一次内宴上向元武宗提起李孟定难之功,遂命寻访之,遣使召至京,至大三年(1310年)正月入见,特授平章政事、集贤大学士、同知徽政院事,只是虚衔清职。

就在这一年,发生了企图废储另立的风波。元武宗滥行赏赐,奢侈无度,以致库藏空竭,宠信脱虎脱、三宝奴、乐实等敛财之臣,立尚书省,任为宰执,授以重权,通过发行至大银钞、增加税课等手段进行搜括。尚书左丞相三宝奴等恃宠专权,惧皇太子爱育黎拔力八达,通过宦官李邦宁劝元武宗另立皇子为皇太子,并以"建储议急",亟召右丞相康里脱脱来议,因康里脱脱反对而作罢。三宝奴所说:"今日兄已授弟,后日叔当授侄,能保之乎?"可能就是元武宗本人的忧虑,此事背后必有元武宗与其弟皇太子爱育黎拔力八达之间复杂、微妙的权力斗争和政治路线斗争。至大四年(1311年)正月,元武宗死,爱育黎拔力八达立刻罢尚书省,并以"变乱旧章,流毒百姓"的罪名将丞相脱虎脱、三宝奴、平章乐实等处死,随即任命李孟和太子詹事完泽为中书平章政事以掌政务;三月,以储君身份,无须通过忽里勒台推举形式直接宣布即位(是为元仁宗)。在这段虽隐秘却十分激烈的斗争期间,李孟一直居于京中,与爱育黎拔力八达当有接触,可是关于他的活动竟毫无记载。唯同时人姚燧(元武宗时任太子宾客、翰林承旨)称颂他说,当元成宗死后和元武宗末年,"洪济于艰,嘉猷是赖,两扶青天之红日";张养浩(元武宗时任太子文学、中台监察御史)也明白说他"两定内难"。看来,他在保储和元仁宗即位过程中,也曾出谋划策,起了很大作用。

2.入主中书施行新政

李孟当政后,针对当时的弊政之尤甚者进行改革,主要有四项:

(1)节赏赐,办法是"复其旧",即按原行定例颁给,削其额外增赐和停止滥赐。

(2)重名爵。大德以来,名爵大滥,封授三公者无数;又僧、道皆另署官府管理,扰乱政事。李孟奏请削夺滥冒名爵,罢僧道官。

(3)核太官之滥费。宣徽院掌宫廷饮膳、宴飨及宿卫廪给等事,太府监领左、右藏等内库,掌其钱物出纳,这些内廷机构收支不受政府核查,欺冒、滥支情况十分严重。李孟提出应予核查。至大四年（1311年）三月元仁宗令太府监："自今虽一缯之微，不言于朕，毋辄与人。"（《元史·仁宗纪一》）当是施行新政的一环。

（4）汰宿卫之冗员。元代四宿卫（怯薛）人数累朝增加，同时，由于充当宿卫士（怯薛歹）是做官的捷径，诸色非蒙古人冒入者甚多，成为财政的沉重负担。元仁宗诏命分汰宿卫士，汉人、高丽、南人冒入者还其原籍，当出于李孟之议。这四项改革都触犯了贵族、近臣的利益，虽蒙古大臣亦不敢议及，李孟乃能挺身任之，明知将有危险而不顾。他还奉命兼领国子监学，亲诣国子学课督诸生，整饬学政。建议："四方儒士成才者，请擢任国学、翰林、秘书、太常或儒学提举等职，俾学者有所激劝。"元仁宗采纳其议，诏"自今勿限资级，果才而贤，虽白身亦用之"（《元史·仁宗纪一》）。并命李孟博选南北才学之士任职翰林。元仁宗即位一年就颇多善政，如选用儒臣，重视教育（增国子生额及其廪膳等），整顿机构〔至元三十年（1293年）后新设、升级诸衙门及冗员分别裁、并、降、罢〕，撙节经费等等。这和李孟多年教学的影响和当政后的辅佐有很大关系。他曾说："道复以道德相朕，致天下蒙泽。"

当政才数月，李孟便请辞平章职，元仁宗不允，谓："朕在位，必卿在中书，朕与卿相与终始。"至大四年（1311年）闰七月，加封秦国公，命装潢其画像，填金刻圖，摹前赐号及亲署，令文臣作序、赞于其下。对一个布衣出身的汉族儒臣来说，可谓备极荣宠。然而，半年后，皇庆元年（1312年）正月，李孟即告假归葬其父母于上党，虽元仁宗嘱其事毕速还，却延宕至十二月（三月葬事已毕）方回京，并坚请辞政务，终于获准解除平章政事实职，保留原职衔、爵位，留任翰林学士承旨。皇庆二年（1313年）夏，又缴还秦国公印绶。为什么李孟正当君臣相得之际却一再请求辞去相职？时人张养浩说是"公自以布衣致此，惧弗克任"。实际上应有更深一层原因。对李孟的改革，"贵戚近臣恶其不利于己"，只是碍于有元仁宗支持，不敢公然反对，但朝中还存在着以皇太后答己及其宠臣、中书右丞相铁木迭儿为首的另一强大守旧势力。他们处处掣肘新政，反其道而行之。至大四年（1311年）十一月，李孟奏报了严重的财政状况："今每岁支钞六百余万锭，又土木营缮百余处，计用数百万锭，内降旨赏赐复用三百余万锭，北边军需又六七百万锭。今帑藏见贮止十一万锭，若此安能周给！自今不急浮费，宜悉停罢。"指出营缮、赏赐仍为巨大支出。十二月，中书省臣奏："今官未及考，或无故更代，或躐等进阶，僭受国公、丞相等职，诸司已裁而复

置者有之。今春以内降旨除官千余人，其中欺伪，岂能悉知！坏乱选法，莫此为甚。"可见财政和官制方面的改革受到干扰（尤以"内降旨"为甚），并不顺利；反对新政的贵戚近臣有太后为之奥援，不能不使无"根脚"汉人李孟深感处境艰危。

皇庆二年（1313年）十月，元仁宗命中书省集议实行科举，李孟亦预议。十一月，颁《行科举诏》，定于下一年八月乡试，又下一年二月会试。当时科举停办已久，恢复科举一事，从元世祖初年以来屡次议而不行，直到元仁宗时阻力仍然很大，"大臣且笑且怒，下而素以士名，耻不出此，亦复腾鼓谤议。赞其成者数人耳"。在这些赞成者中，李孟起了主要作用。他长期执教于潜邸，使元仁宗深受中原文化的薰陶，形成"修身治国，儒道为切"（元仁宗语）的思想和重用儒者的施政方针；在与元仁宗论用人之道时，他提出了实行科举的主张："自古人才所出固非一途，而科目得人为盛。今欲取天下人才而用之，舍科目何以哉？然必先德行经术，而后文辞，乃可得其真才以为用。"促使元仁宗果断作出决策。延祐元年（1314年）十二月，他被重新任命为中书平章政事；二年春，受命知贡举，主持了元建国以来的第一次科举考试，并担任廷试监试官。在《初科知贡举》诗中，他得意地写道：百年场屋事初行，一夕文星聚帝京。豹管敢窥天下士，鳌头谁占日边名。宽容极口论时事，衣被终身荷圣情。愿得真儒佐明主，白头应不负平生。七月，进阶金紫光禄大夫（正一品，原为从一品光禄大夫），勋上柱国，改封韩国公。

3.权奸的掣肘与迫害

然而，李孟第三次进入中书后，在政务上似未能有所作为。右丞相铁木迭儿专权，奏以李孟分领钱帛、钱法、刑名。铁木迭儿怙势贪虐，李孟不附权奸，但亦无力匡正。其《在朝思乡》诗有"中书三入成何事，画里相看亦厚颜"句，看来并非谦辞。延祐二年（1315年）初，御史台因水旱上奏，议及"宰臣燮理有所未至"，李孟即请辞职以"避贤路"。其后又屡次以衰病不能任事乞解政务。延祐四年（1317年）七月，元仁宗允其请，免去平章政事，复授翰林承旨。李孟退居闲职后，日以文史自娱。

延祐七年（1320年）正月，元仁宗死，已被元仁宗罢去相位的铁木迭儿立即又被太后答己任命为右丞相，重掌大权，大肆迫害曾弹劾过他的大臣；以李孟前在中书共事时不肯附己，乃谗构诬谤，夺其所受封爵，仆其先世墓碑，并降职为集贤侍讲学士，度其必不肯附就，即可借以中伤之。李孟竟欣然就职，使权奸无从借口。从铁木迭儿一上台就把李孟作为迫害的对象来看，他对铁木迭儿专权也有过抗争，并非缄默容忍。至治元年（1321年）四月，李孟病死于大都。时人蒲道原的挽诗中有"事有难为可若何"，"磊落勋庸无复纪，令人愤懑寄哀歌"句。反映了他晚年的处境和对他遭受迫害的不平。

李孟才气跌宕，落笔纵横，所作诗传播甚广，所进论议、奏章，常自毁其稿。有《秋谷文集》，今佚，唯《元诗选》存其诗若干首，《山右金石录》有其文一篇而已。

元代文学家张养浩曾作七律《寄李道复平章》高度评价李孟的文韬武略和不世奇勋，诗曰：

> 文武全才每许君，逢时谈笑建奇勋。
> 世称李道为贤相，帝重严陵是故人。
> 沧海两扶新日月，青天一扫旧烟云。
> 盛名自古多难处，好及明时乞此身。

五、理财能手阿合马，贪赃枉法遭戮尸

阿合马（？—1282年），费纳喀忒（今乌兹别克斯坦境内），回回族，元朝大臣，元世祖忽必烈时期近臣之一。

1. 理财能手

阿合马早年生平不详，只知他是察必皇后的父亲按陈那颜的陪嫁奴隶。

中统三年（1262年），忽必烈任命他兼管中书左右部，兼任诸路都转运使，专门委任他处理财政赋税方面的事。阿合马上奏忽必烈下令分条规划，向各路运司宣布晓谕。

中统三年（1262年），因为河南钧州、徐州等州都有炼铁设备，请朝廷授予宣牌，以振兴冶炼的利益。忽必烈把开平府升格为上都，又任命阿合马为同知开平府事，兼管中书左右部照旧不变。阿合马上奏请求任命礼部尚书马月合乃兼管已经清查到的3000户没有户籍的百姓，加强炼铁行业，每年上缴铁103.7万斤，用这些铁铸锻农具20万件，换成粮食上缴给公家的一共有4万石。

至元元年（1264年）正月，阿合马上奏说："太原的百姓熬煮私盐，越境到处贩卖。各地百姓贪图他们的盐价钱便宜，争相购买食用，解州的官盐因此而卖不出去，每年上缴的盐税银子只有7500两。请朝廷从今年开始增加太原的盐税银子5000两，不论和尚、道士、军士、匠人等各

户，都要分摊缴纳盐税，民间通用私盐可以根据他们自己的方便。"这年秋十一月，裁撤领中书左右部，合并到中书省，越级任命阿合马为中书平章政事，进官阶为荣禄大夫。

2. 颇受重用

至元三年（1266 年）正月，设立制国用使司，阿合马又以平章政事的身份兼任制国用使司的事务。过些时候，制国用使司上奏："把东京每年纳税所得的质地稀疏恶劣不能使用的布，就在当地用来买羊。真定、顺天的金银不合规格的，应当重新冶铸。别怯赤山生产石绒，把它织成布，用火不能烧着，请求派遣官员加以开采。"又上奏说："国家的费用支出名目多数量大，今年从皇上回京以后，已经支出了纸币四十万锭，恐怕明年会不够开支，应当酌量节约使用。"十一月，制国用使司又上奏说："桓州峪所开采的银矿，已经有 16 万斤，每 100 斤可以得到银 3 两、锡 25 斤。采矿所需要的支出，可以出售锡来支付。"忽必烈全都同意制国用使司的请求。

至元七年（1270 年）正月，设立尚书省，裁撤制国用使司，又任命阿合马为平章尚书省事。阿合马的为人，智谋多而善于言辞，以功利和取得的效益自负，人们都称赞他有能力。忽必烈急于使国家富起来，就试着让阿合马办事，很有成绩。又看到阿合马和丞相线真、史天泽等争辩，阿合马屡次有理由使他人屈服，由此而对阿合马的才能表示惊奇，授予他政治大权，对他的话无不听从，却不知道他的专权任性越来越厉害了。

丞相安童容忍了很久，上奏忽必烈说："臣下最近上奏说凡是尚书省、枢密院、御史台应当各按照通常的制度向皇上奏事，其中的大事要经过臣下等人议定再上奏，已经得到圣旨允准。现在尚书省所有的事情都直接上奏，似乎违背了臣下我以前向皇上的奏报。"忽必烈说："你所说的话的确很对。难道阿合马由于朕对他很信任，敢这样办吗？他不和你商议是不对的，应当像你所说的那么办。"安童又上奏说："阿合马所任用的部下各官，左丞许衡认为大多任用不当，但已经得到圣旨让他咨请中书省宣布，如果不给，恐怕将来会有别的话。应当试验他任用的人是否有能力，时间一长就会自然明白。"忽必烈认为安童的话有道理。五月，尚书省上奏要求清查全国的户口，后来御史台认为现在到处在捕捉蝗虫，百姓劳苦，清查户口的事情应当稍稍缓办。于是就停止不办。

3. 大权在握

元朝开始设立尚书省的时候，有圣旨说："凡是加以考核选举的大小官员，由吏部拟定他的资历，呈报尚书省，由尚书省咨送中书上奏。"到这时，阿合马提拔他自己的人，不经过吏部拟定，也不咨送中书省。丞相安童因此上奏，忽必烈命令去问阿合马。阿合马说："事情不论大小，统统委任给臣下，所任用的人员，臣下应当自己挑选。"

安童因此请求："从今以后只有严重刑事以及调任上路总管，才归臣下管理，其余的事情一并交给阿合马，以便事情职责分明。"忽必烈都同意了。至元八年（1271年）三月，尚书省再次把清查核实户口的事情上奏请求分条规划下诏通告全国。这一年，上奏请求增加太原的盐税，以纸币1000锭为经常的数额，仍然让本路兼管。

至元九年（1272年），忽必烈把尚书省合并于中书省，又任命阿合马为中书平章政事。

至元十年（1273年），又任命他的儿子忽辛为大都路总管，兼大兴府尹。右丞相安童看到阿合马专权一天比一天厉害，想补救这个弊病，就上奏说大都路总管以下的官员大多不称职，请求派人代替他们。不久又上奏说阿合马、张惠，仗着宰相的权势会经商，以此一网打尽了天下的最大利益，严重毒害百姓，使他们走投无路而没有地方可以申诉。阿合马说："是谁编出了这些话，臣下等要和他在朝廷上辩论。"安童进奏说："尚书省的左司都事周祥，中木谋取暴利，罪状十分清楚。"忽必烈说："像这样的人，征收完毕以后应当公开罢免他。"后来枢密院上奏请求让忽辛同金枢密院事，忽必烈不答应，说："他是个胡商，一般的事情还不懂得，又哪能让他承担机要事务的责任呢？"

至元十二年（1275年），伯颜领兵攻打宋朝，渡江以后，捷报一天天传来。忽必烈命令阿合马和姚枢、徒单公履、张文谦、陈汉归、杨诚等人，商讨在江南推行盐法、钞法和贸易药材的事情。阿合马上奏说："姚枢说：'江南地区的交会如果不能通行，一定会使普通百姓失去安身之地。'徒单公履说：'伯颜已经张帖告示明白说明不兑换交会，现在急急忙忙推行，就是在百姓中失去信用。'张文谦说：'是不是可行，应当向伯颜询问。'陈汉归和杨诚都说：'把中统钞交换江南的交会，有什么困难的？'"忽必烈说："姚枢和徒单公履，不懂得掌握时机。朕曾经把这件事问过陈岩，陈岩也以为宋朝的交会应当尽快更换。现在商讨已经决定，就按你的话办。"阿合马又上奏说："北方的盐和药材，姚枢和徒单公履都说可以让百姓自由贩卖。臣等认为，这件事如果让普通百姓去干，恐怕会造成混乱不统一。准备在南京、卫辉等路统一征购药材，从蔡州运盐20万斤，禁止各种人员私下互相贸易。"忽必烈说："好！就这么办。"

阿合马又说："近来由于征集财物以代价军用，减免在编百姓的征税，又裁撤转运司官，让各路总管兼管按额征税，以至于国家的用度不足。臣下以为不如查验户口数字的多少，远处的归到近处，设立都转运使，估计情况增加过去的税额，选择清廉有能力的官员分别办理这件事。应该由公家和私人冶炼铸造铁器，而由官方设局专卖；仍然禁止各种人员不得私造铜器。如果这样，就能使百姓的财力不会穷尽，而国家的用度也能充足了。"于是就上奏设立各路转运使，任命亦必烈金、札马剌了、张嵩、富珪、蔡德润、纥石烈亨、阿里和者、完颜迪、姜毅、阿老瓦丁、倒剌沙等人为转运使。有一个叫亦都马丁的人，由于亏欠公家的银钱得罪罢官，死了以后，亏欠的还有很多没有还清。中书省上奏商讨处理办法，忽必烈说："这是有关钱财粮食的事，去和阿合马商讨。"

正元十五年（1278年）正月，忽必烈因为西京发生饥荒，发出粮食一万石加以赈济，又告诉阿合马应当广为贮藏积蓄，以准备缺乏。阿合马上奏说："从今以后，御史台如果没有禀告尚书省，不能随便召见管理仓库的官吏，也不能随便查究银钱谷物的数字。以及集议中书不到的，就要判罪。"他阻挠压抑监察部门就是这样。

同年四月，中书左丞崔斌上奏说："起先由于江南官员人数过多，担任的人也多不能称职，就命令阿里等人区别淘汰他们。现在已经明显地有了证据，却蒙蔽不向朝廷上奏，这是欺君罔上。杭州地方广大，所负的责任不轻，阿合马为私自的感情所迷惑，竟把他没有出息的儿子抹速忽充当达鲁花赤，掌握虎符，这难道是衡量才干而授以责任之道？"又说："阿合马起先自己表示请求免去他子弟的官职，可现在身为平章政事，而他的儿子以至侄子有的担任行省参政，有的担任礼部尚书，将作院达鲁花赤，领会同馆，一门之中都处在重要地位上，自己违背过去说的话，于公道有亏。"忽必烈下旨全都加以罢免，但始终不把这当成阿合马的罪过。忽必烈曾经对淮西节度使昂吉儿说："做宰相的人，要明白天道，察知地理，竭尽人事，兼有这三方面的人，这才是称职。阿里海牙、麦术丁等人也不能担任宰相；回回人中间，阿合马的才能足以胜任宰相。"

4.贪赃枉法

至元十六年（1279年）四月，中书省上奏请求设立江西榷茶运司以及各路的转运盐运使、宣课提举司。没有多久，任命忽辛为中书右丞。

至元十七年（1280年），中书省上奏说："阿塔海、阿里说，现在设立宣课提举司，官吏数字达到五百人，左丞陈岩、范文虎等说他们搅扰百姓而且侵吞偷盗官府钱财。请求加以罢免。"

阿合马上奏说："过去有圣旨把江南粮食数字登记造册，屡屡发文索取，但不把实情报告上来，臣下于是就同枢密院、御史台和朝廷大臣各位元老一起商讨，认为设立运司，官员多而俸禄重，应当在各路设立提举司，都省、行省各委派一个人担任这一事务。现在行省还没有委派人，就请求裁撤，又把过错归于臣下等人。然而臣下所委派的人，有的到任才两个月，如果计算他们侵吞了共有1100锭，以他们管理的四年时间比较起来，又应该是多少呢？现在设立提举司，不到三月又加以裁撤，

"萧何月下追韩信"青花梅瓶

难道不是害怕他们非法的弊病败露，所以抢先自己奏请以消灭痕迹吗？应当下令让御史合派遣能干的人一起去，凡是有违法的行为，一条条据实奏报。"忽必烈说："阿合马所说是对的，命令御史台选择人员前去查办。如果自己能够证明自己是清白的，这样才能责备别人。"阿合马曾经上奏应当设立大宗正府。忽必烈说："这件事难道是你们这些人所应当说的，这是朕的事情。然而宗正这个名称，朕还是没有听说过，你的话很对，要想一想。"

阿合马要清理计算江淮行省平章阿里伯、右丞燕帖木儿设立行省以来所有的钱粮数字，上奏派遣不鲁合答儿、刘思愈等前去清查，查到了他们擅自调换朝廷任命的官员800人，擅自分设左右司官以及铸造铜印等事情，上奏。忽必烈说："阿里伯等人用什么理由来解释？"阿合马说："他说行省过去就曾要铸造官印了。臣以为过去因为江南没有平定，所以能根据情况自己处置，现在和过去情况已经不同。他们又擅自支付粮食47万石，上奏裁撤宣课提举司。等到中书省派遣官员清理计算，征得纸币1.2万多锭。"阿里伯、燕帖木儿两个人最后竟因此被杀。

当时阿合马在位时间很久，更加肆意贪婪骄横，拉扯提拔奸党郝祯、耿仁，一下子迁升到和自己同在中书省任职，阴谋勾结，专门从事蒙蔽皇帝，积欠的赋税不加免除，百姓们逃亡迁移，京兆等路每年收入赋税达到5400锭，还是认为不是实际情况。百姓有近郊的良田，就抢夺据为己有。暗地里接受贿赂，表面上做得执法严明，朝中百官互相用眼神表示不满，但没

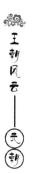

有人敢于明白议论。有一个值宿禁卫的秦长卿，激昂慷慨地上书揭发他的种种罪恶，竟然被阿合马所谋害，在监狱里把他害死。

5. 主要成就

（1）设置诸路转运司，加强税收管理。

税收是国家财政的重要支柱，盐税又是财政的重要税源，因此，禁私盐和增加盐税是阿合马理财的一个主要方面。中统四年（1263年），阿合马推行食盐国家专卖，禁止食盐走私，并增设巡逻队。实际上，私盐可能比官盐价格便宜，但真正获得暴利的是走私商，禁止食盐走私，就是惩治与国争利之徒。为了扩大税源，阿合马还把过去豁免赋税的僧道军匠等作为征税对象，从而增加了国家的财政收入。打击"权势之家"偷税漏税行为是阿合马理财的另一个有力措施。元代很多蒙古贵族与大商巨富一起从事商贸，但他们依仗权势，经商拒不交税，这是公然的违法行为。阿合马要理财，必然要和他们作斗争，也就触犯了他们的利益，自然引起了他们的反对。另外，至元七年（1270年），阿合马为规范纳税制度，制定了30分取1的税制，使纳税有章可循，一定程度上，防止了贪官污吏的随心所欲，保障了元代商业的正常发展。

（2）大兴铁冶，官营牟利。

阿合马比较重视矿冶生产，中统四年（1263年），阿合马就在河南钧、徐等州兴办铁冶，颇有成效。他又用输出的铁铸造了20万件农器，与农户交换粮食4万石。至元三年（1266年），阿合马还建议采冶石绒（石棉），扩大采冶范围，并成立专门管理机构，负责各地矿产采冶事宜。他的这些举措，客观上对促进农业及矿业生产的发展是有利的。

（3）推行"经理"制度。

"经理"也叫"钩考"，是一种财政审计手段。由朝廷派员到各地清算钱谷等项，以防止豪强隐瞒和官吏贪侵。如地方上有把熟田冒充为荒地以逃避赋税的，有因避免差徭而隐报户口的，也有富民买贫民田而仍旧由贫民交税的，以致造成"岁入不增，小民告病"。至元七年（1270年），阿合马理财时期，尚书省的一项任务，就是调查全国户口，颁布条例，目的是为了杜绝欺隐，增加赋税。由于国家财政赤字巨大，入不敷出。为了增加财政收入，满足忽必烈穷兵黩武的需要，钩考钱谷被作为一种弥补财政亏空、搜刮财富的手段频繁进行。

（4）实行官俸制度。

忽必烈初期，朝廷的各级官吏没有俸禄，这等于公开地让他们去勒索百姓，贪污中饱。这严重影响了元代正常的统治秩序，是一个亟待解决的重大问题。至元元年（1264年），阿合马曾订立条例，要减并州县和规定官吏员数，分别品级官职以给俸禄和颁发公田，并且要计算月日以考核优劣。但并没有施行起来。至元三年（1266年），阿合马任中书平章兼任制国用使的时候，正式规定了京、府、州、县、司官吏的俸禄和职田。至元七年（1270年）又规定了军官的俸禄。之后，虽然曾有暂时停俸禄和减官俸的事，但是官俸制度，作为一项重要制度从此确定了下来。勒索百姓，贪污钱财不再是合法的行为了。如至元四年（1267年），大名路达鲁花赤爱鲁，总管张弘范等盗用官钱，就受到罢官的处分。

（5）发行纸币。

元代钞法是世界上最早的纯纸币流通制度，在世界币制史上具有特殊的地位。至元元年（1264年），阿合马在各路设平准库，钞1.2万锭，作为钞本。并且买卖金银，以维持物价平衡和保证纸币的信用。初期钞法施行十分严密，并且盐、茶等税收都用纸钞，保证了纸钞雄厚的物质基础。然而，由于连年用兵、费用浩繁，纸钞不断增发，从至元十七年（1280年）以后，开始通货膨胀，纸币贬值，物价飞涨。至元二十四年（1287年），忽必烈不得不召开中书省臣、集贤大学士会议，讨论钞法

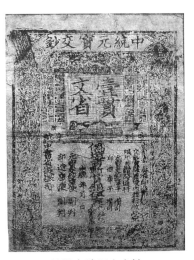

元代中统元宝交钞

问题。但是，朝廷财政用度巨大，不能量入为出，因而这一根本性问题没有解决。

6. 身死戮尸

至元十九年（1282年）三月，忽必烈在上都，皇太子真金随从。有个益都千户叫王著的人，一向疾恶如仇，由于人心对阿合马愤怒怨恨，就秘密铸造了一把大铜锤，自己发誓愿意击碎阿合马的脑袋。王著联络僧人高和尚，趁元世祖北往上都（今内蒙古境内）时，假传真金太子之命召唤阿合马将其击杀。

阿合马死后，忽必烈还不详细了解他的种种邪恶，命令中书省不要追查他的妻儿。等到询问亨罗，才全部知道了阿合马的罪恶，这才大怒说："王著把他杀了，的确是对的。"于是下令掘墓开棺，在通玄门外斩戮尸体，

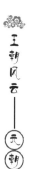

听任狗去吃他的肉。朝廷百官和士人百姓，聚在一起观看拍手称快。阿合马的子侄都被诛杀，家属和财产没收入官。

六、拜住入相 振纲纪，政变被杀谥忠献

札剌亦儿·拜住（1298—1323年），元朝政治家。成吉思汗开国功臣木华黎之后，名相安童之孙。元英宗硕德八剌大臣。

1. 元英宗心腹

札剌亦儿氏为元朝王室世袭贴身侍卫，在蒙古各部中尤有声望。拜住五岁而孤，太夫人教养之，令知文学者为之讲陈儒家孝悌忠信之说，拜住"闻辄领解"。"稍长，宏远端亮有祖风。"元武宗至大二年（1309年），袭怯薛长。元仁宗延祐二年（1315年），拜资善大夫、太常礼仪院使。四年，进荣禄大夫、大司徒。五年，进金紫光禄大夫。六年，加开府仪同三司，每参议大政，辄问是否合于典故。常延儒士咨访古今典章制度和治乱得失。

延祐七年（1320年）三月，元英宗硕德八剌即位，拜住官任中书平章政事；五月，升中书左丞相。时中书右丞相铁木迭儿"布置爪牙，威慑朝野"，与"威临三朝"的太皇太后答己相勾结，"恃其权宠，乘间肆毒，睚眦之私，无有不报"。元英宗不悦其所为，乃任拜住是职，"委以心腹"，以牵制之。由于元英宗对拜住的信任，铁木迭儿一直到死，"以拜住故不得大肆其奸，虽百计倾之，终不能遂"。不久，岭北行省平章政事阿散、中书平章政事黑驴及御史大夫脱忒哈、徽政院使失烈门等与要束谋妻亦列失八谋废立，元英宗召拜住谋，命率卫士擒斩之，其党悉平。

2. 至治新政

至治二年（1322年）二月，元廷置左、右钦察卫亲军都指挥使司，命拜住总之。五月，又以拜住领宗仁蒙古侍卫亲军都指挥使司事，佩三珠虎符。秋七月，敕赐拜住平江田万亩。凡此种种，表明英宗对拜住恩宠有加。是年八、九两月，铁木迭儿与答己相继病死，这两个政治反对势力代表人物的消失，为元英宗和拜住实行政治革新提供了机会和条件。促使元英宗实行改革的根本原因是当时面临的日益严重的社会矛盾，至治二年（1322年）一月至九月，全国各地水旱频仍，加之霜、雹、蝗灾，遍及山东、河北、四川、湖北及江南广大地区，人民反抗斗争时有发生。元英宗为维护其统治，乃决心进行改革。从至治二年（1322年）十月起，任拜住为中书右丞相，且不设左丞相，以示信任与权力之专。拜住为元英宗新政参与决策的主要人物和具体执行者。此后数月，进行了一系列改革，史称"至治新政"。其主要内容如下：

（1）大规模起用汉族地主官僚及儒臣。拜住"首荐张圭，复平章政事，召用致仕老臣，优其禄秩，议事中书。不次用才，唯恐稍后，日以进贤退不肖为重务"。接着吴元珪、王约、韩从益、赵居信、吴澄、王结等人，都在短短数月内被擢任为集贤、翰林院及中书官职。元英宗对拜住所推荐的赵居信、吴澄等"有德老儒"，不仅深表赞同，且进一步令拜住"更当搜访山林隐逸之士"。

花釉里红瓷仓

（2）罢汰冗员。元英宗从至治二年（1322年）十一月起，罢世祖以后所置官，"锐然减罢崇祥、福寿院之属十有三署，徽政院断事官、江淮财赋之属六十余署"。后因被刺于南坡而未能完成这一改革。

（3）行助役法。元代农民劳役繁多，负担沉重。至治三年（1323年）四月，元英宗下诏"行助役法，遣使考视税籍高下，出田若干亩，使应役之人更掌之，收其岁入以助役费，官不得与"。《元史·干文传传》对此法的记载较具体："会创行助役法，凡民田百亩，令以三亩入官，为受役者之助"，"文传谕豪家大姓，以腴田来归，而中人之家，自是不病于役。"时人余卓在其所撰《松江府助役田粮记》一文中对当时上海县的田、粮、纳税及实米助役诸数额均有明确记载，其文云："上海计田七百一十六顷有奇，粮二万九千有奇，纳税二千七百有奇，实米助役二万六千三百有奇。"由此可证助役法对广大农民确实是有利的。

（4）岁减江南海运粮20万石。至治三年（1323年）夏六月，拜住以海运粮比世祖时顿增数倍，"今江南民力困极，而京仓充满，奏请岁减二十万石"。元英宗遂并铁木迭儿所增江淮粮免之。

（5）审定颁行《大元通制》。至治二年（1322年）正月，元英宗命将元仁宗时未最后审定完毕的法令编纂工作继续进行，令枢密副使完颜纳丹、侍御史曹伯启、判宗正府普颜、集贤学士钦察、翰林直学士曹元用，以二月朔会集中书平章政事张圭及议政元老率其属众共同审定，并加以补充；书成，"堂议题其书曰《大元通制》"。全书共88卷，2539条，内断例717条，条格1151条，诏赦94条，全类577条，颁行天下。此书是元朝"政制法程"的汇编。

元英宗新政的各项措施，特别是大规模任用儒臣和罢汰冗员，势必引起元廷内既得利益集团的反对。元代儒臣袁桷曾称拜住"选贤与能，奸党滋惧"。元英宗又曾对其大臣说："今山林之下，遗逸良多，卿等不能尽心求访，唯以亲戚故旧更相引用耶？"这些言论和行动，使元廷内既得利益集团中的一些人感到是对他们既得特权的莫大威胁。尤其是元英宗拜住的对立面原中书右丞相铁木迭儿死后，元英宗说他"贪蠹无厌"，下令"宜籍其家，以惩后也"。"时铁木迭儿过恶日彰，拜住悉以奏闻"，元英宗乃命"夺其官，仆其碑"。

3. 政变被杀

至治二年（1322年）十二月，铁木迭儿子宣政院使八里吉思，又坐刘夔冒献田地伏诛，仍籍其家。次年二月，刘夔及参与此冒献田地案的同金宣政院事囊加台也被诛杀。铁木迭儿的党羽，其义子铁失等甚为恐惧。至治三年（1323年）六月，他们阴诱群僧说："国当有厄，非作佛事而大赦无以禳之。"遭到拜住严厉斥责，他说："尔辈不过图得金帛而已，又欲庇有罪耶？"铁木迭儿的党羽闻之更加恐惧。一场谋杀元英宗和拜住的宫廷流血政变就迫在眉睫了。

铁失等为发动宫廷政变，需要物色新的靠山，乃与晋王也孙铁木儿的心腹、王府内史倒剌沙"深相要结"。至治三年（1323年）八月初二，铁失等遣使至也孙铁木儿处，告以准备发动政变之谋，并说事成之后，推立也孙铁木儿为帝。初五，铁失等乘元英宗自上都南返到离上都30里的南坡之时，与知枢密院事也先帖木儿、大司农失秃儿、前平章政事赤斤铁穆耳、前云南行省平章政事完者、铁木迭儿子前治书侍御史锁南、铁失弟宣徽使锁南等以及按梯不花等五个蒙古诸王，共16人，利用铁失自己所统辖的阿速卫兵为外应，发动政变，先杀右丞相拜住，然后杀元英宗于卧所。

史称"拜住入相，振立纪纲，修举废坠，裁不急之务，杜侥幸之门，加惠兵民，轻徭薄敛。英宗倚之，相与励精图治。时天下晏然，国富民足"，"而奸臣畏之，卒构祸难云"。泰定初，制赠清忠一德佐运功臣、太师、开府仪同三司、上柱国、追封东平王，谥忠献。至正初，改至仁孚道一德佐运功臣，其余如故。

拜住有一子名笃麟，后投降明朝，以拜为姓，迁居陕西大荔，后裔为当地大姓。

七、敛财能手名桑哥，贪赃坐罪终伏诛

桑哥（？—1291年），又译作桑葛，藏族人，出生于多麦（今四川甘孜

藏族自治州）。元朝宰相，是中国历史上第一个担任中央王朝宰相要职的藏族官员。

藏文《汉藏史集》称他"出身于噶玛洛部落"，也就是吐蕃赞普赤松德赞时代（755—797 年）派驻脱思麻地区（今青海东部、甘肃东南部和四川西北部）、后来一直留居当地的吐蕃军队的后裔。《元史》本传说他是胆巴国师的弟子，"能通诸国语言，故尝为西番译史"（即藏语译员）；据元人虞集记载，他"本大浮图师之译者"。《汉藏史集》的记载更详，说他通蒙古、汉、畏兀儿、藏等多种语言，在脱思麻地区汉藏交界之地拜见了帝师八思巴，愿为上师效力，八思巴将他收为译史。

而桑哥之所以能接近蒙古皇室是因为八思巴。据《汉藏史集》上记载："以后，当他任速古儿赤之职时，因其见识广博，得上师喜爱，多次遣往皇帝驾前奏事。皇帝也因此人之学识和功德，将他从上师处取来。"速古儿赤是怯薛执事中"掌内府上供衣服者"。当时他还是八思巴的侍者，后来因为有机会频频接触到忽必烈，便被忽必烈要了去。可见忽必烈对桑哥的印象还是很不错的。

虽然为忽必烈所赏识，但桑哥的仕途也并非一帆风顺。《汉藏史集》记载，桑哥当官后在大都帝师居处梅朵热哇（意为花苑）旁建了一座佛堂，因此被御史台治罪，还坐了牢，后来得八思巴说情，他才有机会被放出来。之后，桑哥的政治之路才逐渐顺遂了一点，甚至还得到了一项至高无上的荣誉——忽必烈命人为他竖起了功德碑。阿合马、卢世荣相继被杀后，由于朝廷开支过大，收入相对不足，忽必烈急需找一个能为朝廷敛财的"能人"，桑哥便成为了他的目标人选。至元二十四年（1287 年）初，忽必烈听取了麦术丁的建议，任命桑哥和铁穆耳为平章政事，重新立尚书省，改行中书省为行尚书省，六部为尚书六部，更定钞法，在境内颁行至元宝钞。桑哥上任后，第一个检核的就是中书省账目，查出中书省"亏欠钞四千七百七十锭"，这让当初举荐桑哥的麦术丁后悔不迭，但也只能自认倒霉，乖乖伏法。

接着，桑哥又在省部及各地大行"钩考"，又当众命从人殴打汉族大臣，杀了很多与他意见不合的人以立威。由于桑哥敛财有道，在半年时间内就为元廷增加了不少收入，忽必烈一高兴又封他为右丞相。担任丞相后，桑哥进一步抨击上至中央下至行省的官员，奏请忽必烈革职罢免了许多贪官污吏。当时，忽必烈由于急需大量钱财，像桑哥这种擅长敛财的官员自然会受到他的宠爱，于是，桑哥趁机撺掇手下上"万民书"，要求为桑哥"立

石颂德"。忽必烈当即同意了，"民欲立则立之，乃以告桑哥，使其喜也"。至元二十五年（1288年）十一月，翰林院的学士们便详列桑哥功德，在中书省府院前竖立一块巨石，上题"王公辅政之碑"，并"楼覆其上而丹雘之"，即在大石头的外面又盖上了漂亮的阁子。

可见，虽然这"功德碑"是忽必烈下令建的，却是桑哥自己要求的，不过话说回来，如果不是桑哥得宠，恐怕忽必烈早就找个理由给推掉了。可惜乐极生悲，这功德碑建成后没多久，麻烦便找上了桑哥。在敛财的过程中，桑哥触犯了很多贵族和官员们的利益，他虽然为朝廷聚集了许多财富，却让百姓们苦不堪言，再加上他以丞相的身份卖官鬻爵，贪污受贿，被人抓住了许多把柄，并在忽必烈面前参了他一本。

至元二十八年（1291年）正月，元世祖在大都东南的柳林（潞州北）狩猎，随从怯薛也里审班（不忽木弟）、彻里（利用监卿）、也先帖木儿（御史中丞）等首先控告了桑哥奸贪误国害民诸罪。彻里尤为激烈，"言色俱厉"，元世祖怒责他"丑诋大臣，失几谏体"，命左右批其颊，"血涌口鼻，委顿地上"，彻里仍辩不止，声明自己与桑哥无仇，只是为国家着想。元世祖召不忽木问，不忽木也揭露桑哥蒙蔽皇帝，紊乱政事，诬杀言者等罪。怯薛长（宣徽院使）月赤察儿根据时任尚书平章的怯薛也速答儿的密报，也奏劾了桑哥。正月二十三日，桑哥被罢去相位，交付审讯。指控他的一条罪状是"沮抑台纲，杜言者之口，又尝捶挞御史"。他上台不久就以诽谤尚书省和非议时政罪杀台吏王良弼和前江宁达鲁花赤吴德，以压制群言。至元二十六年（1289年），他奏告监察御史稽照尚书省左右司文簿多有遗漏，提出应令监察御史到省部稽照，署名于卷末，若有遗漏则易于归罪。于是答监察御史四人。

元代陶龙

此后御史到省部，司吏持文簿置于桌上而去，使御史陷于遍阅案卷，一有疏忽即获罪，纠弹之职尽废。南台侍御史程钜夫入朝，上疏指摘宰相"惟以殖货为心"，"立尚书省钩考钱谷，以割剥生民为务，所委任者率皆贪饕邀利之人。江南盗贼窃发，良以此也"（《元史·程钜夫传》）。桑哥大怒，将他羁留京师，并以御史台都事王约与程呼应，六次奏请并诛二人，因元世祖不许而止。治书侍御史陈天祥奉命理算湖广钱粮，上疏劾平章要束木凶暴不法，要束木是桑哥的姻亲、党羽，于是桑哥摘陈天祥疏中语，诬以不道，奏遣使逮捕入狱，欲致之死，直到桑哥事败才获释，系狱达 400 天。监察御史周祚弹劾江淮行省官忙兀台等奸赃，被反诬以他罪，流放到漠北憨答孙之地，妻子财产没官。这些事实说明桑哥确曾沮抑御史台。元世祖令御史大夫玉昔帖木儿审辩其事，桑哥持御史已刷文卷来为自己辩解，经反复勘验辩论，终于辞屈。另一条罪状是他实行的钩考和变更钞法、盐酒课以及铨选制度。钩考本来是清查和追征各官府仓库侵盗、逋欠的钱粮，主要是针对官吏贪污、失职的，由于以多征为主旨，层层严责，实际上负担往往转嫁给到百姓身上，成为害民弊政。课税增额自然是加重人民的负担，但似乎并没有受到深究，桑哥下台后，课额也没有减少。

最致命的罪状是他结党营私，贪赃受贿，"以刑、爵为货"。中书平章麦术丁和右丞崔彧奏劾他"当国四年，中外诸官鲜有不以贿而得者。其昆弟故旧妻族，皆授要官美地"（《元史·崔彧传》）。其妻族湖广行省平章要束木在他的庇护下，贪暴不法，莫敢谁何；其妻弟八吉由授为燕南宣慰使，也受略积赃；他还把巩昌总帅府改为宣慰司，以弟答麻剌答思为宣慰使；江淮行省一批长官都是他的党羽，利用钩考搜括民财，受贿肆虐尤为严重。被揭发出来的桑哥党羽还有其他一些人。这些所谓"党羽"大多是以贿赂桑哥相结纳的。河间盐运使张庸纳官婢于桑哥，成为他的亲信，得以久居其位，独盗官库钱达 3000 余锭。斡罗思、吕国瑞因入贿于桑哥、要束木，得授八番罗甸宣慰使。麦术丁、崔彧还指控了一条："大都高资户多为桑哥等所容庇，凡百徭役止令贫民当之。"这些富户所以能受到他的庇护得免徭役，自然是纳贿所致。关于桑哥受贿事，也见于拉施都丁《史集》的记载。据载，由于一些回回商人拒食蒙古人宰杀的羊肉，元世祖大怒，下诏禁回回人抹杀羊（以断喉法宰羊），违者处死，家产抄没以赏告者。这使回回人受到沉重的打击。其后，回回达官贵人别哈丁、沙的左丞、乌马儿、纳速剌丁、忻都左丞等以大笔金钱奉献给桑哥，桑哥遂为之奏称：回回商人都走光了，而且不再来，关税收入不足，珍奇货物也不能运来，都是由于禁抹杀羊所致，应该开禁。于是这条禁令得以废止。《史集》记载的这些向桑哥纳贿的回回达官贵人，就是汉文史料所载肆虐江淮的桑哥党羽。

二月二十五日，元世祖命彻里率怯薛 300 余人抄籍桑哥家资，"得金宝衍溢栋宇，他物可资计者，将半内帑"。据《史集》载，从桑哥家拿来

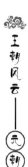

两个箱子的珍珠和贵重物品，元世祖责问他："你有这么多珍珠，我曾向你要两三颗，你都不给。"他羞愧地说："这些都是大食达官贵人送给我的，他们都是每个地区的长官。"元世祖说："为什么他们不把珍珠和贵重物品也献给我呢？你把一些粗毛衣带给了我，而把金钱和无比贵重的物品归了自己！"《汉藏史集》也记载说，元世祖责问桑哥："汉人织匠为我织成无缝衣服，献给我两件，你手中却有三件，甚至超过了我，这不是你的罪过吗？"面对忽必烈的质问，桑哥无话可说，最终因贪赃罪被拘捕入狱，并在几个月后于闹市中被斩首示众。

八、郝经为学思致用，四海一家谏世祖

郝经（1223—1275 年），字伯常，陵川县鲁山（今属山西）人。始祖郝仪由太原迁至潞州（今长治市），八世祖郝祚又迁至泽州（今晋城市）陵川。郝经的祖先自八世祖以下皆同居，业儒、课徒不仕，教授乡里，为一郡望族。郝经的祖父郝天挺以教学有方闻名。

1. 早期经历

郝经出生于金末乱世。金正大八年（1231 年），随父母避难于河南鲁山。次年，蒙古兵锋南下，郝经又随父母北渡，徙居顺天（今北京）。其父亲主要靠教授生徒勉强维持一家 6 口人的生活。当时郝经已 12 岁，"始知学"，开始就读于铁佛寺僧张仲安之南堂，凡五年。他"以兴复斯文，道济天下为己任。读书则专治六经，潜心伊洛之学，涉猎诸史子集"。

由于郝经以其学问品行逐渐出众，乃马真后二年（1243 年）以后，他先后被蒙古元帅贾辅和张柔聘请，在他们家中设馆教书。张柔家中富有藏书，郝经尽得观览，眼界更加开阔，学识上也有了极大长进。在贾辅、张柔二世侯家做教师期间，郝经结识了金朝遗老元好问和理学大师赵复。元好问遂相与论作诗作文法。郝经赞赏元好问的学问和为人，称其为"一代宗匠"，并执弟子礼。郝经多次拜见赵复，与他交游论道。赵复十分赏识郝经，称"江左为学读书如伯常者甚多，然似吾伯常挺然一气立于天地之间者，盖亦鲜矣"。

蒙哥汗元年（1251 年）年春，29 岁的郝经在顺天府（今河北保定市）贾副元帅家就教，一位陵川道士，赴燕都上香朝拜，过保定时，向郝经哭诉了家乡百姓深受蒙古官僚压迫而流离失所的悲惨景象。当郝经听了家乡道士的苦诉，不光是泪水淌流，又火冒三尺，愤笔写下了《河东罪言》，冒着不测的风险，上书给蒙古统治集团，出人意料的是，忽必烈没有责罪

郝经，反而召纳郝经于王府。他深感这份"民书"血淋淋的分量，"民失，江山倒"！

忽必烈中统元年（1260年）三月，忽必烈登帝位，立即颁发政令，革除了蒙古诸王直接向种地人征税的权利，大大减轻了北方人的负担。

2. 出仕为官

元宪宗二年（1252年），忽必烈开府于金莲川。郝经受举荐，忽必烈遣使两次召见，后随使奉诏北上。元宪宗六年（1256年）正月，见忽必烈于沙陀，忽必烈向郝经问以经国安民之道和帝王当行之事，郝经"援引二帝三王治道以对，且告以亲亲而仁民，仁民而爱物之义"，忽必烈"喜溢不倦"。

"自后连日引对论事，甚器重之，且命条奏引欲言者。"郝经上《立国规模》30余条。忽必烈又问"当今急务"，郝经"举天下蠹民害政之尤者十一条上之，切中时弊"，忽必烈"皆以为善"。郝经的建议，有些虽不能立即实行，但后来元朝建立后，"凡更张制度"，采纳郝经建议"约十六七"。

自从灭金以后，蒙古军就开始南下，力图尽快并吞南宋。郝经对此持否定态度。他向忽必烈讲述"古之一天下者，以德不以力"的历史经验，同时通过对蒙宋双方情况的分析，认为蒙古国是"诸侯窥伺于内，小民凋敝于下"，而南宋当时则是"君臣辑睦，政事修明，无衅可乘"（《元史·郝经传》）。因而主张不要立即伐宋，应把主要精力放在革除弊政，遵用汉法，选贤用能，创法立制，减轻赋税，屯田垦殖，巩固内部，使"天下一新"。

元宪宗八年（1258年），当蒙哥汗命忽必烈分兵征鄂州，大举南侵之时，郝经一再向忽必烈致论，亟言不当南下。忽必烈先是以已经和蒙哥汗约定联合攻宋，不能中止为辞，否定了郝经的建议。但当蒙哥汗死于合川钓鱼山，阿里不哥图谋篡位，威胁到忽必烈汗位继承权的时刻，忽必烈开始采纳郝经的建议。适值南宋奸雄贾似道派间使称臣纳币请和，忽必烈遂班师北上，归定大事。其间郝经被任命为江淮荆湖南北等路宣抚副使。

元代舞蹈俑

3. 出使遭囚

蒙古蒙哥汗九年（1259年）二月，蒙哥汗领兵围攻南宋（都临安，位于今浙江省杭州市）合州（位于今重庆市合川市东），遭到守城将领王坚率部顽强抵抗。七月，蒙古军尚未攻克合州，蒙哥汗突然生病去世。

蒙哥汗之弟、漠南（治所金莲川，位于今河北省沽原县东）总管（军政长官）忽必烈当时正领兵开赴鄂州（位于今湖北省武汉市武昌）。收到讣告后，忽必烈不但没有引军北撤，反而率军渡过长江，围攻鄂州。

宋理宗赵昀派遣右丞相兼枢密使（最高军事机关长官）贾似道率军进驻汉阳（位于今湖北省武汉市汉阳区），援助鄂州守军。贾似道畏惧蒙古大军，不敢与其正面交锋，率部移驻黄州（位于今湖北省黄冈市）。不久，蒙军发起猛烈攻势，贾似道惊恐万状。十二月己亥日，他背着朝廷秘密派遣其部将宋京去蒙古军营，向蒙古称臣纳币求和。忽必烈没有答应。

在此期间，忽必烈获悉其胞弟阿里不哥在和林策划即汗位，召集部将商议对策。江淮荆湖等路（位于今长江中下游地区）副安抚使（军政副长官）郝经（泽州陵川即今山西省陵川县人）极力主张忽必烈答应宋朝讲和，迅速撤军回国，抢先即汗位。忽必烈采纳郝经这一建议，随即率部北撤。

贾似道见蒙军北撤，为隐瞒其向忽必烈称臣求和的丑行，乘机率军击败蒙军后卫部队。之后，他向宋理宗谎报鄂州解围，以邀功请赏，并指使其亲信撰写《福华编》，颂扬他救援鄂州的战功，沽名钓誉。

忽必烈回国即汗位后，想起贾似道称臣求和一事，认为两国既然停战，应当派遣使臣去宋朝，通告他已经即位为蒙古汗，并继续与宋朝进行和谈。

忽必烈汗召集大臣讨论派遣使臣同宋朝议和一事，众臣都为之惶恐不安。大家心里清楚，多年来，蒙古军队对宋朝攻战不息，宋朝军民对蒙古的仇恨很深。在这种情况下，任何一个蒙古大臣出使宋朝，难免都会有风险。平章（丞相）王文统（益都即今山东省青州市人）向来忌恨郝经的才能和声望，建议派郝经出使宋朝，想借机把他除掉。忽必烈汗没有察觉王文统这一图谋，他认为郝经忠诚可靠，于是任命他为翰林侍读学士（皇帝学术顾问官）、国信使，派他佩带金虎符率团出使南宋。

有人提醒郝经："王文统提议你出使宋朝不怀好心，你可以以病谢辞。"郝经回答说："南北开战这几年，江淮地区的老百姓惨遭战祸。我这次出使宋朝，虽然是以微贱之躯步入不测之地，但如果能使战争停止，实现和平，将百万生灵从战乱中解救出来，我亦就如愿以偿了。"

忽必烈中统元年（1260年）四月，郝经率团出发。临行前，忽必烈汗以葡萄美酒为郝经一行饯行。

在此之前，王文统暗中对济南（位于今山东省济南市）守将李璮（王文统女婿）发出指令，要他在郝经与宋朝大臣和谈期间，领兵出击宋军，企图借宋朝人之手杀死郝经。

郝经一行，以何源、刘仁节为副使，高翮为参议，苟宗道为书佐，随团成员还有马德磷、孔晋等数十人。郝经此行，引起了大蒙古国内部一些汉人世侯的妒忌，平章王文统私下指使将军李璮侵扰宋境，企图假南宋之手破坏和议。南宋奸相贾似道也对郝经一行的到来极度恐慌。害怕过去冒功鄂州（今湖北武汉）却敌的劣迹败露，极力反对郝经进入宋境。

郝经原计划经涟州入宋，但李璮劝他们返回，理由是他告行派往南宋通报的两人已为宋楚州安抚所杀。郝经不为所动，转道宿州五河风餐露宿，迁延近五个月，方于当年秋末进入宋境。可是一入宋境，贾似道便密令淮东制置司以李璮兴兵犯境为借口，把郝经一行拘禁于真州（今江苏仪征），从此身陷囹圄长达 16 年之久。在此期间，郝经曾多次上书南宋君臣，但在贾似道的阻止下，一切努力均付之东流。据传郝经被拘几年后，在 1274 年从宋人供食的活大雁中挑出一只健壮能飞的，系蜡书于雁足，放飞大雁。信中言"中统十五年"实为"至元十一年"，郝经被拘于宋，不知元朝改元的事，所以他依此推之为"中统十五年"。

为了策反郝经，贾似道谎称元廷兵乱，几次派人诱降，均遭郝经痛斥。又派人假扮强盗夜闯囚所威逼、断绝生活供应等，也未能动摇郝经的意志。

至元十一年（1274 年）六月，忽必烈命丞相伯颜率兵伐南宋，又命礼部尚书中都海牙及郝经之弟行枢密陪都事郝庸入宋，责问信使无故被拘一事。南宋朝廷理屈词穷，再加元军所向披靡，不得不派总管段佑以礼送郝经一行北归。元世祖忽必烈也派枢密院官及内臣近侍远道迎接。

至元十二年（1275 年）夏，郝经一行回到了阔别 16 年的大都，忽必烈赐宴于廷，赏赐有加，并向郝经咨以政事。是年秋，病卒。谥文忠。

4. 理学思想

郝经著有《续后汉书》《春秋外传》《周易外传》《太极演》《原古录》《玉衡真观》《通鉴书法》《注三子》《一王雅》《行人志》《陵川集》等专著数百卷。版刻存世的有《续后汉书》与《陵川集》。

郝经反对"华夷之辨"，而推崇"四海一家"的思想，主张天下一统，结束自唐朝末年以来的分裂状态，但又反对不同族群之间的等级观点。郝经又主张凡事不必尽都师法古人，提出"不必求人之法以为法"，认为"三

国六朝无名家，以先秦二汉为法而不敢自为也"；五季及今无名家，以唐宋为法而不敢自为也"，强调文人写文章时应当"皆自我作"。体现了强烈的知识分子思想自由和创新的意识。

他的《内游》《养说》二篇发挥孟子"吾善养吾浩然之气"的论点，强调主体精神的自我涵养，提出"圣之所以为圣，贤之所以为贤，大之所以为大，皆养之使然也"（《养说》）。进而对于文章写作，他也强调"皆自我作"，"不必求人之法以为法"，认为"三国六朝无名家，以先秦二汉为法而不敢自为也；五季及今无名家，以唐宋为法而不敢自为也"（《答友人论文法书》）。这里表现出强烈的自信和创新意识。

乾隆皇帝曾有《御题郝经〈续后汉书诗四首〉》云："身充信使被拘留，两国恰逢建计投；愿附鲁连未遂志，空言思托著书酬。"

九、德才兼备元明善，名列兴国"五贤祠"

元明善（1269—1322年），字复初，大名清河（今属河北）人。其祖先为北魏拓跋氏后代。元明善天资聪颖，领悟力强，读书过目不忘，各种经书都有学习，尤其精通《春秋》。弱冠游吴中，以文章名于时。在江南曾作过几任省掾一类官吏，后擢为太子文学。元仁宗即位，改翰林待制，与修《成宗实录》，升翰林直学士。与阿城曹元用、济南张养浩三人并称"三俊"。著有《龙虎山志》3卷，今佚。

柳贯在为元明善请谥的奏文中说："自建元以来，儒臣被遇之盛，未有若兹之侈者也。以如是之才膺如是之眷，而或者犹不能无少年用事之讥。然则盖棺论定，今其时矣；节惠尊名，庸可后乎？今按谥法：德美才秀曰文，务时成志曰敏。宜谥曰'文敏'。"柳贯对元氏的评价并非溢美之词，在有元一代大官僚中，元明善可以称得上是一位德才兼备的官员，其生平事迹可圈可点者不少。

马祖常《元公神道碑》载：元氏随董士选任省掾于江西时，"会赣贼刘贵反，从左丞将兵讨之。擒贼三百人，议缓诖误，得全活者百三十人……将佐白宜多戮人及尸一切死者，用张军声。公固争，以为王者之师恭行天罚，若等小贼跳梁，杀其渠魁耳，馀何辜焉。贼贵盗书民丁十万于籍，有司喜，欲发之，公夜置火籍稿中，焚之以灭迹，赣、吉遂安"。不惮牵累，拯救无辜；躬行德义，安民弭兵。元明善在江西之所作所为，足以显示他宅心仁厚、视民如子的品格。也正由于他对江西人民的这种"恩德"行为，江西兴国县在建祠祀贤时，把他与宋代的四位大人物程颢、程颐、李朴、文天祥并列，建"五贤祠"以祀之。

《元史本传》载："(元明善)奉旨出赈山东、河南饥，时彭城、下邳诸州连数十驿民饿马毙，而官无文书赈贷，明善以钞万二千锭分给之，曰'擅命获罪，所不辞也'。"一个封建官员能有如此仁心、如此胆量，是非常难能可贵的，也是值得大力颂扬的。

《元史本传》载："延祐二年，始会试天下进士，明善首充考试官。及廷试，又为读卷官，所取士后多为名臣。"马祖常所撰《元公神道碑》则说他"迅笔详定试卷数语，辞义咸委曲精尽，他人抒思者不及也"。在首科进士中，有不少是对元代文学有重大影响的诗人或散文家，如欧阳玄、马祖常、黄溍、许有壬、杨载等，是人才相对非常集中的一届。而元明善作为这一届的考试官、读卷官，其识见自不必说，我们用秉持公心、有伯乐之贤的词语来评价他，是一点也不过分的。

元明善不仅政德、政绩杰出，其文望与诗文创作成就也为时人交口称赞、推崇备至。

十、先见之明曹元用，尽忠宣力左班才

曹元用（1268—1330年），字子贞。祖籍阳谷阿城（今阳谷，一说嘉祥县纸坊镇李村），后迁居汶上。元代大臣。

曹元用天资聪敏，性格开朗，幼好读书，过目不忘，每夜读书，常通宵达旦。父亲怕他因此得病，阻止他，他却用衣蔽住窗子，在房内默读。阎复将他的文章给曹元用看，曹元用立即指出其中的毛病，阎复认为曹元用是个奇才，荐为翰林国史院编修官。曹元用认为国史院的官员都才不称职，请于测试后录优任用。

御史台聘他为属官，曹元用不曾学过如何办理公务，但对一些事情却能有明确的判断，御史台的属史们反而要向他请教。转为中书省右司的属员，后授任应奉翰林文字，又转任礼部主事。在当时历朝皇后死后，还是称其名，没有谥号，曹元用认为："皇后为天下之母，岂可直接称其名，应加上美好的称号，以发扬其美德。"改任尚书省右司都事，转为员外郎。废除尚书省后，他退居任城，在那里住很久，齐、鲁间士人向他求学的甚多。

延祐六年（1319年），授太常礼仪院经历，建议太子硕德八剌亲自参加祭祀之事，精心于礼乐。硕德八剌亲自主持祭祀的礼节、仪仗队、车马、服装等制度，都是他裁定的。原来太庙九代皇帝的灵位分室供奉，但都在一殿之内祭祀。

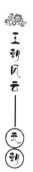
元仁宗驾崩后，殿内也无室可以供奉了，便在元武宗室之前接了一间供奉。元英宗上京召集礼官讨论此事。曹元用认为，应该建大殿于原殿之前，内设15室。元英宗认为此议甚好。授曹元用为翰林待制，迁任直学士。

至治三年（1323年）八月，发生铁失刺杀元英宗的事变，叛党赤斤铁穆耳突然来到京师，收缴各衙门大印，召两院学士北上。曹元用一人未去，并声称："此非常之变，我宁死也不能屈服。"不久，这次政变以失败告终，人们都说曹元用有先见之明。

泰定二年（1325年），朝廷授曹元用为太子赞善，后转为礼部尚书，兼经筵官，又任大朝会的纠仪官，在退朝时号令循序而退，无夺门而出的事情发生。他认为太医、仪凤、教坊等官，不应列入正班，应自成一列。这些建议均被采纳。丞相拟废除科举制，曹元用反对："国家文治正要用此制度，怎么能废！"有人提出对太庙的祭祀由四季减为冬季，曹元用说："禘祠尝烝（古四时之祭的代称，禘指最薄一祭、祠为春祭、烝为冬祭、尝为秋祭），是一年四季的祭祀，一个都不能少，这是经典礼仪中十分重要的事情，怎么可以因为吝啬钱财而废除礼仪呢！？"

泰定三年（1326年）夏，发生日食、地震、星变，也孙铁木儿诏令廷臣商议消灾之策，曹元用提出：避免天灾的办法，是不讲空话，但务实际，也就是实行德政。具体说就是：节省一切不应开支的费用，选拔贤能者为各地守令，抚恤贫民，祭祀天地，禁止佛事，停止不必要的制作以减轻人民负担，慎重地实行赏罚以鼓励和惩罚士民。这些意见都切合实际，清除当时政治中的弊端。他还论及科举取士之法，认为应当革除冒名顶替，严格进行考核，使得有真才实学的人得到任用。这些意见朝廷都予以肯定。拜为中奉大夫、翰林侍讲学士兼经筵官，参与修纂元仁宗、元英宗两朝实录。又奉旨纂集甲令为《通制》，把唐朝的《贞观政要》译为蒙古语言。这些书编成后都流行于世。凡朝廷的文告和命令，都是曹元用起草的。元文宗时他起草宽恤之诏，受到也孙铁木儿的称赞，赐金织纹锦。

天历二年（1329年），曹元用代表皇帝到曲阜孔子庙举行祭祀，回来献上孔子像及所撰的代祀记，元文宗非常高兴。正值太禧宗禋院副使是个缺职，中书省上奏让曹元用担任，元文宗不答应，说："他是翰林院学士中不可缺少的一个，要把他任用在大事情上。"当曹元用去世时，皇帝哀悼很长时间，告诉侍臣说："曹元用尽忠竭力，现在死了，应当赐赙钞五千缗（一千文）。"又追封为政奉大夫、江浙等处行中书省参知政事、护军、东平郡公，谥号文献。济宁市太白楼、曲阜孔庙、邹城孟庙，存其撰文碑。

十一、执法牧民为贤令，水月松风日名流

张养浩（1270—1329 年），字希孟，号云庄，又称齐东野人，济南（今山东省济南市）人，元代著名政治家、文学家。

张养浩是元代重要的政治、文化人物，其个人品行、政事文章皆为当代及后世称扬，是元代名臣之一。

张养浩一生经历了元世祖、元成宗、元武宗、元英宗、元泰定帝和元文宗数朝。少有才学，被荐为东平学正。历仕礼部、御史台掾属、太子文学、监察御史、官翰林侍读、右司都事、礼部侍郎、礼部尚书、中书省参知政事等。后辞官归隐，朝廷七聘不出。天

张养浩

历二年（1329 年），关中大旱，出任陕西行台中丞。是年，积劳成疾，逝世于任上。

元文宗至顺二年（1331 年），追赠张养浩摅诚宣惠功臣、荣禄大夫、陕西等处行中书省平章政事、柱国，追封滨国公、礼部侍郎、礼部尚书、中书省参知政事，谥文忠，尊称为张文忠公。

1. 政治建树

（1）推动恢复科举。

元仁宗皇庆二年（1313 年），在张养浩、元明善等人的积极推动下，元朝廷于元仁宗延祐二年（1315 年）农历三月初七，在京城大都皇宫举行殿试（廷试），这是元朝开国以来举办的第一次科举考试。张养浩、元明善等人亦主考主持本次考试，最终录取护都答儿、张起岩等 56 人为进士。

延祐五年（1318 年），张养浩再次主持当年科举考试，忽都达儿、霍希贤等 56 人及第。

（2）关中赈灾。

天历二年（1329 年）朝廷以"关中大旱，饥民相食"，召其为陕西行台中丞前往赈灾时，他却不顾高龄体弱，随即"散其家之所有"登车就道，星夜奔赴任所。"无多惭，此心非为官。"（《西番经》）使他赴召的不是官爵，而是灾情严重激发起他为民承重的精神。赴官途中经洛阳、渑池、潼关，直达长安。一路行来，目睹灾民惨状，感历代兴废，写了数首怀古曲，

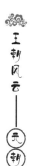

意绪苍凉，流露出对本朝前景暗淡的哀叹和对人民苦难的深切同情。到任之后，"凡所以力民者，无所不用其至"（危素《张文忠公年谱序》）。在陕西做官四个月，从来没有回到自己家里住过，一直住在官府，晚上便向上天祈

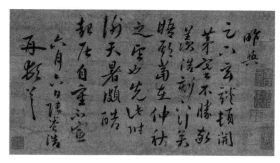

张养浩作品

祷，白天就出外救济灾民，一天到晚没有丝毫的懈怠，终因劳累过度卒于任上。消息传开，"关中之人，哀之如失父母"（《元史》本传）。

（3）编写《三事忠告》。

张养浩遵循儒家学说，始终言行一致。《为政忠告》代表了他一生主张为官清廉的主导思想。《为政忠告》又名《三事忠告》，其中《牧民忠告》作于当地方官员时，《风宪忠告》作于当监察官员时，《庙堂忠告》作于当中央官员时。三事忠告，就是对地方官员、监察官员、中央官员的真诚劝告。《为政忠告》（《三事忠告》）是元代吏道专著的重要组成部分，对于研究当时的政治思想、上下政务以及社会风气都有重要参考价值，对于后世的封建统治观念亦有相当影响。

以《牧民忠告》为例，分述拜命、上任、听讼、御下、宣化、慎狱、救荒、事长、受代、闲居之要义，"采比古人嘉言善行，自正心修身，以至事上惠下，除奸决疑，恤隐治赋，凡可为郡县楷式者，无不曲尽其宜，且简而易行，约而易守，名之曰《牧民忠告》"（林泉生《〈风宪忠告〉序》）。在"事长"篇中，张养浩提出六条准则，即各守涯分、宁人负我、处患难、分谤、以礼下人、不可以律己之律律人。论述言简意赅，如"不可以律己之律律人"指出："同官有过，不至害政，宜为包容。大抵律己当严，待人当恕，必欲人人同己，天下必无是理也。"寥寥数语，尽得要领。无怪乎当时很多地方官吏"家藏一书，遵而行之"。这部著作虽非巨制，但对今天的领导者亦颇有启迪作用。

2. 文学成就

（1）散曲大家。

张养浩是元代散曲的代表作家之一，散曲创作奠定了他在中国文学史上的不朽地位。他的散曲结集为《云庄闲居自适小乐府》，简称《云庄乐府》，共收录他的散曲作品150多首。另有多首题为"张云庄作"的艳曲，收在

其他选本中。

内容决定形式。张养浩宽广的艺术视野、丰富的创作题材决定了他的作品不可能以婉约、缠绵为主。张养浩从学习前期豪放派散曲作品入手，因此也被视为元散曲豪放派的代表作家。特别是他的代表作《山坡羊·潼关怀古》，气势恢宏，感情沉郁，寓意深远，大大提高了散曲的表现力，堪称元曲中的一流佳作。作者在大部分散曲中表现的勤政爱民兼善天下的人道精神，全身远害寄傲林泉的避世思想，观照历史针砭现实的批判意识，使得他的作品具有丰富的思想内涵，从不同的侧面体现了张养浩美善兼具的人格情操和拯物济世的高尚襟怀。

张养浩从 51 岁赋闲故里，前后八年多时间。这期间，他"视荣华如风花之过目，鸟声之悦耳。

张养浩作品

以六合为家，四时为友，寄傲林泉，纵情诗酒"，写出了不少"接于目而得于心"的优美动人的诗文和散曲，《归田类稿》即是其闲居在家时的代表作品集。

（2）诗文名家。

张养浩不仅以散曲知名，他的诗歌成就也很高，能够与"元诗四大家"相媲美，并且内容充实，题材广泛，在咏史纪游、反映现实政治、民生疾苦方面，都有上乘之作。而且语言优美成熟，特别善于写景抒情，具有很强的表现力。

其散文也风貌独特，体裁繁多。在他长期的政治生涯中，他结合实际写的很多政论文大都有感而发，论述精辟，条理清晰，不但在当时起到积极的作用，对我们今天的政治、经济、生活各方面也能起到积极的借鉴作用。

张养浩的诗文，晚年编定为《归田类稿》40 卷，今存 24 卷，收录于《四库全书》中。他的政论集名《三事忠告》，包括《牧民忠告》《风宪忠告》《庙堂忠告》。他还曾有一部词集《江湖长短句》，可惜今已散佚。

十二、人臣巅峰帝傀儡，骄奢淫逸纵欲亡

燕帖木儿（1285—1333 年），钦察氏，床兀儿第三子。元朝权臣。

燕帖木儿自少年起即为宗王海山宿卫，从镇漠北。大德十一年（1307

年），从海山南还，海山（元武宗）即位，授同知宣徽院事。

皇庆元年（1312 年），袭父职左卫亲军都指挥使。泰定二年（1325年），加太仆卿；三年，迁同佥枢密院事。致和元年（1328 年），进佥枢密院事。

致和元年春，元泰定帝在柳林围猎时得病还宫，燕帖木儿即与诸王满秃等密谋待帝死后发动政变，拥立元武宗子。三月，元泰定帝北幸上都，燕帖木儿留在大都掌管宿卫军。七月，元泰定帝死于上都，燕帖木儿凭借掌握的大都兵权，与居守大都的西安王阿剌忒纳失里等策划举事。八月初四，率族党阿剌帖木儿及心腹 17 人持兵刃入兴圣宫，召百官至，宣布"祖宗正统属在武皇帝之子，有不顺者斩"，当即缚平章政事乌伯都剌、伯颜察儿、左丞朵朵、参知政事王士熙等有异议者下之狱；与阿剌忒纳失里共守内廷，封府库，收百司印，召百官听命。随即，遣前河南行省参政明里董阿等驰驿南迎被贬居江陵的元武宗次子图帖睦尔入都，密谕河南行省平章伯颜（元武宗旧臣）拥立之意，令他领兵护送，并宣称已遣使奉迎流亡金山之西的元武宗长子和世琜。时朝省大臣多在上都，燕帖木儿遂推前湖广行省左丞相别不花为中书左丞相，太子詹事塔失海涯为平章政事，前湖广行省右丞速速为左丞，与原右丞赵世延等共掌政务，另立政府，同时调宿卫诸军严守宫廷及京畿诸要隘，完全控制了大都局势。不久，又令人诈称为和世琜派来的使臣，扬言和世琜已率诸王兵南来，"旦夕且至"，以稳定人心。与此同时，在上都的中书左丞相倒剌沙与梁王王禅、辽王脱脱等宗室、右丞相塔失帖木儿、知枢密院事铁穆耳脱、御史大夫纽泽等大臣结成拥护元泰定帝太子的一派，处死企图在上都起事响应大都的诸王满秃等，出兵分道讨伐大都，于是两都之战爆发。

此次内战，上都方面拥有较多诸王、大臣的支持，兵力颇强，其四路军均曾先后攻入京畿，但缺乏统一指挥，未能配合，而燕帖木儿则集中精兵由自己直接统率，又富于谋略，勇决善战，虽往来奔驰救援，均能以优势兵力各个击溃敌人，保卫了大都的安全。

燕帖木儿拥立文宗，立下大功，权倾朝野，于是出现了长达五年之久的燕帖木儿专权。天历元年（1328 年）八月的大都政变之后，燕帖木儿便以佥枢密院事之职参与机要，但实际上已经控制了中枢决策大权。九月，文宗继位后，立即封燕帖木儿为太平王。将太平路（今广西大新一带，治所在崇左西北）作为他的食邑，此外还赐金 500 两、银 2500 两、钞一万锭、平江（今江苏苏州市）官地 500 顷。接着又授给他开府仪同

元上都开平府遗址

三司、上柱国、录军国重事、中书右丞相、监修国史、知枢密院事、世袭答剌罕等头衔。从此，燕帖木儿成为居皇帝一人之下、万人之上，集军政大权于一身的权臣。

　　同年十月，元文宗下诏规定从今以后，朝廷所有政务和对群臣的赏罚，如果没有与燕帖木儿商议，任何人不得上奏皇帝。由于按这时的制度一般不准许大臣兼任实职，所以燕帖木儿表示要辞去枢密院的职务。元文宗答应了这一请求，但立刻将知枢密院事一职交给燕帖木儿的叔父不花帖木儿，使兵权仍然掌握在燕帖木儿家族手中。后来，干脆下诏规定特准燕帖木儿、伯颜两人兼任3个职务。天历二年（1329年）正月，设立燕帖木儿任都督的都督府，统领钦察卫、龙翊卫、哈剌鲁东路蒙古2万户、东路蒙古元帅府。使燕帖木儿名正言顺地掌握了一大批精锐部队，作为专权擅政的后盾。同月，元文宗还任命燕帖木儿为御史大夫，让他掌握了司法、监察大权。

　　在元文宗退位期间，燕帖木儿不仅一切官爵照旧，还被元明宗加授太师的头衔。元文宗复位之后，竟仿效元英宗推崇拜住的先例，于至顺元年（1330年）二月，将中书左丞相伯颜调任枢密院的知院，正式规定中书省

只设燕帖木儿一名右丞相，不再设左丞相，以保证事权的集中。这一做法实际上保障了此后3年之中，燕帖木儿对朝政大权的独揽。

同年三月，元文宗封皇子阿剌忒纳答剌为燕王，作为立太子的第一步。同时，任命燕帖木儿统领宫相府，掌管燕王府邸事务。后来，燕王果然被立为太子。为褒扬燕帖木儿，元文宗下令在大都北郊为他树立纪功碑。六月，元文宗再次下诏褒奖燕帖木儿。诏书先称赞他勋劳卓著，忠勇无比，所以应该享有太师、太平王、答剌罕、中书右丞相、录军国重事等11个头衔，并独揽朝纲。然后重申"凡号令、刑名、选法、钱粮、造作，一切中书政务，悉听总裁"。要求诸王、公主、驸马、近侍人员和大小衙门的官员，如果胆敢越过燕帖木儿上奏，便以违背皇帝意旨论处，再次肯定了燕帖木儿的显赫地位。

燕帖木儿钦察贵族势力的强大，引起了蒙古贵族的不满。知院阔彻伯、脱脱木儿等人密谋发动政变，除去燕帖木儿。结果，密谋被人告发，燕帖木儿立即调集钦察亲军将阔彻伯等人逮捕，下狱，处死，抄家。经过这一事件之后，元文宗对燕帖木儿的恩宠更为隆重优厚。至顺元年（1330年）十月，元文宗将可以获得特许豁免权的"答剌罕"称号授予燕帖木儿的弟弟撒敦和儿子唐其势。至顺二年（1331年）正月，太子去世。但元文宗仍让燕帖木儿掌管东宫事务，虚位以待新的太子。四月，元文宗下令在红桥以北为燕帖木儿建立生祠，刻石立碑。五月，元文宗亲自到红桥视察燕帖木儿的生祠。八月，元文宗下诏税务部门免收燕帖木儿经营产业的商业税。年底，元文宗竟将燕帖木儿的儿子塔剌海收养为自己的儿子。到至顺三年（1332年）二月，元文宗甚至将根本不懂文章之事的一介武夫燕帖木儿任命为奎章阁大学士，掌管奎章阁学士院的事务。

燕帖木儿权势熏天，元文宗优礼有加，大大助长了他的荒淫无耻。例如燕帖木儿将元泰定帝的皇后娶为自己的夫人。前后所娶的妇女之中，仅宗室女子就有40人之多。后房的侍妾多得连他自己都不能完全认识，以至于身体越来越弱。

至顺三年（1332年）八月，元文宗死，遗诏立元明宗之子。为了便于控制朝政，燕帖木儿乃立元明宗次子、年仅7岁的懿璘质班。十月初四扶之即位，是为元宁宗。

元宁宗仅做了43天皇帝就死了。于是元文宗后临朝，燕帖木儿又与群臣议立元文宗子燕帖古思。元文宗后不同意，主立元明宗长子妥懽帖睦尔。妥懽帖睦尔时年13岁，至顺元年（1330年）被元文宗流放于高丽大青岛，第二年又被迁居广西静江（今桂林）。燕帖木儿派人迎他入都，并亲至良乡迎接，陈述迎立之意，妥懽帖睦尔因年幼且畏惧，"一无所答"，燕帖木儿疑忌，深恐妥懽帖睦尔即位之后追究元明宗被害之事，所以迁延不立达六个月。在皇位空缺期间，一切军国重事均决于燕帖木儿，实际上拥有皇帝之权。后燕帖木儿以荒淫过度身死，妥懽帖睦尔才得于至顺四年六月即皇帝位于上都，即元惠宗。

燕帖木儿虽死，但其家族势力仍旧把持朝政。元顺帝以其弟撒敦为左丞相、子唐其势为御史大夫。后至元元年（1335年）三月，又立其女伯牙吾氏为皇后。同年六月，均为右丞相伯颜所杀，至此，燕帖木儿家族在元朝政治舞台上消失。

十三、丧心病狂施压迫，倒行逆施遭流放

伯颜（1280—1340年），蔑儿乞氏，元朝权臣。

伯颜祖父称海，为领军百户，从元宪宗攻宋合州钓鱼山死；父谨只儿，元仁宗时总领太后兴圣宫宿卫。伯颜年15岁，元成宗命侍皇侄海山。大德三年（1299年）至大德十一年（1307年），从海山出镇北边，与西北叛王海都、笃哇战，屡立战功。

大德十一年（1307年），元成宗死，海山率部南还争位，大会诸王驸马于和林，赐伯颜号"拔都儿"。

海山即位，是为元武宗，授伯颜吏部尚书，不久改任尚服院使，又任御史中丞。至大二年（1309年）十一月，任尚书平章政事，特赐蛟龙虎符，领右卫阿速亲军都指挥使司达鲁花赤。

延祐三年（1316年），元仁宗命伯颜为周王（元武宗子和世㻋）府常侍。其后历任江南行台御史中丞、御史大夫，江浙行省平章政事，陕西行台御史大夫等职。至治二年（1322年），复任南台御史大夫。

泰定二年（1325年），又任江西行省平章政事。三年，任河南行省平章政事，佩虎符，节制江淮诸军。

致和元年（1328年）七月，元泰定帝死于上都，元武宗旧属燕帖木儿任金枢密院事留守大都，谋立元武宗子为帝，联结同党发动政变，拘杀异己，严控枢密诸要害，遣同党明里董阿等驰乘驿迎元武宗次子怀王图帖睦尔于江陵，并命以其谋密告伯颜，使选兵以备扈从。伯颜立即响应，筹集粮饷费用，征发民丁，增置驿马，补城浚濠，修战守之具，选募骁勇士5000名遣往护卫怀王北行。同僚平章曲烈等持异议，参政脱烈台谋刺伯颜，都

被伯颜处死。怀王至汴梁，伯颜劝请即速北上大都即位，并亲自披坚执锐，率军护送。同年九月，怀王即位于大都，是为元文宗。伯颜以功特加银青荣禄大夫，仍领宿卫，寻加太尉，进开府仪同三司、录军国重事、御史大夫、中政院使。天历二年（1329 年）正月，拜太保，加忠翊侍卫亲军都指挥使。元明宗即位，任中书左丞相。元明宗暴死，元文宗嗣位，加伯颜储政院使。三年正月，任知枢密院事。至顺元年（1330 年）元文宗以伯颜功大，特令凡饮宴比照诸宗王赐"喝盏"之礼，并赐怯薛歹百人，蔑儿乞百人，阿速百人为其宿卫，又命尚世祖阔阔出太子女孙卜颜的斤。二年八月，进封浚宁王，并追封其先三世为王。三年，诏建伯颜生祠于涿州、汴梁，立碑记其拥立之功。

八月，元文宗死，同受顾命，立元明宗次子，是为元宁宗；拜太傅，加徽政使。

不久元宁宗死，复依元文宗皇后意，将明宗长子妥懽帖睦尔从静江迎入京。自元文宗即位以来，朝廷大权一直掌握在右丞相燕帖木儿手中，伯颜地位虽仅居其次，但在实际国务中作用不大。次年（1333），燕帖木儿死，妥懽帖睦尔（元惠宗）即帝位，伯颜以翊戴之功拜中书右丞相、上柱国，监修国史。元统二年（1334 年），进太师、奎章阁大学士，领太史院，兼领司天监、威武、阿速诸卫。十一月，进封秦王，继领太禧宗禋院、中政院、宣政院、隆祥使司、宫相诸内府，总领蒙古、钦察、斡罗思诸卫亲军都指挥使。中书左丞相、燕帖木儿子唐其势见伯颜独得势，耻位居其下，愤然说："天下本我家天下也，伯颜何人而位居吾上？"遂与其叔塔里蓄谋政变，交结诸王晃火帖木儿。郯王彻彻秃告发其谋。后至元元年（1335 年）六月，伯颜捕杀唐其势及其弟塔剌海，皇后伯牙吾氏为燕帖木儿女，庇护其兄弟，亦被逐出宫毒死。塔里举兵叛，杀朝廷使者，北奔诸王晃火帖木儿。伯颜率军讨之，执塔里处死，晃火帖木儿自杀。七月，专命伯颜为中书右丞相，罢左丞相不置。赐"答剌罕"之号，子孙世袭。自此朝令悉归伯颜。中书平章彻里帖木儿议罢科举，诸汉臣争之，卒以伯颜支持此议，科举竟罢。

哪里有歧视压迫，哪里必然就有反抗。汉人既然没有出路，便只能通过起义来反抗蒙元的暴政。元顺帝后至元三年（1337 年），广东增城人朱光卿、河南陈州人棒胡（本名胡闰儿）相继聚众起事，并接连攻陷多个州县，给元朝的统治以沉重的打击。虽然在元军的疯狂围剿下，朱光卿、棒胡相继兵败被杀，但起义带来的强大冲击力还是震惊了蒙元统治者，让他们不得不重新审视现行的对汉族政策。

然而跟正常人的思维不同，伯颜从中得出的结论不是缓和民族矛盾，而是进一步加强对汉人的防范，甚至对他们进行大规模的清洗。就在扑灭朱光卿、棒胡起义过程中，伯颜便颁布政令，禁止汉人拥有武器、马匹（"禁汉人、南人、高丽人不得执持军器，凡有马者拘入官。"见《元史·卷三十九》），甚至连农家用的铁禾叉都必须上交官府，然后进行集中熔毁。诏禁汉、南人习学蒙古、色目文字；诸中央、地方衙门幕长并用蒙古、色目人，皆出于伯颜。他还荒唐地提出杀张、王、刘、李、赵五姓汉人，后因元惠宗不从作罢。后至元四年（1338 年），郯王入朝，伯颜为子求婚王女遭拒，极为不满，又忌郯王位尊望重，遂指使他人诬告其谋反，捕王下狱，查无实据后，竟不待诏令，擅自处决。后至元五年（1339 年）十月，诏以伯颜为大丞相。

伯颜独秉国柄，专权自恣，益无所忌，"诸卫精兵收为己用，府库钞帛听其出纳"（《元史·脱脱传》），势焰熏灼，威权在元顺帝之上，以致"天下之人唯知有伯颜而已"（《元史·伯颜传》），其官衔多达 246 字。伯颜的倒行逆施不仅引起元顺帝的猜忌，也让其家族深以为忧。后至元六年（1340年）二月，伯颜之侄脱脱与元顺帝心腹世杰班、阿鲁等合谋，乘伯颜出猎柳林之机发动政变，将其废黜为河南行省左丞相，旋流放于广东阳春县安置。伯颜忧愤交加，最终在流放途中病死于龙兴路（治今江西南昌）驿舍，结束了自己罪恶的一生。

十四、器宏识远推汉化，位极人臣功社稷

脱脱（1314—1355 年），亦作托克托、脱脱帖木儿，字大用，蔑里乞氏。伯颜之侄。

脱脱出身于蒙古贵族，出生时容貌奇特，非同常人。年幼时，他天性活泼好动，不喜雅静沉郁。及年龄稍长些，少年脱脱长得粗壮结实，加之喜好武艺，臂力过人，勇猛无比，十几岁便能开一石重的弓。15 岁那年，他便被征为皇太子侍从。

天历元年（1328 年），脱脱被按成制授袭提举司达鲁花赤。次年，他奉诏入朝觐见皇上，元文宗见脱脱气质独特，极口盛赞，于是，升迁脱脱为内宰司丞，兼任前职。五月，又任命脱脱为府正司丞。至顺二年（1331 年），元文宗亲自授予他虎符，同时升调他为忠翊侍卫亲军都指挥使。元统二年（1334 年），又让他兼管宣政院事务。五月，朝廷迁他为中政使，六月，又

任命他为知枢密院。从他进京起，不到六年时间，脱脱由于深得皇帝的信任，一连官升数级，成为朝廷省、部级大员。

后至元元年（1335 年），唐其势阴谋起事，事发被杀。其党羽答里、刺刺等人见势，忙起兵发难。脱脱亲自挑选精兵强将讨伐答里、刺刺部队，最终将他们全部擒获，押解大都听候处置。因平叛有功，脱脱被拜为御史中丞、虎符亲军都指挥使，不久又被提升为左阿速卫。后至元四年（1338年），他被升迁为御史大夫，仍兼任前职，担任御史大夫后，脱脱如鱼得水，充分施展了自己的才能。

脱脱与叔父伯颜的斗争虽然是元朝统治集团内部的争夺权利的斗争，但其中包含着深刻的社会背景。自忽必烈推行"汉法"以来，蒙古贵族内部围绕着继续推行"汉法"还是抵制"汉法"的斗争一直很尖锐。伯颜擅权以来，排斥汉人，废除科举，采取一系列民族压迫政策，是元代后期一场罕见的抵制"汉法"运动。脱脱虽为伯颜之侄，从维护元朝统治的根本利益出发，他不满伯颜的"变乱祖宗成宪"，因而发动了一场在皇帝支持下的政变，驱逐了伯颜。有些士人称此举为"拔去大憝，如剔朽蠹"；当他卒于龙兴路驿舍后，有人题诗于壁云："百千万锭犹嫌少，垛积金银北斗边，可惜太师无运智，不将些子到黄泉。"

当时，元朝已是日薄西山，朝政趋于腐败，法度不行、官宦不廉。脱脱大胆改革、重振纲纪，朝廷内外一片肃然。至正元年（1341 年），皇上任命脱脱为中书右丞相，掌管全部军国大事。就任后，脱脱恢复科举取士，重新启用太庙四季祭祀的制度，脱脱还开马禁，恢复先前经筵讲学的制度，遴选儒生学士治经讲学，并且自己亲自掌领经筵讲学的具体事宜。脱脱颁行的一系列恢复社会经济的政策和大刀阔斧的改革，赢得了朝廷上下士人及普通百姓的好评和称赞，人人都称他为贤相。

至正七年（1347 年），别儿怯不花担任右丞相，因过去与脱脱的父亲马札儿台有宿怨，便利用手中特权诬陷马札儿台，并将他贬谪甘肃。脱脱生性孝道仁慈，不忍心让年迈父亲忍受痛苦，于是便向朝廷请求与父亲同行。马札儿台在西域死后，左丞相太平和哈麻向朝廷请求，想让脱脱将父亲的棺木运回京师。但朝中许多人作难反对。在太平、哈麻的坚决请求和不断努力下，脱脱才得返回京师，加上皇帝也念及脱脱的功劳，便同意他回京任职。

至正八年（1348 年），朝廷擢升脱脱为太傅，随即提调宫傅，总理东宫之事。第二年，朵儿只、太平都被罢相，重新起用脱脱为中书右丞相，赏赐上尊、名马、袭衣、玉带无数。脱脱第二次入相后，又开始重新整顿朝政，先是开设端本堂，供皇太子专门学习，并亲自管理端本堂的事情。脱脱大胆提拔乌古孙良桢、龚伯遂、汝中柏、伯帖木儿等人为僚属，共同商议朝政。

脱脱复相后根本顾不上去治理这些问题。当务之急是解决财政危机和治理黄河。

至正十一年（1351年）新钞与通宝同时发行，结果很快就出现了通货膨胀。"行之未久，物价腾踊，价逾十倍"，"京师料钞十锭（每锭50贯），易斗粟不可得"，"所在郡县，皆以物货相贸易，公私所积之钞，遂俱不行"（《元史·食货志》）。变钞的最后结果是完全失败。

脱脱书法

在实行变钞的同时，脱脱决心治理黄河。至正十一年（1351年）四月初四，妥懽帖睦尔正式批准治河，下诏中外，命贾鲁为工部尚书、总治河防使，发汴梁、大名13路民15万人，庐州（今安徽合肥）等地戍军18翼2万人供役。四月二十二日开工，七月完成疏凿工程，八月二十九日放水入故道，九月舟楫通行，并开始堵口工程，十一月十一日，木土工毕，诸埽堵堤建成。整个工程计190天。贾鲁按照他的疏塞并举、先疏后塞的方案，成功地完成了治河工程。

元末，由于阶级矛盾的激化，各地农民起义时有发生，尤其是汝、颍之间的红巾军声势和影响最大，不久。襄、樊、唐、邓各地的起义军也纷纷响应，势力范围涉及中国大部分地区。南方张士诚占据高邮。朝廷诏令脱脱统领各路军马征讨张士诚。大队人马行至高邮，脱脱采用分兵合击的战术，连续几次战争都取得胜利。随后又派小部军队平定了六合，农民军的情势十分紧迫，脱脱正准备对农民军采取最后行动，不料朝廷突然下诏以劳民伤财的罪名剥夺了他的兵权，削除一切官职，贬居淮安，听候处置。全部兵马由河南行省左丞相太不花、中书平章政事月阔察儿、知枢密院事雪雪代为统领。

至正十五年（1355年）三月，脱脱案件提至中央御史台。起初，台臣都仰慕脱脱的功勋，尽力轻判，但因哈麻一直追究，而且皇上也支持哈麻，所以最终还是列数脱脱兄弟所谓的罪状，将脱脱兄弟分别流放于云南大理

宣慰司镇西路和四川碉门。脱脱长子哈剌章、次子三宝奴也分别谪居肃州和兰州。家产簿录全部入官充公。在行至大理腾冲时，知府高惠想用女儿来侍奉脱脱，遭到脱脱断然拒绝："我是朝廷罪人，怎么还敢有这种荒唐的想法呢？"九月，朝廷又下诏将脱脱移贬到阿轻乞。高惠因为脱脱先前不肯接受他的女儿，对脱脱百般刁难。十二月，哈麻假借圣旨，派使者鸩杀脱脱。朝廷听到讣告后，派尚舍卿（官名）七十六（人名）赴阿轻乞，"易棺衣以殓"。

至正二十二年（1362 年），监察御史张冲等人上奏朝廷，替脱脱平冤昭雪。不久，皇帝下诏恢复脱脱官爵，并发还已被没收的全部家产。同时召脱脱的儿子哈剌章、三宝奴回京都，并授予哈剌章中书平章政事官职，晋封申国公，三宝奴则担任枢密院事职务。

脱脱在执政期间还主持修撰辽、金、宋三史。后至元四年（1338 年），元朝廷开始着手编写宋、金、辽史，但因为当时学者为宋、金、辽三朝谁为正统的问题争论不休，所以也就一直未能撰成。

直至至正三年（1343 年），脱脱以都总裁右丞相的身份领衔主修三史，他断然裁定："三国各与正统，各系其年号，以此为三史之义例。"于是三史才得以正式开始编撰。

《宋史》是二十四史中篇幅最为浩繁的一部官修纪传体史书。于元顺帝至正三年（1343 年）开始编修，至五年（1345 年）十月，历时仅两年半，即修成《宋史》。全书共 496 卷，包括本纪 47 卷，志 162 卷，表 32 卷，列传 255 卷，约 500 万字。该书的体例完备，融汇了以往纪传体史书所有的体例，纪、传、表、志俱全，而且有所创新。但由于元朝史官史识低下，《宋史》存在一些缺点，如详略不一，删除了宋元战争史实及否定王安石变法等。

《辽史》具体由廉惠山海牙、王沂、徐昺、陈绎曾 4 人分撰。从至正三年（1343 年）四月开始编修，至第二年三月完成，前后仅用了 11 个月。全书共 116 卷，包括本纪 30 卷，志 32 卷，表 8 卷，列传 45 卷，国语解 1 卷。该书系统地记述了我国古代契丹族建立的辽朝 200 多年的历史，并兼载辽国以前契丹的状况以及辽灭亡后耶律大石所建西辽的概况，是研究辽、契丹和西辽的重要典籍。

《金史》于至正四年（1344 年）四月始修，次年十月完成。全书 135 卷，包括本纪 19 卷，志 39 卷，表 4 卷，列传 73 卷，书后还附有《金国语解》一篇。此书是反映女真族所建金朝的兴衰始末的重要史籍。

脱脱主修三史虽因急于求成，无暇细心综合浩繁资料加以分析，加之修史诸人又并非什么"史才"，所以芜陋之处很多，但三史卷帙众多，对后人研究宋、金、辽的史籍极具参考价值。

脱脱是元朝后期蒙古贵族集团中少见的有见识、有能力的宰相。《元史》本传称他："功施社稷而不伐，位极人臣而不骄，轻货财，远声色，好贤礼士，皆出于天性。至于事君之际，始终不失臣节，虽古之有道之臣，何以过之。"用封建史家的标准来衡量，脱脱不失为善于治国的忠臣，但从历史发展的总体看，他虽然推行了一些有利于社会发展的措施，但终究不能挽救垂死没落的封建王朝，他的主要政治活动是徒劳的。脱脱死后，元朝政府等于折了一根顶梁柱，再也支撑不住了，元朝离灭亡的日子也就不远了。

第三章　历史纪实

一、拔都西征堪重任，宗子维城建大功

孛儿只斤·拔都（1209—1256年），蒙古族。蒙古及世界历史上著名的军事家，成吉思汗铁木真之孙、术赤之嫡次子，母亲为兀乞旭真可敦。

术赤去世后，拔都袭封其汗位及封地。窝阔台汗七年（1235年），奉大汗窝阔台之命，率大将速不台及宗王拜答儿、合丹、贵由、蒙哥等西征。次年，先遣速不台率骑兵突然袭占不里阿耳。窝阔台汗九年（1237年）春，令蒙哥击灭钦察，扫除进攻俄罗斯的障碍。同年冬，乘江河封冻之际大举进攻俄罗斯。之后，回军伏尔加河下游，休军屯牧。窝阔台汗十二年（1240年）冬，率军克乞瓦（基辅），并毁其城。次年春，拔都兵分两路，先全歼孛烈儿（波兰）、捏迷思（日耳曼）联军，又陷马札儿（匈牙利）都城马茶（布达佩斯）。

拔都塑像

拔都西征七载，先后攻略斡罗思、孛烈儿、马札儿等国的大片领土。乃马真后二年（1243年），建立钦察汗国（金帐汗国），其疆域东起额尔齐斯河流域，南至里海，西到斡罗思，北迄伏尔加河上游，定都萨莱。蒙哥汗元年（1251年），拔都拥立蒙哥为蒙古大汗。蒙哥汗六年（1256年），拔都卒于伏尔加河滨，享年48岁。

拔都为人坦诚，对部下将卒颇宽厚，

不吝赏赐，不滥杀无辜，蒙古人称他为"赛因汗（好汗）"。

窝阔台汗七年（1235年），窝阔台决定再次大规模西征。事实上，他在即位之初就已经开始向西方派兵了，那是由札兰丁图谋重建花剌子模帝国引起的。成吉思汗十九年（1224年）成吉思汗东归后，札兰丁从印度回到伊朗，很快夺得起儿漫（在撒马尔罕与布哈拉之间）、伊斯法罕等地，被花剌子模旧将和各地诸侯拥戴为王。其后四五年内，札兰丁进取阿塞拜疆全境，占桃里寺，侵谷儿只，攻巴格达，恢复了许多原先被蒙古军攻占的地方。因此，窝阔台一即位就派箭筒士绰儿马罕领军3万征讨札兰丁。绰儿马罕从呼罗珊进攻阿塞拜疆，札兰丁本人不战而逃，于窝阔台汗三年（1231年）八月死于土耳其东部的山中。此后绰儿马罕就留在那里，他的军队在窝阔台汗五年（1233年）抵桃里寺，在窝阔台汗八年（1236年）入大阿美尼亚。窝阔台汗十三年（1241年）绰儿马罕病死，其妻代领其众，次年由拜住接替。

窝阔台汗七年（1235年），窝阔台决定大举西征时，由于绰儿马罕已经在中亚站稳脚根，主要目标便集中在钦察草原和罗斯地区，那里有许多地方是10多年前哲别、速不台风驰电掣般地抄掠过的。据说，窝阔台本想亲征钦察草原，其时蒙哥在旁，表示有事可由子弟服其劳，使他放弃了亲征的想法。他根据察合台的意见，命令各支宗室的长子参加西征,各万户、千户、百户那颜以及公主、驸马的长子都要从征。窝阔台说："这派遣长子出征的意见是察合台兄提出的。察合台兄曾说：增援速不台可令诸皇子的兄长出征。如果以长子出征，则兵多将广。兵多了就表现威力强大。那里的敌人多，敌国广；那里的国家百姓也厉害，据说愤怒的时候能用刀砍死自己，而武器也很锐利。依照察合台兄这样谨慎的话，所以派遣长子出征。"因为有窝阔台这番话,有的历史书就称这次西征为"长子出征"。但是，参加西征的不限于长子，《史集》列出了参加者的名字，他们是：术赤子拔都、斡儿答、别儿哥、昔班，察合台子拜答儿、孙不里，窝阔台子贵由、合丹，拖雷子蒙哥、拔绰，等等。窝阔台明确指示："这些远征的皇子和大臣们以拔都为首领导"，因而习惯上称这次西征为拔都西征。这一年贵由、拔都、蒙哥都是二十六七岁的人，虽然过去20多年从别国掠得的财富已足以供他们尽情享受，察合台、窝阔台仍要他们领兵远征，他们本人也不辞疲劳，足见那时蒙古统治者的尚武精神如何强烈。窝阔台同他父亲一样，肯把几个儿子（贵由、阔端、阔出和合丹）同时投入战场，这是南宋皇帝绝对做不到的。就这一条，也能起到鼓舞士气的作用。西征军的灵魂是速

不台，他早有西征经验，而且在灭金战争中又一次显示过他的统军才干，足以辅导诸王。

窝阔台汗八年（1236年）春，速不台与大部分参征诸王动身西行，所率军队有10余万人。他们在秋天到达不里阿儿人境内，与先已抵达的拔都兄弟会合。蒙古军很快攻克不里阿儿城，这是座大木城，1223年速不台与哲别曾攻打该城，没有取胜。此次攻克后，大肆掳掠，将城焚毁。入冬以后，蒙古军沿伏尔加河而下，居住在伏尔加河与乌拉尔河之间玉里伯里山的钦察部首领之子班都察率众归附。另一钦察部首领八赤蛮不肯降，被蒙古军击败后逃至里海一岛上藏身。蒙哥听说后迅速前往，涉水登岛，擒杀八赤蛮，屠其部众。然后蒙哥又攻打了附近的阿速人。

窝阔台汗九年（1237年）秋，拔都召开了一次忽里台，决定诸王共同征伐罗斯（13世纪的罗斯不等于今天的俄罗斯，它包括第聂伯河中游地区，今天乌克兰首府基辅亦在其中）。蒙古军首先征服位于伏尔加河丘陵地西北部的莫尔多瓦，进抵梁赞国。他们先向梁赞大公尤里·伊戈列维奇（玉里吉）提出要全体居民缴纳什一税，遭到拒绝。尤里·伊戈列维奇一面派人向邻近其他大公求援，一面派儿子费多尔率领使团带着礼物去见拔都，但是他的努力都失败了。十二月十六日，蒙古军包围梁赞城。经过六天激战，至第七天城陷。大公被杀；居民有的被杀死，有的被烧死。"一切荡然无存，只剩下烟、焦土与灰烬。"接着，蒙古军队经科洛姆纳和莫斯科绕向弗拉基米尔公国，在科洛姆纳击溃弗拉基米尔大公尤里·弗谢沃洛多维奇的军队。当时莫斯科城尚小，居民没有抵抗，仍被屠掠，守城大公也被俘虏。窝阔台汗十年（1238年）二月初三，蒙古军抵达弗拉基米尔城下，四天后攻陷该城，纵兵大掠，继之以火。尤里·弗谢沃洛多维奇正外出召集军队，整个弗拉基米尔公国很快落到蒙古军手中。三月初四，拔都军队在西齐河上击溃罗斯军队，尤里·弗谢沃洛多维奇战死。次日，蒙古军别部攻占托尔若克。在此期间蒙古军分兵四出，攻陷罗斯托夫、雅罗斯拉夫、戈罗杰茨、尤里也夫、德米特里也夫、沃洛克诸城。

三月中旬，蒙古军向诺夫哥罗德方面前进，但不久因气候转暖，湖泊解冻，道路泥泞，被迫后退。拔都在回路上转向东南，顺路攻打科集尔斯克城。这是个小城，但其军民英勇抵抗，苦战七周后方才陷落。居民被屠杀。由科集尔斯克再向南便进入钦察草原西部。钦察汗忽滩被击溃，带着残部逃往马札儿（匈牙利）境内。拔都军在钦察草原休整一段时间，又返回罗斯，朝第聂伯河推进，灭彼列亚斯拉夫尔公国。这年冬季，蒙哥、贵由统兵征讨库班河的阿速人，攻阿速都城蔑怯思，三月方克。阿速一部首领杭忽思率众降，蒙哥命其子阿塔赤及阿速军千人从征。

窝阔台汗十二年（1240年）夏间，蒙哥率兵来到基辅，据说他对这座城市的美丽与宏伟感到惊奇，不想毁掉它，派使者入城劝降。基辅人杀死使者，基辅大公米哈伊尔逃往匈牙利。形势虽然危急，罗斯王公们仍不忘内讧。斯摩棱斯克的一位王公被请到基辅执政，却被伽里赤公丹尼尔抓走，后者让德米特尔千户镇守基辅。不久，拔都亲率大军围攻基辅。蒙古军用攻城机击破城墙，冲入城内，在教堂附近与居民战斗。德米特尔受伤，城陷后他因表现勇敢被拔都赦免。基辅被攻占的日子，一说是十一月十九日，一说是十二月初六。拔都、速不台、蒙哥、贵由、斡儿答、拜答儿、不里、合丹都参加了攻城战役。此后，贵由、蒙哥便被窝阔台召回蒙古。

窝阔台汗十三年（1241年）春，蒙古军继续西进。他们分成两支，一支由拜答儿与速不台子兀良合台等率领侵入波兰（孛烈儿），另一支由拔都和速不台率领侵入匈牙利。当时波兰处于分裂状态，国王无力组织抵抗。拜答儿军于二月渡过维斯瓦河，蹂躏桑多梅日和波兰首都克拉科夫。继而进入西里西亚，渡奥得河，攻西里西亚都城弗洛茨拉夫。西里西亚大公亨利在利格尼茨城集结波兰军、日耳曼兵和条顿骑士团共3万人，准备迎敌。蒙古军在数量和装备上均占优势。四月初九，两军交战于利格尼茨附近的尼斯河平原，波兰条顿军大败，亨利被杀。传说蒙古士兵在战场计算杀敌数目，从每个尸体上割下一耳，总计装了九大袋。当月蒙古军入摩拉维亚，一路焚杀，直到今天的德、捷、波三国交界处。拜答儿又领兵围攻摩拉维亚境内的奥洛穆茨城，城中军民坚守，不克。六月二十四日夜，城中军民突袭蒙古军营，蒙古军不备，损伤较大，拜答儿战殁。蒙古军杀战俘祭拜答儿，三日后撤围南下，入匈牙利，与拔都大军会合。

拔都军在三月进入匈牙利，兵锋直指匈都城佩斯。匈牙利国王贝拉四世在位已五年，与诸侯、贵族不和。窝阔台汗十一年（1239年）贝拉四世接纳被蒙古击败的钦察汗忽滩数万人入境，他们所过骚扰，激起原有居民怨恨。这些矛盾交织在一起，削弱了匈牙利的战斗力量。三月十二日，当边防将领归报蒙古军已入境时，贝拉正在布达城召集诸侯、贵族开会。他立即让与会者各还本地征集军队，自己纠集军队屯驻布达对岸的佩斯城（两城今合称布达佩斯）。蒙古军不日至佩斯城下，连续挑战，贝拉坚守不出。这时居民见蒙古军中有不少钦察人，怀疑忽滩与蒙古军同谋，招之来匈牙利，便杀忽滩及其左右人员。各地农民闻讯，纷纷杀钦察人，钦察人也杀

拔都在伏尔加河下游建立金帐汗国

匈牙利人为忽滩复仇，国中大乱。贝拉原来指望钦察人组成军队与蒙古军作战，至此希望全部落空。四月，各地援军稍至，贝拉率兵出战，蒙古军后退至撒岳河东。贝拉营于河西，附近有桥，以为蒙古军只能过桥来袭，派千人守桥。四月十日夜间，速不台在下游结筏偷渡，绕至贝拉军营后方，拔都率诸王先从上流涉浅滩过河，置七炮攻桥，黎明，匈军发现被围，士兵丧失斗志，竞相夺路而走。蒙古兵在后追逐，杀敌无数，在速不台率领下乘胜攻拔佩斯城，尽杀居民，纵火而去。据《元史·速不台传》记载，速不台在此战役中起了决定性作用。当时诸王对是否立即进取佩斯有些迟疑，要速不台转回，速不台说："你们要回自回，我不到多瑙河佩斯城决不返回。"说完驰马直扑佩斯，诸王立即跟上。后来拔都说起此事，赞道："当时所获，皆速不台功也。"

窝阔台汗十三年（1241 年）夏秋间，蒙古军队仍在多瑙河东面匈牙利平原驻扎，休养兵马，时而外出抄掠。八月，一支蒙古军进至维也纳新城附近，当时城中仅有成兵 50 人、弩手 20 人。奥地利公和波希米亚王等合兵来御，蒙古兵退走。十二月，拔都率军踏冰过多瑙河，于圣诞节那天攻取匈牙利另一大城格兰。宋理宗淳祐二年（1242 年）初，派合丹领一军追逐匈牙利王贝拉。贝拉先逃到奥地利，维也纳公弗里德里希二世起初伪装欢迎，很快就乘人之危多方逼迫贝拉。贝拉携家属出走克罗地亚境内的萨格勒布，最后逃入亚得里亚海边岛上。合丹军一边追赶，一边沿途抄掠，于三月间屯驻海边，守望贝拉所栖小岛。不久，进兵达尔马提高地，取道塞尔维亚，与拔都军会合。此时窝阔台去世的消息已经传到，拔都正准备东返。他们在高加索山北部驻扎数月，因钦察人又起来反抗蒙古统治，攻拔都之弟升豁儿，需出兵镇压。宋理宗淳祐三年（1243 年）初，拔都大军回到伏尔加河下游营地。

这次西征的结果，是在钦察草原及其邻近地区的辽阔土地上形成了一个大国，它在中亚史料中称为术赤兀鲁思或青帐汗国，在俄罗斯编年史中称为金帐汗国。

二、"上帝之鞭"指西亚，开建汗国旭烈兀

孛儿只斤·旭烈兀（1217—1265 年），蒙古族，成吉思汗之孙、拖雷之子、忽必烈、蒙哥和阿里不哥的兄弟，四人同为拖雷正妻唆鲁禾帖尼所生，旭烈兀是伊儿汗国的建立者，西南亚的征服者，宪宗八年（1258 年）灭阿拉伯帝国。

19 岁那年，他随拔都远征，横贯东欧大草原，一直打到了今匈牙利境内。

南宋淳祐八年（1248 年）贵由死后，旭烈兀联合拔都等人积极拥戴其长兄蒙哥，使蒙哥在蒙哥汗元年（1251 年）诸王公大会上夺得大汗之位。

元宪宗三年（1253 年），旭烈兀率主力军出发渡过阿姆河西征波斯。旭烈兀分三路大军进攻，攻陷了教主忽儿沙的城堡。接着是巴格达的阿拉伯阿拔斯王朝哈里发，旭烈兀先用决堤放水淹没了哈里发的主力军和统帅，接着以一场精彩的围城战迫使哈里发弃城出降。巴格达的改旗易帜使伊斯兰世界陷入了恐慌状态，随后，他又连续进攻叙利亚等地。于 1264 年接受元朝的册封，成为伊儿汗。

晚年的旭烈兀致力于巩固在波斯的统治，使波斯成为伊儿汗国统治的核心地区。

至元二年（1265 年）二月八日，旭烈兀在马拉盖逝世。他被安葬在尔米亚湖中的小岛上。他的葬礼是所有伊儿汗中唯一使用了活人陪葬的。之后不久，他的妻子也相继去世。东方基督教各派都因此感到有所损失，他们以深情的话语来悼念他们："基督教的两颗巨星""又一位君士坦丁，又一位海伦"。

旭烈兀与皇后脱古思可敦

当初成吉思汗西征时，并没有征服花剌子模沙札兰丁。因此，在他返回蒙古时留下绰儿罕继续追击札兰丁。窝阔台汗三年（1231 年），札兰丁败亡。后来绰儿罕和拜住继续率领蒙古军队在西亚和波斯用兵 20 年，却并没有全部征服这些地区。

元宪宗二年（1252 年），蒙哥决定派其弟旭烈兀发动一次新的西征。这次西征除了动用诸王的士兵外，还抽调了 1000 多名中国的工匠从征，其中包括著名的火器专家郭侃。

元宪宗六年（1256 年），旭烈兀进兵木剌夷国。木剌夷地处里海之南，11 世纪末建国。蒙古军入境后攻陷许多城堡，国主兀鲁投降，木剌夷人民遭到残酷屠杀。

元宪宗七年（1257 年），蒙古军队开始进攻报达（今伊拉克巴格达）。报达是黑衣大食阿拔斯王朝的首都。黑衣大食建国已 500 年，一度虽为塞尔柱突厥人占领，但名义上仍为阿拔斯王朝哈里发统治。蒙古入侵时，哈里发穆斯塔辛是一个怯懦无能、只知享乐的统治者。旭烈兀致书哈里发，要他投降。哈里发自认为是"回教国的共主"，回书拒绝，但又不认真备战。元宪宗八年（1258 年）初，拔都用火炮攻陷报达，哈里发投降，被杀。蒙古军队入城后劫掠 7 天，居民被屠杀的有数十万人之多，阿拔斯王朝的艺术珍品和华丽的建筑物遭焚毁，这座著名的古城被彻底破坏。

拔都继续率军西进，蹂躏了美索不达米亚，侵入叙利亚，逼近埃及。忽必烈中统元年（1260 年），蒙古军攻陷阿勒颇和大马士革，但埃及马穆鲁克苏丹的军队在大马士革以南阿音札鲁特地方大败蒙古军，阻止了蒙古向埃及和非洲的扩张。

忽必烈即大汗位后，封旭烈兀于波斯，旭烈兀在自己的封地内建立了伊儿汗国。伊儿汗国东起阿姆河，西迄小亚细亚，北接钦察汗国，南至印度洋，都城在帖必力思，报达是陪都。

除了上述钦察、伊儿两个汗国外，窝阔台后裔的封地是以塔尔巴哈台为中心的阿尔泰山地区，称窝阔台汗国，察合台后裔的封地是包括阿姆河以东的中亚细亚、谢米列契和今天的新疆天山南北，称察合台汗国。四大汗国名义上是元朝皇帝的藩属，而钦察汗国和伊儿汗国实际上变成了独立国家。

作为成吉思汗的孙子，旭烈兀有着身份血统上的天然优势，而他的一次次的辉煌战绩也证明了他无愧于杰出军事统帅的称号。他将"上帝之鞭"伸向了西亚，在真主的土地上建立了蒙古人的国家，伊儿汗国尽管延续时间不长，但它的出现完全改变了西亚历史的走向。

三、段氏偏安掌西南，蒙古兴兵灭大理

大理国（937—1094年，1096—1253年）是中国历史上在西南一带建立的多民族政权，全国尊崇佛教，历代国君多于暮年禅位为僧。

1. 大理简史

后晋天福二年（937年），后晋通海节度使段思平联合洱海地区贵族高方、董伽罗灭大义宁国，定都羊苴咩城（今云南大理），国号"大理"，史称"前理"。疆域覆盖今中国云南、贵州西南部、四川西南部，以及缅甸、老挝、越南北部部分地区。1095年，宰相高升泰篡位，改国号"大中"，翌年薨逝

大理三塔

归政段正淳，史称"后理"。1253年，大理国被大蒙古国所灭，原大理国君段兴智被任命为大理世袭总管。

元世祖至元七年（1270年），元朝在大理原境置云南行省，加强了中国对西南边陲的统治。

大理国大力推行汉族文化，用僰文说话，用汉字书写。今昆明古幢公园内的石幢，是大理时石雕仅存的硕果。此外，大理的壁画和木刻也有极高的艺术价值。大理盛行佛教，儒生无不崇奉佛法，佛家的师僧也都诵读儒书，有所谓的"释儒"（又称"儒释"）。可说大理国是以儒治国，以佛治心。

2. 南诏国

相比于东北、西北的历史，西南地区历史是一直被历史教育遗漏的。云南在汉朝的时候，短暂纳入过中央版图。但地处边陲，少数民族聚居，千里之外的中央政府对云南的有效管理很难谈得上。之前古滇国时代，版图到底有多大，版图内的地区是不是一统都是很难回答的问题。包括南诏国之前的爨氏政权时代，在史书里都很模糊。

西南地区真正以一统名称出现，要到南诏国时期，这个南诏国是大理国的前身。从南诏国立国的738年，到大理国灭国的1253年，西南地区都是以独立的政权存在，对应到中原政权是唐初到南宋末。

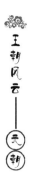

南诏国立国于唐玄宗开元二十六年（738年），当时正是大唐盛世的最顶峰开元年间，距离打断唐朝盛世的安史之乱（755年底安禄山起兵）还有18年的时间。

南诏这个名字来自唐朝的分封，是因其前身"蒙舍诏"位于六诏之南，到唐德宗贞元十年（794年）才定下来。南诏国的立国者皮逻阁，依附于唐朝，在唐玄宗的支持下一统其他五诏。南诏国地处当时强盛的吐蕃国和大唐之间，来回依附成了它不得已的选择。其间因为各种事，南诏国和唐时战时和。

南诏灭国的时间倒和大唐差不多，902年被汉人权臣郑买嗣建立的大长和国取代。在取代时，郑买嗣将南诏王室800余人全部杀死。五年之后，唐哀帝天祐四年（907年）朱温篡唐，唐灭亡。

3. 南诏国和大理国之间的西南政权

取代南诏的大长和国立国时间不长，只存在了27年（902—928年）。不过比篡唐朱温建立起来的后梁（907—923年）时间要长一些。

取代大长和国的大天兴国只短暂存在了一年（928—929年）。后唐天成四年（929年），把大天兴国国王赵善政扶上王位的东川节度使杨干贞就废赵自立，建立大义宁国。

大义宁国存的时间也不长，只短短的9年（929—937年）。后晋天福二年（937年），大理国登场，它的建立者是段思平。大理国立国的时候，当时的中原政权是石敬瑭建立的后晋（936—947年）。

段思平祖辈世代为南诏武将，到他那一辈的时候已经没落。他依靠自己的努力做到了大长和国的通海节度使。杨干贞灭大长和国之后，段思平就开始在原南诏国区域活动，在937年集结破掉了大义宁国都城破太和城，灭大义宁国，建大理国，定都阳苴咩城（今大理城）。

4. 大理国与段家

段氏在云南真正发展壮大起来是在南诏统治时期。在传说中，段氏家族的在云南的第一位英雄名叫段赤城。他曾杀死巨蟒，被当地白族崇拜为"本主"，也就是地方保护神的意思。但是，这只是一个传说中的人物，真实性不可考证。

大理国937年立国，一直到1253年，为兴起的蒙古所灭，除去中间（1094—1096年）被专权的高氏取代过两年之外，一共存在了315年。其间中原的政权跨越了后晋（936—947年）、后汉（947—950年）、后周（951—960年）、北宋（960—1127年）和南宋（1127—1279年）。比南宋早灭国26年，前后算起来，大理国是一个寿命相当长的政权。

不过，遗憾之处就是从 1063 年，大理国的政权旁落到高氏手中之后，一直到灭国都没拿回来过。其间大理国的国王还被高家取代过两年，废掉的皇帝叫段正明，取代段家人当皇帝的是高升泰。高升泰两年之后病逝，又把皇

大理国王宫

位还给了段家，立的皇帝是段正明的弟弟段正淳。

5. 后理时期

段正明被高升泰篡位，高升泰两年后（1096 年）病卒，临死前要其子高泰明将政权还给段氏，于是段正淳承接皇位。由于段氏政权中断过，故从段正淳起的大理国史称"后理国"。段正淳虽然是后大理国的皇帝，接受高氏归还的政权，然而高氏在朝廷仍有很大的势力，宰相皆出自高氏之门，最后在北宋徽宗大观二年（1108 年）时让位给其子段誉（段正严），出家为僧。死后谥号为文安帝，庙号中宗。

段誉是在北宋徽宗大观二年（1108 年），接替其父段正淳为大理国第 16 代国王，直至南宋高宗绍兴十七年（1147 年）禅位为僧，在位长达 40 年，是后理国诸王中在位时间最长的国王，死后谥号宣仁皇帝。段誉是个有所作为的君主，他明白与宋朝建立友好关系是立国之本。尽管宋朝与大理国的关系由于宋太祖的"不暇远略"的方针而有所疏离，然而大理国仍然一直向宋朝称臣。段誉特别重视加强与宋朝的联系，入贡大理马、麝香、牛黄、细毡等土特产，还派幻戏乐人（魔术师）到宋朝表演，深得宋徽宗的礼遇，册封他为金紫光禄大夫、云南节度使、大理国王等。

6. 王国后期

段正兴，又名段易长，段正严之子。当时大权都由高氏相国把持，先后有高量成、高寿贞、高寿昌等。段正兴由于得到相国高量成的支持，在皇位之争中最终胜出。段正兴在位 24 年，禅位为僧，其子段智兴嗣位。

段智兴极其崇佛，"智兴奉佛，建兴宝寺，君相皆笃信佛教，延僧入内，朝夕焚咒，不理国事"。段智兴大修佛寺，建了 60 寺院，大理是小国，消

耗不起，国力有所衰落。段智兴在位时，加修龙首关、龙尾关，加强羊苴咩都城的防御。其间，大理国内高氏子弟多次混战。段智兴死，子段智廉立。段智廉对佛教也感兴趣，派人到宋朝求得大藏经1465部，放置在都城内五华楼。在位仅4年就去世，其弟段智祥继位。

段智祥在位期间广纳贤才，发展农业，治国有方。《南诏野史》称："举贤育才，时和年丰，称治国焉。"他笃信佛法，后也禅位为僧，位传其子段祥兴。

7. 大理亡国

段祥兴继位于多事之秋，宋淳佑四年（1244年），大蒙古国出兵临关，远征大理，段祥兴派大将高禾出战，战死九河，南宋还专派使节到大理凭吊。段祥兴很不幸，碰上蒙古人南侵而攻不下四川，来攻打大理，大理的军队打了败仗。而他这不幸中又有万幸，大理没有因为失败而立即灭亡，蒙古军因大汗窝阔台的死而退兵。

段兴智继位后，大理终于抵挡不住蒙古兵的又一轮进攻，段兴智成了大理国的末代帝王。大理的亡国，比金朝亡得迟，而比宋朝亡得早。次年9月，蒙哥汗命其弟忽必烈和大将兀良合台统军，发动了对大理国的大规模征伐，兵分东、西、中三路。忽必烈亲率中路军，于元宪宗三年（1253年）十月过大渡河，抵金沙江，多位酋长归附，献计用革囊渡江，蒙古军遂用皮筏渡江，到达丽江，即历史上有名的"元跨革囊"。忽必烈先派使者到大理劝降，大理相国高泰祥主张坚决抵抗，杀了使者。十二月，忽必烈大军一路直下，长驱直入，进军龙首关，几乎没有受到任何抵抗地直逼大理城。随后，兀良合台率领的蒙古西路军也渡江到丽江县塔城、巨甸、石鼓。东路军过金沙江到达楚雄、姚安。这样，三路大军对大理城形成包围之势。大理国内各族的贵族分子纷纷降蒙。当时的大理国，军事力量并不薄弱，但为了削弱段氏势力，控制国政，高氏有意一方面把大理国军队的精锐置于自己的控制之下，另一方面则着力发展自己的地方武装，王畿之地的力量反而相当薄弱。段兴智与高泰祥，引兵背城出战，惨遭大败，弃城而逃，各奔一方，蒙古军队不费吹灰之力地攻占了大理都城。忽必烈命令姚枢裂帛为旗，上写止杀，分头号令各街巷，于是军民安定。姚枢还搜集了大理的图书档册。蒙古兵在姚州抓获高泰祥，"泰祥奔姚州，被执，谕之降，不屈，命斩于五华楼"。高泰祥临刑，叹曰："段运不回，天使其然，为臣殉首，盖其分也。"忽必烈认为他是忠臣，对其后代"许以世其官"。

后来，高氏子孙有的被封为姚安、鹤庆等地方的土司，世代承袭30多代，直至改土归流。元宪宗四年（1254年），忽必烈北归，留兀良合台继续进攻。同年秋，蒙古兵追至昆明，活擒段兴智。段兴智被擒后，被送到北方蒙古汗廷，去见蒙哥汗，蒙哥汗施以怀柔，赐金符，令其归国，继续管理原属各部。

四、征东行省降高丽，远征日本酿僵局

1. 远征高丽

后梁末年贞明四年（918年），王建建立高丽国，并于长兴四年（933年）得到后唐的册封。二年后，高丽灭新罗。次年，灭百济，统一了朝鲜半岛，与辽、宋、金、元等王朝保持着密切的关系。

成吉思汗十一年（1216年），辽东契丹贵族耶厮不、乞奴等起兵反抗蒙古。次年八月，乞奴、喊舍在蒙古军队打击下，率众9万渡过鸭绿江，攻占高丽北部的江东城。不久，成吉思汗派都元帅哈赤温等率兵10万进入高丽。蒙古军联合高丽军消灭了契丹叛军。哈赤温送还契丹军中的高丽俘虏，与高丽大将赵冲结盟，然后班师。此后，高丽年年进贡，双方使节往还不绝。直到成吉思汗十九年（1224年）十二月，蒙古使臣在高丽境内被强盗杀害才中断。

窝阔台汗三年（1231年）八月，窝阔台以使臣被杀为理由派撒礼塔进军高丽。蒙古军在高丽降将洪福源配合下，攻占40余城。次年初，包围王京（今开城），迫使高丽王求和。撒礼塔奉旨向高丽北部州县派遣72名监督官达鲁花赤，然后班师。同年四月，高丽王王㬚派人杀死各地达鲁花赤，然后率军民退入江华岛。八月，撒礼塔率军再攻高丽。十二月，高丽军民在王京以南的处仁城，射死撒礼塔，迫使蒙古军撤退，乘胜收复了北部州县。窝阔台汗七年（1235年），派唐古、洪福源进攻高丽。到窝阔台汗九年（1237年），蒙古军攻下10余座城池。窝阔台汗十一年（1239年），王㬚求和。次年，恢复了对蒙古的岁贡。窝阔台汗十三年（1241年），王㬚将族子冒充己子送往蒙古作人质。贵由汗元年（1246年），高丽又停止了岁贡。因此，蒙军在贵由汉二年（1247年）至蒙哥汗八年（1258年）间四次进攻高丽，先后攻占24城，迫使高丽王派遣世子王倎入蒙为人质。

元世祖中统元年（1260年）春，王㬚逝世。元世祖忽必烈采纳了陕西宣抚使廉希宪的建议，派兵护送王倎回国继位。同时宣布在高丽境内实行大赦，归还高丽俘虏及逃入辽东的民户，禁止蒙古边将侵扰高丽，以安抚民心。终元世祖朝31年间，高丽贡使有36次之多，王倎（后改名王禃）本人也亲自到京师朝觐。忽必烈不仅用对待属国的办法加强对高丽的控

蒙古入侵高丽

制，更将其视为进攻日本的跳板，多次要求王禃派重臣陪同蒙古使节出使日本。至元五年（1268年）夏，责令王禃征集军粮，修造可载4000石的大型海船1000艘，准备进攻日本或南宋。

上述政策引起高丽朝野不满。至元六年（1269年）夏，高丽权臣林衍废王禃，立其弟王淐为国王。忽必烈闻讯后，派国王头辇哥率大军压境。封在京朝觐的高丽世子王愖为特进、上柱国，并派兵护送其回国平乱。派兵部侍郎黑的等出使高丽，限期王禃、王淐、林衍来京陈情，听候决断。在元朝三慑之下，高丽都统领崔坦、李延龄等以西京（今平壤）等50余城归降。王禃恢复了王位，并亲自朝见忽必烈。

至元七年（1270年）正月，忽必烈采纳了枢密院经历马希骥分而治之的建议，将高丽西京改为东宁府，划归辽阳行省。同时，派头辇哥率兵护送王禃父子回国，委任脱脱朵儿、焦天翼为高丽国达鲁花赤。同年春，元军兵临王京（今开城）城下。此时林衍已死，其党三别抄军首领裴仲孙等拥立王室庶族承化侯王温，退守珍岛（今南金罗道）。至元八年（1271年）五月，元将忻都率兵攻占珍岛，王温等被杀，余部金通精退往耽罗（今济州岛）。至元十年（1273年）四月，忻都攻占耽罗，擒金通精等人。元朝设耽罗国诏讨司，屯兵驻守。

至元十一年（1274年）五月，忽必烈将女儿忽都鲁揭里迷失嫁给王愖。六月，王禃逝世，王愖继位。次年，应忽必烈要求，王愖更改了所有与元朝相类似的省、院、台、部等职官名称，派遣20名贵族子弟到元朝作人质。至元十七年（1280年）夏，元在高丽创设驿站，忽必烈又加封王昛为开府仪同三司、行省左丞相。至元十八年（1281年），元在高丽征发军士、水手2.5万人，战船900艘，参加侵日战争。高丽民众不堪其扰。次年，因日本侵扰沿海，在王昛请求下，元军驻防金州。至元二十年（1283年）五月，忽必烈设征东行省，以王昛、阿塔海共掌行省事，仍保留王昛驸马高丽国王的名号。至元二十一年（1284年），忽必烈将耽罗划归高丽。后来元朝虽撤销了征东行省，但直至元末，高丽的内政外交都受到元朝的控制。

2. 远征日本

元世祖忽必烈征服高丽之后，企图迫使日本臣服，以扬威海外。

至元三年（1266年）八月，忽必烈派兵部侍郎黑的、礼部侍郎殷弘出使日本，命高丽派人充当向导。高丽向导将蒙古使臣引至巨济岛即折回，未能到达日本。次年六月，忽必烈再派黑的等出使，严令高丽务必将使臣护送到日本。高丽国王王禃派朝臣潘阜等代替蒙古使节传书，在日本逗留五个月。日本执政的镰仓幕府拒不答复元朝国书，潘阜等人不得要领而还。至元五年（1268年），忽必烈第三次派黑的等人出使。元使到达对马岛，仍被日方拒之门外。后来在至元八年（1271年）和至元九年（1272年），忽必烈两次派秘书监赵良弼出使，均被滞留于日本太宰府，未能进入京都。

日本拒绝朝贡，忽必烈决心使用武力。早在至元七年（1270年）便下令在高丽屯田，储备攻日的粮饷。至元十一年（1274年）三月，命凤州经略使忻都、高丽军民总管洪茶丘等率兵1.5万人，大小战船900艘进攻日本。后又设立征东元帅府，以忻都、洪茶丘为都、副元帅，增兵至2.5万人。十月，元军从合浦（今朝鲜马山）出发，攻占对马、一岐两岛，在肥前松浦郡、筑前博多湾（今福冈附近）登陆。但在日军坚决抵抗下，虽获小胜，未能深入。不久，因台风将大部分战船毁坏，元军仓促撤退回国。该年是日本龟山天皇文永十一年，是役在日本史上被称为"文永之役"。

至元十二年（1275年）二月，忽必烈派礼部侍郎杜世忠等出使日本。后来，又在高丽、江南等地大批制造战船，继续备战。杜世忠等一到日本，即被镰仓幕府处死。但这一消息直到至元十七年（1280年）才传到元朝。于是，忽必烈决心再征日本。至元十七年（1280年）下半年，元朝征调军队，招募士卒，成立征东行省（亦称日本行省）主持征伐大计。

至元十八年（1281年）正月，忽必烈分两路出师。五月，征东行省右丞忻都、洪茶丘和都元帅金方庆等率蒙、汉、高丽军4万人组成东路军，乘战船900艘，仍从合浦出发，在筑前去驾岛登陆。在遭到日军顽强抵抗之后，元军退到鹰岛，转攻

蒙古军攻击图

对马、一岐、长门等地。六月，行省右丞相阿塔海、右丞范文虎、左丞李庭、张禧等率新附军及强征来的江南士卒共 10 万人组成的江南军，乘战船 3500 艘从庆元（今宁波）起航，抵达日本平户岛。两军会合之后，主力屯驻鹰岛，偏师进屯平户岛，计划分数路进攻太宰府。但是，元军统帅之间不和，严重影响了军务。受命指挥征日的范文虎是南宋降将，被诸将轻视，无力节制部署。高丽军统帅洪茶丘、金方庆之间积怨甚深，无法通力合作。将帅不和，再加上日军戒备森严，元军滞留鹰岛达一个月之久。八月初一夜，台风侵袭元舰停泊地，大部分舰只被毁。初五，范文虎、忻都等将领丢下 10 余万大军，各乘坚固船只逃回国内。留在日本的元军大部分被日军歼灭，仅被俘者就达两三万之多，逃回国内的只有 1/5。二征日本以惨败结束，该年是日本后宇多天皇弘安四年，日本史称此役为"弘安之役"。

两次失利并未使忽必烈放弃征服日本的企图。至元二十年（1283 年）初，他下令重组大军，修造船只，搜集粮草，引起江南人民的强烈反抗，迫使其暂缓造船事宜。至元二十二年（1285 年），再次下令大造战船。年底，征调江淮等漕米百万石运往高丽合浦，下令禁军五卫、江南、高丽等处军队于次年春天出师，秋天集结于合浦。后因部分大臣反对，尤其是要对安南用兵，忽必烈才不得不于至元二十三年（1286 年）正月下诏罢征日本。此后，元朝虽还有过征伐日本的议论和准备，均未能实现。直至元末，元朝和日本政府之间始终处于僵局。中日交往主要是民间贸易往来和僧侣间的往来。元朝政府对这种经济、文化交流采取了支持的态度。

五、征安南维持朝贡，攻占城遣使求降

1. 远征安南

元蒙哥汗三年（1253 年）十二月，忽必烈攻占大理，留大将兀良合台镇守。兀良合台平定云南各部之后，于蒙哥汗七年（1257 年）秋派使节招降安南陈朝（今越南北部）。安南国王陈日煚扣留使节，拒绝投降。同年十一月，兀良合台率大军沿红河进攻安南。十二月，蒙古军大破安南军，进入安南国都升龙（亦名大罗城，今河内），实行屠城。陈日煚逃到海岛。蒙古军不服水土，只在升龙停留了九天便班师回国，退兵时再派使节招降陈日煚。次年二月，陈日煚传位于其子陈光昺。夏，陈光昺派使者晋见兀良合台，表示臣服。

元中统元年（1260 年）十二月，元世祖忽必烈派礼部郎中孟甲等出使

安南，允许安南保持衣冠典礼风俗等本国旧制。作为回报，陈光昺派族人通侍大夫陈奉公等觐见忽必烈，请求三年一贡。忽必烈同意其要求，封陈光昺为安南国王。此后，两国使节往还不绝。至元四年（1267年），忽必烈应陈光昺请求，任命讷剌丁为安南达鲁花赤。不久，又下诏要安南君长亲自来朝，贵族子弟入质，编制户口，出军役，交纳赋税，设置各级达鲁花赤。陈光昺虚与委蛇，不接受这些要求，也不向元使跪拜，反而提出了取消达鲁花赤的要求。这时，元朝忙于灭南宋，无力南顾。

至元十四年（1277年），陈光昺去世，世子陈日烜继位。陈日烜坚持光昺的对元方针。至元十六年（1279年），元朝消灭了南宋残余势力之后，议论对安南用兵，但因南方各地人民不断起义而作罢。至元十八年（1281年），元朝成立安南宣慰司，以卜颜铁穆耳为参知政事、行宣慰使都元帅，进行战争准备。同时，以陈日烜不请命而自立，称病不朝为理由，改立陈日烜叔父陈遗爱为安南国王，遭到安南拒绝。至元二十年（1283年），忽必烈以进攻占城为名，派其子镇南王脱欢率大军南征，要求安南提供军粮，仍遭拒绝。至元二十一年（1284年）十二月，元军分六路侵入安南。安南兴道王陈峻率兵凭险节节抵抗，陈日烜布防于升龙以北的富良江一线。经过激战，陈日烜等于至元二十二年（1285年）正月十三日撤离升龙，退往天长府，集结兵力，坚持抵抗。脱欢占领升龙，焚毁王宫，挥师南下。同时命令驻扎在占城（今越南南方）的元将唆都北上，合击安南主力。元军会合后，分水陆两路追击陈日烜。陈日烜屡战屡败，逃往安邦海口，藏匿于山林，后又逃往清化。其弟陈益稷投降。元军虽获胜，但师老兵疲，不服水土，尤其是骑兵无法在丛林、水网地区发挥特长。再加上安南援兵逐渐集结，不断袭击元军。脱欢被迫于同年夏撤兵。元军撤退途中，在如月江、册江（乾满江）等地一再遭到安南军民的截击，损失惨重，唆都、李恒等元帅战死。安南收复了全部失地。

至元二十三年（1286年）正月，忽必烈罢征日本，调集军队、粮草，准备大举进攻安南，同时另立陈益稷为安南王。至元二十四年（1287年）正月，他调集8万大军，成立征交趾行省。以奥鲁赤为平章政事；乌马儿、樊楫为参知政事，仍受镇南王脱欢节制。十一月，元军分三路侵入安南境内。程鹏飞、孛罗合答儿由西道攻永平，大小17战，连破老鼠、陷沙、茨竹三关，直抵万劫。脱欢、奥鲁赤从东道攻女儿关。乌马儿、樊楫从海道攻安邦口。各路元军会合后，矛头直指升龙。十二月，脱欢率诸军渡过富良江，击败守军，进占升龙。陈日烜等逃往敢喃堡。次年正月，脱欢挥师追击至天长海口，不见陈日烜踪迹，只得回师升龙。元军四出侵扰，掠夺粮草，终因军粮匮乏，天气逐渐炎热，不得不于二月初下令班师回朝。元军撤退途中，安南集结了30余万大军在女儿关、丘急岭一带布防100余里，准备截击归师。脱欢闻讯下令诸军避开敌军，分道撤回国内。元军水师在白藤江遭安南军阻击，主将樊楫受伤被俘。三月，陈日烜遣使进贡金人以代谢罪。忽必烈虽十分恼怒，仍不得不恢复和好关系。

至元二十七年（1290年），陈日烜去世，世子陈日燇继位，仍然对元朝采取不卑不亢的态度。至元三十年（1293年），元朝第三次调集大军出征安南。次年初，忽必烈去世，元成宗铁穆耳即位，下诏罢征安南，宽宥其抗命之罪。此后，两国边境上虽发生过小规模冲突，但始终维持着安南对元朝的朝贡关系。

2. 远征占城

元世祖至元十五年（1278年），元朝福建行省参政唆都派使节到达越南南部占城国。使节回报该国国王失里咱牙信合八剌麻哈迭瓦有归顺之意，元世祖忽必烈封其为占城郡王。至元十六年（1279年）十二月，派兵部侍郎教化的、唆都等出使占城，要求占城国王入朝。占城国王保宝旦拏啰耶邛南諴占把地罗耶遣使进贡，奉表归降。至元十八年（1281年）十月，元朝设占城行省，以唆都为右丞，刘深为左丞。调集海船百艘、士卒水手万人，准备次年正月出征海外，要求占城郡王供给军食。不久，占城王子补的专权，扣押元朝出使暹国、马八儿国的使节。忽必烈决心兴兵讨伐。

至元十九年（1282年）六月，忽必烈调集淮、浙、福建、湖广驻军5000人、海船100艘、战船250艘，由唆都统率进攻占城。当年十一月，唆都率军从广州出发，航海至占城港（今越南平定省归仁）登陆。占城国王孛由补

蒙古兵押送战俘图

刺者吾亲率重兵 10 万，筑木城 20 里，设回回三梢炮 100 余座，严阵以待，拒绝了元朝的招降。至元二十年（1283 年）正月十五日半夜，元军分三路从北、东、南三面乘船攻击木城。次日早晨两军交战，占城军出动万余人，战象数十只迎击南路元军。中午，元

占城遗址

军击溃占城军，攻入木城。占城国王放弃行宫，焚烧仓库，率部逃入山中。接着，元军进兵大州，占城国王闻讯求降。元军开到大州东南，准许占城王投降，赦免其罪。但要求占城国王亲来营中纳降。占城国王一面派国舅宝脱秃花为使节应付唆都，一面在大州西北鸦候山立寨，集结两万余人，并遣使向安南、真腊、阇婆等国借兵。二月十九日，元军进攻鸦候山，占城军拼死抵抗，并利用地形切断元军退路。元军苦战，才得以突围。唆都在舒眉莲港建立木城，固定待援。并以此为据点，攻击占城的郡县。至元二十一年（1284 年）三月初六，唆都奉命北上进攻安南，率军撤出占城。等万户忽都虎率援军到达占城舒眉莲港，知道唆都已撤兵。二十七日，占城国王遣使求降。当年，元朝再度策划派兵讨伐占城，因与安南爆发战争，未能成行。元成宗时，与占城恢复了和好关系。

六、缅甸挑衅忽必烈，八百媳妇成附属

1. 远征缅甸

当忽必烈迂回到宋朝西南方准备灭掉大理国时，缅甸这个小国居然先发制人，向蒙古元军首先发难，做出了让其追悔莫及的军事行动，导致此后数十年间与元朝交恶，结果被元军不断打击，最后不得不对元朝称臣。

历史有惊人的相似之处，但是其内部的动机与原因，却被历史所湮没，只能让后人看到一些并不明朗的表象。

至元八年（1271 年），元世祖忽必烈侵入大理国后，通过大理、鄯阐等地的官员出使缅甸，诏抚缅甸王。缅甸国蒲甘王朝那罗梯诃波帝也派使者到元大都朝拜忽必烈。两国之间建立了初步的联系。过了两年，忽必烈又派使者出使缅甸国，要求缅甸王派遣王室子弟或显贵大臣来京朝贡。不

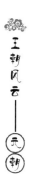

料，元朝使臣一去就没了踪影。这件事根据缅甸的史料记载，是因为元朝使者晋见缅甸王时，不肯脱马靴而被处死。

云南行省的官员见使臣久久不归，缅甸那边也没有任何消息，便向朝廷报告了此事，建议出兵征讨缅甸国。忽必烈想了想，没有批准，下令先观察缅甸那边的动静，把事件弄清楚再说。

忽必烈此时可能也是有些力不从心了，没有主动发起战争，然而，两国之间会相安无事吗？

正当元朝在是否出兵的问题上犹豫不决时，缅甸国却对元朝发动了战争。至元十四年（1277年），缅甸国出动士卒近5万人，战象800头，大举向元朝镇西路新附千额（云南盈江县）及原附金齿（云南德宏傣族景颇族自治州等地区）侵袭。

千额总管阿禾见缅甸的军队来袭，立刻飞马向元朝告急。大理路蒙古千户忽都、总管信苴日率领700名骑兵驰援阿禾。元军与缅军在行进中遭遇，激战两天两夜，元军破掉缅军的象队方阵，缅军大乱而败退。元军追逐30余里，攻破17个缅甸村寨。随后，元朝云南诸路将领率兵近4000人出征缅甸国。

元军进占江头城（缅甸蛮莫县），招降了附近的掸族部落约300个寨子。因为天气炎热的缘故，元军未能深入缅甸腹地。

元将纳速剌丁回国后，向朝廷上报说：缅甸国地形虚实，全在我的掌握之中，现在讨伐，必胜无疑，若错失良机，待缅军集结强大起来，我大元南疆就会重蹈赵宋北疆连年被扰的局面。当时忽必烈并没有下决心出兵讨伐缅甸。后来，纳速剌丁借机再次请求征伐缅国，忽必烈想了想，批准了这个提案，下诏调兵遣将，积极筹备。至元二十年（1283年），征缅元军正式出兵，水陆并进，一举攻破了江头城、太公城（缅甸拉因公县）等地。过后，缅甸王的臣属建都（缅甸北部地区）王乌蒙、金齿西南夷等12个部落归顺元朝。但缅甸王一直坚持到至元二十二年（1285年）才向元朝求降。忽

蒙古射猎图

必烈允许他悔过自新，但重申要缅甸权贵亲自来京朝贡，并为此派兵护送怯烈出使缅甸。然而，怯烈还没到达缅甸首都蒲甘，缅甸就发生了内乱，这次出使又无功而返。

至元二十四年（1287年），缅甸王庶子不速速古里囚禁了缅甸王，还杀害了元朝云南王派去的官员阿南达等人。不久，不速速古里也在与诸兄弟争位的纷乱中被杀。缅甸蒲甘王朝实际上已经解体，分成若干掸邦。各地纷纷拥兵自立的贵族和掸族部落首领为寻求政治上的支持，大多向元朝投降，接受了元朝任命的各种官职名号。约1289年，缅甸王立普哇拿阿迪提牙也向元朝纳贡称臣，并派自己的儿子到大都朝见元朝皇帝。第二年，元成宗铁穆耳封立普哇拿阿迪提牙为缅甸国国王。

大德四年（1300年），缅甸权臣、木连城（缅甸栖县）首领阿散哥杀死缅甸王和元朝留驻缅甸国的信使及随从人员百余名，另立王子邹聂为傀儡国王。元成宗得到消息后，立刻出兵征伐阿散哥。元军围攻木连城，遭到守军的顽强抵抗。不过，在双方交战之际，阿散哥派人以重金贿赂元军将领，不想再征战不休。元军将领借机以暑热为由撤兵回国。元军班师回国后，阿散哥派使臣到元朝上都请求宽恕。元成宗赦免了阿散哥的杀君之罪，下诏停止征讨缅甸，默认了缅甸国内的现状。此后，直到大元末期，缅甸一直保持着对元朝的朝贡及臣属关系。

实际上，在忽必烈及铁穆耳出兵对缅甸进行攻击的同时，还将侵略的视线投向柬埔寨和爪哇岛。只不过对这两个地方没有强硬的军事行动而已，但元朝的势力还是涉及了这两个地方。

元贞三年（1297年），忽必烈的继承者铁穆耳派使团到达柬埔寨。当时，柬埔寨的清迈和速古泰还是傣族的诸侯王国，对于元使的到来，没有进行军事上的抵抗，双方进行了有效的谈判，最后，这两个王国顺利地成了元朝的附属国。

忽必烈于至元三十年（1293年）派出3万人的远征军，从泉州出发到达爪哇。爪哇的主要统治者是爪哇岛东部的谏义里王。由于元军得到另一位爪哇首领土罕必阇耶的援助，在满者伯夷附近打败了谏义里王，顺利地攻占了谏义里王的都城。但是，土罕必阇耶在此之后转而反抗元军，掉转矛头与元军开战，元军仓促应战，被迫退回返回的船上离开了爪哇岛。随后，土罕必阇耶解放了爪哇岛，建立满者伯夷国。

这个战例，可以说是元朝军队被爪哇岛的土罕必阇耶成功地利用了一下，达到了借助外力实行兵变篡权的阴谋。虽然忽必烈雄韬伟略一世，到

头来还是被一个小小的爪哇岛上的土著人给耍了一下。

2. 八百媳妇是个地名

八百媳妇是元朝时傣族部落的一个地名，位于缅甸掸邦的东北部，泰国清迈的周边。传说部落酋长有妻800人，各领一寨，故称"八百媳妇国"。暹罗（泰国的旧称）的史书称此地为兰那。

8世纪下半叶到10世纪，中南半岛北部的傣族为了抵抗南高棉人的侵扰，开始建立一些部落联盟性质的小国，较早建立的以庸那伽为中心的清盛国，就是后来泰国北部清迈一带的兰那王国的前身。10世纪时，清盛一度为高棉人攻占，11世纪时又复兴。到了13世纪初，始称兰那（意为百万稻田）。中国元、明、清时期的史籍给兰那王国一个很有意思的名称——"八百媳妇国"。13世纪后，兰那进入强盛时期，疆域扩张到缅甸东北部景栋地区。兰那芸莱王朝时，创造了兰那文，制定了"芸莱法典"。

兰那王国长期保持独立地位，直到明嘉靖三十六年（1557年），才被缅甸东吁王朝征服。清乾隆四十年（1775年），郑信王将缅甸军逐出国境后，率军进入清迈。到19世纪初，兰那正式并入泰国版图。

元朝时，铁穆耳称帝后，几年无大事。到了大德五年（1301年），身在云南的行省左丞相刘深，大概是觉得蒙古元军近来无战事，生怕刀兵生锈，草拟一道奏折，上报朝廷说："我大元世祖以神武之志统一天下，功盖万世。新帝继位以来，尚没有用武功战事显示其勇武天资的机会。据我探究现在天下形势，有所发现，西南方夷地尚有个八百媳妇国，至今还没有向大元称臣贡奉，我请求天子允许出兵征伐，给我大元帝国再添一个属臣。"

兰那建筑

铁穆耳本不想生事，但抵不住下面的朝臣吹耳边风，就把这道奏折拿到朝中让大臣们商议。有人说刘深出兵征讨八百媳妇国，是用大元的有用民众去取一块无用之地，得不偿失。但是丞相完泽却完全支持刘深这一提议。铁穆耳后来动了心思，想在太平盛世经自己的手弄出件大功，给自己捞点政治资本，好使自己青史留名，因而准了刘深的提议，下诏令刘深亲自率兵征伐八百媳妇国。

刘深率数万元兵从云南出发，经顺元（贵州贵阳）穿越西南热带丛林时，连"八百媳妇"的黑牙都还没见着一个，就已经因为疾疫和行军危路等原因，死掉了百分之七八十的元兵，可谓出兵极其不顺。与此同时，刘深又假借朝廷命令，让水西（黔西）土司之妻蛇节夫人给元军支援 3000 匹马、3000 两银。谁知这蛇节夫人爱惜钱财，见刘深狮子大开口，就起了反抗之心，联络云南当地另外一个土司宋隆济，共同起兵反抗刘深。

这几拨土蛮联合起来后，熟门熟路，攻克元军据点杨黄寨，接着猛攻贵州，杀掉了元朝贵州知州，并把刘深所率的元军包围于深山恶谷之间。幸好元朝的宗王阔阔相救，刘深才没有被土蛮杀掉。

志大才疏的刘深率数千残兵往后撤退，被宋隆济所率的土蛮军一路追击，毒箭陷阱一起上，这支元军部队几乎被消灭干净了。

消息传回大都，朝中一片哗然，纷纷痛陈对八百媳妇用兵的失误。

元成宗铁穆耳脸上挂不住了，原本想出兵给自己捞点政治资本，没承想让这个窝囊废刘深给弄砸了，一气之下罢免了刘深的官职，同时，派出良将刘国杰率军征讨宋隆济和蛇节夫人，先出了这口恶气再说。

刘国杰是名身经百战的良将，接过帅印后立刻上了前线，在先战失利的情况下，诱敌深入，大败土蛮军，蛇节夫人被迫投降后，被元军所杀。宋隆济逃脱不久却被他的侄子反擒住献给元军，也被凌迟除掉了。

刘国杰完成了皇命之后，班师回营，铁穆耳赏了刘国杰等人后，下诏罢征八百媳妇国，这件事就此搁置。

谁知，过了五年，到了至大二年（1309 年），八百媳妇国却北上进攻元朝，在云南边疆到处掠杀，云南驻守元军仓促应战，却被八百媳妇国的军队处处牵制，被动挨打，战局十分不利。元武宗海山急忙派兵支援云南驻军，仍旧无法扭转被动局面。元军数次与八百媳妇国交战，都没能取胜，反而节节败退，残兵退回去一批，朝中再派来一批，还是大败而归，然后再派来一批元军，又继续前面的战场势态。因为云南地貌环境太过复杂，元军部队在短时间内很难适应战场形势，往往还没开战就先病倒了，更谈不上战斗力的问题，因而连吃败仗。

云南诸地被八百媳妇国的来攻所引起的骚乱，就这样在双方的拉锯战中持续了若干年。到了元仁宗时期，双方开始和谈，也是谈谈打打，这样

又持续了几年。后来，双方终于达成停战协议，八百媳妇国居然接受了元朝的统治，成了大元的又一附属国，这才彻底地停止了战事。

如此说来，元军征讨八百媳妇国，并没有打入八百媳妇国境内，而是在云南边疆地区解决了八百媳妇国的臣属问题。

这次对"八百媳妇"国用兵可谓是失策。总共也没杀死几个"媳妇"，反而是自己损失惨重，真可谓是"偷鸡不成反蚀把米"！事后，元成宗越想越气，都是这个刘深让自己成为笑柄。于是，又下了一道诏书将刘深杀掉，以慰三军将士。

不管怎么说，经历了一番波折以后，西南夷总算平定下来。朝廷也算是吸取了教训，便在云贵地区设立宣慰司，开通驿道，以加强中央对其的管辖。

第三编

政治、经济与外交

　　元朝是继秦汉、隋唐之后，中国历史上又一个统一的王朝。这种大统一初步奠定了现代中国疆域的规模，为南北方经济的恢复、交流和进一步发展准备了条件。元朝大统一，有利于文化科学技术提高，有利于各民族之间互相融合和联系。在统一的元朝，中外交通和中外关系也更加密切。

　　元代社会经济发展总趋势是：前期由恢复到发展，中后期由发展到停滞、衰敝。由于元朝地域辽阔，民族之间交往增多，对外开放，使农业、手工业、商业和交通运输业的发展具有相应的特点。边疆地区得到开发，各民族的生产技术互相交流，对外贸易空前发达，交通运输业有很多创举。

第一章 / 元朝的制度

蒙古国对华北的统治方式，是草原贵族原有的统治体系在它所征服的定居农耕地区的延续。汉地户口的一部分直接领属于大汗；一部分被大汗分封给诸王、宗戚和勋臣。蒙古统治者把主持军事、财赋征敛的部分官员和监临各级地区的达鲁花赤派到华北，同时又以款服入质、领军从征、缴纳差发为条件，允许自金末战乱以来出现在北方的大小军阀世侯，继续行使在各自势力范围内的实际统治权。世侯们集兵刑赋役之政于一己，俨若列藩，不相统属。直到忽必烈建立元朝，这种局面才获得根本转变。他借鉴金代制度，在以"藩邸旧臣"为核心的中原知识分子参议下推行"汉法"，同时保留能充分保障蒙古贵族特权地位的种种制度，重新在华北确立了封建的中央集权制统治体系以及相应的各种典章制度。中统、至元间的创置，奠定了元一代制度，元朝制度多沿袭金制，同时又有不少前代所不具备的特点。其中有的反映了中原王朝历代相承的传统体制本身的发展变化，如行省的设立；有的反映了被保留的蒙古旧制，如蒙古、探马赤军中的奥鲁（老小营）建置；也有一些是在这两者的交互作用下形成的，如刑罚体系中某些不同于前代的变化，对吐蕃地区实行的政教合一的统治等。

一、行省制度划区辖，驿站急递传公文

忽必烈建立的元朝实现了中国历史上一次新的大统一。元朝的版图之大，超过了汉唐盛世。它东起黄海和东海，西达东欧和西亚，北到北冰洋，南至南海和今越南、泰国北部，是中国历史上版图最大的王朝。

元朝为了对所属辽阔的疆域进行统治，将全国领土分为两大部分：一部分由皇帝直接统治，主要是原来的金、南宋、西夏、大理等地区；另一部分则分给皇族的亲王统治，这主要是西域地区，如察合台汗国、钦察汗国、

伊儿汗国等。

元朝皇帝直接统治的行政区，划分为 12 个大的政区，实施行省制度。元朝的行政机构是同其中央集权制相适应的，行省制度是自秦汉以来中央集权制度的一个重大发展，从魏、晋、南北朝开始，中央的行政机构开始称为尚书省、中书省等。行省就是中央机构到地方上仍然行使中央机构权力的称呼；开始并不辖地，只为了临时性军事需要而设，事毕即撤。后来为了加强对地方的控制，设立了"行台省"，名义上是中央分支机构，实际上已成为州以上的一级行政区划。

金朝初期，因为它的统治中心在北方，不便控制中原，便在开封等地设了行台省；金后期为了加强地方行政，又设了陕西、河北、山东等行省；行省的名称，从金朝初年就开始使用了。元朝初年，沿用了金的行省制度，占一地区就设一行省，都是为军事行动需要而临时设立的。只是因军事行动频繁，长时间不能撤，逐渐演变为常设机构；辖区相对固定，形成州县之上的一级行政区域，成了正式的地方行政机构，其内涵已与金朝的行省不大相同。

元朝的中央一级行政机构，主要有总理政务的中书省，掌管兵权的枢密院和管监察事务的御史台等。中书省设有中书令、右丞相、左丞相、平章政事、右丞、左丞、参知政事等，以中书令为最高首脑。中书省下设吏部、户部、礼部、兵部、刑部、工部等。六部之外，就是一级地方行政机构"行中书省"；所谓行中书省，就是代表中书省在地方上行使职权，简称行省或省。

首都大都附近的地区（今河北、山西、山东等地）直属中书省管辖，称为"腹里"。其余 10 个行省分别是：

岭北行省，辖地为今蒙古戈壁大沙漠以北直达北冰洋，西至鄂毕河的广大地区，省会在和林（今蒙古哈尔和林），这是区域最大的一个省，其中大部分地区为蒙古诸王的封地及部落的游牧地；

辽阳行省，统辖今东北地区，省会在辽阳（今辽

站　赤

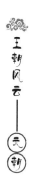

宁辽阳）；

河南行省，辖黄河以南、长江以北的今鄂、豫、皖、苏之地，省会在汴梁（今河南开封）；

陕西行省，辖今陕西及甘肃、宁夏的黄河以东地区，省会在奉元（今西安）；

甘肃行省，辖今甘肃、宁夏的黄河以西及青海东北部、内蒙古西部诸地，省会在甘州（今甘肃张掖）；

四川行省，辖今四川西部及湖北恩施地区，省会在成都；

云南行省，辖今云南及贵州西部，四川凉山，以及缅甸、越南、老挝北部诸地，省会在昆明；

湖广行省，辖今湖南、广西及贵州大部和湖北长江以南诸地，省会在武昌；

江西行省，辖今江西、广东及湖南桂阳诸地，省会在龙兴（今江西南昌）；

江浙行省，辖今浙江、福建及皖南、苏南和上海诸地，省会在杭州；

此外还有一个宣政院管辖的吐蕃地区，包括今西藏及青海大部、四川雅安以西地区。

因为行省是皇帝的派出机构，其官员配置也与中书省类似，有丞相、平章政事、右丞、左丞、参知政事等职；只是为了防止外职过重，行省的丞相职务往往空缺，由平章政事等主要官员直接向皇帝负责。行省的权力极大，它统辖政务、钱粮、兵甲、屯田、漕运、军事等，行省之下，则有路、府、州、县等常设行政机构。

元代的疆域十分辽阔，每个省的管辖区域要比现在的省大得多，特别是几个边疆省。如辽阳省的管辖范围，除了今东北之地外，还包括今俄罗斯境内的黑龙江下游地区和库页岛等地；江浙行省还包括今澎湖、台湾等一系列岛屿。行省制度加强了这些地区与中央的联系，使中央对这些地方的管辖有如内地。

与行省制度相连的还有驿站制度。元在中书省、通政院和兵部的管领下，有庞大的站赤组织。元朝在全国各地设有1400处驿站，仅辽阳行省就有100多处。驿站分陆站和水站，水站用船，陆站用马、牛、驴或车；后来还设置过海站，在冰天雪地的黑龙江流域设狗站——狗拉雪橇在冰封的大地奔走，形成了以大都为中心的四通八达的交通网络。驿路上使臣们往来不绝，大大加强了中央与行省、行省与行省之间的联系。各种公文可以很快传递，加强了中央对地方的控制和指挥。与驿站相辅，还有急递铺，传递紧急公文时，一昼夜可传400里地。

元朝的行省制度对以后明清两代产生了积极的影响，初步奠定了今天中国的行省规模。明朝改革行省为"承宣布政使司"，不管军事，专管民

急脚递

政事务；但人们习惯上仍然称作行省，以后"省"成了地方行政区划的专有名称。清沿明制，将全国划分为直隶、江苏、安徽、山西、山东、河南、陕西、甘肃、浙江、江西、湖北、湖南、四川、福建、广东、广西、云南、贵州18个省；清末又增设了新疆、台湾、奉天、吉林、黑龙江五省，至此，全国除青、藏、内蒙古等地区外，共有23个省，这同今日的省、自治区（不算直辖市）的设置方法已相差无几。

二、军政机构省台院，达鲁花赤行监管

中央政府的军、政统治机构，主要由中书省、枢密院和御史台构成。中书省相当于金代的尚书省，领六部，掌全国政务，枢密院掌兵，御史台掌督察。此外，元世祖忽必烈曾于至元三年（1266年）设制国用使司，总理全国财政，以后一度成为与省、台、院并立的最重要的国务机构之一。至元七年（1270年），罢制国用使司，立尚书省，统六部，并改天下行中书省为行尚书省。中书省建置虽仍被保留，但实际上已改由尚书省总领国政。至元九年（1272年），罢尚书省，以其职权归并中书省。至元后期和元武宗至大年间，元廷又两次立尚书省，分别历时五年、三年，以"理财"为施政中心。主持全国释教及吐蕃地区军、民之政的宣政院，由于职掌的特殊性，自成系统。蒙古国初期，即置札鲁忽赤治天下刑政。随着元朝国家机器的完备，设大宗正府为札鲁忽赤官署，主要治理诸王、驸马、投下蒙古、色目人的刑名等公事，时而兼管汉人刑狱。在宗教、文化方面，元代比较独特的中央机构还有管理也里可温的崇福司、掌回回历法的回回司天监、蒙古翰林院及其所属蒙古国子监等。

地方最高行政机构，在忽必烈即位之初，为10路宣抚司；同时，他又委派重臣以都省官"行某处省事"系衔，到各地署事，行使中书省职权，简称行省。至元后期，行省官员不复以中书省官系衔，行省逐渐由临时性的中央派出机构定型为常设的地方最高行政机构。除"腹里"（河北、山

元代龙泉文官俑

东、山西）直隶于中书省，吐蕃由宣政院辖理以外，所置有岭北、辽阳、河南、陕西、四川、云南、甘肃、江浙、江西、湖广等行省。在距离省治较偏远的地区，分道设宣慰司，就便处理军民事务，"与职民者，省治之；职军者，院临之"。边陲民族地区的宣慰司、宣慰司都元帅府及其所统路府州县或宣抚、安抚、招讨等司，多参用当地土官任职。御史台在地方上也有相应的分设机构，即监临东南诸省的江南诸道行御史台（简称南台）和陕、甘、滇、蜀地区的陕西诸道行御史台（简称西台）。中台和两个行台下各设若干道肃政廉访司（元初称提刑按察司），定期检查各种案卷账目，监督纠劾各级官吏，复按已审案件。御史台（或行台）与诸道肃政廉访司相衔接，构织成全国范围内的垂直监察系统。为了征伐或镇抚的需要，枢密院有时也在有关地区设置行枢密院（简称行院）。行省以下的行政机构，分别为路、府、州、县。诸王、勋戚在内地各行省的封地上仍保留相当的特权，但这些封地在行政建置方面同样被纳入郡县制体系。路治所在城镇，并设有一个或几个录事司，管理城区居民。

元政府在许多中央机构、行省以下的大部分地方行政机构和许多管军机构中都设立达鲁花赤一职，一般由蒙古人或色目人但任，以此保障蒙古贵族对全国行政、军事系统实行严密监控和最后裁决的权力。路、府、州除蒙古人任达鲁花赤，又以汉人为总管、知府（或府尹）、知州（或州尹），以色目人为同知，使他们互相牵制，以利于民族防范和阶级统治。

中统初，定都省及左三部、右三部之制，吏、户、礼为左三部，兵、刑、工为右三部。至元元年（1264 年），罢诸侯世守，裁并路府州县官吏，行迁转法。至此，任命、迁调各级官员的权力始收归中央，初定一代铨选制度。枢密院、御史台、宣政院用人得自选闻奏；此外，百官的任免进退，一般都须经过中书省系统。职官升迁，从七品以下属吏部，正七品以上属中书省，三品以上由皇帝决定。实际上，一般外任官都难以升到从四品以上的品秩。高级官僚阶层基本上为世袭的蒙古、色目贵族和极少数汉族官僚所垄断。从怯薛中不断选拔人员担任军、政要职是保持这种垄断的重要途径之一。中下层官僚的来源大部分是掾史、书吏。他们的晋升途径，首先是从县吏经州、府做到路吏，然后被选入廉访司，经御史台或行台书吏升为省部掾史，遂出职为从六或正七品官；也有从儒人中直接荐入廉访司为吏而逐渐晋升者。常选之外，还有所谓"别里哥选"，指皇帝以特旨委任官员。由省部掾史出职往往比从九品官员依常例迁转至七品更快，所以元代有许多人宁可已官而复掾。据元人自己的估计，由吏入仕者占元朝官员总数的 4/5 以上。元朝科举的最初尝试是窝阔台时期的"戊戌选试"（1238年）。延祐年间，元政府始正式设科取士。直到元末，开科共 16 次，取士人数仅占文官总人数的 4%，其规模远不足与唐宋两代相比拟。南人想要入仕尤其困难，能做官的，大多数也不过州县卑秩。

三、怯薛儿郎年十八，手中弓箭无虚发

元朝最高军事机构是枢密院。枢密院下设有客省使、断事官、行枢密院、右卫、左卫、中卫、前卫、后卫等官署。

元代在漠北草原的蒙古人，仍过着兵民合一的游牧生活，战时出军，平时便屯聚牧养。在汉地和江南，元朝军士的来源采取从固定的军户中签发的办法。蒙哥二年（1252 年）大规模籍户时，已明确地区分民户和军户。进入内地的大多数蒙古人户及被收编的金、宋降军之家，皆以军户著籍；此外还有一些汉族或其他各族人户陆续被新签为军户，一般都由中户充当。军户种田，可免税粮四顷，称为"赡军地"。蒙古、探马赤军和汉军（金朝降军和蒙古政权、元政府在华北签发的军队）军户，都是通过奥鲁进行管理的。奥鲁的主要职责，一是从军户中起发丁男当军应役，并及时起征亡故军人的"户下弟男"承替军役，弥补军队缺员。二是负责按时为本奥鲁起发的当役军人置备鞍马、器仗、盘费等军需。蒙古、探马赤军的奥鲁，隶属于该奥鲁当役军士所在的万户、千户之下，汉军奥鲁由所在地区的管民官兼领。新附军（南宋降军）未设奥鲁。

元代军事防卫分为两大系统，即戍卫京师（大都和上都）的宿卫系统和镇守全国各地的镇戍系统。宿卫军队由怯薛军和侍卫亲军构

元代武士俑

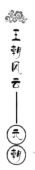

成。忽必烈建国后，保留了成吉思汗创立的四怯薛轮番入侍之制，用他们列值禁庭以充护卫侍从，常额在万人以上，由皇帝或亲信大臣直接节制。侍卫亲军用于环卫京畿，到元朝末年先后置30余卫，卫设都指挥使或率使，品秩与万户相当（正三品），隶属于枢密院。进入内地的色目人军队，由于战斗力较强，相当一部分被编入侍卫亲军。镇戍诸军的布局，腹里主要由蒙古军和探马赤军戍守。化北、陕西、四川等地的蒙古、探马赤军由各地区的蒙古军都万户府（都元帅府）统领，隶属于枢密院。南方以蒙古军、汉军、新附军相参驻戍，防御重点是临江沿淮地区。隶属行省的镇戍诸军，方面有警时由行枢密院统领；平时日常事务归于行省，但调遣更防等重要军务仍受枢密院节制。全国军马总数，只有皇帝和枢密院蒙古官员知道，行省兵马也只有为首的蒙古官员知道。

四、科举考试屡兴废，左右两榜分高低

1. 元朝科举考试的大起大落

元代政权以蒙古贵族为主体。蒙古贵族有自己的一套选拔和用人制度，因而在设科取士的问题上，遇到重重阻力。后来虽然设立了，但是难以和唐、宋、明、清等朝代相提并论。

元代科举，分为乡试、会试、御试三级，每三年举行一次。因为当时有蒙古、色目、汉人、南人之分，所以考试的程式也有所区别。蒙古、色目人试两场，汉人、南人试三场。在考试内容方面，对汉人、南人的要求也比元代科举榜蒙古、色目人严格得多。蒙古、色目人作一榜，称为"右榜"，汉人、南人作一榜，称为"左榜"。虽然左、右两榜都是第一名赐进士及第，从六品；第二名以下及第二甲，皆正七品；第三甲以下皆正八品，但是蒙古、色目人愿试汉人、南人科目，选中者加一等授官。民族之间的不平等，在科举方面的表现无疑是十分明显的。

概括而言，科举制度在元代是一个中落期。但是，从考试的内容看，朱熹的《四书集注》已占有重要地位，对后来的科举产生了深远的影响。成吉思汗于1206年建立大蒙古国。建国后，围绕科举制的行与废的问题，元代统治阶层展开过多次讨论。成吉思汗在位30多年，虽然尊孔重儒，遍建儒学，但对科举是比较排斥的，他明确表示，"科举虚诞，朕所不取"。这导致其后数十年间科举曾一度中断。

这种情况一直持续到至元元年（1264年）元世祖即位后才有所改善。元世祖尊孔重儒，任用汉族文士，组成了以刘秉忠、许衡为首的幕僚机构，

在各地兴建设立儒学。科举制度虽然确立，但是始终未能施行。元成宗、元武宗时，又一再议论贡举之事，也仍然没有结果。自元太宗至元武宗武举一直中断长达20多年之久。

至大四年（1311年），元仁宗继位。皇庆元年（1312年）元仁宗命李孟、程钜夫等详议科举办法，包括取士目的、考试内容、方式及录取人数等。次年十月，中书省大臣复奏此事，元仁宗正式决定实行科举，颁布诏令，命中书省"参酌古今，定其条制"，公布了一个十分详细的考试细则。明确规定："试艺则以经术为先，词章次之。"这一诏令表示以诗赋为主的考试方法的废除，确立了以经义取士的原则，并指定经义以程朱理学家的注释为标准。自此之后，这一规定被明清两代采用，长达数百年。

元代确立的德行明经科将经义进士科、词赋进士科和策论进士科合而为一，此举的确立标志着科举考试规范化改造的完成。

2. 元朝科举的弊端——种族歧视

元朝开国者武功盖世，蒙古铁蹄几乎踏遍欧亚大陆。但马上得天下，不能马上治天下。元人掌握国家政权后，不大重视文化教育建设，尤其蔑视汉族知识分子，因此有"九儒十丐"之说。

元代进士表据史料记载，元太宗窝阔台九年（1237年）八月，曾应中书令耶律楚材"用儒术选士"之请，诏中原诸路以论、经义、词赋三科考试儒生，同时宣布"其中选者复其赋役，令与各处长官同署公事"。（《元史·选举志》）

考试于次年（戊戌年）举行，故称戊戌选试。这是元朝正式建立前首次仿照科举的办法选拔士人。但是，这种选拔士人的方法是有一定局限性的，不能看成是真正意义上的科举，并且由于"当世或以为非便，事复中止"。元世祖忽必烈即位后，丞相史天泽条陈当行大事，其中提到科举，但没有被采纳。

元朝前期科举停废达半个世纪之久，直到元仁宗延祐二年（1315年），

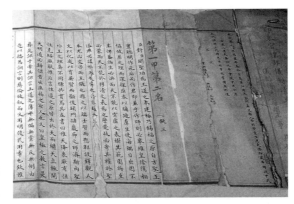

科举榜文

才恢复科举。可是元顺帝即位，又予以废除。当时朝廷里有过一场辩论，参议许有壬认为科举可以广揽人才，有利治国。以宰相伯颜为首的顽固派认为，科举只有利于汉族知识分子，让汉族人中举做官，对元朝的统治是极为不利的。由于害怕汉人造反，元朝统治者规定南方每 20 户编为一间，派蒙古人为间长。每 3 户共用一把菜刀，严禁汉人私藏军器等。伯颜甚至明目张胆地提出杀尽张、王、刘、李、赵五大姓汉人。

至治元年（1321 年），伯颜被贬官流放道州而死，其侄脱脱为相，又重新恢复科举。但此时元朝统治已岌岌可危，到了穷途末路之时。

元朝统治实行种族歧视政策，把全国人民分为四等：蒙古人最为尊贵；色目人次之；第三等是汉人，即原先在辽、金统治下的北方汉族人；地位最低的是南方人，即原先南宋统治下的汉族人等。为此，当时的科举考试也按种族分等级：蒙古和色目人只考两场，题目也比较容易；汉人和南人要考三场，题目却更加深奥。因为蒙古以右为上，考中以后，蒙古、色目人列为"右榜"，算是高一档；汉人、南人列为"左榜"，算是低一档。按规定左右两榜都各有一个状元，但左榜的汉人往往很难得中，有时竟让蒙古人或色目人来当选。

当然，对当时的种族压迫政策我们应该以客观公正的眼光来看待。从宋到辽金元各朝几百年间，是继黄帝时代、春秋战国时代、魏晋南北朝时代之后的第四次中华民族大同化、大融合的历史时期。这期间充满着压迫，充满着灾难，但毕竟都已过去，民族融合是历史发展的、不可逆的潮流。而科举考试制度，在民族融合过程中，却发挥了很好的历史作用。

元灭宋统治中国不到百年。科举考试屡兴屡废，一共只举行过 16 次，共取进士 1139 人。一个统一的王朝科举取士人数之少，为隋唐以来所罕见。元朝虽然轻视科举，但还是出了不少人才。如《琵琶记》作者高则诚和明初著名政治家、军事家兼文学家的刘伯温，都是元朝进士。据传《水浒》作者施耐庵也与刘伯温同科考取，但此事没有明确的资料记载。

五、诸色户籍须世袭，赋役制度南北异

1. 户籍制度

元代户籍制度非常特殊，相当复杂，将全国居民按照不同职业以及其他某些条件（如民族）划分成若干种户计，统称诸色户计。他们所承担的封建义务有所不同，隶属和管理系统也不尽相同，而且一经入籍，就不许随意更动。诸色户计主要分为以下几类：

军户，出军当役的人户。

站户，在站赤系统服役的人户。

军户、站户占地四顷以内免税，四顷以外依例课税。元代前期军户、站户都可以豁免杂泛差役，中期、后期部分军户、站户有时也要负担杂泛差役。

匠户，为封建国家从事各种工艺造作的人户。他们须缴纳地税，中叶以后也要负担杂泛差役。

灶户，又称盐户，以煎盐为生的人户，按国家规定的数量缴纳额盐，支取工本钞或口粮，严禁私卖盐货。盐户的其他赋役经常得到宽免或优待。僧、道、也里可温、答失蛮等宗教职业者，也各有专门户籍。他们占有的土地中，凡属于皇帝赏赐和元初旧产都可以免税，续置土田须验地科征。终元之世，他们基本上享受免役的优待。

儒户，验地缴税，元代中期曾一度负担杂泛差役。

打捕户及鹰房户，专门为皇室猎兽以及捕养行猎时所用鹰隼等动物的人户。按元政府规定，打捕户必须送纳皮货以代替其他户计缴纳的丝料和包银。

民户，一般的种田户等。对北方民户大体上征收丁税和科差，南方征两税。民户须负担杂泛差役。

此外还有医户、运粮船户、舶商等项户计。诸王、勋戚和功臣还各自拥有一部分私属人户，他们不承担国家赋役，完全供其领主役使。这种私属人户中也包括一部分匠人、打捕鹰房、金银铁冶户等。

2. 赋役制度

元朝的赋役制度南北相异，北方主要是税粮、科差，南方征夏、秋两税。窝阔台八年（1236 年），更定赋税制度，史称丙申税制，基本上确立了元代在华北地区的赋税体系。忽必烈即位后，对赋役数额有所调整，并在申明旧制的基础上，明确规定输纳之期、收受之式、封完之禁、会计之法，使之更趋完善。正税主要是税粮和科差。税粮分丁税和地税两项。地税白地每亩 3 升、水地每亩 5 升。以后又一律改为亩输 3 升；丁税每丁 2 石。各色户计分别按照不同的规定输纳丁税、地税之中的一种。官吏、商贾纳丁税。工匠、僧、道、也里可温、答失蛮、儒户等验地交地税，军户、站户占地四顷以内者免税，逾此数者纳地税。一般民户大多数交纳丁税，中叶以后，在两淮、河南等地区，也有改征地税的。由于土地买卖、富户漏税等各种原因，在征收税粮时往往出现混乱和纠纷，经常有一户并纳两种税的情况发生。科差内容包括丝料、包银和俸钞 3 项。丝料户 1 斤 6 两 4 钱。

元代灰陶俑

系官民户所纳的丝料全归政府；分拨给诸王、贵戚、勋臣的民户所纳丝料中，有一部分经过政府转交给封主，其数额以每5户2斤为率，所以这一部分民户称为"系官五户丝户"。

包银每10户额当钞40两，此外还要按缴纳包银的数额，每4两增纳1两，以给诸路官吏俸禄，即俸钞。各色户计，按编入户籍的先后、丁力多少、家业贫富等具体情况，缴纳税粮、科差的标准都有所不同。

灭宋以后，元政府没有把在北方实行的税粮、科差制度向南方推行，基本上承袭南宋旧例，继续征收夏、秋两税。两税之中，以秋税为主，所征为粮食，也有一部分折钞征收。江南秋税的税额没有统一的标准，各地差别较大。夏税一般以秋税征粮额为基数，按一定的比率折输实物或钞币。江东、浙西自元世祖年间就开始起征夏税，浙东、福建、湖广等地区自元贞二年（1296年）起征。江南也有科差，即户钞（相当于北方的五户丝）和包银，江南征收包银的范围很小，时间也很短。

盐税收入，占全国钞币岁入的一半以上。盐的生产由国家垄断。政府将工本钱发给灶户，所生产的盐全部由国家支配。盐场附近一般划为"食盐区"，由政府置局，按户计口发卖食盐。其余大部分地区为"行盐区"，由盐商向政府纳课换取盐引，到盐场支盐，再运到规定的行盐地区贩卖。岁课的对象是山林川泽的特产，如金、银、珠、铜、玉、铁、硝、碱、竹木之类。或设总管府、提举司等机构经理，分拨一部分民户从事采伐加工，或由民间自行开采生产，政府以抽分等形式收取税金。两种来源的收入都属于岁课收入。杂课中还包括茶课、酒醋课、"额外课"等。商税也是国库收入的重要来源之一。

杂泛差役，主要包括政府为兴役造作、治河、运输等需要而征发的车牛人夫，以及里正、主首（农村基层行政设施的职事人员）、隅正、坊正（城镇基层行政设施的职事人员）、仓官、库子（为官府保管财物的职事人员）等职役。元代前期，民户以外的其他户计一般都不承担杂泛差役，按元政府规定，分配差役时，应根据当役户的丁产，先尽富实，次及下户。元成宗大德年间改革役法，此后关于诸色户计的当役规定，不时变更，当役面有所扩大。元代的杂泛差役，是劳动人民十分沉重的负担。

六、纸币通行元宝钞，百货价平钞法严

货币的使用是一个国家文明的象征，我国是世界上最早使用货币的国家之一。最初是用一种海生的贝壳作货币，商、周时期的墓葬里，经常有这种贝币出土，甲骨文里也多有记载。到了商代晚期，便出现了用铜制成的铜贝，这是人类最早使用的金属货币。

秦始皇统一中国后，废除了战国时各国不一的货币，统一了全国的币制，法定货币是黄金和铜钱。以后，历代相沿，并出现了银币和铁币，宋代则开始使用纸币。

宋代是我国封建社会商品经济空前繁荣的时期，货币需要量猛增，金属货币不易携带，终于产生了纸币。北宋时，四川的商人自己印行了一种叫作"交子"的纸币，代替铁钱；这是我国使用纸币的开始，也是世界上最早的纸币，它的出现在货币发展史上的意义是不可估量的。"交子"可以兑现钱，也可以流通，后因发行人破产而遭禁，宋仁宗天圣元年（1023年）改由政府限额发行。南宋发行的纸币称为"关子""会子"。到了元代中统元年（1260年），第一次出现了不兑换的纸币"中统宝钞"并长期使用，纸币成为主要的货币。

元代在忽必烈即位前的30余年间，就在部分地区印制流通过会子。1260年忽必烈即位后接受了刘秉忠等人的建议，于当年（中统元年）印造了中统交钞和中统元宝钞，但此后长期正式流通的是后者。

中统元宝钞，民间简称中统钞，票面额共有九种：10文、20文、30文、50文、100文、200文、500文、1贯文、2贯文，每2贯同白银1两，每15贯同黄金1两。从此，纸钞在全国各地流行通用，包括大漠以北、西藏等地方，也曾流通于高丽和东南亚的一些国家。

至正宝钞范

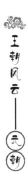

伴随纸币的通行，同时实施了严密的钞法，其主要内容有：中统钞以银为本，持钞者可以随时向官府换银；印造有定额，国家财政要收支平衡；国家储备粮食以便控制米价，并以此来调节物价；伪造纸币者，处以严刑……钞法考虑到诸多方面，比较周到。所以纸钞发行后，取得很好的流通效果，"百货价平"，甚至有人重视纸钞甚于金银。

可惜，不过20年，钞法就开始败坏：随着当权者的腐败和政府财政的入不敷出，纸钞的发行额急剧增加，终于导致了纸币的贬值和物价飞涨。元朝统治者们不解决问题的根源，而是治标不治本，改换名目，以新钞来代旧钞。至元二十四年（1287年）印造发行了至元宝钞，以1∶5的比例（至元宝钞一贯相当于中统钞五贯）兑换；到了至大二年（1309年），又印造发行了至大宝钞，它与至元宝钞的比例又是1∶5。与此同时，伪造纸钞的人也越来越多。

总之，统治者贪婪享受的腐败本性，决定了他们不可能根治钞法的弊病。随着财政收支的巨额赤字不断增大，亏空越来越大，用多印纸币的办法来填补亏空，只能是扬汤止沸，饮鸩止渴。当纸币贬值到最低的时候，元朝的统治也接近土崩瓦解了。

第二章 元朝的社会经济

蒙古兴起后连年发动战争，所过之处，人民遭屠戮，农田受破坏，工匠被驱役，财物被掠夺。蒙古统治者用统治草原畜牧经济的方式来管理中原高度发展的封建农业经济，使中原地区社会经济逆转。随着岁月的推移，成吉思汗的继承者们逐步认识和适应了中原地区的封建经济，统治方式随之改变。到忽必烈继承大汗，采用"汉法"后，这种统治方式转变的过程已经基本完成，社会经济走上了恢复和发展的道路。

元代社会经济发展的总趋势是：前期由恢复到发展，中后期由发展到停滞、衰敝。由于元朝地域辽阔，民族之间交往增多，对外开放，使农业、手工业、商业和交通运输业的发展具有相应的特点。边疆地区得到开发，各民族的生产技术互相交流，对外贸易空前发达，交通运输业有很多创举。

一、王公贵族圈民田，受役旬日家已破

蒙古统治者在占领全国过程中，除没收金朝和南宋的官田外，还占有大量无主荒田和侵夺有主民田，也有新开垦的屯田。官田、屯田、牧场等，都是由蒙古皇室为中心的官僚机构和王公贵族所控制的。

蒙古王公贵族圈占民田为牧场的情况，在蒙古国和元王朝初期是相当严重的。忽必烈时，东平人赵天麟上疏说："今王公大人之家，或占民田，近于千顷，不耕不稼，谓之草场，专放孳畜。"在陕西地方，甚至有恃势冒占民田达 10 余万顷者。

元朝政府除直接管理一部分官田外，还

至正之宝（权钞钱）

把大部分官田赐给皇亲、贵族、功臣、寺观。如忽必烈赐给撒吉思益都田1000顷、元文宗图帖睦尔赐给安西王阿剌忒纳失里平江田300顷，元顺帝时权臣伯颜前后共得赐田两万顷之多。寺院道观也拥有大量田地财产，大护国仁王寺、大承天护圣寺拥有田地数以十万顷计。

金、宋末年的汉族大地主，许多人因投降蒙古保持了自己的田地财产。江南大地主受到的损失很小，他们继续兼并土地，一些富户占有两三千户佃户，每年收二三十万石租子。如松江曹梦炎占有湖田数万亩，瞿霆发占有私田并转佃官田达百万亩。

在统治阶级的残酷压迫和剥削下，广大劳动人民的处境十分悲惨。其中受压迫和剥削最深的是驱口。驱口是元朝特殊历史条件下的产物，他们大部分是战争中被掳掠来的人口，后来也有因债务抵押、饥寒灾荒卖身，或因犯罪沦为驱口的。驱口有官奴、私奴之分。官奴主要从事官手工业劳动；私奴是主人的私有财物，子孙永远为奴，可以由主人自由买卖。佃户有官佃和私佃两种。私佃的地租率很高，一般都在五六成，甚至八成；官佃的地租率，在元代初期一般低于私佃，以后越来越高，中叶以后往往超过私佃的地租率。佃户对地主的人身依附关系十分严重，有的地方佃户可以被地主典卖，或者随土地一起出卖；个别地方，佃户生男便供地主役使，生女便为女婢，或充当妻妾。自耕农占有极少量土地，他们常常因经受不了地主转嫁的沉重赋役而倾家荡产。

贵族官僚掠夺土地，地主富豪兼并土地，使贫富分化进一步加剧。元朝政府承认：各地的地主一般多从"佃户身上要的租子重，纳的官粮轻"。徭役不均的现象也日益严重。以元末福建崇安为例，富豪只占全县纳粮户的1/9，所占土地却有5/6，而官府却将富户应承担的徭役强加在"细民"身上，"贫者受役旬日，而家已破"。因此，广大佃户、自耕农因破产而典卖妻女、牲畜，或沦为驱口，或离乡流亡，是十分普遍的。

二、农业恢复复破坏，孳息马群畜牧业

1. 农业生产

元世祖忽必烈即位后采取了一系列发展农业生产的措施，如建立管理农业的机构——劝农司，指导、督促各地的农业生产，并以"户口增，田野辟"作为考课官吏的主要标准；编辑《农桑辑要》，推广先进生产技术；保护劳动力和耕地，限制抑良为奴，禁止占民田为牧地；招集逃亡，鼓励垦荒；军民屯田；减免租税；设置粮仓、常平仓，赈济灾民，储备种子；兴修水利等。

这些措施是元代前期农业生产得以恢复和发展的重要原因。

至元十三年（1276年）全国基本统一时，共有956.7261万户，约4800万口。由于历经兵燹，这个数字比1200年左右金和南宋的户口合计数2071.6037万户、8137.7236万口要少得多。到至元三十年（1293年）时，全国已有1400.2760万户，7000多万口。

由于部分地区统计缺漏，诸王、贵族隐占人口，军户、站户人等也不计在民户数之内，所以元代实际户口数字当不止于此。元代户口最高数估计在元顺帝妥懽帖睦尔（1333—1368年在位）初年，可能达到8000万口左右。

元初因战争破坏，北方耕地荒芜严重，南方破坏较少，故屯田多集中在今河北、山东、陕西、江淮、四川一带，如枢密院所辖河北军屯，垦田达1.4万余顷，洪泽万户府所辖屯田达3.5万余顷。边区亦广泛开展屯田，据《元史·兵志》不完全统计，全国屯田面积达17.78万顷之多。南方农垦发达地区，则多与水、与山争田，前者如围田、柜田、架田、涂田、沙田，见于滨江海湖泊之地；后者如梯田，行于多山丘陵之地。元代耕地面积在战争期间大量荒芜的基础上逐步得到扩大。

元代农业生产的技术也有所提高。从天时地利与农业的关系，到选种、肥料、灌溉、收获等各方面的知识，都已达到新的水平。农具的改进尤其显著。耕锄、镗锄、耘荡等中耕工具比宋代有所发展。镰刀种类增多，还创造了收荞麦用的推镰。水力机械和灌溉器具大有改进，水轮、水砻、水转连磨等更趋完备，牛转翻车、高转筒车已有使用。

粮食生产不平衡。元初北方和中原农业破坏最甚，恢复程度不一，大致以关中、江淮、山东恢复最为显著。元世祖时关中麦已盛于天下，两淮屯种的荒闲田岁得粟数十万斛。但北方大都等地的粮食供应仍依赖江南。南方粮食产量在南宋的基础上继续增加。

棉花很早就自南北二道传入中国，宋时棉花种植除西域、海南外，主要在闽广一带，元中后期已遍及全国，耕种方法也随之传布。至元二十六（1289年）年，在浙东、江东、江西、湖广、福建等地设木棉提举司，岁输木棉10万匹，元贞二年（1296年）规定江南夏税输木棉、布绢等物，可见产量已相当高。苎麻、西瓜、红花、蚕豆在元代已广泛种植。

边疆地区的屯田，主要有蒙古地区的怯绿连（今克鲁伦河）、吉利吉思、谦谦州、益兰州（均在今叶尼塞河上游）、杭海（今杭爱山）、五条河、称海、和林、上都等地，东北的金复州（今辽宁金县）、瑞州（今辽宁绥中西南）、咸平（今辽宁开原北老城镇）、茶刺罕（今黑龙江绥化、安庆一带）、刺怜（今

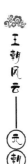

黑龙江阿城南）等地,西北的忽炭（今新疆和田）、可失哈耳（今新疆喀什）、别失八里、中兴、甘州、肃州、亦集乃等地，云南的威楚（今云南楚雄）、罗罗斯等12处。其中刘好礼在益兰州，哈剌哈孙在称海，赛典赤·赡思丁在云南，屯田成绩尤著，他们将中原地区的先进耕种方法和农具、种子，推广到边区，使当地农业生产或从无到有，或改进了耕作技术，大大提高了这些地区的粮食自给率。水利建设则以云南、宁夏地区最为成功。

元代中期以后，由于统治机构的腐败和地主阶级剥削的加重，以及水旱灾荒的频繁，农业生产的发展呈现停滞、衰敝现象。元成宗铁穆耳以后，劝农机构形同虚设，水利建设渐见减少，军民屯田多有废弛，赋税徭役不断增加，农户逃亡破产者增多，大德、至大、天历、至正年间都有大规模天灾发生，农业生产破坏日益严重。

元朝经济大致上以农业为主，其整体生产力虽然不如宋朝，但在生产技术、垦田面积、粮食产量、水利兴修以及棉花广泛种植等方面都取得了较大发展。蒙古可汗进入中原之初，残酷的屠杀和劫掠，给北方地区的经济带来了很大的毁坏。

蒙古人原来是游牧民族，草原时期以畜牧为主，经济单一，无所谓土地制度。蒙金战争时期，曾打算尽杀汉人，把耕地都变为牧场，大臣耶律楚材建议不如保留汉人的农业生产，以提供财政上的收入来源。这个建议受到窝阔台的采纳。窝阔台之后，为了巩固对汉地统治，实行了一些鼓励生产、安抚流亡的措施，农业生产逐渐恢复。特别是经济作物棉花的种植不断推广，棉花及棉纺织品在江南一带种植和运销都在南宋基础上有所增加。

经济作物商品性生产的发展，就使当时基本上自给自足的农村经济，在某些方面渗入了商品货币经济关系。但是，由于元帝集中控制了大量的手工业工匠，经营日用工艺品的生产，官营手工业特别发达，对民间手工业则有一定的限制。

2. 畜牧业

元朝的畜牧政策以开辟牧场、扩大牲畜的牧养繁殖为主，尤其是孳息马群。畜牧业发展趋势不稳定，由元世祖时的盛况渐渐趋向衰退，到了元惠宗时，畜牧业的衰败更为严重，其原因最大的是自然灾害。元朝完善了养马的管理，设立太仆寺、尚乘寺、群牧都转运司和买马制度等制度。元朝在全国设立了14个官马道，所有水草丰美的地方都用来牧放马群，自上都、大都以及玉你伯牙、折连怯呆儿，周回万里，无非牧地。元朝牧场广阔，西抵流沙，北际沙漠，东及辽海，凡属地气高寒，水甘草美，无非牧养之地。当时，大漠南北和西南地区的优良牧场，庐帐而居，随水草畜牧。江南和辽东诸处亦散满了牧场，早已打破了国马牧于北方，往年无饲于南者的界线。内地各郡县亦有牧场。除作为官田者以外，这些牧场的部分地段往往由夺取民田而得。

牧场分为官牧场与私人牧场。官牧场是 12 世纪形成的大畜群所有制的高度发展形态，也是大汗和各级蒙古贵族的财产。大汗和贵族们通过战争掠夺，对所属牧民征收贡赋，收买和没收所谓无主牲畜等方式进行大规模的畜牧业生产。元朝诸王分地都有王府的私有牧场，安西王忙哥剌，占领大量田地进行牧马，又扩占旁近世业民田 30 万顷为牧场。云南王忽哥赤的王府畜马繁多，悉纵之郊，败民禾稼，而牧人又在农家宿食，室无宁居。1331 年以河间路清池、南皮县牧地赐斡罗思驻冬。元世祖时，东平布衣赵天麟上《太平金镜策》，云：今王公大人之家，或占民田近于千顷，不耕不稼，谓之草场，专放孳畜。可见，当时蒙古贵族的私人牧场所占面积之大。

岭北行省作为元朝皇室的祖宗根本之地，为了维护诸王、贵族的利益和保持国族的强盛，元帝对这个地区给予了特别的关注。畜牧业是岭北行省的主要经济生产部门，遇有自然灾害发生，元朝就从中原调拨大量粮食、布帛进行赈济，或赐银、钞，或购买羊马分给灾民；其灾民，也常由元廷发给资粮，遣送回居本部。元帝对诸王、公主、后妃、勋臣给予巨额赏赐，其目的在于巩固贵族、官僚集团之间的团结，以维持自己的皇权统治。皇帝对蒙古本土的巨额赏赐，无形中是对这一地区畜牧业生产的投资。

三、民间手工遭压制，官办垄断兼科索

元代的民间手工业由于封建官府的控制和压制，始终未能充分发展。经营范围主要是纺织、陶瓷、酿酒等。产品从规格、定额到销售，也多受官府限制、控制，甚至因和买、强征遭到摧残。民间手工业多数是自给自足的家庭手工业，一些城镇和纺织等行业中出现了手工作坊，产生了作坊主和雇工。民间手工业设备和生产条件差。但工人生产积极性较高，因而效率高、成本低，有些产品质量和生产技术超过了官手工业。

官办手工业分属工部、将作院、武备寺、大都留守司、地方政府。诸王贵族名下也有手工业局院。官手工业有充足的人力、物力，有战争中俘掠来的无数工匠供其驱使，有以雇和买的名义搜刮来的廉价原料，虽然生产效率不高，但规模大，产品多，远远超过宋金时的官手工业。

1. 棉织业

随着植棉的推广，棉纺业开始成为一项新兴手工业。元贞年间，黄道婆自海南岛返回家乡松江乌泥泾后，推广和改进黎族纺织技术。据王祯《农书》记载，元中期已有搅车、弹弓、卷筵、纺车、拨车、床、线架、织机等工具。黄道婆又传授错纱、配色、综线、挈花等方法，产品有

元朝工匠图

棉布织成的被、褥、带、帨（手巾），上面有折枝、团凤、棋局、字样等。印染技术也大有发展，元末时松江能染青花布，有人物花草，颜色不褪。

江南地区的丝织业主要是农民的家庭副业，也有专门以机织为生的机户。史载湖州有绢庄10座，濮院镇有四大牙行，绢庄和牙行都由大商人出资开设，在其附近乡镇，"收积机产"。杭州城内，已经出现了拥有四五架织机、雇工10余人的丝织业手工作坊。作坊内的雇工除领取工资外还要"衣食于主人"。

窝阔台统治时，在弘州（今原阳）、荨麻林（今万全西北）两地有3300余户西域的工匠，他们带来了织造"纳失失"的技术。纳失失是一种金绮，由金线织成，上贴大小明珠。这些工匠在传播新的丝织技术方面做出了贡献。

2. 丝织业

从事丝织生产的织染局遍布全国，主要产地在建康（天历二年，即1329年，改集庆，今江苏南京）、平江（今江苏苏州）、杭州、庆元（今浙江宁波）、泉州等地，产品供宫殿王府装饰和皇室、贵族、官僚穿着之用。产量很高，如镇江府岁造缎5901匹，建康路仅东织造局一处，岁造缎4527匹。花色品种繁多，如镇江府岁造丝织品中有纻丝、暗花、丝绸、胸背花、斜纹等品种，有枯竹褐、秆草褐、明绿、鸦青、驼褐等颜色。在宋缂丝的基础上发展而成的织金纻丝，其繁华细密超过缂丝；集庆官纱，质轻柔软，诸处所无。丝织业也是民间最普遍的手工业，多为家庭手工业，杭州等地还出现了手工作坊。产品中织金纻丝很普遍，品种很多。如嘉兴

路所产丝绸品种有：绡、绫、罗、纱、水棉、缂丝、绌、绮、绣、纻等。

3. 毡罽业

蒙古等北方少数民族入居中原后，将他们织造毡罽的技术传播到内地。宫廷、贵族对毡罽的需要量很大。诸凡铺设、屏障、庐帐、毡车、装饰品等均有需求，因而官府、贵族控制的诸司、寺、监都生产毡罽，产量很高。如泰定元年（1324 年），随路诸色民匠打捕鹰房都总管府所属茶迭儿（蒙语意为"庐帐"）局，一次送纳入库的就有白厚毡 2772 尺，青毡 8112 尺，四六尺青毡 179 斤。品种很多，仅随路诸色人匠总管府所造地毯，就有剪绒花毡、脱罗毡、入药白毡、半入白矾毡、无矾白毡、雀白毡、半青红芽毡、红毡、染青毡、白袜毡、白毡胎等 13 种。

4. 麻织业

主要集中在北方。织麻工具较前代有很大提高。如中原地区用水转大纺车纺织，一昼夜可纺织百斤；山西使用的布机有立机子、罗机子、小布卧机子等；织布方法有毛布法、铁勒布法、麻铁黎布法。河南陈州、蔡州一带的麻布柔韧洁白。山西的品种有大布、卷布、板布等。

5. 制盐业

元代设盐运司（转运司、提举司）管理盐业，全国有两淮、两浙、山东、福建、河间、河东、四川、广东、广海盐运司。两淮、两浙、山东等处盐运司下设若干分司。各盐运司（或分司）下共辖 137 所盐场，场下有团，团下有灶，每灶由若干盐户组成。产盐之地遍于全国，有海盐、池盐、井盐之分。天历年间，总产量达 266.4 万余引，每引重 400 斤，约合 10 亿多斤。

6. 兵器业

元初中央由统军司，以后由武备寺制兵器；地方由杂造局制造兵器。除常用的刀枪弓箭外，火器发展尤为显著。金末火炮以纸为筒，可能为燃烧性火器。元代所制铜火铳，系利用火药在金属管内爆炸产生气体压力以发射弹丸，为管状发射火器，使中国火炮技术有了重大进步。现存至顺三年（1332 年）、至正十年（1350 年）两尊铜火铳，制作精细。

7. 制瓷业

景德镇是元代新兴的制瓷中心。元政府设浮梁瓷局加以监督，令民窑承担御器制作，产品极精。新产品有青花瓷和釉里红，都是釉下彩瓷器。青花瓷色白花青，色彩清新，造型优美；釉里红用铜的氧化物作彩绘原料，花纹红色。元代龙泉窑范围扩大，产品全为青釉。钧窑多花釉、变色釉，窑址数量多、规模小。磁州窑产品多白釉黑花，品种多样，区域扩大，德

化窑多白釉，象牙黄釉。元代的青白瓷生产沿袭宋代，产品造型端重雅致，胚体厚实，便于远途销运。

元青花瓷

景德镇是元代制瓷业的中心，也是最大的官窑。这里有窑场300余座，除生产青、白瓷之外，又发明了青花、釉里红、卵白釉、纯红釉等新产品，为明清彩绘瓷器打下良好的基础。现存的卵白釉印文独龙戏珠八宝太禧盘，有泰定三年（1326年）款，是瓷器的珍品。元代的民窑也很多，龙泉窑最为著名，能造大型器物，有篦纹、划花、刻花、贴花、填花等纹饰。产品精致，行销国内外，近年在韩国打捞的一艘沉船，其中载有元朝运往朝鲜的数万件瓷器，说明龙泉窑的产品已超过两宋。

元朝行会组织还有应付官府需索、维护同业利益的作用，其组织的内部日趋周密。在元朝，"和雇"及"和买"，名义上是给价的，实际上却给价很少，常成为非法需索。虽然各行会多由豪商把持，对中小户进行剥削，但是由于官府科索繁重，同业需要共同应付官府的需求，同时官府也要利用行会来控制手工业的各个行业。

四、商贸遍及海内外，交通千里如户庭

1. 元代的商业

元代的商业发展与商品流通客观上具备一些独特的有利条件。规模空前的统一局面、对外关系的开拓以及畅达四方的水陆交通，为中外商旅提供了"适千里者如在户庭，之万里者如出邻家"的优越环境。

由于农业、手工业和交通运输业的发展，统一的货币在全国流通，元代的商业也很活跃。但国内外贸易主要控制在政府和贵族、官僚、色目商人手里。

元时在全国范围内使用了纸币——钞。全国货币实现统一，促进了经济交流和商业的发展；但元朝统治者通过滥发纸币弥补财政赤字，对社会经济的发展又起着阻碍作用。

政府对国内许多商品采取专利垄断政策，其形式各不相同，部分金、银、铜、铁、铁器、盐等，由政府直接经营；茶、铝、锡和部分盐等，由政府卖给商人经销；部分金、银、铁等矿业，以及酒、醋、农具、竹木等，由

商人、手工业主经营，政府抽分。天历年间，盐课钞年收入达 766.1 万余锭，约为全国财政收入之半。民间贸易收商税，大体 30 取 1。

贵族、官吏和寺院依靠他们的特权也从事经商活动。色目商人资金雄厚，善于经营，因而出现许多大商贾。他们发放的高利贷叫"斡脱钱"。一般民间商人多为小商小贩，他们处境艰难；少数汉族大商人，也有获得巨额利润的。盐商致富者尤多，时人有"人生不愿万户侯，但愿盐利淮西头；人生不愿万金宅，但愿盐商千料舶"之说。

古代天平架

元代海外贸易的规模超过前代，由政府直接控制。至元十四年（1277 年）后曾在泉州、庆元、上海、澉浦、温州、杭州、广州设立过市舶司，至治二年（1322 年）后定为泉州、庆元、广东三市舶司。有市舶则法，规定市舶抽分：粗货 15 分取 1，细货 10 分取 1，另纳舶税 30 分取 1；审核批准出海贸易的船只、人员、货物；发给公验、公凭。外国商船运载货物来华，也依例抽分；外国商船返航亦由市舶司发给公验、公凭。

与中国有贸易关系的国家和地区很多，据汪大渊《岛夷志略》记载，中国商人到过的东南亚、南亚、西亚、东非各沿海国家和地区达 97 个。自庆元到高丽、日本的航线畅通，贸易规模很大。陆上与国外贸易也很发达，主要通过钦察汗国与克里米亚和欧洲各国建立联系，通过伊儿汗国与阿拉伯国家建立联系。

中国出口的物资有生丝、花绢、缎绢、金锦、麻布、棉花等纺织品，青白花碗、花瓶、瓦盘、瓦罐等陶瓷器，金、银、铁器、漆盘、席、伞等日用品，水银、硫黄等矿产品，白芷、麝香等药材。从亚非各国进口的商品，以珍宝、珍珠、象牙、犀角、玳瑁、钻石、铜器、豆蔻、檀香、木材、漆器等为主。

国内外贸易的发展，促进了城市经济的繁荣。原有的一些大城市有所发展。内地出现了一批新兴工商业城市。边疆地区也有新兴的城镇。京师大都号称"人烟百万"，是全国的政治、经济、文化中心。马可·波罗说："应知汗八里（即大都）城内外人户繁……郭中所居者，有各地来往之外

国人，或来贡方物，或来售货宫中……外国巨价异物及百物之输入此城者，世界诸城无能与……百物输入之众，有如川流之不息，仅丝一项，每日入城者计有千……此城为商业繁盛之城也。"大都城内有米市、铁市、皮毛市、马牛市、骆驼市、珠子市、沙刺（珊瑚）市等，商品丰富。

杭州是江浙行省的省会，地位重要，水陆交通便利，驿站最多，不但是南方国内商业中心，也是对外贸易的重要港口之一。江浙行中书省居各行中书省征收的商税和酒醋课的第一位，城内中外商民荟萃，住有不少埃及人和突厥人，还有古印度等国富商所建的大厦。泉州在宋元时期是东方第一大港，货物的运输量十分巨大，泉州的税收仅次于前朝首都杭州。然而在元朝末年色目军爆发亦思巴奚兵乱，导致外侨大量撤离，对外贸易中断而衰。州县以上的城市，商业比较发达的还有：长江下游和苏浙闽等地区的建康（南京）、平江（苏州）、扬州、镇江、吴江、吴兴、绍兴、衢州、福州等城市；长江中游地区的荆南、沙市、汉阳、襄阳、黄池、太平州、江州、隆兴等城市；长江上游川蜀地区的成都、叙州、遂宁等城市；沿海对外贸易城市的广州、泉州、明州、秀州、温州和江阴等等。

以政治权势为标准，元代商人大体可划分为两大类，第一大类由贵族、西域商人、官僚、上层僧侣和豪商组成，他们在行商时受到官方多方面的庇护和优遇，有的甚至不当杂泛差役、豁免或逃匿商税，取得持玺书、佩虎符、乘驿马的特权。

由于蒙古对商品交换依赖较大，同时受儒家轻商思想较少，故元朝比较提倡商业，使得商品经济十分繁荣，使其成为当时世界上相当富庶的国家。而元朝的首都大都，也成为当时闻名世界的商业中心。为了适应商品交换，元朝建立起世界上最早的完全的纸币流通制度，是中国历史上第一个完全以纸币作为流通货币的朝代，然而因滥发纸币也造成通货膨胀。商品交流也促进了元代交通业的发展，改善了陆路、漕运以及内河与海路交通。

2. 交通运输

沟通南北大运河的开凿、海运航线的开辟、遍布全国驿站的设置，使元代交通运输业有了新的发展。

元灭南宋后，全国实现统一，南北经济交流进一步扩大。北方（主要是大都）所需之粮食及其他物资，多由江南供应。江南物资主要依靠运河北运。由于旧运河曲折绕道，水陆并用，劳民伤财，极其不便，故忽必烈时有重开运河，另辟海运之议。

漕运，是指把各地农民上缴国家的粮食调往京城，通常主要是指把南方的粮食调往北方。因为中国南方是主要产粮区，而统治中心大多在北方，漕运便成了南粮北调的一种特殊形式。隋、唐以来南方经济发展快于北方，加

元代青花鸳鸯纹大盘

上大运河的开通，更利南北交通，为南粮北调提供了方便。

元代大运河是逐步开凿完成的。其中镇江至杭州的江南运河，淮安经扬州至长江的扬州运河，大抵为隋代旧道；徐州至淮安段系借用黄河下游；自山东东平境内的汶水南下与黄河相连接的济州河，至元十八年（1281年）开凿；自山东临清经东昌（今山东聊城）到东平路须城县西南安山的会通河，至元二十年（1283年）开凿；通州至临清段为御河（今卫河），大都至通州为通惠河，至元二十八年（1291年）由郭守敬主持开凿。

元代海运是指国内近海航运。始于至元十三年（1276年），时伯颜下临安，取南宋库藏图籍，招海盗朱清、张瑄由崇明入海道运至直沽，转至大都。十九年（1282年）始命罗璧、朱清、张瑄造平底船运粮。其路线几经开辟，至至元三十年（1293年）形成，由刘家港入海，至崇明三沙放洋东行，入黑水洋，至成山转西，经刘家岛、登州（今山东蓬莱）沙门岛，于莱州大洋入界河口，至直沽。

漕粮的海运，一方面解决了北方的粮食问题，另一方面也大大地促进了造船和航海技术的发展。如最初沿海岸航行，从刘家港至大沽口需要两个月；后改为深水直航，顺风时10余天便到。

运粮的船也由最初只能装200石的小船，逐渐越造越大，最大的船能装八九千石。每年春秋两次的海上漕运，成百上千艘运粮船在广阔无垠的海上乘风破浪，场面壮观无比，可说是中国历史上空前的壮举。

运河的开凿和海运的开辟，对商业的发展，大都的供给和繁荣，南北交通的畅通，官民造船业的扩大，航海技术的提高，都起了重大作用。运河通航后，岁运米至大都500万石以上，来自江淮、湖广、四川及海外的各种物资、旅客源源不断地运至大都；海运粮到元代中期时达二三百万石，天历二年（1329年）达352.2163万石。据估计，河漕比陆运的费用省十

之三四，海运比陆运的费用省十之七八。

陆路交通也很发达。全国各地设有驿站1500多处，其中包括少数水站。在驿站服役的叫站户。与驿站相辅而行的有急递铺，每10里、15里或20里设一急递铺，其任务主要是传送朝廷、郡县的文书。驿道北至吉利吉思，东北至奴儿干，西南至乌思藏、大理，西通钦察、伊儿二汗国，所谓"星罗棋布，脉络相通"。站、铺的设立，有利于国内交通的发展和国内各民族、各地区之间的经济、文化联系。

第三章　对外关系和经济文化交流

　　元朝是中国历史上对外关系发展的极盛时代。传统的陆路、海路交通范围比前代扩大，来往也更加频繁。由于蒙古统治者势力扩展的结果，其统治地域西达到黑海南北和波斯湾地区。在这个辽阔境域之内，从前的此疆彼界尽被扫除，元朝与钦察汗国、伊儿汗国有驿路相通。元人形容其时"适千里者如在户庭，之万里者如出邻家"，足见交通之便。元朝政府容许和鼓励各国商人在境内经商或经营国际贸易，蒙古贵族且利用回回商人为之牟利，给予种种特权，因而各国商人来华者极多。元朝统治者对各种宗教、文化采取兼容并蓄政策，也有利于东西文化的交流。

一、外交职官中央遣，贡赐贸易招讨使

　　蒙古族英雄成吉思汗横征中亚、欧洲后，灭金、灭夏，其孙在中国建立了元朝。

　　忽必烈击败与他争夺汗位的阿里不哥后，重用汉法派，并把蒙古汗国的统治中心由和林迁到新建的燕京城。他改变了蒙古传统的贵族民主选汗制度，仿照汉人预立皇太子的办法，这表明蒙古已在政治体制上走向了封建专制。1271年，他取《易经》中"大哉乾元"成语，正式改国号为大元，取意为"大的开始"，定都大都（今北京）。元朝建立后，又对南宋小朝廷进行了8年征战，终于在至元十六年（1279年）实现了中国历史上空前的大统一。元朝时，中国的疆域连"汉唐极盛之际有不及也"。《元史·地理志》记载元朝的四至："北逾阴山，西极流沙，东尽辽左，南越海表。"至此，中国从唐末以来300多年的分裂状态（前有五代十国，后有辽宋金元四朝）宣告结束。中国真正成了多民族的统一国家。吐蕃、大理（唐时称南诏）、台湾、南海诸岛都正式成为中国元朝版图的一部分，不再是时归

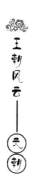

时离的藩属。

元朝建国后，沿宋、金之制逐步建立了中央和地方统治机构。对外决策方面，中书省、枢密院都是皇帝处理外事的幕僚府。中书省下有六部，左三部之一为礼部，后将吏部和礼部合并为吏礼部，再后又使六部独立（《历代职官表》卷5，《吏部·元》）。元朝仿唐设九寺五监，但无鸿胪寺，另置会同馆，掌诸蕃朝贡之事。九寺五监从属于六部，会同馆则由礼部领之。"会同馆，秩从四品，掌接伴引见诸番蛮夷峒官之来朝贡者。"元贞元年（1295年），遂为定制。

元朝给吐蕃地方的自治权较多，因为元朝统治者崇信喇嘛教。元设宣政院，主管宗教事务，兼管吐蕃地方行政。宣政院有某些外事职能，如对外宗教交流等。

元仿金设宣徽院，但性质有区别。元宣徽院只掌元所封诸王之供应，"燕享宗戚宾客之事，及诸王宿卫"等。这里说的诸王，是与元朝并列的其余蒙古汗国。

元设通政院，掌管全国驿站。元朝时陆上交通无阻，元朝西部三汗国是元朝蒙古统治者的"兄弟之国"。元朝在包括边疆在内的全国各地建立完整的驿站制度，以保护国内消息的传递和中外往来的畅通。《元史·兵志》介绍了驿站的作用："元制站赤者，驿传之译名也。盖以通达边情，布宣号令""四方往来之使，止则有馆舍，顿者有供帐，饥渴者有饮食，而梯航毕达，海宇会同，元之天下，视前代所以为极盛也。"意大利著名探险家马可·波罗说这些驿站"陈设华丽，即使王侯在这样的馆驿下榻，也不会有失体面""为来到帝廷的专使和往来穿梭于各省和各王国之间的信差，提供了最大的方便。"这些都说明驿站起部分外事职能作用。在通政院下还设廪给司。"掌诸王、诸蕃，各省四方边远使客饮食供帐等事。"

元朝时中外交通盛况胜过唐朝。外国来华的使者、商人、探险家、旅游者甚众，尤其是中亚、西亚色目人。各民族、各国家交流总存在语言不通的问题。元朝因署译史、通事官掌翻译、约文等外事工作。"译史、通事选识蒙古、回回文字，通译语（翻译官）正从七品流官，驻元任地方，杂职不预。"翻译隶属礼部。由

《元史纪事本末》书影

此可知，元朝有职业翻译官员，其工作"不预"，有外宾来则当译员。高级译员的级别相当于县令一职（七品）。

元朝使节没有固定官员，也不由外事机构选派，而是朝廷直接派召。《元史·世纪本纪》载：至元十九年（1282年）九月，"招讨使杨庭坚招抚海外南蕃，皆遣使来贡"。招讨使（招谕使）便是元朝派出国外访问的外交使团团长。元朝不排外，外国能人来中国，元朝多将外交使命托于外人。马可·波罗就多次奉元朝之命出使海外，从而使马可·波罗能写出日本、安南、缅国、印度以及西亚、东非各地的见闻。有时，礼部尚书、郎中或会同馆使也作为特使派往国外。元世祖中统元年（1260年）十二月，礼部郎中孟甲为南谕使、礼部员外郎李文俊为副使出访安南。至元十五年，礼部尚书柴椿、会同馆使哈剌脱因、工部郎中李克忠等也曾出使安南招谕。

国家派往他国使臣，都是中央决定，而外交机关均无派遣权，古代历朝尽守此制。现代外交使团团长不会在级别上高于外长，古代不然。古时使臣一般不常驻国外（人质除外），使团都是临时派往，完成使命则还国述职。所派官员级别，无规格限制，礼部尚书也可充使前往。使节直接对皇帝负责。元世祖至元年间，行中书省左丞唆都等奉玺书10通，招谕诸蕃。未几，占城、马八儿等国俱奉表称藩，唯俱蓝国未下。行省议遣使15人往谕之，帝曰："非唆都等所可专也，若无朕命，不得擅遣使。"（《元史·马八儿等国传》）

外交使节由国家元首（封建社会为皇帝）任命，至今亦然。

蒙古族统一中国建立元朝后，立即设法恢复中国与海外的贡赐贸易，因此，元朝对外政策的目的就是以发展外贸为主。元仿宋制，在沿海重要贸易港口设市舶司（市舶司制度从宋朝开始，到明朝后期因倭祸严重而中止）。《元史》卷94《食货志·市舶》记载："元自世祖定江南，凡邻海诸郡与番国往还，互易舶货者，其货以十分取一，粗者十五分取一。以市舶官主之。其发舶回帆，必著其所至之地，验其所易之物，给以公文（航海执照），为之期日，大抵皆因宋旧制而为之法焉。"元在泉州、庆元、上海、澉浦等地市舶司都由元地方行省长官兼管。先后建立市舶司的港口泉州（当时世界大港）、温州、广州等地，由于国内外商船剧增，"隐漏物货者多"，于是元中央政府加强了对外市舶的管理。元贞元年（1295年），"命就海中逆而阅之"（海上查检船货），大德元年（1297年）罢行泉府司。大德二年（1298年），并澉浦、上海入庆元市舶提举司，直隶中书省。由于市舶司不能管理控制繁乱的贸易事务，元朝几次罢地方市舶司。大德七年（1303年），

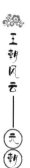

曾"禁商罢海"。延祐元年（1314年），"禁人下番，官自发船贸易"。可能是官方嫉妒商人致富，政府就包揽了对外贸易，此后，长期申严市舶之禁。尽管元朝对民间贸易屡加限制，不少中国商船仍能突破官禁，进行海上走私。有的组织海上武装集团同官军对抗，甚至勾结外国海盗，进行武装走私。后来终于形成为患中国200余年的"倭寇"。

二、藩交国四通八达，朝贡贸你来我往

1. 与西北藩国的关系

立国于钦察、斡罗思之地的术赤兀鲁思（习称钦察汗国）和立国于波斯的伊儿汗国，名义上是元朝的"宗藩之国"，承认大汗为其宗主，朝聘使节往来频繁。元时中国与上述诸地区的联系远较前代密切。

忽必烈战胜阿里不哥后，钦察汗国别儿哥汗表示承认他的大汗地位。后因受海都阻隔，双方政治关系一度疏远。忽必烈曾多次遣铁连出使钦察汗国，约共图海都，但没有得到积极响应。至大德七年（1303年），察合台后王笃哇、海都子察八儿与元成宗铁穆耳约和，钦察汗国与元朝的关系始恢复正常。早在窝阔台时，即置驿道通于拔都营帐，其后由斡罗思和钦察草原通往东方的交通日益发达。西方使节、商人东来者，多取此道。经过也的里河下游的钦察汗国都城萨莱，至阿姆河下游玉龙杰赤；复经河中地区的不花剌、撒麻耳干等城，至阿力麻里；自此北取金山南驿路至岭北行省首府和林，接岭北通中原的驿路；东由哈密立（今新疆哈密）路通往中原。据当时欧洲商人、教士和阿拉伯旅行家说，走这条道路虽艰难，但很安全。萨莱成为沟通东西的国际性都市，输入中国产品极多。不少中国工匠被迁至钦察汗国，从事铸造铜镜等行业，而钦察、阿速、斡罗思等族将卒、工匠人等入居元朝的为数更多。钦察军、阿速军是元朝军队的重要部分，宿卫军中的隆镇卫和右、左钦察卫以及右、左阿速卫等即由二族军士组成。钦察贵族至成为元朝手握重兵、左右朝政的权臣。元文宗图帖睦尔时收聚境内斡罗思人1万为军，置宣

金菩萨变青瓷俑

忠扈卫亲军都万户府以总之，于大都附近给田 100 顷屯种。大批斡罗思人移居中国，为历史上前所未有。

伊儿汗国和元朝统治者同属拖雷后裔，关系较其他汗国尤为密切。在元朝与察合台、窝阔台两系后王的斗争中，伊儿汗总是站在元朝方面，双方使臣往来十分频繁。忽必烈大举征宋时，遣使征炮匠于伊儿汗国，阿八哈汗应命派回回炮手东来，把回回炮技术传入中国。至元二十年（1283 年），元世祖忽必烈遣孛罗丞相出使伊儿汗国，后留居波斯，参议政事。元代，伊儿汗国境内波斯、阿拉伯各族人入元做官、经商、行医和从事手工业者甚多，汉族官员、文人、工匠留居伊儿汗国者亦为数不少，双方来往如同一家，经济、文化交流达到空前规模。通过伊儿汗国境的传统丝绸之路和从波斯湾到泉州、广州的海路都十分活跃。

2. 与亚洲各国的关系

从窝阔台汗三年（1231 年）起，蒙古统治者曾数次遣兵攻打高丽。忽必烈即位后，诏许高丽"完复旧疆"，并以公主嫁给高丽国王之子王晫，晫子璋亦尚公主，与元朝皇室结为"甥舅之好"。元于高丽设立征东行省，即以高丽国王为丞相，仍保留其原有政权机构和制度，"刑赏号令专行其国"，"征赋……唯所用之，不入天府"（姚燧《高丽沈王诗序》），与元朝国内的其他行省不同。后王璋让位于其子，以驸马、沈王身分侨居大都，召著名诗人李齐贤等为侍从。李齐贤与元朝名士大夫交往甚密，相互切磋，学问大进。他所著的《益斋乱稿》，被誉为高丽文学史上的优秀作品。此外，尚有不少高丽人在元朝做官。中国与高丽的经济、文化关系有很大发展。中国商船经常来往高丽，或经高丽往日本贸易。棉花种植、火药武器等技术皆于元时传入高丽。

忽必烈两次大举侵日，使中日关系一时恶化。元成宗即位后，罢征日之役，遣普陀寺僧宁一山附商船出使日本，后侨居其国，极受朝野敬重，死后封为国师。元代赴日寓居的中国名僧 10 余人，对日本佛教思想、制度、文学诸方面有很大影响。来

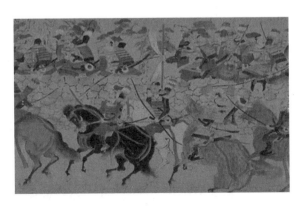

忽必烈军队进攻日本

元学习的日本僧人很多，有姓名可考者达 200 余人，他们游历名山大刹，进修禅学、诗文、书画，收集佛经、经史、诗文等书籍带回日本。日僧邵元所撰碑文，华赡流畅，足见其汉文化水平之高。中日间经济交往也未因战争影响有所衰歇，且日趋兴盛。元代中日商船来往，有记载的即达 40 余次，实际上远不止此数。日本船多在庆元停泊，由市舶司依例抽分后，即许自由买卖。日本还招聘中国雕刻工匠以发展印刷业，寓日雕刻工甚多，福建人俞良甫、陈伯荣和江南人陈孟祥等最为著名，对日本文化发展作出了贡献。

元灭宋后，即遣使"诏谕"东南亚各国来朝，许其"往来互市，各从所欲"。但忽必烈企图用武力征服各国，先后遣兵侵入安南、占城、爪哇、缅甸等国。因遭到各国的顽强抵抗，加以江南各地人民纷纷起义反对造船工役和军需征发，使忽必烈的海外扩张均告失败。元成宗即位后，下诏罢征南之役，中国与东南亚各国传统的经济、文化联系渐次恢复。当时安南陈朝儒学、佛教都很兴盛，入元使者多以儒士充任，喜结交元朝文人学士，赋诗赠答，并带回元朝赠送的大批佛经、儒学经典和诗文著作，对安南文化教育的发展影响很大。元杂剧传入安南，促进了安南歌剧艺术的形成。暹国自忽必烈末年以后多次遣使或以王子来元通好，据暹史记载，暹王敢木丁曾亲至大都，并请回许多中国陶瓷工匠，开创了暹国的陶瓷业。元朝侵爪哇军撤回后，爪哇麻匿巴歇朝即以当政大臣充使者来元通好。爪哇商船经常往来于中国、印度之间，经营国际贸易；泉州等地商人到爪哇经商者也很多，常获大利。元世祖时，真腊（又译干不昔、甘不察，今柬埔寨）就遣使来进乐工、药材等方物。元成宗元贞二年（1296 年），温州人周达观随使臣出使真腊，归著《真腊风土记》，对该国政治、经济生活及风土人情作了详细记载，是研究吴哥时代柬埔寨历史的最重要资料。据他说，真腊人对输入的中国器皿、布帛及其他生活用品极为喜爱，争相购买；到真腊经商或侨居的"唐人"与真腊人民友好相处，很受欢迎。

元朝与印度的交往主要通过海路，印度半岛南部马八儿、俱蓝两国是波斯湾通往中国的必经之地，商船往来较他国尤多。据摩洛哥人伊本·拔图塔记载，当时中印间的交通，多由中国海舶承担，大者至用 12 帆，可载 1000 人。至元十六年（1279 年），马八儿国遣使来元。忽必烈因俱蓝国未通使节，于至元十六年至二十年（1283 年），四次遣杨廷璧出使"招谕"，并访问了马八儿国。俱蓝国王随即派使者来元进宝货杂物，元朝回赠甚厚，并以金符授其王瓦你。至正二年（1342 年），元顺帝妥懽帖睦尔遣使者至德里，赠与德里算端男女奴隶及锦绸等名贵物品，要求在印度建造佛寺，德里算端遣寓居印度的伊本·拔图塔率领使团入元报聘。有元一代，中印间互派使者达数十次。

元朝与阿拉伯半岛的交往也较前代频繁。当时入居元朝的西域伊斯兰教徒前往麦加朝圣者当不在少数。《岛夷志略》载，云南有路可通天堂（指麦加），一年以上可至其地。这应是居住云南的伊斯兰教徒经常往来于麦加的记录。

3. 与欧洲各国的关系

南宋淳祐元年（1241年）里格尼茨战役后，欧洲各国对蒙古势力的强盛始感到震惊。南宋淳祐五年（1245年），教皇英诺森四世在里昂召集宗教大会商讨对策，又先遣使者赴蒙古议和，并侦察蒙古情况及其意图。教士普兰诺·卡尔平尼等奉命出使，于南宋淳祐六年（1246年）七月抵和林附近之昔刺斡耳朵。同年，携大汗贵由致教皇诏书返国。1920年在梵蒂冈档案中发现贵由致教皇诏书原件，系用波斯文写成，上钤蒙古畏兀儿字大汗玺。南宋淳祐八年（1248年），法国国王圣路易驻塞浦路斯岛，有蒙古统将野里知吉带遣使往见，言贵由大汗愿保护基督教徒，圣路易即遣教士安德烈出使蒙古，至叶密立，受到摄政皇后斡兀立海迷失的接见。元宪宗三年（1253年），圣路易复遣教士卢布鲁克往见拔都，请许在蒙古境内传教；拔都命他入朝大汗蒙哥，卢布鲁克至和林南汪吉河行宫谒见蒙哥，次年携蒙哥致法王信返回，将所见所闻的蒙古军事、政治、民情风俗等情况向法王作了详细报告。随着东西交通的通畅和欧洲人对东方的了解，欧洲商人、使臣、教士东来者渐多。忽必烈中统元年（1260年）前后，威尼斯商人尼哥罗兄弟至萨莱、不花刺等地经商，后随旭烈兀所遣入朝大汗使者到达上都。忽必烈向他们询问了欧洲情况，并派他们出使罗马教廷。至元八年（1271年），尼哥罗携其子马可·波罗回元朝复命，至元十二年（1275年）到达上都。从此，马可·波罗居中国17年，游历了很多地方，于至元二十八年（1291年）随护送伊儿汗妃的使者由海道回国。其所著行记对后代欧洲人了解中国影响极大。

至元二十四年（1287年），伊儿汗阿鲁浑遣大都人、基督

临晋古镇

教聂斯脱利派教士列班·扫马出使欧洲各国，访问了罗马、巴黎等地，会见了法国国王腓力四世、英王爱德华一世和教皇尼古拉四世。中国人历访欧洲诸国，这是有史以来第一次。扫马出使后，教皇益信蒙古诸汗尊奉基督教，遂于至元二十六年（1289年）遣教士孟特戈维诺往东方传教，至元三十一年（1294年）到达大都后即留居，直到泰定五年（1328年）去世。教皇因其传教有成绩，任命他为大都大主教，并多次派教士来元朝。皇庆二年（1313年）到达大都的教士安德烈，被派到泉州当主教，死后葬泉州，其墓碑尚存。延祐三年（1316年），又有意大利教士鄂多立克来东方旅行，至治元年（1321年）由海路至广州，经泉州、福州、杭州、建康、扬州等地，到达大都，留居三年，复往中国西部旅行，然后回国。其所著旅行记流传甚广。根据这些来元教士的记载，当时在大都、扬州、杭州、泉州等地，都住有欧洲商人和教士，并兴建了教堂。后至元二年（1336年），元顺帝遣使教廷，阿速将官知枢密院事福定等亦附使者上书教皇，请派新大主教来大都接替已故大主教孟特戈维诺主持教务。后至元四年（1338年），使者抵法国阿维尼翁（教皇驻地），随后游历欧洲各国。教皇遣马黎诺里等随元使来中国,向元顺帝进献一匹骏马，被称为"天马"。"拂朗国进天马"传为元代中外关系的佳话。

4. 与非洲各国的关系

大德五年（1301年），元成宗遣使赴马合答束（今索马里摩加迪沙）征取狮豹等物，同时还遣使臣四起，计35名，前往刁吉儿（可能是摩洛哥丹吉尔）取豹子等稀奇之物。元人汪大渊随商船出海游历，也到达了非洲的层拔罗（坦桑尼亚桑给巴尔）等国。元代与非洲各国的交往，也见于当时非洲人的记载。据伊本·拔图塔说，当时有摩洛哥人寓居中国，经商致富；大量精美的中国瓷器运销海外，转销到摩洛哥。

三、对外交流日繁盛，经济文化世界通

1. 繁荣的对外贸易

实现全面统一的元朝时期，是当时世界上疆域最广、最强大、最富庶的国家，声望威震亚、欧、非三洲。因此，与亚、欧、非诸国的交通往来及政治、经济、文化上的联系，有了巨大的发展空间，各国的使节、商人、旅行家和传教士来中国的络绎不绝。

与中国近邻的高丽（朝鲜）、日本，及安南（越南）、真腊（柬埔寨）、缅国（缅甸）、罗斛（泰国）、木剌由（马来西亚）等东南亚诸国，都与元

朝有密切的联系；高丽与日本派来大批的留学生，许多高丽人长期定居于中国。南亚的僧加剌（斯里兰卡）、尼波罗（尼泊尔）及印度半岛诸国与中国的交往也很频繁，至于中亚和西亚的波斯、阿拉伯各国，当时都在伊儿汗国的统辖下，与元朝的往来更是畅通无阻，十分密切。

中国与欧洲和非洲的交往，也是前代所不能比拟的。除了著名的《马可·波罗游记》作者外，罗马教皇和法国曾先后派使节来过中国，元朝也曾派人出使欧洲诸国；元朝的使臣还到过非洲的马达加斯加等东非国家。著名的旅行家、摩洛哥人伊本·拔图塔也曾来中国长期旅行，并担任过元朝的官职。他写的旅行记中记载了许多在中国亲眼目睹的情况。

由于中外交往的频繁，中国人发明的罗盘、火药、印刷术经阿拉伯传入西欧，阿拉伯人的天文学、医学、算学知识陆续传入中国，基督教也在中国内地开始传播。

元朝的海外贸易也很发达，在灭亡南宋之前，主要是陆道贸易；元代的丝绸之路，从敦煌分天山南北两路往西，通向中亚、西亚和黑海北岸。灭宋之后，海道贸易逐渐占据主要地位——运货物更多、来往更便捷、地域更广。

宋代的海外贸易已十分繁盛，元代比宋代还要发达。元朝统一全国后，原在南宋任泉州市舶使多年的阿拉伯人蒲寿庚降元，元朝政府即任命他为福建左丞，管理泉州一带的海外贸易。当时管理海外贸易的机构叫作市舶提举司，简称市舶司。元朝先后在泉州、庆元（今浙江宁波）、上海、温州、广州、杭州等地设立了7个市舶司，后经过改组合并，到了大德元年（1297年），并为泉州、广州和庆元三个长期存在的市舶司。广州是我国最早兴起的海外贸易口岸，宋代时居诸港之首；宋元之际，屡经战火而遭到破坏。

泉州港在元代最为繁荣，取代广州成为第一大港，也是当时世界上最大的港口，成为著名的"海上丝绸之路"的起点。因为泉州全城遍植刺桐，所以"刺桐港"的名声誉满海外，其繁荣程度比宋代的广州有过之而无不及。比如宋代时有海外贸易关系的国家和地区，不过五六十个，而元代则多至140余个；其海上贸易的范围，东到高丽、日本，西达波斯湾、红海和非洲东海岸。

元人壁画

通过海船从中国输出的货物主要是丝绸和瓷器等手工业品，进口的商品主要有丁香、豆蔻、胡椒等药物，象牙、犀牛角、珍珠、沉香、钻石、珠宝等宝物和香料。元代海外贸易的兴旺，是以东南沿海及长江中下游地区发达的手工业和农业生产为依凭的；同时它对这些地区商品经济的发展又起到了有力的促进作用。

元代频繁的中外交往和发达的海外贸易，大大加强了中国人民与世界各国人民的文化交流和友好往来：一方面使中国的精神和物质文明对世界做出了自己的贡献，同时也使中国人民在与世界各国人民的交往中，吸取了他们的宝贵经验。

2. 经济和文化交流

自元朝起，中国和欧洲人、阿拉伯人之间的往来开始越来越密切。阿拉伯的天文学、数学、医学知识开始传到中国来；中国的指南针、印刷术和火药，也在这个时期传到了欧洲。

被马可·波罗盛赞的元大都，的确是当时世界上最繁华的城市之一。从东欧、中亚，到非洲海岸以及日本、朝鲜、南洋各地，都有商队、使团来到大都。西藏的僧侣也经常往返于大都；从东南沿海直航天津的海船也带来了闽、广、江、浙的丝绸、瓷器和南洋的香料，到大都贩卖。大都城内流通的商品有粮食、茶、盐、酒、绸缎、珠宝等，也有单项商品集中经营的市场，如米市、铁市、皮毛市、马牛市、骆驼市、珠子市等。商业行会的组织中，还有"行老"负责业务上的内外事务。

元朝不断的对外战争，并没有严重地影响社会经济的自然成长，反而使整个欧亚地区处于大汗一人的统治之下，交通和贸易，都有重大的发展，海运更是空前的兴盛。

这些由中亚、阿拉伯、波斯等地迁到中国的人，经过长期在内地与其他各族杂居，彼此互通婚姻，文化上互相渗透，逐渐在中国境内形成了具有独特生活习惯、宗教信仰、文化特点的新民族——回族。

不光如此，当时世界上的各种宗教也都能在大都见到。因为蒙古人信奉传统的萨满教，他们对其他各种宗教，也都采取宽

元代藏传佛教壁画

容的态度，只要不危及其统治，他们都予以保护。

藏传佛教是佛教传入西藏后与西藏原有的本教相互影响、融合而形成的一个教派。自元世祖起，元朝历代皇帝后妃都尊藏传佛教僧侣为帝师，并亲自受戒。因此，藏传佛教僧侣受到特别的尊崇和优待，佛教也随之兴盛。

元代的道教，除了张天师的嫡系称为正一教外，还出现了全真教、真大道教和太一教等流派。全真教的势力最大，教主丘处机曾应成吉思汗之召到过中亚等地。

元世祖曾请马可·波罗的父亲带信，请罗马天主教皇派使者来大都传教。在1292年前后，教皇就派遣意大利传教士约翰·孟特戈维诺来大都传教，任中国第一任天主教总主教。元代的天主教在全国各地都有信徒，在沿海城市和内地也都有教堂。

此外，摩尼教、婆罗门教、犹太教也都是在唐宋之际逐渐传入，而在元代有所传播的

3. 中国丝瓷流行全世界

元代，中国的对外交通四通八达，除了通西域及中亚地区的陆上"丝绸之路"外，还发展了海上"丝绸之路"，形成了一些颇具规模的东方大港如泉州，航线直抵世界各地，东起日本、高丽，西到东南亚，还通过印度洋伸向地中海沿岸世界。交通的发达带动了对外贸易的繁荣，外销商品的品种丰富多彩，包括铜、铁、铅、锡、茶叶、砂糖、绢帛、瓷器等，其中又以丝绸和瓷器的比重最大，形成了一股丝绸和瓷器的输出洪流。

中国丝绸与外部世界的交往开始还仅仅局限于官方的馈赠，如向高丽统治者赠送西锦、彩绫和各种丝织物；元朝使者曾到达开罗，向马木鲁克苏丹纳赛尔·穆罕默德·伊本·加洛赠送700匹花锦，其中每批上都印有苏丹的尊号；至正元年（1341年），元朝使者到达德里，向苏丹阿布·木札布德·穆罕默德赠送花缎500匹。官方获赠的各种丝绸以其品种的繁多和花色的丰富在当地受到极大的欢迎，由此开始了广泛的民间丝绸贸易，中国丝绸在世界各地行销无阻。在亚洲，日本畅销唐锦、唐绫、金襴、金纱，印度风行南丝、五色缎、青缎、五色绢、五色绸缎、白丝，印度尼西亚热衷于

元代瓷器

色绢、青缎、五色缎、水绫丝布、红丝布、青丝布、绸绢，而南北丝、草金缎、山红绢、丹山锦、丝布则风行于缅甸各地；在非洲，中国丝绸的销售大大超过原来当地销售的印度及阿拉伯织物，只要可以通航的地区，就有中国丝绸的足迹，如五色缎和细绢在肯尼亚，锦缎和五色绸缎在埃及，还有南北丝和绸绢在坦桑尼亚，无不狂销当地市场，深受当地人的欢迎。

除丝绸外，另一项大宗中国商品便是瓷器，并大有超越丝绸销售的趋势，成为外界认识中国的一个窗口。在所有外销瓷器中，以龙泉系青瓷数量最多，行销范围最广，其次就是景德镇和广东、福建制造的青白瓷和白瓷，还有少量的建阳、吉州产的黑瓷。中国瓷器在行销各地最大的用处是作日常用品，在很多国家特别是经济尚不太发达的东南亚各国及非洲沿海各国，居民们用它来充当餐具、饮具、贮藏器和容器，其中最普遍的还是餐具，各种外销瓷碗包括花碗、青碗和粗碗，成为越南、印度尼西亚、新加坡、缅甸、肯尼亚、坦桑尼亚等众多国家居民的日常餐具。另一个用途是装饰，由于制作工艺精致，一些富贵人家把它们当作工艺品摆在客厅里，或收藏在宫殿内。如土耳其的塞拉里奥宫，就收藏有 13 世纪以来的中国瓷器 8000 件，其中元代青花瓷器 80 件，品种有盖罐、葫芦瓶。

中国丝绸和瓷器在世界各地的行销，一方面促使了与世界各国的贸易交流，另一方面还促进了各国与中国的文化交流，提高了中国在世界上的地位和威望。

4. 数学交流

中国与西域各国的接触始于汉代，宋元时得到了进一步发展。尤其是元代蒙古族政权的范围达到中亚、西亚直到阿拉伯和东欧，打破了以往地域界限，造成中西交通的空前盛况，使中国与阿拉伯等国的数学交流进一步发展。

中国数学西传中最突出的是中国"盈不足术"的西传，9 世纪阿拉伯数学家花拉子米的著作中已有关于"盈不足"问题的叙述，在 10—13 世纪一些阿拉伯数学家的著作中，盈不足术被称为天秤术或契丹（即中国）算法。中国数学中的一些著名问题如《九章算术》中的

阿拉伯数字幻方铁板

"持米出关""折竹问题""池中之葭",《孙子算经》中的"物不知数",《张邱建算经》中的"百鸡问题"等,都多次出现在10—15世纪阿拉伯数学书中。

元宪宗八年（1258年），成吉思汗之孙旭烈兀攻陷巴格达，创立了伊儿汗国。元宪宗九年（1259年），根据阿拉伯数学家、天文学家纳速拉丁·徒思的建议，建立了巨大的天文台，经精密观测后编成著名的《伊利汗历》。据《多桑蒙古史》记载，"旭烈兀自中国携有中国天文学家数人至波斯……纳速拉丁之能知中国纪元及其天文历数者，盖得之于是人也"。随着中国天文历法的西传，中国传统的数学知识自然也传入西亚各国。

在数学西传的同时，正处于蓬勃发展时期的阿拉伯数学也有许多内容传入中国。如西域人札马鲁丁撰的《万年历》，"元世祖稍颁行之"。另一西域人马哈麻所作《回回历法》还与《大统历》（即《授时历》）参互使用。阿拉伯幻方也在这时传入中国。解放后我国曾在西安及上海等地出土元代阿拉伯文幻方。此外，阿拉伯人计算乘法的"格子算"也在这一时期传入，后被明代数学家称为"写算""铺地锦"。

第四编

科技与文化艺术

　　元代的文化艺术和科学技术有很高的成就。我国是世界上文化发达最早的国家之一。到了元代，由于国家实现了大统一，我国科学技术的发展达到了新的高度。各族人民在文学艺术（包括戏曲、诗歌、绘画等）、史学、哲学等方面创作了许多优秀作品。元曲在中国文学史上占有很重要的地位。在科学技术方面，也有许多发明创造。

　　元朝疆域辽阔，国内各民族之间和中外之间经济、文化交流的加强，为天文、地理、农学等学科的发展提供了良好条件。13、14世纪的欧洲尚处在"黑暗时代"，而元代的文化科学水平在世界上居于领先地位。

第一章 元朝的科学技术

一、医农天文地理学，科技突出有成就

元代在科学技术方面最突出的成就有：

1. 天文学

杰出的天文学家郭守敬、王恂等为编订《授时历》，创制了简仪、仰仪、圭表、景符等 10 余种天文观测仪器，在元朝控制的范围内陆续设立了 27 所观测台、站，在测定黄赤大距和恒星观察等方面取得了丰富准确的数据。至元十八年（1281年）正式颁布了《授时历》。这部历法以 365.2425 日为一年，废除上元积年，日法，采用近世截元法，在人类历法史上取得了重大成就。

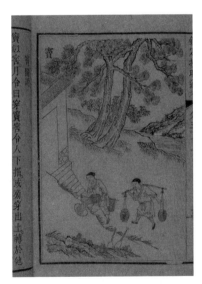

《钦定授时通考》插图

2. 地理学

《大元大一统志》的编纂、河源的探索、《舆地图》的问世是元代地理学的主要成绩。《大元大一统志》由孛兰肹、岳铉主编，虞应龙等参加修撰，成书于大德七年（1303 年）。该书对全国路府州县的建置沿革、坊郭乡镇、山川里至、土产风俗、古迹人物，皆有详述，取材多于宋、金、元地志，因而具有很大价值。

至元十七年（1280 年），元世祖忽必烈令女真人都实探求黄河河源，认为星宿海（火敦脑儿）即河源。都实的考察经过由潘昂霄撰成《河源志》。

道士朱思本考察了今华北、华东、中南10省地理，参阅《大元大一统志》等地理著作，以"计里画方"法，制成《舆地图》。

3. 农学

元代的农学著作很丰富，留到今天的有三部著名的农书，这就是官方司农司所编的《农桑辑要》、王祯《农书》和鲁明善的《农桑衣食撮要》。

由司农司编写的《农桑辑要》，反映了6世纪到13世纪末中国植物栽培的进展，总结了中国13世纪以前的农业生产经验，保存了大量古农书资料。

王祯著的《农书》是一部对全国农业作全面系统研究的农书，全书共分《农桑通诀》《百谷谱》《农器图谱》三大部分。作者认为不违农时，适时播种，因地制宜选择作物，选择良种，及时施肥，改造土壤，兴修水利是取得丰收的保证。他总结了各种农作物的栽培方法，其中关于棉花的种植法更有现实意义。他绘制了各种农具、农业机械图306幅，对提高耕作技术有很大作用。

畏兀儿人鲁明善的《农桑衣食撮要》，依崔寔的《四民月令》为体例，按月记载农事操作和准备，以补《农桑辑要》岁月杂事之不足。

4. 医学

元代也有很多新成就。李杲、朱震亨在伤寒、肺痨等内科学上有新的学说，均属"金元四大家"；葛可久精于医治肺痨；危亦林在麻醉、骨折复位手术上有新创造；滑寿善针灸。

李杲（1180—1251年），字明之，号东垣老人，是著名医家张元素的高徒，他发探了张氏脏腑辨证之长，区分了外感与内伤。认为"人以胃气为本"，"内伤脾胃，百病由生"。首创内伤学说理论，代表作是《脾胃论》。他采取了一套以"调理脾胃"，"升举清阳"为主的治疗方法，世称"补土派"。所创的不少著名方剂，如升阳益胃汤、补中益气汤（丸）、调中益气汤等为后世广泛应用。其著作多由其徒罗谦甫整理。

朱震亨（1281—1358年），字彦修。浙江义乌人，世居丹溪之边，因以为号。跟随许白云学习程朱理学。30岁时才改儒学医，拜名医罗知悌为师，对刘守真、张仲景、李东垣各派学术都作过认真研究，成为当时著名的医学家。主要著作有《格致余论》《局方发挥》。他充分研究了《内经》以来，各家学说关于"相火"的见解，创造性地阐明了"相火"有常有变的规律，提出了著名的"阳常有余，阴常不足"的观点，临症治疗上提倡滋阴降火之法。世称"滋阴派"。同时强调节制食欲、"色欲"的重要性。提出"百病皆因痰作祟"的观点。他的学说丰富了祖国医学，在国内有很大的影响。被誉为"集医之大成者"。在国外，日本于15世纪曾成立过"丹溪学社"，专门研究他的学说，被日本后世派尊为"医圣"。

朱震亨塑像

危亦林（1277—1347年），字达斋。祖籍抚州，后迁南丰（今江西南丰县）。危家累世业医。五世祖危云仙是宋朝本地名医，从董奉25世孙董京习大方脉（内科），尔后医道五世不衰。伯祖危子美专妇人及正骨金镞等科。祖父危碧崖早年习医，师事周伯熙，习小儿科，进而学眼科，兼疗瘰疬，对医理有较深研究。危亦林自幼聪颖好学，博览群书。20岁开始业医，对祖传医术有着深厚兴趣，将祖传医书及验方详细加以阅览、研究，并在行医过程中进行验证和修改，其医道日益精进。他通晓内、妇、儿、眼、骨、喉、口齿各科，尤擅长骨科，成为当地有名望的医家。天历元年（1328年），危亦林任南丰州医学学录，后改任官医副提领，协助提领掌管医事政令，官至南丰州医学教授。在行医和任州医官时，继承和发展危氏本家四代医学经验，积五世医方，结合自己的实践经验，分成大方脉杂医科、小方脉科、风科、产科兼妇人杂病科、眼科、口齿兼咽喉科、正骨兼金镞科、疮肿科、针灸科、祝由科，历时10年，于后至元三年（1337年）著成《世医得效方》20卷50余万字。经江西官医提举司报送元朝太医院，太医院行文河南、江浙、江西、湖广、陕西五行省官医提举司（其他行省未设此职）重校，然后经太医院核定，于至正五年（1345年）刊刻发行，成为各行省使用的医疗手册。全书编次有法，科目无遗，论治精详，是上承唐宋，下启明清的一部重要方书，依当时医学13科分类，多选载前代医学文献及家传验方，在骨伤科证治方面载述尤详、书中翔实和突出地记述了关于麻醉药物的使用，有世界上较早的关于全身麻醉的记载。对于骨折、脱臼、跌打损伤、箭伤等整复治疗也有精辟的论述，特别是首创悬吊复位法治疗脊椎骨折更是珍贵。对今天的临床仍有重要的指导意义。《世医得效方》的骨伤科成就，代表了金元时期中国骨伤科的发展水平，居于当时世界医学的前列。

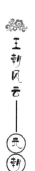
滑寿（约 1304—1386 年），字伯仁，晚号樱宁生，元代医学家，襄城（今河南襄城县）人，后迁仪真（今江苏仪征市），又迁余姚（今浙江余姚市）。他不仅精通《素问》《难经》，而且融通张仲景、刘守真、李东垣三家学说，所以给人治病有"奇验"，他还著有《读伤寒论抄》等医书多种。"所至人争延，以得诊视决生死为无憾。"他更以"无问贫富皆往治，报不报弗较也"的崇高医德，受到时人的赞誉。

此外，元代在印刷术、火炮技术、造船术、航海术、水利工程技术等方面也有许多成就。

二、天文学家手屈指，数科并举郭守敬

我国也是世界上天文历法发展最早的国家之一。元代的天文学在继承前人丰富遗产的基础上，吸取了阿拉伯的天文知识，创造性地发展了一大步。元代最杰出的天文学家是郭守敬。郭守敬（1231—1316 年），字若思，顺德邢台（今河北邢台）人，他以毕生精力从事天文学的研究和天文仪器的创制，为祖国古代天文科学的发展作出了重大贡献。他在其他学科上也有很多贡献。

郭守敬的祖父郭荣是一位精通数学和水利的学者，他的渊博知识对年轻的郭守敬影响很大。还在郭守敬年幼的时候，祖父就把他送到精通天文和地理的老朋友刘秉忠那里去学习了。刘秉忠和他的好友张文谦都是忽必烈非常赏识的学者。

由于郭守敬刻苦学习，十五六岁时就能弄通石刻的"莲花漏图"（古代的计时器）的原理。到 32 岁时，他的科学知识更加丰富扎实了，张文谦就把他推荐给忽必烈。忽必烈高兴地让他跟随张文谦到西北去视察水利设施，修复古渠。至元二年（1265 年），他被任命为都水少监，使他得以专心致志地从事水利建设事业。

早在元朝统一全国以前，刘秉忠就提出要修改历法，因为辽、

郭守敬铜像

金以来沿用的《大明历》使用已经很久了，误差越来越大。至元十三年（1276年），忽必烈决定设局改订历法，派许衡、王恂和郭守敬主持这项工作。在这期间，郭守敬通过实测，获得了许多天文方面的科学知识，他深深感到：要制订新历，必须创造精密的仪器。他说："历之本在于测验，而测验之器莫先于仪表。今司天浑仪，宋皇祐（1049—1054年）汴京所造，不与此处（指大都灵台，在今北京市建国门外泡子河北）天度相符。"于是他决心自己动手创制和改造天文仪器。

针对浑仪的缺陷，郭守敬研制了新的仪器——简仪。元代以前所用的浑仪越来越复杂，用它测量天体的赤道坐标、黄道坐标和地平坐标的读数，每个系统都需要有专门的环圈，因此大大小小的互相圈套的环圈有八九个之多，不但转动不便，而且妨碍观测。郭守敬摒弃了把测量三种不同坐标的环

简 仪

圈集中在一起的做法，精简了黄道坐标，而把地平坐标和赤道坐标分为两个独立的装置——赤道装置和地平装置。这两个装置都很简单，使用方便，因此这种仪器叫"简仪"。简仪的设计很精密，刻度最小分格达到1/36度，观测结果也就准确多了。当时从尼泊尔来的工艺家阿尼哥，帮助郭守敬制造了简仪。可惜的是，郭守敬的这一重大发明创造，竟在清初被法国传教士纪理安（当时他在钦天监任职）当作废铜销毁了。明朝正德（1506—1521年）年间仿制的一台简仪，也在八国联军侵略中国时被劫走。后来虽然归还了，但已残缺不全，现在保存在南京紫金山天文台。

郭守敬还研制了仰仪。仪器的外形很像一口朝天的大锅。在半球的大圆面上，刻着东、南、西、北和12时辰；半球面上刻着与观测地纬度相应的横纵线网。大圆平面上用纵横相交的两根杆子架着一块小板，板上有小孔。太阳光线通过小孔，在球面上投下一个倒像，映在格网上，可以观测太阳的位置和日食。

郭守敬还改革了圭表、创制了景符等仪器。圭表是观测日中影长变化以决定春分、秋分、夏至、冬至时刻的天文仪器。古代的圭表一般高八尺，郭守敬把它加高到36尺，在表顶又添一根被抬起的横梁，横梁高出表顶

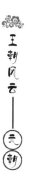

四尺，这样表高就达到 40 尺，比原来的表高增加五倍，因而影长也增加了五倍，使观测的误差也下降到原来的 1/5。现在河南省登封县元代观星台还完整地保存着当时的高表。景符是定影像的仪器。一块铜片，中有小孔，用一小架子斜撑在圭面上。太阳光经过横梁，再通过小孔，在圭面上形成了一个米粒大小的太阳像，像中间有一根细如丝线的横梁影子，非常清晰。景符与圭表是结合在一起使用的，用来观测太阳、星星和月亮。

有了这些先进的仪器，郭守敬利用当时疆域辽阔的有利条件，在全国范围内开展了实测活动。他在全国各地设立了 27 个测景所，最北的北海测景所，设在大约北纬 64°5′ 的地方，已在北极圈附近了。他亲临全国各地，收集科学资料。经过这么大规模的实测，他不仅测定了有关地方的纬度与夏至日昼夜长短，还测定了黄赤交角为 29°90（合今 23°33.53″），这个数字虽然与当时的实际交角尚有极小的误差，但这是科学上的一大进步，因为从汉朝以来，一直认为黄赤交角是 24°。我国古代把黄道附近的星分为二十八宿，每一宿用一个星为代表，称为"距星"。两距星间的距称为"距度"。古代是用距星为测定星辰的，因此测定二十八宿距是非常重要的。经过郭守敬的实测后，距度的误差减少了，精密度提高了一倍。郭守敬还进行了恒星位置的测定工作，对那些还没有定名的星，也作了观测，编制了星表。

至元十八年（1281 年），经过郭守敬等人多年辛勤的劳动编制出来的《授时历》正式颁行了。郭守敬根据自己多次精密测定的冬至时刻的结果，并利用历史上从祖冲之《大明历》以来的六次冬至时刻的观测资料，证实了一年为 365.2425 日，它比地球绕太阳一周的实际时间只差 26 秒，《授时历》就是采用这一数据的。这在世界的历法史上还是第一次。现在国际上通行的格利哥里历也是采用这一数据的，但格利哥里历比《授时历》晚了整整 300 年。

《授时历》是我国古代的一部优秀的新历法。根据新历法推算出的节气，比较准确，因而对农业生产帮助很大。

郭守敬在天文、数学方面的科学著作很多，有《推步》《立成》《历议拟稿》等，可惜现在都已失传了。

在水利工程技术方面，郭守敬也有光辉的成就。至元二十八年（1291 年）春，他担任都水监长官，负责整修已经荒废的大都至通州的运粮河。他经过实地考察后，决定引白浮泉水解决河水的来源问题，用了一年多时间疏通了这条运河，定名为通惠河。为了解决由于河床倾斜坡度造成运行的困难，他在这条运河上每隔 10 里设置一个闸门，在距离闸门半公里的地方又置斗门，使船只得以顺利通过。这样，从杭州到大都的大运河完全通航了，过去每年从南方运来的粮食到通州后就要陆运，驴马死伤不可胜数，现在通行无阻了。

郭守敬在科学技术上取得的成就是多方面的，他一生坚持不懈，亲自从事科学实验，并善于吸取前人的科研成果，因而取得了更大的成就。一直到 86 岁那年他去世时为止，他始终没有中断自己的工作，真可以说把毕生精力献给了科学事业。

三、农学大家著《农书》，机械雕版革新家

王祯（1271—1368 年），字伯善，元代东平（今山东东平）人。中国古代农学、农业机械学家、道家学者。

王祯的生平活动史料记载很少，我们只知道他曾做过两任县官：元贞元年（1295 年）任安徽旌德县的县尹，在职六年；大德四年（1300 年）任江西永丰县尹。据《旌德县志》记载，他当县官时，生活比较俭朴，办学校、修桥梁、施医药，认真劝农，做了不少好事，受到当地人民的称赞，是封建时代的"清官"。

元朝的大统一，为全国各地经济文化的交流创造了条件。由于各族人民辛勤劳动，农业生产的恢复和发展是很迅速的。在这样的情况下，人们渴望有一部总结和指导全国农业生产技术经验的农书，这是很自然的。

正因为有这样的社会需要，才促使王祯下功夫去研究农业技术，总结农业生产经验，写出这部《农书》来。他认为：农业是天下的大本。一夫不耕，就要挨饥；一女不织，就要受寒。作为一个地方官，应该熟悉农业生产知识，否则就不能担负起劝导农桑的职责。为了写好《农书》，他平常很注意农事，仔细观察，用心考察和积累农业知识，大约在永丰任职二年后，完成了该书的初稿，后来又花了 10 年时间进行修改补充，到了皇庆

王祯《农书》书影

二年（1313年）时才正式付印出版。

我国古代历来有编写农书的优良传统，但是还没有一部书能从全国范围的角度来总结农业生产经验。后魏贾思勰的《齐民要术》虽然很有价值，但还仅仅限于黄河中下游一带；南宋陈旉的《农书》也只限于江浙一带；元初的《农桑辑要》主要也是北方地区的。而且这些农书离开王祯那个时候已经有几十年或者几百年了。王祯这部书兼论南北，对南北农业技术和农具的异同、功能，进行分析比较，这在中国农书编写史上还是第一部。

《农书》的内容主要分三大部分：第一部分是《农桑通诀》，第二部分是《百谷谱》，第三部分是《农器图谱》。

《农桑通诀》可以说是农业总论。内容包括农业史、授时、地利、耕垦、耙劳、播种、锄治、粪壤、灌溉、收获，以及植树、畜牧、蚕桑等方面，是非常系统和完整的。关于"授时"和"地利"：王祯很重视"不违农时"，认为播种一定要适合农时，不能错过时机；他对各地的气候、地形、土壤等自然条件作了比较，认为农作物应该根据环境不同而有所不同，提出了选择适宜于环境的作物和工具以及改造自然的主张。关于"播种"：他认为选种很重要，并介绍和推广占城稻等优良品种；他还主张实行多种经营和作物轮种。关于"粪壤"：他列举了大量肥源，并认为施肥是提高地力、改造土壤的关键。关于"灌溉"：他的基本思想是"天时不如地利，地利不如人事"。就是说：依靠兴修水利等人事努力，可以克服天灾而夺得农业丰收，因此他特别强调灌溉的作用，具体介绍了引水的方法、南方围田和圩田的建设。

此外，王祯在这一部分里还主张推广北方的"锄社"，以解决农忙时劳动力的不足。

《百谷谱》分别叙述各种农作物、菜蔬、瓜果、竹木等种植培养法。这一部分主要是介绍农作物品种，其中最值得我们注意的是棉花的推广。元朝时棉花主要产于南方，后来北方和西北也渐渐种植，但当时有人以"风土不宜"为理由，认为北方不宜种植。王祯觉得这种看法是错误的，他说：种不好棉花是因为种植不认真、不得法造成的，于是他在书中详细介绍了种植的方法，并断言：种植棉花，南北方都可以获利。

《农器图谱》是《农书》中最有创造性的部分。书中绘出各种农具，农业机械图和田制、农舍、灌溉工程、运输工具、纺织机具图共306幅，每幅图后面都有一段文字说明，描写这种工具的构造、来源、演变和用法。其中许多是当时最新式的农具和器具。如出现了用四牛拉的犁，节省施肥工序的下粪耧耘式耧车，割荞麦用的推镰和灌溉用的牛转翻车、高转筒车等。

王祯不仅是一位杰出的农学家，也是一位杰出的机械设计师和印刷技术革新家。东汉杜诗制造的利用水力鼓风来炼铁的"水排"，到元朝时已经失传，王祯经多方搜访，加以研究、改进，把古人用皮囊鼓风改用木扇（简单的风箱）鼓风，对提高冶炼技术有重大意义。王祯还创制了木活字，并且成功地把它用来印刷。他在旌德县撰写《农书》时，

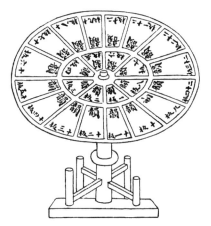

王祯《农书》里所绘的印刷活字盘

估计到字数很多，雕版有困难，就亲自指导木工花了两年多时间，制造了3万多个木活字，并试印了他自己编写的《旌德县志》，全书有6万多字，只用了一个多月时间就印了100部，效果很好。王祯把这次造木活字的方法与排版、印刷经验，写成《造活字印书法》附在《农书》后面。他发明的"转轮排字盘"，工人只要坐着推动转盘，就可以拣字，大大节省了印刷工人的劳动强度。

王祯不仅成功地进行了木活字印刷实践，而且还是详尽地将整个工艺过程记述下来的第一人。他在所撰的《农书》中附录《造活字印书法》，详细介绍了他发明的"写韵刻字法""锼字修字法""作盔嵌字法""造轮法""取字法""作盔安字刷印法"等具体操作，反映出王祯构思之巧妙和元代木活字印刷的发展。

木活字发明，是印刷史上的一个重大事件。王祯之后，木活字印刷便推广开来。尤其是转轮排字法使用起来十分方便，大大提高了工作效率。这使得木活字印刷在中国古代的盛行程度，仅次于雕版印刷。

此外，王祯在《造活字印书法》中提到"近世又铸锡作字"，可以得出，锡活字在王祯之前便已发明，只是元朝由于"难于使墨"而不能久行。这是世界上关于金属活字的最早记载，在印刷史上具有重要意义。

王祯通过对劳动人民的接触，通过自己的科学实践，在《农书》中流露了对劳动人民的同情和朴素唯物主义思想。他说："种田是多么艰难啊！而高高在上者，不知道衣食来自何处，只知道骄奢淫逸，不想想寸丝口饭都出自农夫田妇之手，反而对他们拼命剥削和压榨！"在书中有许多地方强调了"人定胜天"的思想。因此，《农书》是一部进步的科学著作。当然，

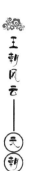

由于时代和阶级的局限，这本书也存在一些带有迷信色彩的糟粕。

四、乌泥泾庙祀黄婆，千秋报赛奏弦歌

元朝出现了一位女纺织革新家黄道婆。她对我国棉纺织业的发展，做过很大贡献。

黄道婆出身于贫苦的农民家庭，十二三岁就被卖给人家当童养媳，白天下地干活，晚上纺织到深夜，还要遭受公婆、丈夫的非人虐待。沉重的苦难摧残着她，也磨炼了她。

18岁那年，黄道婆被公婆、丈夫无端地毒打一顿后，又被关在柴房不准吃饭，也不准睡觉。她再也无法忍受这种非人的折磨，决心逃出去另寻生路。半夜，她在房顶上掏洞逃了出来，躲在一条停泊在黄浦江边的海船上，后来随船漂泊到了海南岛的崖州。

一个从未出过远门的年轻妇女只身流落异乡，人生地疏，无依无靠，面临的困难可想而知。但是淳朴热情的黎族同胞十分同情黄道婆的不幸遭遇，接受了她，让她有了安身之所，并且在共同的劳动生活中，还把他们的纺织技术毫无保留地传授给她。

当时黎族人民生产的黎单、黎饰、鞍搭闻名四方，崖州的木棉和纺织技术强烈地吸引着黄道婆。为了早日掌握黎族的纺织技术，黄道婆刻苦学习黎族语言，耳听、心记、口练，努力融入黎族人民，虚心地拜他们为师。她研究黎族的纺棉工具，学习纺棉技术，废寝忘食，争分夺秒，像着了迷、入了魔一样，每学好一道工序，学会一种工具，她的心就仿佛开了花、吃了蜜。灿烂的友谊之花，结出了丰硕的技术之果。黎族人民不仅在生活上热情照顾黄道婆，而且把自己的技术无保留地传授给她。聪明的黄道婆，把全部精力都倾注在棉织事业上，又得到这样无私的帮助，很快就熟悉了黎族全部织棉工具，学成了他们的先进技术。尽管绞尽脑汁，熬尽心血的劳动消耗，把黄道婆的一头青丝换成了全部白发，在她丰润的脸上刻下道道深而密的皱纹，但她还是精神抖擞，深钻细研，锲而不舍，刻苦实践，三十年如一日，终于成为一个技艺精湛的棉纺织家。

黄道婆在黎族地区生活了将

黄道婆

近 30 年。转眼之间，到了 13 世纪末，蒙古征服者早已囊括全国，为了缓和各族人民的反抗，元朝统治者慢慢改变以前的屠杀掠夺政策，实行一些恢复和发展生产的措施，江南经济开始好转。

黄道婆听说故乡安定下来，有了生机，想起家乡棉织业的落后情形，内心产生了改变江南技术面貌的志向，升起了一股难以抑制的思乡之情。她向黎族同胞说出了心事，情长谊深的黎族姐妹舍不得她离开，但又理解她，只好怀着惜别的心情支持她回到故乡。

经过了改朝换代的战乱，黄道婆的公婆和丈夫，早已先后死去，她心无牵挂，只抱着造福民的善良愿望，不顾晚年体力衰微与生活孤单，回到家乡马上投身棉纺织业的传艺、改良和创新活动。

黄道婆重返故乡时，植棉业已经在长江流域普及开来，但纺织技术仍然很落后。她回到家乡后，致力于改革家乡落后的棉纺织生产工具，根据自己几十年丰富的纺织经验，毫无保留地把自己精湛的纺织技术传授给家乡的人民。

黄道婆一边教家乡妇女学会黎族人的棉纺织技术，一边又着手改革出一套赶、弹、纺、织的工具：去籽搅车，弹棉椎弓，三锭脚踏纺纱车等。虽然她回乡几年后就离开了人世，但她的辛勤劳动对推动当地棉纺织业的迅速发展起到了重要的作用。

当时淞江一带使用的都是旧式单锭手摇纺车，效率很低，要三四个人纺纱织纱才能供上一架织布机的需要。黄道婆跟木工师傅一起，经过反复试验，把用于纺麻的脚踏纺车改成三锭棉纺车，使纺纱效率一下子提高了两三倍，而且操作也很省力。因此这种新式纺车很容易被大家接受，在淞江一带很快地推广开来。

黄道婆除了在改革棉纺工具方面作出重要贡献以外，她还把从黎族人民那里学来的织造技术，结合自己的实践经验，总结成一套比较先进的"错纱、配色、综线、絮花"等织造技术，热心地向人们传授。因此，当时乌泥泾出产的被、褥、带、帨等棉织物，上有折枝、团凤、棋局、字样等各种美丽的图案，鲜艳如画。一时"乌泥泾被"不胫而走，附近上海、太仓等地竞相仿效。这些纺织品远销各地，很受欢迎，很快就使淞江一带成为全国的棉织业中心，历经几百年而不衰。

中国封建正史对科学技术有着一种无知的轻蔑，再加上对下层劳动人民的顽固偏见，所以对黄道婆这样一位伟大的纺织革新家及其杰出贡献，正史没有只言片语的记载，这是我国历史学的普遍现象的遗憾。

　　黄道婆死后，大家举行了隆重的公葬，并且在乌泥泾镇替她修建祠堂，取名先棉祠。以后其他许多地方也先后为她修建祠堂，上海县港口镇就建有黄母祠，表达了广大劳动人民对这位棉纺织业的先驱者的感激和怀念。

　　清朝人秦荣光用一首竹枝词歌咏黄道婆：

乌泥泾庙祀黄婆，

标布三林出数多。

衣食我民真众母，

千秋报赛奏弦歌。

　　民间还流传一首歌颂黄道婆的民谣：

黄婆婆，黄婆婆。

教我纱，教我布；

两只筒子两匹布。

　　黄道婆的棉纺织技艺改变了上千年来以丝、麻为主要衣料的传统，改变了江南的经济结构，催生了一个新兴的棉纺织产业，江南地区的生活风俗和传统婚嫁习俗也因之有所改变。可以说，乌泥泾手工棉纺织技艺是中国纺织技术的核心内容之一。黄道婆及手工棉纺织技术，是不断发展中的中国纺织技术的一个缩影。不仅体现汉、黎两族的劳动结晶，而且促进了各民族之间的交往。

五、中外交流结硕果，织金技术大发展

　　以金缕或金箔切成的金片作纬线织花，使织物呈现金属光泽的技术，称为织金技术。由于种种原因，元代的织金技术获得了空前的发展。

　　元朝的统治者喜欢用织金织物作为其服饰的首选衣料。在其以武力征服了欧亚广大地区后，通过战争掠夺、海外贸易和发行纸币的方式获得了大量的黄金，为织金业的发展提供了充足的原料。自宋代以后，棉花生产迅速普及，棉织品已成为广大人民的基础衣料，丝织品从基本服饰转变为高级织造品，为统治阶级所独占，其美化功能取代了其实用功能，纹彩的华美愈来愈受到重视并成为主要的质量标准。元朝在掠夺战争中俘获了大批织金技术方面的工匠，并将西域的大批金绮工匠内迁，促进了中国传统

纺织工艺与西域金绮工艺的一次大规模交流和融合，这些成了元代织金技术空前发展的主、客观条件。

元朝建立以后，开展了大规模的织金织物的生产，将从各地掳掠的工匠集中起来编为"系官人匠"，在弘州设纳石矢（即织金锦）局，从西域迁入金绮纹工 300 多户，汴京织毛褐工 300 户，使隶属弘州，由镇海掌管。《马可·波罗游记》也记载了元代在南京、镇江、苏州等许多城市组织织金锦生产的情况。撒答剌欺提举司所属别失八里局专管织造御用领袖纳石矢。《元典章》还载有织造织金锦的条例和工艺规范。延祐元年（1314 年）十二月所定的服色规范规定了各级官员着装标准。不仅包括印金织物，还有箔金和织金织物。元朝的军队还用织金锦作营帐，三品以上官员可以以织金锦作帐幕，足见其生产规模之盛大。

缂丝杏林春燕图轴

织金锦又称纳石矢，原产波斯，包括加金锦和加金锻，蒙古西征时从西域带回的金绮匠人在官营作坊中传授技术，有片金、捻金、印金、洒金、贴金、盘金、钉金等。在当时的生产条件下，捻制金线的工艺须通过极为细致的十几道工序，才能将其加工成 0.2 至 0.5 毫米宽的片金线，进而再捻成金线。1970 年在新疆元墓出土的片金锦和捻金锦织物，经纬密度仅为 65×40 根／平方厘米和 52×48 根／平方厘米，足以显示元朝织金匠人的高超技艺。其织金锦的织法、纹样和风格深受西域的影响。而日本国立博物馆所藏的紫地印金缠枝莲袈裟却完全表现了元代织金制物的中国传统风格和技术。

元代的织金技术以织金锦为代表，显示了染织技术的最高水平。这一技术的空前发展再一次雄辩地说明，中外科技交流是促进技术进步的一个重要因素，元代织金技术的空前发展正是这一交流的结晶。

六、陶瓷历史划时代，驰名世界元青花

青花是用氧化钴作颜料，在陶胎上描绘纹样，然后上透明釉，白地蓝花，

属釉下彩绘。元代青花技术的兴起，是我国陶瓷史上的一件大事，具有划时代意义。

出土文物显示，我国人民对于钴料还原为蓝色的彩釉技术早有认识，战国墓出土的陶胎琉璃珠上已有一些蓝彩。据此推测，这时的陶器可能已使用了钴料着色剂。龙泉县金沙塔塔基出土的宋青花器"青花十釉"，从氧化物的含量分析，很可能采用的是国产钴土矿而着色的。云南玉溪元代青花器所用的色料的氧化物含量与当地钴土矿的原矿十分接近，以此作着色剂的可能性也很大。

元代青花雕刻海水云龙纹兽头盖罐

同时，西亚地区盛产钴料，早在 9 世纪这些地区就烧制出简陋粗糙的青花，无疑也对我国青花技术的兴起和成熟产生了巨大影响，尤其是元西征俘获的大批回族工匠被编入官营手工业作坊，并作为骨干力量，也是元朝青花技术兴起并成熟的一大因素。元代景德镇官窑使用的青化料 MnO 含量较低，含铁量较高，还有一定量的砷，与我国出产的钴料的数据明显不同，因此很可能是从西亚进口的。

中国青花技术的发展，从唐代三彩技术的运用以及对西亚伊斯兰地区青花技术的学习并加以改造，到元代中叶，这一技术成熟了。资料显示，我国的青花瓷并不是单一的钴离子着色，而是一种含有铁、锰等着色元素的天然钴土矿或其他钴料着色剂。钴、铁、锰的含量及其相互间的比例和着色氧化物 Al_2O_3 含量的多少，烧制的温度和气氛等，都直接影响着青花的色泽。青花层的厚度通常只有 10 毫米左右，很难剥离，其成分也难于单独分析，然而通过对景德镇的元代青花成分的有关比例关系的分析，比较一致的看法是，其为一种低锰高铁的着色钴料。其从西亚进口的可能性很大。这种钴料绘制而成的青花色泽较浓艳，釉面上多带有黑色斑点，"至正型"一类的大型青花器，就是用这种钴料着色的。相反，用国产料着色的青花多无黑色斑疵，饰纹草率简单，器型较小，菲律宾出土的小件元代青龙器就属这类作品。

元代的青花瓷器物品种多样，有盘、瓶、香炉、执壶、罐、碗、杯等，其中以大盘较多。纹饰多取材于元代服饰，常见的有菊花、莲花、牡丹、竹、芭蕉、鸭、鸳鸯、鹿、麒麟等。突出特点为胎体厚重，装饰图案繁复，纹饰层次多，如折沿大盘，盘沿多绘海水或斜方格，或卷枝、缠枝花纹；盘里绘缠枝或折枝花卉；盘心画莲池鸳鸯或鱼藻、凤凰、花卉、鹭鸶、麒麟、海水云龙纹等。

由于青花料的着色力强，呈色比较稳定，色彩鲜艳明丽，对窑内气氛不很敏感，烧成范围较宽，又是釉下彩，纹饰永不褪色，白地蓝花，明净素雅，因而深受国内外人士青睐。它一出现，就获得了世界声誉，很快发展成外销品和国际市场上的俏销货。还返销到青花的原产地西亚伊斯兰地区。中国青花几乎成为中国陶瓷的代名词，影响十分深远。

元代青花技术的兴起以及由此影响而产生的釉里红、铜红釉、钴锰釉、卵白釉等彩釉技术的成熟，说明我国人民对呈色釉剂掌握已达到相当熟练的程度，从而奠定了景德镇造瓷工艺在世界陶瓷史上的地位，为瓷器工艺美术写下了灿烂而辉煌的篇章。

七、大运河开三千里，疏塞并举治黄河

1. 重修大运河

元灭南宋后，仍利用隋唐运河旧道转运漕粮，路线大致是：由长江辗转入淮，逆黄河上达中滦旱站（今河南封丘西南），陆运180里至淇门（今河南浚县西南），入御河（今卫河），水运至于大都。因运河河道多有壅塞，水陆转运颇多不便，而海上运路往往风信失时，亦多倾覆，于是元朝政府着手组织对大运河的修凿。

至元十三年（1276年）始凿济州河。至元十七年（1280年），浚通州运河。至元十八年至二十年（1281—1283年），由奥鲁赤主持引汶水、泗水，从济州（今山东济宁）西北到须城安山（今山东东平西南）长150多里的济州河开通。漕路由淮河入泗水（今中运河），经济州河北抵安山，出大清河（今黄河下游），经东阿（今山东东阿南）、利津入海，然后由海运入直沽（今天津大沽口）转至大都。后又因海口淤沙壅阻，运道不通，又改由东阿陆运至临清（今山东临清南）入御河。至此，元代南北航运除东阿、临清之间一二百里陆路外，已经大致沟通。此外至元十七年（1280年），曾用王积翁建议，令阿八赤等广开新河，然而新河候潮以行，船多损坏，于是罢新河。

至元二十六年（1289年）朝廷从寿张县尹韩仲晖等人建议，开会通河以通运道。会通河自须城安山西南起，分梁山泺（今山东梁山、郓城等县间的梁山泊）水源北流，经寿张（今山东梁山西北）西北到东昌（今山东

安徽泗县大运河遗址

聊城），又西北于临清入御河，全长250余里。工程由李处巽主持，历时六个月完成。中途建水闸30处，可以随时调整流量。至此，南北航运已全线沟通。会通河"开魏博之渠，通江淮之返，古所未闻"，成为一时盛事。黄河于宋、金之际夺淮入海

后，北边故道久已减弱，会通河开凿后，黄河一部分水流由此流入御河，北上入海，御河因此又有"北黄河"之称。

至元二十八年（1291年），按照郭守敬规划的方案开凿通惠河。通惠河导昌平县白浮村神山泉，通双塔榆河，引一亩、玉泉诸水入城，汇于积水潭，又东折而南，出文明门(今崇文门)至通州高丽庄入白河。后长164里，中设水闸21处，大致"每十里置一片闸"。工程历时一年，丞相以下朝廷百官曾往工地劳作，"皆亲操畚锸为之倡"。河成之后，漕船可以一直驶入大都城，"自是免都民陆挽之劳，公私便之"。

由通州南下至白河北运河北段，上接通惠河，下通大沽河，是南北通航要道，然而，由于所依赖的潞河（白水、榆水、浑水合流）水源不足，河道浅涩，通行不便。至元三十年（1294年），忽必烈采纳漕运使司建议，又引小渠水入榆水，以增加流量，便利行舟。

至元末年，还曾经对相当于旧邗沟的扬州运河进行疏治。扬州运河在灭宋后逐渐壅塞，连年疏治，成效不大，至延祐四年（1317年）方疏浚畅通。至治年间（1321—1323年），又对属江南运河的镇江支河进行疏凿。疏凿河段自镇江至常州武进县吕城坝（今江苏丹阳东南），长131里。疏凿后河面加阔至5丈，底阔3丈，深6尺。同时，还开浚了镇江运河的重要水源练湖（今江苏丹阳北）。

至正二年（1342年），又根据中书参议勃罗帖木儿和都水傅佐的建议，进行了开京师金口河的工程。计划起自通州南高丽庄120余里创开新河一道，深5丈，宽15丈，放西山金口水东流，合御河，"接引海运至大都城内输纳"。然而工程完成之后，起闸放金口水，流湍势急，沙泥壅塞，船不可行。金口河工程破坏了沿途民居基地，夫丁死伤甚众，"又费用不赀，卒以无功"，既而御史纠劾建言者，勃罗帖木儿和傅佐都因此被处死。

元朝政府着手陆续修凿完成的大运河全长 3000 多里，北起大都，南达杭州，沟通了海河、黄河、淮河、长江和钱塘江五大流域。元代大运河对于元帝国维持专制主义统治有重要作用，同时促进了南北经济文化的交流，也为明清运河的畅通以至现代大运河的水运条件奠定了基础。

2. 贾鲁治河

贾鲁（1297—1353 年），字友恒，元代高平（今属山西晋城）人，是元代著名河防大臣、水利学家。

贾鲁少年时聪明好学，胸怀大志，长大后谋略过人。1343 年诏修辽、金、宋三史，召贾鲁为宋史局官。历任东平路儒学教授、户部主事、中书省检校官、行都水监，其间，针对当时"黄河决溢，千里蒙害，浸城郭，漂室庐，坏禾稼，百姓已罹其毒"，沿河人民背井离乡，卖儿卖女的悲惨局面，1351 年，贾鲁被任命为工部尚书、总治河防使，进序二品，授以银章。贾鲁亲自率人修筑黄河，多次领导治理黄河，拯救民众于洪水之中。

元顺帝至正九年（1349 年），中书省右丞相脱脱力排众议，采纳河东高平人贾鲁建议，确定了"疏浚南河，塞北河；使复故道"的修治黄河方案。十一年（1351 年）四月，诏开黄河故道，命贾鲁为工部尚书、总治河防使，征发汴梁（今河南开封）、大名（今属河北）等 13 路民工 15 万人及庐州（今安徽合肥）等 18 翼 2 万军队，自四月二十二日施工，开始大规模治河。

根据贾鲁"疏塞并举，先疏后塞"的治河方法，整个工程分为三个阶段：第一阶段是疏浚从黄陵冈到哈只口的黄河故道和凹里村到杨青村的减水河。第二阶段是堵塞黄河故道两岸的缺口、豁口，修筑堤埽，以使黄河复行故道后不致出现决溢。第三阶段，采用船堤障水法，堵塞白茅堤决口，勒黄河回故道，使之东去徐州，合淮河入海。分道开凿，七月凿成。八月放水入黄河故道，九月舟楫通行。十一月，水土工程全部完毕，共花了 190 天。工程之浩大，为古代治河史所罕见。

贾鲁治河成就，受到当时和后人高度评价，元顺帝授予荣禄大夫，集贤大学士。并命翰林学士欧阳玄撰《河平碑》文，以治河劳积。碑文说："鲁能竭其心思智计之巧，乘其精神胆气之壮，不惜卒，不畏讥评""鲁习知河事，故其功之所就如此"，清人徐乾

贾 鲁

曾说："古之善言河者，莫如汉之贾让，元之贾鲁。"清代水利专家靳辅对贾鲁所创的用石船大堤堵塞决河的方法，非常赞赏："贾鲁巧慧绝伦，奏历神速，前古所未有。"人们为了纪念他，山东、河南有两条河均名贾鲁河。

八、刘秉忠营建大都，阿尼哥设计白塔

1. 元大都的兴建

北京，位于华北大平原的西北边缘，地处平原与山地交界地带：西、北部群山环抱，东南一带古代为大片沼泽，后形成冲积平原。它的西南角接近太行山下，是通向华北平原的门户；北部为燕山余脉，但西北和东北可通过南口及古北口等山谷，通往内蒙古高原和松辽大平原。地理环境如此雄伟险要，使之成为天然的军事要地。

古称北京为"燕"和"蓟"，司马迁在《史记》中就有周武王封召公于燕的记载，距今已有3000多年的历史了。春秋战国时期，蓟城是"战国七雄"之一的燕国的都城。从秦汉到隋唐，它都是军事重镇，也是汉族和少数民族进行贸易的大都会；虽然地名更改多次，但城市和基本地理位置没有太大的变动。

辽代则称北京为"南京"，也称燕京，作为辽国的陪都；但北京被真正作为都城，是在金朝。

金灭辽之后约30年，于贞元元年（1153年），正式将都城从上京会宁府（今黑龙江阿城南）迁到北京，改称"中都"。这是北京从军事重镇和贸易中心而成为政治中心的转折点，此后，元、明、清三代均以北京为首都。

金中都是在辽南京城的旧址上扩建而成的，其位置在今北京城的南部。城平面近似正方形，周长约15公里，每边各有三座城门。皇帝居住的宫城，位于城内中部偏西南处，呈规整的长方形。金大定十九年（1179年）又在城东北郊建立了离宫——大宁宫，其中心部位，在今北海公园琼华岛和团城一带。

宏伟壮丽的中都城，对后来元代大都城的建设有着极大的影响。

金朝在北京建都60余年，金贞祐三年（1215年），蒙古骑兵突破南口天险，攻占中都，全城被付之一炬。元世祖忽必烈即位之初，采取两都制度，以开平（今蒙古多伦西北）为主要都城，称为上都，以中都为陪都。数年后，忽必烈决定建设中都新城，并立即征集工匠，组建工程指挥机构，任命曾主持上都城建设的汉人刘秉忠负责规划营建。

刘秉忠首先对地形进行十分详细的测量，然后制定了总体建设规划。

修建房屋和街道之前，先埋设了全城的下水道，再逐步按规划好的城市蓝图修建。

元大都遗址公园壁画

至元八年（1271年），规模宏大的新中都建成。同年，忽必烈公开废除"蒙古"国号，按照《易经》中"大哉乾元"之意，改国号为"大元"。第二年，忽必烈又命名中都新城为"大都"，宣布建都于此，而以上都开平为夏都（陪都）；蒙古人则称大都为"汗八里克"，意即汗城。迁都于此，同时也意味着政治中心的南移，忽必烈决心灭宋，一统全国。

元大都城在地址的选择上，有意避开了金中都的废墟。但又把未遭破坏的、风景优美的大宁宫及附近的大片湖面（当时称为"海子"）包括了进去，并作为城市的中心部分。在城市的设计布局上体现了我国传统的建都原则：三重城垣，中轴对称，前朝后市，左祖右社。

第一重城墙为外城，即整个城市的外轮廓。外城长约28公里，平面呈南北略长方形。城墙全部用土夯成，又宽又深的护城河围绕四周。城四角建有巨大的角楼，如现在北京建国门外的古观象台，就是当时的东南角楼。

外城共有11座城门，很别致。据说，这是设计者刘秉忠以此象征神话传说中三头六臂的哪吒：南面三座门象征他的三头，东西两边各三座门象征他的六臂，北面的两座门则是他的双足。

第二重城墙为皇城，周长约10公里，位于全城南部的中央地区。皇城的中部是太液池，即后来的北海与中南海；东部即宫城，西部有兴圣宫和隆福宫。皇城是皇帝居住和办公的地方，即为"前朝"；皇城后面的海子（今什刹海）是商船云集的地方，这一带是商业中心，就是"后市"。

皇城的东部（左方）建有太庙，是皇帝祭祖先的地方；西部（右方）建有社稷坛，是皇帝祭土地的地方。这称之为"左祖右社"。

最里面一重是宫城，即紫禁城。宫城的中心线向南北两端延伸一下，也就是整个大都的南北中轴线，从而宫城的位置更加鲜明地突出，显示了这个封建王朝统治中心至高无上的地位及其设计思想。

大都城的干道系统基本上是整齐方正的方格网状。全城被干道划分成50个街坊,坊内有数条平行的小巷,称为"胡同"。胡同多为东西向,宽约5—7米;两条胡同之间相隔约70米,由一些四合院式住宅并联而成。这种东西向胡同的布局方式,很适合北方住宅对光照、通风和交通的需要。城内的居民约有10万户,四五十万人。

元大都的兴建,是中国建筑史上光辉的一页:它使古代都城规划、建设的优秀传统得到进一步的继承、总结和发展,并为以后明、清北京城的发展奠定了基础。它规模宏大,宫殿壮丽,人口众多,商业发达,是自隋、唐长安以后,平地起家新建的最大的都城,也是当时世界上最著名的大城市之一。

2. 阿尼哥与白塔寺

随着蒙古铁骑的西征和南进,不仅打开了欧洲和亚洲之间的通道,中国和其他地区国家之间的联系得到了增强,科技与文化的交流也十分活跃,大都城里大圣寿万安寺中的白塔的建造,就是其中的一例。

大圣寿万安寺,明代重建时更名为妙应寺,位于今日北京阜成门内大街路北。寺内有一座通体洁白的佛塔。因为先建塔、后建寺,塔比寺更出名,所以人们习惯将妙应寺称为白塔寺。

主持设计并建造这座白塔的是一位叫阿尼哥的尼泊尔人。

阿尼哥(1245—1306年)是尼波罗(今译尼泊尔)国王的后裔,他有建筑、雕塑及绘画等多方面的杰出才能;在元朝做官40余年,取得了突出的成绩和卓越的功勋,为藏传佛教文化及其建筑技艺传入中原,做出了卓越的贡献。

1260年,忽必烈让西藏喇嘛教首领八思巴在西藏建造金塔,并下诏尼波罗国王选派工匠来藏——因为当时的尼波罗聚集了一大批能工巧匠。年仅17岁的阿尼哥入选,并担任了80位工匠的领队。

金塔建成后,八思巴又将19岁的阿尼哥推荐给忽必烈。很快,他以少年聪慧和多才多艺得到了忽必烈的赏识和重用。据说,蒙古人从北宋汴梁掠来一个针灸铜人模型,但已经损坏,无论如何也修不好,请阿尼哥试一试,却手到病除,很快就修好了。忽必烈非常高兴,从此让他参与许多重大工程,官职不断升迁,1278年,任命阿尼哥为领导将作院的大司徒,即主管全国工程建设的大官。

阿尼哥在中国主持建筑了十几项大的建筑工程,包括佛塔、寺庙和宫殿等,其中最有名的便是1271—1279年间设计建造的大圣寿万安寺白塔了。

白塔由塔基、塔身、相轮三部分组成，高约 51 米，全部用砖砌造，外涂白灰，具有印度式宝塔的风格显而易见。

塔基是两层方形折角式须弥座，高约九米。塔身像一个倒扣的大钵，直径约 18 米，

白塔寺白塔

造型丰满、浑厚。塔身之上，便是节节拔起层层收缩的相轮，俗称"十三天"。相轮是佛塔等级的标志，有一、二、三、五、七、九、十一、十三等级别，十三层是最高等级的佛塔，也就是为供奉佛舍利（佛骨）而建的佛塔。

相轮的顶部是一个像伞一样的华盖，直径约 10 米，四周挂着许多流苏和风铃。微风吹过，铃声叮当作响，节奏有致，声音悦耳。相轮之上还竖起一个高约 5 米的铜质鎏金宝顶，直刺蓝天白云。整个白塔设计精细，结构严谨，正如史书所称赞的那样："制作之巧，古今罕有。"它既对印度和尼泊尔佛塔的形式有所借鉴，又融合了中国民族建筑的一些特色，堪称喇嘛塔中的精品。

除了建筑，阿尼哥还精通佛教绘画和造像技艺。元大都和上都等地寺庙中许多铜铸和泥塑的佛像都出自他手。他塑造的是一种梵式佛像，也称藏式佛像，与中原的汉唐式佛像有明显的不同。他是中国藏式佛像的创始人，对后世具有非常深远的影响。元代起，藏式佛像就逐渐取代了汉唐式佛像。

第二章 宗教与思想文化

一、长春真人邱处机，道教名观永乐宫

1. 成吉思汗与邱处机

金、元两代的统治者都是发展于北方草原上的游牧民族，最后入主中原的。他们原有的政治、经济和文化水平都落后于汉族，因此，统治手段较为落后。为了巩固和加强对中原的统治和管理，他们不得不学习汉族的统治方法，接受汉族的政治、经济和文化，因此，金、元两朝都扶持宗教加强对民众的控制，而处于战乱之中的人们也需要宗教信仰帮助自己得以解脱。金、元之际的道教就在这样一个大背景下得到了发展。因为宋代推崇道教，宋徽宗甚至自号"道君皇帝"，并因此导致了诸多弊端，朝野和

邱处机

民众对道教产生了不信任感，故南方天师道（正一教）在南宋及金、元时期发展趋于停滞。而在金、元控制的北方，因为上述等诸多原因而发展形成了三个道教新派别：全真教、大道教和太一教，其中以全真教最为兴盛。全真教的创始人为金代著名的道士王重阳（1112—1170年），他在山东传有七大弟子：邱处机、马钰、谭处端、刘处玄、王处一、郝大通和孙不二，其中尤以邱处机的名声最为响亮。邱处机（1148—1227年），元代著名道士，号长春真人。他20岁时拜王重阳为师，苦修多年，声名满天下，南宋、金及蒙古三国皇帝都争相结交他。

蒙古伐金后，北方地区战乱频繁，幸存的人

们更多地依附全真教寻求寄托。邱处机掌教时，"全真教徒满天下"，各种势力都想拉拢和利用他们。"一代天骄"成吉思汗在西征中，专门派人到山东延请邱处机。

在成吉思汗的不断诏请下，已74岁的邱处机于成吉思汗十六年（1221年）二月从宣德州（今河北宣化）出发，先奔东北，到呼伦湖；然后向西横穿蒙古高原，翻越阿尔泰山，再沿天山北路西行渡过阿姆河，于四月到达大雪山成吉思汗行营。行程历时一年零两个月。如从莱州动身算起，则途中历时四年，邱处机感觉是"千山及万水，不知是何处"。

成吉思汗称邱处机为神仙，让他住在自己帐篷旁边的帐篷中，并特许他见面不用跪拜。邱处机以70多岁的高龄，远行万里来见成吉思汗，主要的目的之一是想劝导蒙古军队不要大开杀戒，"拯亿兆于沧海横流之下"。他讲道三次，并多次劝说成吉思汗：统一天下者，必在乎不嗜杀人；治国之方，以敬天爱民为本；长生之道，以清心寡欲为要。成吉思汗虽然觉得他说得有些道理，但自认为难以做到。

成吉思汗十八年（1223年）二月，邱处机启程东返，于第二年二月到达燕京（今北京）。成吉思汗虽然没有听从邱处机的劝告，但允准全真教人可以免除赋税，并任命邱处机总管天下道教，企图利用他在广大教徒中的威望来发展和加强自己对中原地区的统治。

全真教的祖师王重阳规定：本门弟子不得做官，永远安居于民间。邱处机根据当时的天下大势，改变了这一教条，主动与统治者合作，改革全真道教，朝野也普遍给予支持，使全真派一时发展达到兴盛空前的境地。

非常巧合的是，1227年七月，邱处机与成吉思汗同年同月去世。

2. 永乐宫建成

元代对道教十分尊奉。全真派道士邱处机往中亚晋见成吉思汗，宣传教义及为政之道，深得成吉思汗欢悦，给予道教免赋役的特权。自此道教势力大盛。忽必烈时虽曾一度受到排斥，但自此之后直到元末，道教与其他宗教一样受尊奉。元代道观祠庙建造很多，元大都的东岳庙、河北曲阳北岳庙德宁殿和山西洪洞水神庙都是元代著名道教建筑。其中位于山西省永济市的永乐宫就是元代道教建筑中的典型代表。

永乐宫是元代道教全真教的三大宫观之一，原位于黄河边的永乐镇。传说八仙之一的吕洞宾就在这里出生，山川非常秀丽。永乐宫的建造前后共用了110年的时间，从元定宗二年（1247年）修建大纯阳万寿宫，后来改称永乐宫，然后逐步建成各主体殿堂，到至正十八年（1358年）完成各

永乐宫

殿中的壁画为止，差不多经历了整个元代。

永乐宫建筑规模十分浩大，原来在永乐宫周围还建有许多祠庙，但现在只剩下了永乐宫一处。永乐宫沿中轴线依次布置宫门、龙虎殿、三清殿、纯阳殿、重阳殿 5 座殿堂，除宫门是经清代改建外，其余 4 座殿堂均保持着元代时的建筑风貌，组成了一组雄伟、浩大的道教建筑群。

永乐宫中的三清殿建筑最为宏伟壮丽，殿中奉祀三清神像，面阔 7 间，进深 4 间，长 28.44 米，宽 15.28 米，殿中四壁绘制着巨型壁画"朝元图"。殿中为扩大空间采用了减柱法建造，仅后部设有 8 根金柱，其余均省去不用。用黄蓝琉璃制作的层脊上两只高达 3 米的龙吻，造型生动，非常引人注目。无极门又称龙虎殿，原为永乐宫的宫门，后部明间台阶退入台基内呈纳陛形制，造型非常罕见。纯阳殿又名混成殿，内有吕洞宾像，故又称吕祖殿。最后是纪念全真教祖师王重阳和他的弟子的重阳殿，也称为七真殿。纯阳殿和重阳殿壁面均分别绘制吕纯阳、王重阳的生平故事的壁画。

永乐宫的四座元代建筑在建筑上和艺术上均取得了巨大成就。一是它在总体布局上突破了中国古代建筑的廊院式结构，在同一条轴线上布置殿堂，使空间关系主次分明。二是它采用了减柱法等一系列革新手法，扩大了建筑空间，对明清的建筑技术产生了重大的影响。三是它的殿中保存了大量元代彩画，彩画的构图和色彩运用均有许多创新。四是各殿中共有 960 多平方米的巨幅壁画，题材多样，色彩绚丽，在建筑史、绘画史中都极为罕见。尤其是三清殿中的"朝元图"壁画，泰定二年（1325 年）由马君祥等人绘制而成，描绘了诸神朝拜元始天尊的故事，以 8 个帝后主像为中心，周围有金童、玉女、星宿力士等共 286 尊，场面开阔，气势恢宏。这些壁画都成为我国古代壁画中的经典佳作。

二、基督喇嘛伊斯兰，空前鼎盛三大教

1.基督教再次传入中国

至元二十六年（1289 年），教皇尼古拉四世派教士来华，基督教再次传入中国。

成吉思汗统一蒙古诸部后，他和他的后继者建立了一个横跨欧亚大陆的帝国，欧洲各国君主因此十分惊慌。教皇英诺森四世派方济各会教士、意大利人柏郎嘉宾访问蒙古大汗驻地和林，劝蒙古人信仰天主教。元定宗贵由虽厚待来使，却以"奉天承运"为由拒绝了教皇的要求。这是蒙古人与罗马教廷最早的接触。忽必烈中统元年（1260年），威尼斯商人马可·波罗沿伏尔加河进入中国，元世祖忽必烈召见了他。当时元朝处于鼎盛时期，元世祖请马可·波罗带信给罗马教皇，正式提出请教皇派通晓"七艺"（文法、论理、修辞、几何、算学、音乐、天文）的100名传教士来中国，表示了对天主教的重视。

至元二十六年（1289年），教皇尼古拉四世派意大利人、方济各会修士约翰·孟特戈维诺航海来华，受到朝廷礼遇，元成宗铁穆耳待他极为崇敬，并准许他公开传教。孟特戈维诺是进入中国的第一位天主教传教士。大德二年（1298年），他在北京建立第一座教堂，大德九年（1305年）建成第二座，延祐五年（1318年）又建成第三座，据说这些教堂修得巍峨壮观。另外他还招收150名7—8岁男童，成立神职班，教授拉丁文和希腊文，并将《新约》等宗教文献译成蒙文和维吾尔文。孟特戈维诺在华传教近30年，收信徒6000余人，连元世祖的母亲别吉太后都成了他的教徒。大德十一年（1307年），教皇任命他为中国教区大主教，相继派传教士入华协助他传教。在这些教士的努力下，至泰定五年（1328年），信徒已达30000人，流传于大江南北，尤以江南沿海一带为盛。

元朝对基督教设专门的"崇福司"管理，蒙古统治者对基督教采取宽容态度，不仅准许传教且发给薪俸。但基督教地位始终在佛、道以下。

基督教在中国随元帝国的覆亡而中辍。其消失原因有二：从内部来看，基督信徒多为蒙古人和西域人，基督教始终没有超出贵族圈子，没有在广大人民中间扎根；从外部看，因为蒙古帝国横跨欧亚，从欧洲陆路来华十分方便。元灭亡后，中亚交通阻塞，中西陆路交通中断，明朝又实行海禁，基督教在内无土壤、外无活水的情况下很快枯竭消失了。

基督教耶稣像

2. 中国伊斯兰教鼎盛

元朝是中国伊斯兰教的鼎盛时期。穆斯林人口不断增加，社会地位也日益提高，他们为元朝的社会发展做出了空前的贡献。

成吉思汗及其子孙西征西亚与东欧，建立了横跨欧、亚的蒙古大帝国。此后中西交通畅达，穆斯林大批归降或被俘，随蒙古军东来参加征服和统一中国的战争，被称为"西域亲军"。其中阿拉伯人、波斯人和中亚各族人在忽必烈建立元朝统一中国后，与当地汉族、维吾尔族、蒙古族居民通婚，代代繁衍，逐渐形成一个新的民族——回族。与此同时，西域的穆斯林商人、学者、传教士、达官贵人、旅行者等纷纷来中国定居，与当地人通婚，形成回族的另一个重要来源。

元代将伊斯兰教徒称为"木速蛮"，又称"答失蛮"，世俗往往称为"回回"，其教名或称真教、清教，或称回教。中央设"哈的"，即回教法官，掌管教内律法的执行，并负责为国祈福。该制曾几置几罢，反映了国家与教会在执法上的权力之争，也说明伊斯兰教的势力已相当强大。至大二年（1309 年），宣政院奏免僧、道、也里可温、答失蛮租税，其时伊斯兰教已由沿海外国小教发展成为由政府正式承认的中国合法大教，可与佛、道、儒及基督教并列，足可见其规模和影响之大。

元朝穆斯林的状况与唐宋相比有了明显的不同。第一，他们多数不再自视为外国侨民，大都以中国为家，娶妻生子，置产业，变成了中国人。第二，他们的分布不再局限于东南的沿海通商口岸，而是遍布全国，形成"大分散小集中"的居住特点。第三，他们的社会地位较高，因为他们在帮助元朝统一中国的事业中立过汗马功劳，其政治和社会地位仅次于蒙古贵族。此外，元代穆斯林人口之多也是唐宋不能比的。尽管元代忽必烈有过迫害穆斯林教徒的举措，但总体上说来蒙古贵族还是保护伊斯兰教的，多数情况下穆斯林颇受政府尊重。政府修葺或重修的著名清真寺有泉州清真寺、广州怀圣寺、杭州真教寺、昆明礼拜寺 2 所、哈剌和林礼拜寺 2 所等。中央一级设回回国子监学，奖励伊斯兰学问；设回回司天监，掌观象衍历；设太医院广惠司，掌修制御用回回药物及和剂，治疗诸宿

花剌子模人形象

卫士及在京孤零者。此外还设回回炮手军匠上万户府，负责造炮，管理造炮工匠。

元代的穆斯林对中国的政治、经济、军事、文化做出了重大贡献，涌现出了一大批第一流的优秀人才。在政治方面，有许多伊斯兰功臣显宦，如泉州人蒲寿庚，助元灭亡南宋有功，官至右丞，子皆高官。扎八儿，助成吉思汗破金中都，封凉国公。还有赛典赤，曾率千骑从成吉思汗西征，元太宗元宪宗之世拔为高官，元世祖之时，拜中书平章政事、陕西五路西蜀四川行中书省、云南中书行省平章政事，为中央所倚重。在经济方面，穆斯林在中西商业交往中发挥重要作用。在文化方面，出现了一批著名的学者、艺术家、专门人才。大学者赡思，学通五经，著述甚丰。大诗人丁鹤年，擅长诗文，对算数、方药亦有研究。诗人萨都剌博学能文，尤以山水诗见功力。以上情况表明，回族在形成之初，即具有了高度的中原文化素质，同时也保留了西域文化的某些特点。在他们身上体现着中西文化的融合。

元代，新疆的三大宗教——伊斯兰教、基督教、佛教都得到一定程度的发展；同时各教之间互相来往，互相渗透，气氛比较中和宽松。自由传教的结果，是伊斯兰教发展最快，到16世纪时，新疆全境除北部瓦剌蒙古信奉喇嘛教以外，全部改信伊斯兰教。

3. 喇嘛教的兴起

元代的蒙古统治者采取了兼容并蓄、广为利用的宗教政策，因此各种宗教盛行一时，但最受推崇、最为盛行的是佛教及其在西藏的分支喇嘛教。

成吉思汗及窝阔台等都信仰蒙古族的萨满教，但对其他各种宗教都采取了较为宽容的态度。忽必烈继承了成吉思汗对各种宗教宽容的政策，但他自己则只尊崇佛教，信奉喇嘛教。他尊西藏大喇嘛八思巴为国师，命他制定蒙古新字，并下诏颁行天下，俗称"八思巴字"。此后元朝的皇帝和后妃们都以喇嘛为国师，由他们传授佛戒。喇嘛们不仅在政治上拥有特权，而且在经济上又可免去各种赋税和差役，元朝政府还经常给予他们赏赐。元朝政府设置了专门的机构来管理各宗教的事务。如宣政院，院使（主管官员）从一品，掌管佛教；集贤院，院使从二品，掌管道教；崇福院，院使从二品，掌管基督教……其中管佛教的宣政院地位最高，由此可以看出佛教最受尊崇；事实上，也是佛教的势力最大。据统计，元至元二十八年（1291年），全国共有庙宇4.23万多所，僧尼21.3万多人。

喇嘛教是中国佛教的重要的一支，它的形成、流传和发展皆在藏族地

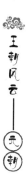

区，故名"藏传佛教"，俗称"喇嘛教"。"喇嘛"，是藏语音译，原为"上师、上人、长老"之意，是对佛教僧侣的尊称。

忽必烈尊西藏喇嘛教萨嘉派的第五代祖师八思巴为帝师，元代的帝师位高权重，历代皇帝继位都要由帝师受戒。每逢帝师从藏区来内地，所有王公大臣，都要前往迎接。

佛教兴盛，寺院经济也随之发达。大的寺庙，有成百上千的僧人，占有几百亩至上千亩的田地，而且基本不用纳税；个别寺院甚至占有几万顷至十几万顷的土地。他们强占土地，掠夺民财，奸淫妇女，作恶多端，却受到特权的保护。

寺院的土地和其他产业名义上是归寺院僧众共有，但实际上是由住持等上层僧侣全权掌控。寺院的住持和上层僧侣往往把寺院的金银谷物据为己有，他们盖房造屋，开设店铺，饮酒吃荤，娶妻蓄妾，生活上与大地主相差无几。

元代统治者在修寺院、造佛寺、赏赐喇嘛上浪费了大量钱财，这也导致和加速了元政府的灭亡。

三、萨迦五祖八思巴，佛教领袖元帝师

八思巴（1235—1280 年），又译八合思巴、发思巴，本名罗古洛哲坚赞（意为"圣者慧幢"），八思巴是尊称。吐蕃萨斯迦（今西藏萨迦）人，元朝第一位帝师，北京城的选址者、设计者、规划者。

淳祐四年（1244 年），年仅 10 岁的八思巴来凉州（今武威市）学习汉文化与蒙古文化，同时学习汉地的天文、历法、建筑、风水、地理、儒学等，这为他以后成为大元帝师，走入蒙古帝国的政治舞台中心奠定了雄厚基础。蒙哥汗三年（1253 年），忽必烈从受佛戒。

中统元年（1260 年），世祖即位，尊为国师，即大元帝师，使统天下佛教徒。至元元年（1264 年），使领总制院事，统辖藏区事务。至元六年（1269 年），制成蒙古新字，加号大宝法王。至元十三年（1276 年）还至萨斯迦，为西藏佛教萨迦派第五代师祖。

至元十七年（1280 年），圆寂于萨迦，享年 46 岁。追谥为"皇天之下、一人之上，开教宣文辅治、大圣至德、普觉真智、佑国如意、大宝法王、西天佛子，大元帝师"之无上称号。嫡传弟子有桑格、阿尼哥、沙罗巴。

1. 幼年圣者

八思巴是西藏高僧，出身于著名的昆氏家族。昆氏家族发迹于 8 世纪

初叶，北宋熙宁六年（1073年），家族中的昆·贡却杰布在本波山下创建萨迦寺，创立萨迦派。经过200多年的发展，萨迦派逐渐在西藏站稳脚跟，成为有名望的宗教派别。

八思巴是桑擦·索南坚赞和更噶吉的长子。因是藏历木羊年，故小名叫"类吉"，即"小羊人儿"之意。八思巴是长子，出生时其父桑擦·索南坚赞已经52岁，父亲老年得子，因此倍加宠爱这个儿子。他是萨迦班智达的弟弟索南坚赞的儿子，因而萨迦班智达是他的伯父。

关于八思巴的出生，还有一个传说。相传有一次，索南坚赞正在修行毗那夜迦法，见毗那夜迦神（藏传佛教中的象头财神，人形象面）前来，用象鼻将他高高托起，送到须弥山（佛教中一小世界中心）山顶，说："你看！"索南坚赞惊魂未定，不敢看远，只是瞥见了卫（以拉萨为中心的前藏）、藏（以日喀则为中心的后藏）、康（川西、甘青等藏区）三处地面。毗那夜迦神说："本来你看见的地方将归你统治，但是因为你没有快看，所以你就没有统治的缘分了，卫、藏、康三处将归你的子孙后裔统治。"可是那时索南坚赞已年过

八思巴画像

半百还未有子嗣，就向毗那夜迦神求愿得子。于是毗那夜迦神就到贡塘地方（现西藏吉隆县）的高僧萨顿日巴身前，说："桑擦一再向我祈求，愿能统治卫、藏、康三处地面，他本人无此等缘分，只有他的儿子当是住世的菩萨，发愿教化南瞻部洲之大部，你应前往他家，转生为桑擦之子，治理卫、藏、康三处吐蕃地面之大部，请你按我的愿望转生！"

就这样，高僧萨顿日巴转世成为索南坚赞之子八思巴。因此，八思巴天赋异禀，读写五明（大五明包括声律学、正理学、医学、工艺学、佛学；小五明包括修辞学、词藻学、韵律学、戏剧学和星象学）不教即通，并说自己的前世是萨顿日巴。萨顿日巴的两位弟子听说后，前来验证，当时八思巴正与其他小孩在一起玩，见到他俩后，立刻认出了他们，问说："你们来了吗？"两位弟子说："认识我们吗？"八思巴直接就说出了两人的名字。两位弟子因此对八思巴心生敬仰。有一次，八思巴跟随伯父萨迦班智达，会见朗日巴地方来的僧众，八思巴对其中一位老僧说："你是我的近侍扎西顿珠！"当这位老僧获知八思巴是自己的上师转生之时，老泪纵横。

八思巴他 7 岁就会口诵真言、心咒修法,大家都很奇异,纷纷称其为"八思巴",即藏语"圣者"之意。

2.大元帝师

在八思巴成长的过程中,整个中华大地发生着剧烈变化。蒙古崛起,西藏也笼罩于蒙古铁骑的尘埃之下。窝阔台汗十一年(1239 年),蒙古的兵锋直指西藏。窝阔台汗十二年(1240 年),蒙古大汗窝阔台之子阔端派兵攻入西藏。蒙古人想找一位西藏高僧进行谈判,就选择了八思巴的伯父、萨迦派教主萨迦班智达贡噶坚赞。

南宋淳祐四年(1244 年),阔端给萨迦班智达写了一封邀请信,信中表面上是邀请萨迦班智达来凉州(现甘肃武威)商量西藏日后的安排,实际上却是恐吓他"如果不来就让西藏生灵涂炭"。已经 63 岁的萨迦班智达根据当时的形势,大胆做出决断:去!之所以去,一方面是他不愿见到西藏血流成河;另一方面,他也想借助蒙古人的力量加强自己在西藏的势力——当时西藏教派众多,竞争激烈,若要胜出,必须依靠强大的外部势力。

于是,萨迦班智达不顾体弱多病,带上了他的两个侄子,即 10 岁的八思巴和 6 岁的恰那多吉上路了。两年后,3 人到达凉州,并在南宋淳祐七年(1247 年)正月见到了阔端,开始了改写蒙藏历史的会谈。这次会谈实际上是萨迦班智达和阔端商谈如何在保证西藏各种势力利益的前提下,使西藏归附蒙古。会谈结束后,萨迦班智达给西藏的民众写了一封言辞恳切的信,促使西藏归附了蒙古。在此期间,因为萨迦班智达医术高超,治好了阔端的旧疾,于是藏传佛教深受阔端的信服。

萨迦班智达和两个侄儿在凉州住了下来,八思巴继续跟着萨迦班智达学习佛教知识,而恰那多吉则穿上蒙古服装,学习蒙古语言。后来,恰那多吉娶了阔端之女,蒙藏贵族之间形成了联姻关系,也符合萨迦昆氏家族以一子繁衍后代的传统。

蒙哥汗元年(1251 年)十一月,萨迦班智达在凉州幻化寺圆寂,年仅 17 岁的八思巴成为萨迦派教主。

元宪宗三年(1253 年)夏天,忽必烈的军队到达六盘山、临洮一带,请八思巴到军营一叙,虽然有的史书记载之前八思巴就与忽必烈见过面,但这次是八思巴第一次以教主身份会见忽必烈。忽必烈先是询问了藏族历史和萨迦班智达的情况,随后话锋一转,表示要派人去西藏摊派兵差、收取珍宝。这下八思巴急了,连忙说:"吐蕃不过是边远小地方,地狭民困,请不要摊派兵差。"八思巴再三陈请,忽必烈充耳不闻,八思巴说:"如此,吐蕃的僧人实无必要来此住坐，请放我们回家吧。"正当两人僵持不下时，忽必烈王妃察必的"枕边风"起了重要作用，她对忽必烈说，八思巴要比很多老僧在知识功德方面强许多倍，应该将他留下。

于是，忽必烈与八思巴再次会谈，问他："你的祖先有何功业？"八思巴说："我的先辈曾被汉地、西夏、吐蕃等地的帝王奉为上师，故威望甚高。"忽必烈不了解吐蕃的历史，就问："吐蕃何时有王？这与佛书所说不合，必是虚妄之言。"八思巴就将吐蕃之王曾与汉地交战，吐蕃获胜，后又与汉地联姻，迎来公主与本尊神像的经过叙述一番，说佛书虽然不载，但有文书记载，查阅便知。

八思巴说的正是唐朝松赞干布迎娶文成公主的故事，于是忽必烈翻看汉地史籍，发现这些在《唐书》里都有记载。此后八思巴又说了些典故，经验证都是真的，于是忽必烈对八思巴佩服有加，请求他传授喜金刚灌顶（藏传佛教重要仪轨之一）。但八思巴又提出一个条件："受灌顶之后，上师坐上座，要以身体礼拜，听从上师之言语，不违上师之心愿。"忽必烈哪里肯接受？察必又出来圆场："人少的时候，上师可以坐上座。但当王子、驸马、官员、臣民聚会时，汗王坐上座。"就这样，忽必烈以八思巴为上师，奠定了后来元朝以藏传佛教为国教、设立帝师制度的基础。

八思巴应召谒见忽必烈薛禅汗，当时忽必烈夫妇及其子女以世俗人拜见上师的礼节会面八思巴，他们共25人先后在八思巴前受密宗灌顶。忽必烈向八思巴奉献财宝作为灌顶的供养。

元宪宗五年（1255年），八思巴回藏从康区迎请那塘堪钦札巴僧格受比丘戒，完成佛教出家僧人生活中最庄严的仪式。不久，八思巴又返回上都。当时蒙古汗王对佛教、道教等不同派别的宗教，还能够比较公平地对待。所以，佛教与道教之间常发生辩论事件。为了解决此事，蒙哥汗王命忽必烈主持并判定两派优劣。

元宪宗八年（1258年）在上都的宫殿隆重举行了佛道辩论会，两派各参加17人，佛教方以少林寺为首组成，八思巴以观摩者身份出席，但在辩论中道教以《史记》为论据驳斥佛教正统，佛教方一时无以应对，此时八思巴引用道教的论据进行阐述列举出道教方的论据自相矛盾。最终，辩论以道教一方承认自己辩论失败而告终，17名道士削发为僧，少许道观也随之改造成佛教寺院。

忽必烈中统元年（1260年），忽必烈继任蒙古汗位，立即封八思巴为国师，赐玉印。

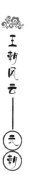

3. 佛教领袖

八思巴一直追随忽必烈，两人共同经历了与忽必烈弟弟阿里不哥的夺位大战以及建立元朝的过程。忽必烈中统元年（1260 年）十二月，在与阿里不哥的战争初步取得胜利后，忽必烈返回燕京（现北京），任命八思巴为国师，授以玉印，让八思巴统领释教，八思巴由此有了全国佛教领袖的地位。

成为蒙古大汗后，忽必烈考虑到青藏高原交通不便，对政府管理、军队后勤供应以及商旅往来都造成严重影响，决定建设通往西藏的驿站。在八思巴的支持下，忽必烈主要建了一条从青海通往萨迦地区的驿站。八思巴则对西藏佛教界颁了法旨，要求全力配合建设。此后，从青海到萨迦，一共建了 27 个大驿站，保障了往来畅通。

至元元年（1264 年），忽必烈迁都大都（现北京），改年号为至元，设置了管理全国佛教的专门机构——总制院（后改名为宣政院），又命八思巴以国师的身份兼管总制院事。封八思巴的弟弟恰那多吉为白兰王，命兄弟俩返回萨迦地区去完成建立西藏行政体制的任务。

至元二年（1265 年），八思巴返回西藏，对萨迦寺进行了修缮，如新造佛像、灵塔，以及用金汁书写大量大藏经中的甘珠尔部。同时分别拜克什米尔班智达希达塔噶大巴札、罗沃译师喜饶仁钦、纳塘堪钦青南喀札等20 多位大师为师，研习修教因明学、显宗理论和密宗修持等佛教教理仪轨，以及藏族传统文化五明学等知识。八思巴此次回藏居留三年，其间还奉忽必烈之命创制"蒙古新字"。蒙古新字是八思巴依照藏文 30 个字母创制的由 41 个字母构成的一种新文字，其语音拼读均按蒙语，后来蒙古新字又称八思巴蒙文。八思巴向忽必烈呈献蒙古新字后，忽必烈极为高兴，并于至元五年（1268 年）下诏，凡是诏书及各地方公文等均必须使用蒙古新字，试图在全国范围内推行这种新文字。

至元七年（1270 年），八思巴第二次向忽必烈授予密宗灌顶。由于八思巴为元朝中央创制新文字，为元朝皇帝授予神圣灌顶，深得元朝皇帝器重。忽必烈晋升八思巴为帝师，并更赐玉印。封号全称为"普天之下，大地之上，西天佛子，化身佛陀，创制文字，护

八思巴塑像

持国政，精通五明班智达八思巴帝师"，又称帝师大宝法王，简称帝师。

至元十三年（1276年），在太子真金的护送下，八思巴回到萨迦，自任萨迦法王，任命本钦释迦尚波统领西藏13万户，为萨迦派在西藏实行政教合一的开端。在文化交流方面，他把西藏的艺术带到了内地，又把内地的印刷术、戏剧艺术传到了西藏，在途中专为真金著述并讲授了《彰所知论》，此经有汉译本，收录在大藏经中。

至元十四年（1277年），八思巴在后藏的曲弥仁摩地方（纳塘寺附近），举行聚集7万僧众盛大法会，史称"曲弥法会"。

至元十七年（1280年），八思巴在萨迦寺拉康拉章英年早逝，享年46岁。八思巴在萨迦寺圆寂后，忽必烈又赐封号为"皇天之下，一人之上，开教宣文辅治、大圣至德、普觉真智、佑国如意、大宝法王、西天佛子、大元帝师"。据说八思巴年幼时，曾梦见自己手拿一根有80节的藤杖，但到第46节处就弯曲了，第二天向萨迦班智达说起时，萨迦班智达对他说："这预示着你的岁数，所以到46岁时要格外留心。"想不到一语成谶。

延祐七年（1320年），元仁宗下诏，在全国各路建造八思巴帝师殿，以此永远纪念这位功臣。藏历木鼠年（1324年，元泰定帝元年）八月，"绘帝师八思巴像十一，颁行各行省，俾塑祀之。"

4. 世系传承

根据藏文史料，萨迦五祖中的前三祖称为白衣三祖，因为他们都没有正式出家受比丘戒，而是身着俗衣以居士身份自居，故称白衣三祖，后二祖称为红衣二祖，因为他俩正式出家为僧，受过比丘戒，身着红色袈裟，故称红衣二祖。萨迦五祖之后，仍有许多高僧大德为萨迦派的不断发展继续发挥过巨大作用。其中萨迦四大拉章始终是萨迦派蓬勃发展的四大支柱。萨迦四大拉章分别为希托拉章、拉康拉章、仁钦岗拉章和迪却拉章。萨迦四大拉章起源于元朝帝师贡噶罗追坚赞时期，贡噶罗追坚赞将他的同父异母的众多兄弟，分成四个拉章，由他们分别担任各个拉章的主持。希托拉章是在南喀饶比坚赞任萨迦寺主持时期开始建立，南喀饶比坚赞的儿子贡噶坚赞（1331—1399年）任希托拉章主持时，又将该拉章从萨迦迁徙到曲弥地方，并由其子嗣相继担任拉章主持。其最后一位主持是贡噶扎西坚赞（1349—1425年），曾被明朝封为国师，他去世后绝嗣，遂将希托拉章转入仁钦岗拉章，作为相对独立的拉章已不复存在。拉康拉章的第一任主持是贡噶坚赞柏桑布（1310—1358年），其子却吉坚赞（1332—1359年）为

第二任主持。拉康拉章的主持一直由该家族成员相续担任至 16 世纪左右，拉康拉章趋于衰微。仁钦岗拉章始于绛央敦悦坚赞（1310—1344 年），其主持依次是达瓦坚赞、绛央钦布、喜饶坚赞等。仁钦岗拉章的传承，传到第三、四代后，大约在 15 世纪左右中断。

特殊的时代产生特殊的人物，正当乱世之际，藏传佛教走出来一个八思巴，用他的智慧，赢得了统治者的尊重，由此也奠定了藏传佛教的地位，大大促进了西藏与中原的连通、汉藏文化的交流，对西藏的历史发展产生了深远的影响。可以说，他是西藏历史上继松赞干布之后的又一位具有广阔视野的杰出人物。

八思巴在世任国师或帝师期间，除了推动藏族地区的政治经济文化全面发展之外，为元朝的稳定、发展以及全国各民族间的团结和文化交流，均作出过巨大贡献。正如王森先生指出："看起来，八思巴首先是继承了他伯父萨班贡噶坚赞的内向政策，进一步巩固了西藏地区和祖国中央的关系，而且还带动了汉藏、蒙藏之间的经济、文化交流，虽然实际上他们只是蒙藏两族统治者之间的结合，但是在客观上他也起了密切祖国人民之间的关系的作用。"八思巴去世后，元朝中央的帝师制没有改变，帝师职位一直由萨迦派高僧继任而延续。如八思巴后由其弟仁钦坚赞担任帝师，之后，由八思巴的侄子达玛帕拉热噶斯塔任帝师，其后帝师由益西仁钦担任，总共产生十几位帝师，随着元朝的灭亡而终止帝师制。

四、三教九流皆崇奉，兼收并用分两派

元朝在思想上也是兼收并用的，他们对各种思想几乎一视同仁，都加以承认与提倡，"三教九流，莫不崇奉"。早在南宋端平元年（1234 年）赵复被俘到北方后，他就在燕京设立太极书院，讲授程朱理学，培养出一批理学家，使得理学得以北传元朝时，元帝尊重儒学，册封孔子为"大成至圣文宣王"，并且推崇理学为官学。元仁宗初年恢复科举，史称延祐复科，在《明经》《经疑》和《经义》的考试都规定用南宋儒者朱熹等人的注释，影响后来明朝的科举考试皆采用朱熹注释。理学在元朝还有一些变化，南宋时期即有调和程朱理学的朱熹与心学的陆九龄等两家学派的思想。到了元代，理学家大多舍弃两派其短而综汇所长，最后"合会朱陆"成为元代理学的重要特点。当代有名的理学家有黄震、许衡与刘因与调和朱陆学的吴澄、郑玉与赵偕，其中许衡、刘因与吴澄被誉称为元代理学三大家。朱

学的后继者为了配合元帝的需求，更注重在程朱理学的伦理道德学说，其道德蒙昧主义的特征日趋明显。从而把注意力由学问思变的道问学转向对道德实践的尊德性的重视，这也促成朱、陆思想的合流。元代理学的发展，也为明朝朱学与阳明心学的崛起提供某些思想的开端。

由于元朝由蒙古人所统治，汉族士大夫基于异族统治的考量，在元朝初期大多分成合作派与抵抗派。合作一派是华北儒者如耶律楚材、杨奂、郝经与许衡等人。他们主张与蒙古统治者和平共存，认为华、夷并非固定不变，如果夷而进于中国，则中国之。如果蒙古统治者有德行，也可以完全入主中原。他们提倡安定社会，保护百姓，将中华的典章制度带进元朝，以教化蒙古人。另一派是江南南宋遗民的儒者如谢访、郑思肖、王应麟、胡三省、邓牧、马端临等人。他们缅怀南宋故国，坚持民族气节。为了消极抵抗元廷，采取隐遁乡里，终生不愿意出仕的方式。并且以著述书籍为业，将思想化为书中主旨。到元朝后期，由于元仁宗实行延祐复科，恢复科举，及第者都感谢天子的恩宠，纷纷愿意为元廷解忧。

元朝后期国势大坠，政治腐败、财政困难，使得当时士大夫如赵天麟、郑介夫、张养浩与刘基等人纷纷提出各种政治主张，或从弊端中总结经验教训。他们大多提倡勤政爱民、廉洁公正、任用贤才等措施。元末民变的爆发使得南方有不少士大夫出于自身利益考虑，镇压农民起义。在明朝建立后，少数元朝遗老纷纷归隐不出。

五、鲁斋先生治生论，"元朝一人"许仲平

许衡（1209—1281 年），字仲平，号鲁斋，世称"鲁斋先生"。河南新郑人，祖籍怀庆路河内县（今河南沁阳）人。金末元初著名理学家、教育家。

1. 好学不倦

许衡家族世代务农，但他自幼勤读好学，天资聪颖，7 岁时入学。因聪敏过人，连换了 3 位老师。长大后更加好学，因家贫无钱购书，常涉百里借书抄书。他曾在一个算命先生家中看到一部解释《书经》的书，便去手抄回来细读，后来逃难到徂徕山才得到一部王弼注释的《易经》。当时虽兵荒马乱，许衡仍坚持日读夜思，且身体力行。

天兴二年（1233 年），蒙古兵临新郑县，许衡同众人从洛阳渡河经河阳（今孟县）返乡。

此后，许衡相继至鲁、魏之地，在魏三年后又回到怀庆路，后又常来

往于河、洛之间，在柳城从姚枢处得到程颐、程颢及朱熹的著作，从中获益甚大。后移居辉县附近之苏门山时，常与姚枢及窦默讨论学问，内容涉及经传、子史、礼乐、名物、星历、兵刑、食货、水利等众多话题。许衡曾说："纲常伦理国家一日不可废，如果在上者不履行，我们一般人也要履行。"他在实际生活也正是这样做的。许衡曾赴河北大名府讲学，由于恭谨执教，求学的人很多，并匾其斋为"鲁斋"，从此号称"鲁斋先生"。

2. 屡起屡归

元宪宗四年（1254 年），忽必烈受封于秦中，召许衡为京兆提学，许衡在京兆的郡县广建学校。忽必烈南征时，许衡返归怀庆，京兆学者挽留不住，只得送至临潼而归。

中统元年（1260 年），忽必烈即位，召许衡、姚枢至京师。当时王文统为平章政事，在讨论治国安邦之道时，王文统重利，而许衡等人认为必须以义为本，招致王文统忌恨，再加上窦默在忽必烈面前说王文统学术不正，王文统怀疑三人是一派，便奏请委任许衡为太子太保、姚枢为太子太师、窦默为太子太傅，表面上是尊敬重用他们，实际上是使其不能接近忽必烈。后又改命许衡为国子祭酒、姚枢为大司农，窦默为翰林侍讲学士。不久，许衡因病辞官返乡。

至元二年（1265 年），忽必烈任命安童为右丞相，打算让许衡辅助安童，便召许衡至京师，命他参与中书省政务。许衡上疏治国纲要五项建议，忽必烈大为称赞，并一一采纳。许衡平时奏议很多，但他不留底稿，留传下来的仅此一件。

至元四年（1267 年），许衡因病归怀庆休养，至至元五年（1268 年）又被召回，他的奏疏仍秘而不传。

至元六年（1269 年），忽必烈命许衡与太常卿徐世隆制定朝廷礼仪制度，与太保刘秉忠、左丞张文谦立定官制。许衡参考历代官制体系，减去一些临时增设机构和旁设机构，于至元七年（1270 年）上奏。其中涉及到一些权贵的利益，有人劝他不要变更旧制。许衡说："我所论的是国家的体制，与个人无关。"他的建议得到忽必烈赞同。不久，阿合马任中书平章政事，统领尚书省及六部，权势很大，一些大臣阿谀奉承，但许衡与阿合马争论时，坚持原则，从不让步。不久，忽必烈任命阿合马的儿子为金枢密院官，众人都附和，唯独许衡不同意，对忽必烈说："国家大权在于兵、民、财三个方面，如今阿合马掌管民、财，其子又掌管兵权，这不行。"此后许衡随忽必烈到上京时，又列举阿合马专权欺上，损国害民的众多事项，但未得上报给忽必烈。许衡因此称病，请求不参与国家机务大事。

3. 传播儒学

忽必烈早有立太学的打算，于至元八年（1271年），任命许衡为集贤大学士兼国子祭酒，并亲自挑选蒙古子弟交于许衡教育，许衡请求征调其弟子王梓、刘季伟、韩思永、耶律有尚、吕端善、姚燧、高凝、白栋、苏郁、姚火敦、孙安、刘安中12人为伴读。这些蒙古子弟年幼，许衡关爱他们如同对自己的儿子一样，但对于师徒等级关系的严格，就像君臣关系一样。除熟读诗书外，他还演习各种礼仪。这些学生尊师敬业，均知三纲五常为人之道。

至元十年（1273年），因权臣屡次破坏汉法，致使学生缺粮，许衡便请求辞职返回怀庆故里，翰林学士王磐对忽必烈说："许衡教人有方，诸生学后可以从政，这是国家大体，不要让他辞去。"但由于窦默为许衡恳求，忽必烈还是让许衡还乡，以赞善王恂代管太学事务。刘秉忠等奏请以耶律有尚、苏郁、白栋等为助教，保持原许衡所制定的教学规矩，忽必烈同意。

许衡对汉蒙文化交流，程朱理学传播和朱陆合流有较大影响。与姚枢、窦默等讲程朱理学，"慨然以道为己任"。他对程朱理学的研究有其独到之处，提出了"命""义"之说。许衡精研程朱理学而不拘泥，提出了著名的"治生论"。他说："言为学者，治生最为要务。"许衡是元代儒学的主要继承人和传播人。元代有人赞扬他说："继往圣，开来学，功不在文公下。"明代大儒薛瑄则称其为"朱之后一人"。许衡的品德言行大为人们推崇，被后人誉为"元朝一人"。

4. 制定新历

许衡精通天文、历算。至元十三年（1276年）元世祖"以海宇混一，宜协时正日"，故须摒弃沿用已久舛误甚多的金代（大明历）而创制新历。于是，遂命许衡"领太史院事"，全面负责这一工作，并以王恂、郭守敬为副，共同研订。经过他们的积极努力，至元十七年（1280年），终于完成了这一艰巨复杂的任务。在此期间，许衡以年届七旬的高龄，辛劳擘划，艰苦备尝，

许　衡

创制了简仪、仰仪、圭表、景符等天文仪器,在全国各地修建27所观测台,进行实地观测,至元十七年(1280年)制订了《授时历》,颁行天下。

许文正公燕居图

5. 教育成就

许衡长期担任国子监祭酒,主持教育工作,承宣教化,不遗余力。许衡以"乐育英才,面教胄子"为宗旨,故其门下不仅有大批汉族学生,还有不少蒙古族弟子。他施教的原则是"因觉以明善,因明以开蔽",即循循善诱,潜移默化。至元八年(1271年),许衡奉元世祖之命,负责培养一批蒙古贵族子弟,在他的辛勤教育下,这些不懂汉文的青年也都成为"尊师敬业"的优秀儒生。其中有不少人,后来"致位卿相,为一代名臣"。众多弟子如姚燧、耶律有尚等皆学有成就。

许衡对待学生"爱之如子",从生活到学习无不关怀备至。他对待自己则从严要求,"夜思昼诵身体力行,言必揆诸其义而后发"。因此,在许衡的熏陶教育下,"数十年间彬彬然,号称名卿士大夫者,皆出其门下矣"。所以,许衡通过传道授业,对于汉、蒙文化的融合和交流作出了卓越的贡献。

6. 推行"汉法"

元世祖即位后,许衡还与刘秉忠、张文谦等"立朝仪""定官制",完善元朝官员品阶等级。他鉴于当时干戈扰攘、民生凋敝的势态,一再向元世祖建议要重视农桑,广兴学校,以"行汉法"作为"立国规模"。许衡的政治理想是要实行儒家的仁政以获得民心,至于获得民心的关键,则在于实行"汉法"。由于这一"立国规模"的确定,中原广大地区社会秩序得到恢复,生产得到发展,人民生活得到安定。对元初政局稳定、经济生产的恢复起了积极作用。

7. 生荣死哀

许衡说服了元代统治者部分采纳了他的"行汉法"建议,吸取中原地区的先进文化,大兴文治,减轻了元初战乱对社会生产的破坏;许衡是程朱理学在元代的主要传承者、实践者、光大者,使朱学在元代得以北传,他也因此成为理学的北方宗师;许衡领导了《授时历》的编制,他对《授时历》的贡献应与郭守敬等人一样彪炳史册;许衡在医学方面既有理论又有临床经验,在数学的研究和教学方面也颇有成就,是元代一位很有作为的科学家;许衡创建了元朝的国子学,为元朝培养了一大批拥有儒家思想的高级管理人才。

根据《四库全书》所录，许衡的专著共有六种：《鲁斋集》六卷（含书简）、《鲁斋心法》《授时历经》（与郭守敬合著）《读易私言》《鲁斋遗书》（又名《鲁斋全书》）及《许文正公遗书》。

《许文正公遗书》书影

至元十七年（1280年）六月，许衡因病请归怀庆休养。元至元十八年三月初三（1281年3月23日），许衡辞世，时年73岁。于同年四月二十日（5月9日）下葬。许衡作古后，怀庆人无论贵贱长幼皆为之恸哭。四方学者闻讯相聚哀哭，更有不远千里奔赴墓前致吊者。

大德元年（1297年），元成宗铁穆耳追赠许衡为荣禄大夫、司徒，谥号"文正"。

至大二年（1309年），加赠正学垂宪佐运功臣、太傅、开府仪同三司，追封魏国公。

皇庆二年（1313年），朝廷下诏以许衡从祭孔庙。延祐初年，又诏立书院于京兆，以祭祀许衡，并赐田做祭祀的经费，书院名"鲁斋书院"。

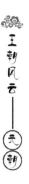

第三章　文学艺术

一、儒林四杰文载史，多才多艺博高名

元代散文家虞集、揭傒斯、黄溍、柳贯并称"儒林四杰"。《元史·黄溍传》："贯，字道传……与溍及临川虞集、豫章揭傒斯齐名，人号为'儒林四杰'。""四杰"摄于儒学，文章多宣扬伦理道德，推崇儒家经术。各人文章特色不同：揭文叙事严整，语简而当；黄文结构谨严，掾据精切，柳贯文长于议论，事详而词核。四人中虞集文章最负盛名。虞集、揭傒斯又擅诗，与杨载、范梈同为元诗四大家。

1. 虞集

虞集（1272—1348 年），字伯生，号道园，又号邵庵，人称邵庵先生。祖籍四川仁寿，系南宋丞相虞允文五世孙。其父任黄冈尉，宋亡后侨居临川崇仁（今属江西）。大德初年，虞集到京城大都任国子助教博士，累迁秘书少监、翰林直学士兼国子祭酒，拜奎章阁侍书学士。

虞集素负文名，明人宋濂在《柳待制文集》序言中说："天历以来，海内之所宗者，唯雍虞公伯生、豫章揭公曼硕、乌伤黄公晋卿及公（柳贯）四人而已。识者以为名言。"宋荦《漫堂说诗》云："元初袭金源派，以好问为大宗，其后则称虞、杨、范、揭"。又如沈德潜《说诗晬语》云："虞、杨、范、揭四家诗品相敌。中又以汉廷老吏为最。"

虞集诗文皆负盛名，"一时宗庙朝廷之典册，公卿士大夫碑版咸出其手，粹成一家之言"。诗文集为《道学院古录》50 卷。

虞集的散文多数为官场应酬文字，颂扬权贵，倡导理学。当时宗庙朝廷的典册，公侯大夫的碑铭，多由他撰写。但也有一些书信传记文章，表现了作者的思想性情。

虞集自谓其诗如"汉廷老吏",并说这是"天下之通论也"。就是说，这既是诗人的自我评价，又符合当时的客观舆论。清人陶玉禾的评价对此解释说："道园法度严谨，词章典贵，敛才就范，不屑纵横，汉廷老吏，故非自负。"

虞集《白云法师帖》

虞集的律诗多而且好，用律严谨，隶事恰切而深微，显得稳健而深沉。如七律《挽文丞相》。不仅是律诗，虞集的歌行体也写得雄浑壮阔。如《金人出塞图》。

虞集工词，一生所写诗词文章逾万篇，但其词作今仅存20多首，大都叙述个人闲愁情思，缺乏社会生活内容，景物描写亦平平无特色，唯《风入松》"画堂红袖倚清酣"引人注目，其中有句说："杏花春雨在江南"，勾画江南景物，令人神往。

虞集的书法在当时也很有名，颇得晋朝人韵味。传世作品有行书《白云法师帖》为其晚年之作。书法行笔环萦，字若连绵，法度险峭，劲健古雅。如王世贞所言："用笔若草草，而中自遒劲。"《墨缘汇观·法书卷》《三虞堂书画目》有著录。

2. 揭傒斯

揭傒斯（1274—1344年），字曼硕。龙兴富州（今江西丰城杜市镇大屋场）人。幼年家贫，刻苦研习，很早便有了文名。曾游历湖南、湖北，以讲学为生。湖南宣慰使赵琪说他将来必为"翰苑名流"。湖南宪使卢肇、湖北宪使程钜夫都很赏识他。程钜夫称他为"奇才"，把自己的堂妹许配给他。延祐元年（1314年）揭傒斯由布衣擢为翰林国史院编，三年升应奉翰林文字同知制诰，四年迁升为国子助教，六年提升为"奎章阁"供奉学士，不久又升为侍讲学士。迁升为国子助教，揭傒斯连进四级，直至二品中奉大夫。深得文帝赏识，中书推荐儒臣，文宗必问："此人的才能比得上揭曼硕吗？"揭傒斯曾参与辽、金、宋三史的修撰，担任总裁官。因得伤寒，卒于史馆。

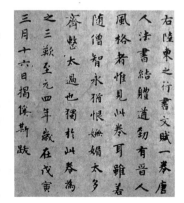

揭傒斯书法

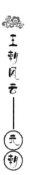

追封豫章郡公，谥文安。

揭傒斯的散文多宣扬封建伦理思想，但也有一些可读的作品。如《与萧维斗书》《送李克俊赴长兴州同知序》，都认为"独善其身"不是一个政治家的风度。《浮云道院记》《胡氏园趣亭记》，反映出一种封建时代文人的闲适情趣。欧阳玄《豫章揭公墓志铭》说，揭傒斯"文章……正大简洁，体制严整。作诗长于古乐府，选体、律诗长句，伟然有盛唐风"。

揭傒斯是元代一大才子，为文简洁严整，为诗清婉丽密，虞集称其"如美女簪花"。其中也有许多反映社会现实的内容，如《女儿浦歌》《高邮城》《雨述》《渔父》《秋雁》等。

揭傒斯善书法，善楷书、行、草。朝廷典册、元勋铭辞，多出其手。存世书迹有《千字文》《杂书卷》等。

3. 黄溍

黄溍（1277—1357 年），字晋卿，一字文潜，婺州路义乌（今浙江义乌）人。元代著名史官、文学家、书法家、画家。他文思敏捷，才华横溢，史识丰厚。一生著作颇丰，诗、词、文、赋及书法、绘画无所不精。

黄溍一生，仕途上并无多大崎岖，但他没有骄纵之气，始终纯朴坦率，从不故意做作。与他相交的人，也受到感染，"鄙吝顿消"。他生性刚烈，疾恶如仇，见到不平事，面对奸诈人，他便勃然大怒，好像弦急霆震，不稍宽容。但他又胸怀坦荡，不抱成见。如果把不平事公正地解决了，奸诈者有所悔改了，转瞬间他就煦如阳春。他生活俭朴异常，虽居高位，但从不奢靡，贵而能贫。日常生活，萧然不异于平民。他清心寡欲，正当"强壮之年"岁时，"即独榻于外，给事于左右者，二苍头（仆人）而已"。

黄溍一生勤奋好学，笔耕不辍，著作颇丰。据《元史》记载，有《日损斋稿》33 卷、《义乌县志》7 卷、《日损斋笔记》1 卷。在《四库全书》中，有《黄文献集》10 卷，乃明人删本。今存《金华黄先生集》43 卷，其中初稿 3 卷，为其未及第时作，临川危素所编次。续集 40 卷，为其登第后所作，门人宋濂、王祎编次。集中行状、碑铭、墓志、世谱、家传达 22 卷之多，其中拜住、也速带儿、答失蛮、合剌普华、刘国杰、董士恭、董守简、揭傒斯等人的神道碑，王都中、韩性、许谦、袁易、杨

黄溍《青绿山水卷》

仲弘等人的墓志铭以及《答禄乃蛮氏先茔碑》《马氏（月忽难）世谱》等，均可补史传之阙，对研究元代中后期政治文化史有较高的史料价值。

在由同里后学陈坡校订，于清代咸丰元年（1851年）重印的《黄文献公全集》中，卷一为五言古诗共219首；卷二为七言古诗，共221首；卷三为赋、策问、杂著，共56篇；卷四为跋，共119篇；卷五、卷六为序，共56篇；卷七为记，共55篇；卷八、卷九为墓记和墓志铭，共78篇；卷十为碑文，共25篇；卷十一为补遗和附录，共38篇；此外，还有《日损斋笔记》1卷。

黄溍所作诗文，文辞严简，用词优美，感情真挚，意境深邃，富于哲理。在黄溍所写的墓记和墓志铭中，总是以人物生平事迹为依据，肯定和褒奖人物的优良品格，弘扬中华民族的传统精神，读后感人至深。他所写的序或跋，切中肯綮，给当时不少文人的作品作了评论，并阐发了写诗作文的道理。

黄溍的散文，运笔如行云流水，叙事中间以议论，理从事出，熨帖自然，给人启迪，给人智慧。其中一些篇章，针砭时弊，揭露官场黑暗，鞭笞伪善之徒可谓入木三分。

黄溍是位书法高手。他从小练习书法，宗薛稷而自成一家，形成了醇雅俊逸的风格。黄溍还是一名画家。他善画山水，笔近王蒙。其传世作品有至正七年（1347年）作的《梅花书屋图》轴，纸本设色，笔墨苍古，气势浑厚。

至正十七年（1357年）闰九月初五，黄溍逝于稠城绣湖畔自家住宅内，终年81岁。噩耗传开，学士大夫闻之，俱流涕曰："黄公亡矣，一代文章尽矣！"朝廷追赠他为中奉大夫、江西等处行中书省参知政事、护军，并追封他为"江夏郡公"，谥"文献"。

4. 柳贯

柳贯（1270—1342年），字道传，自号乌蜀山人，婺州浦江（今属浙江兰溪横溪）人。元代著名文学家、诗人、哲学家、教育家、书画家。于经史、百氏、数术、方技、释道之书，无不贯通。

元大德四年（1300年）察举为江山县教谕，数年后升迁为昌国州学正。延祐六年（1319年）任国子助教，旋升博士。先后从学者数千人，业成而仕，后多知名，其中最为著名者当为宋濂、危素、王祎、戴良等。

泰定元年（1324年）擢升为太常博士，凡朝廷大典，必酌以古今而论定，人皆服其精审。泰定三年（1326年），出任江西儒学提举，秩满归乡

杜门不出 10 余年，收徒授学，读书著述，沉潜于理学。

至正元年（1341 年），朝廷重用，起用为翰林院待制兼国史院编修官，至正二年（1342 年）十一月初九病逝于京城大都（今北京）。著有《金石竹帛遗文》10 卷《近思录广辑》3 卷《字系》2 卷《柳待制文集》20 卷等。

柳贯官仅止于五品，禄不超过千石。但在当时文坛上影响不小，他的诗写得古硬奇逸，意味隽永，受到广泛尊崇，有人称他是"文场之帅，士林之雄"。

明代"开国文臣之首"宋濂正是柳贯最得意的门生，宋濂曾这样记述柳贯的学问及自己与老师的关系："（柳贯）读书博闻强记，自礼乐、兵刑、阴阳、律历、田乘、地志、字学、祖谱及老佛家书莫不通贯……濂虽不敏，受先生之教为深。"

柳贯的诗写得古硬奇逸，意味隽永，《山桥》一诗，可为代表。他自己说："诗成置我江西社，菟苑梁园隔几春。"可见他是崇拜江西诗派的。在《自题稿卷》中，他说："何庸夸险绝，吾实厌神奇。"对江西诗派又有点不满。他有几首描写海滨盐民生活的诗，如"即今黔首为生蠜"（《偶题》），"鞭血淋淋地亦腥"（《过宿长芦书所感》），对于苦难中的人民寄予同情。

柳贯的文名比他的诗名大，他的散文雄浑严整，长于议论，事详而词核，见称于时。不过他的散文多为墓铭碑表、兴学修桥等应用文字，抒写性情的不多。只有少数文章如《答临川危太朴手书》，文字明白晓畅，信笔而书，情真意切。他评论当时社会风气说："比数十年，学者大抵有自利之心，而志日益卑，道日益远。"谈及当时文坛说："缘饰浅末，足以雄夸于制作之林，而为猎取名爵之资。"这些言论，切中时弊。柳贯还有一些题跋文字，短小自然，比起碑铭文字活泼，不失为一些好的小品文。

二、南宋遗老怀故国，元末诗家哀众生

元代诗词总的说来较平庸，但也不乏一些佳作，在一定程度上反映了当时的社会矛盾。元代的诗歌，前期较有成就的作者大都是南宋末期的遗老，或者是在思想上与宋王朝有联系的文人，如刘因、赵孟頫、方回、邓牧、戴表元等，他们的作品往往流露出怀念故国之情和对苦难社会的感慨。

元代中期的诗坛，大多为吟咏山水、题画赠答之作，当时号称为"元代四大家"的虞集、杨载、范梈、揭傒斯便是其中的代表人物。他们的作品大多模仿前人，内容较为空泛，只有少数反映现实生产之作

元末民族矛盾和阶级矛盾不断加剧，广大人民在天灾人祸的摧残下无

以聊生，这在当时知识分子的诗作中有着不同的反映。这时诗坛上较有名的诗人有王冕、杨维桢、张翥、迺贤、倪瓒等，其中王冕的成就最高。

1. 刘因

刘因

刘因（1249—1293 年），字梦吉，号静修，雄州容城（今河北容城县）人。元朝著名理学家、诗人。著有《静修集》30 卷。

作为元代重要的儒学代表人物、北方理学大家，刘因为理学由宋到明的过渡起了重要的作用。初入经学，以朱熹为宗，不严守朱熹门户。在天道观方面，将生生不息的变化归于"气机"，主张"专务其静，不与物接，物我两忘"。为学方面，主张读书当先读《六经》《论语》《孟子》，然后依次读史、诸子，主张读书"必先传注而后疏释，疏释而后议论"。"古无经史之分"之说，对后来章学诚"六经皆史"的观点产生一定影响。

刘因的诗文词俱为时人所推重。其诗较多地反映遗民思想，如《观梅有感》《桃源行》《海南岛》《白沟》《废园》《感事》等，无论赋物、写景和咏史，都直接或间接地流露出故园之思，感情真挚而沉痛。某些作品委婉地表达了对现实的不满和对农民疾苦的关怀，如《喜雨书事》之三、《采野苣》《悯旱》等，语言朴素，诗风雄浑，意多深沉。他的一些题画诗和山水诗，则兼有隽逸的风韵，意境清新，真挚豪放，《题枯木怪石图》《饮山亭雨后》《奇村道中》等是其代表作。有的五言小诗如《村居杂诗》等又写得清新活泼而又纯朴自然，风格上颇似陶渊明。

2. 杨载

杨载（1271—1323 年）字仲弘，浦城（今福建浦城县）人，元代中期著名诗人。

杨载幼年丧父，徙居杭州，博涉群书，赵孟頫推崇之。年40 岁未仕，户部贾国英数荐于朝，以布衣召为国史院编修官，与修《武宗实录》。调管领系官海船万户府照磨，兼提控案牍。

杨载行书《水龙吟词卷》

元仁宗延祐二年（1315年）复科举，登进士第，受饶州路同知浮梁州事，迁儒林郎，官至宁国路总管府推官。著有《杨仲弘诗》8卷，文已散失。

杨载文名颇大，文章以气为主，诗作含蓄，颇有新的意境。杨载的诗歌创作，被虞集称为"百战健儿"。诗语健劲，富有变化腾挪之势，雄浑横放，长于议论。

杨载的诗话著作《诗法家数》是一部有相当的理论价值的诗论著作，侧重论述诗歌的创作，贯彻了风雅传统。

3. 范梈

范梈（1272—1330年），字亨父，一字德机，人称文白先生，清江（今江西樟树）人。元代官员、诗人。历官翰林院编修、海南海北道廉访司照磨、福建闽海道知事等职，有政绩，后以疾归。其诗好为古体，风格清健淳朴，用力精深，有《范德机诗集》。

范梈的散文学秦汉，其诗好为歌行古体，学颜延年、谢灵运，但多趣而高妙。他的诗多写日常生活和朋友来往应酬。但也有一些作品涉及社会现实，如《闽州歌》描写了民间疾苦，《社日》也写了社会习俗。在风格上比较多样，而以冲淡闲远为时人所称道。

范诗的绝句、律诗有唐诗特色，具乐府味道，风格多样，语言洗练，意境清奇，时人评说："范诗如绝色妇人，说尽脂粉，与人斗妍，故无有及之者。"

4. 杨维桢

杨维桢（1296—1370年），字廉夫，号铁崖、铁笛道人，又号铁心道人、铁冠道人、铁龙道人、梅花道人等，晚年自号老铁、抱遗老人、东维子。绍兴路诸暨州枫桥全堂（今浙江省诸暨市枫桥镇全堂村）人。元末明初诗人、文学家、书画家。

杨维桢自幼聪颖，其父杨宏对他寄予厚望。泰定四年（1327年）中进士，放天台县尹，因惩治作恶县吏，遭奸吏报复免官。后任职钱清盐场，因请求减轻盐税被斥为忤上，以至十年不调。后官至建德路总管府推官，继升江西儒学提举。元末避乱居富春山，后迁居钱塘（今杭州）。张士诚居浙西时屡召不赴，后徙松江，从此邀游山水，以声色自娱，东南才俊之士登门求教不绝。

杨维桢的诗，最富特色的是他的古乐府诗，既婉丽动人，又雄迈自然，史称"铁崖体"，极为历代文人所推崇。有称其为"一代诗宗""标新领异"的，也有誉其"以横绝一世之才，乘其弊而力矫之"的，当代学者杨镰更称其为"元末江南诗坛泰斗"。他著述等身，行于世的著作有《春秋合题著说》《史义拾遗》《东维子文集》《铁崖古乐府》《丽则遗音》《复古诗集》等近20种。

书法以行草最工，笔势岩开，有"大将班师，三军奏凯，破斧缺牖，例载而归"之势，传世作品有楷书《周上卿墓志铭》，行书《张氏通波阡表》《真镜庵募缘疏卷》《鸎字窝铭》《城南唱和诗卷》《元夕与妇饮诗》，草书《梦游海棠城诗卷》《竹西草堂记卷》《致理斋尺牍》《晚节堂诗》《沈生乐府序》等，其余墨迹则多见于书札及书画题跋之中。

5. 朱德润

朱德润（1294—1365 年），元代著名画家、诗人。字泽民，号睢阳山人，又号岜杰。归德府（今河南商丘睢阳区）人。

朱德润自幼即秀异绝人，读书一过即能记，每以诗文自喜，善书札，诗李白，尤工画，山水人物有古作者风。朱德润早年得高克恭赏识，经赵孟頫推荐，深得元仁宗、元英宗及附马太尉沈王青睐。

元英宗时，官至镇东行中书省儒提举。元英宗死，回家闲居近 30 年。一度出仕，不久又"以疾免归"。善诗文，工书法，师法赵孟頫、王羲之，格调遒丽，笔致遒健。擅山水，师承许道宁、郭熙传统，所画多作溪山清远、峰岳耸秀、林木挺健，山石用卷云皴，树作蟹爪枝，颇具真实感。有《秀野轩图》《林下鸣琴图》《松溪放艇图》《山水直幅》等传世。善诗，多写景状物，亦有触及时弊之作，如"人生盗贼岂愿为，天生衣食官迫之"等。著《存复斋集》10 卷，附 1 卷。

朱泽民画作存世甚少，唯馆藏画类包括轴、卷、小品、仅七件而已，民间存世者罕见。由于年代渊源，各种自然损害及战乱毁没，损失在所难免。幸免者能保存至今，则已寥寥无几。《山水直幅》是朱润德所有存世画品中唯一的代表作。它无论从尺幅、质地、画面内容、品像及观赏性与各馆藏诸画相比纯属上等一流精品。

朱德润的诗歌和他的画一样，多描写平远幽静的境界。但也有一些揭露当时社会中怪现象的作品，如《德政碑》写竖立在大路旁边刻着大官僚功德的石碑，那是"城中书生无学俸，但得钱多作好颂"，至于那碑主是否真有功德，就完全是另一回事了。此外，《无禄员》《外宅妇》《官买田》等，也描写了元代社会特有的丑恶现象。《水深围》写水涝成灾，租粮不减，以至人民无法生活，"不愿为农愿为盗"，作者又说："人生盗贼岂愿为，天生衣食官迫之"，指出官逼民反的封建社会中阶级斗争的普遍现象。朱德

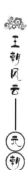

润的此类作品，通过对阶级社会中一些不合理现象的揭露，一定程度上触及了阶级压迫的本质，具有较高的认识价值。

6. 迺贤

迺贤（1309 —？），又称乃贤，字易之，号河朔外史，合鲁（葛逻禄）部人。迺贤先世可能是黄金家族姻亲。其兄师事本乡儒者，中进士后任职宣慰，名重一时。迺贤则淡泊名利，退居四明山水之间，与名士诗文唱酬。

迺贤是位深受中原文化熏陶和影响的西域人士，作为世家子弟，他较严格地保持儒家操守，身处末世而仍不忘报效元廷。在优游山水古迹的同时，目睹社会疮痍和吏治的腐败，因而多次察访下情，希图以诗讽谏，匡正时弊，在诗文中对百姓苦难的同情之心不时有所流露。他对邱处机劝阻成吉思汗杀生所起的作用甚为推崇，因而钦慕道家，迷恋于服食和外丹。传世诗作 180 余篇，吟颂道家者约占 1/10，这在元代文人中是仅见的。当时浙人韩与玉能书，王子充善古文，迺贤长诗词，并列称“江南三绝”。

迺贤博学能文，气格轩翥，五言短篇，流丽而妥适，七言长句，宽畅而条达，近体五七言，精缜而华润；又善以长篇述时事，故亦有“诗史”之称。著述有《金台集》《河朔仿古记》。其中《新乡媪》《卖盐妇》《枫亭女》等写战争、徭役、赋税使人民家破人亡，骨肉分离等，都反映了当时苦难社会的某些侧面，有一定的社会意义。

三、繁荣元曲数杂剧，关马郑白四大家

元曲是元代文学的代表。它是元代封建城市经济繁荣发达、社会矛盾尖锐复杂的产物，也是我国历史上各种表演艺术，主要是歌舞艺术、讲唱技艺、滑稽戏等长期发展互相融合的结果。

1. 散曲、南戏和杂剧

元曲包括散曲和杂剧。散曲是一种由诗词变化发展而来的新诗体；杂剧是一种包括歌唱、音乐、舞蹈和完整故事情节的歌剧。通常所说的元曲，主要是指杂剧。

散曲起源于民间小曲和少数民族音乐，分小令、带过曲、套曲三种基本格式。前期散曲家有关汉卿、马致远、卢挚等，后期有张养浩、刘致、张可久、乔吉等。少数民族作家也有许多成就，女真人李直夫创作了杂剧《虎头牌》，蒙古人阿鲁威，女真人奥敦周卿、王景，畏兀儿人贯云石，回回人萨都剌、丁野夫等都是著名的散曲家。南戏原是浙江温州一带的地方剧，

宋时已盛行，元初衰落。到元朝后期，杂剧由盛转衰，南戏则得到了发展。它不像杂剧那样在折数和宫调上有严格规定，押韵和宫调都较自由，登场演唱的角色可生可旦，声腔也各有发展。现存元代南戏剧本 16 种，片段119 种，存目 33 种，以高则诚的《琵琶记》成就最高。

我国唐朝时已经有了戏剧的雏形。到了宋、金时期又有了进一步发展，宋代的一些城市里已经有许多民间艺人在戏院里进行说唱表演。宋金时期盛行一种"诸宫调"，就是有说有唱而以唱为主的演出形式，唱的部分是把多种宫调连缀在一起。元杂剧就是在这一基础上发展起来的。

元杂剧把歌曲、宾白、舞蹈动作结合在一起，是一种综合性的戏剧艺术。歌曲按一定的宫调和曲牌歌唱，是按规定韵律、富有抒情性的新诗体；宾白包括人物的对白、独白，一般都用当时通俗的口语；动作叫"科"，是角色的动作表情。曲词一般由一个演员（男的称"正末"，女的称"正旦"）演唱，通过它抒发主人公的心情，表现主人公的思想性格，描绘环境，渲染气氛。反面人物和次要人物靠简短的宾白来勾画面目。元杂剧大部分有四折（或加一楔子）演完一个完整的故事。元杂剧的作者大部分是下层知识分子，元朝前期没有科举制度，他们失去了通过科举当官的希望，就从事话本、诸宫调、杂剧的创作和演出。因为他们组织创作的专业团体叫"书会"，这些剧作家也就被称为"书会才人"。由于他们社会地位较低，又生活于城市市民中，所以作品充满了生活气息，为广大市民所欢迎。

元杂剧分前后两期。前期从 13 世纪 50 年代到 14 世纪初，这是元杂剧的鼎盛时期。关汉卿、王实甫、白朴、马致远、康进之、高文秀等，都是这一时期的剧作家。当时杂剧的中心在大都，这些作家都是北方人，主要是大都人。14 世纪初以后，戏剧中心南移到杭州，后期的杂剧作家有郑光祖、乔吉、宫天挺、秦简夫等，他们大部分是南方或寄居于南方的作家。元代后期的杂剧不像前期那样富有现实主义，比较追求曲辞的典雅工巧。据记载，元代一共创作了杂剧 500 多本，现在保存下来的有 136 本。见于记载的剧作家有 200 多人，最著名的有关汉卿、马致远、王实甫、白朴、郑光祖等。关、马、郑、白被誉为"元曲四大家"。

元杂剧中以水浒英雄故事为题材的作品，至少有 33 部，今天流传下来的有 10 部。这些水浒杂剧的思想内容，大都是描写水浒英雄凌强扶弱、除暴安民的英勇事迹，歌颂他们主持正义，"替天行道"，为民除害的侠义行为。康进之的《李逵负荆》，以民间流传的故事为素材，描写了李逵主

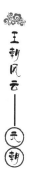
持正义、不怕官府和地痞流氓的英雄本质，又刻画了他粗中有细、知过必改的性格。故事情节曲折，有着自己显著的艺术特色。

元代的散曲包括小令和套数两种。小令主要是民间小典，也有的脱胎于诗词；套数是合一个宫调中的几个曲子而联成的。散曲形式简单，坦率真挚，清新活泼，为一般市民所喜爱。由于散曲有广泛的群众基础，因此常常成为群众暴露社会现实、议论时事的一种好形式。元代的散曲作家，见于记载的有100多人，前期有关汉卿、马致远等；后期有张养浩、卢挚、王如卿等。

2. 高明

高明（1305—?），字则诚，一字晦叔，号菜根道人，人称"东嘉先生"，温州瑞安（今属浙江）人。元末明初戏曲作家。

出身于书香门第、翰墨世家，少博学，精《春秋》，工书法。至正四年（1344年）参加乡试中举，次年又中进士，从此进入仕途。历任处州录事、江浙行省丞相掾、浙东军幕都事、绍兴府判官、江南行台以及福建行省都事等职。为官清介廉明，敢忤权贵炎势，调护百姓。曾平反许多冤狱，核实平江圩田，免去稻米40万石，民赖以安。元末方国珍据浙东，曾邀留幕下不从。

《琵琶记》插图

至正十六年（1356年）左右，辞官归隐，寓居鄞县（今属浙江宁波）栎社沈氏楼，潜心于《琵琶记》的创作。作品问世后，蜚声剧坛，达到"演习梨园，几半天下"的盛况，成为元末剧坛上一朵璀璨夺目的鲜花。从明以来600多年，代有刻本，流传不衰。《琵琶记》是中国南戏史上第一部由"名公"文人作者参与创作的戏文，代表了南戏艺术的最高成就，是宋元戏文的终结和明清传奇的先声，它的诞生标志着南戏创作艺术上的成熟，是传奇的典范之作，对后世传奇的发展影响深远，被誉为"南戏之祖"（或传奇之祖）。所作除《琵琶记》外，还有《闵子骞单衣记》戏文一种，失传；并有诗文《柔克斋集》20卷，也已散佚。现仅存诗、文、词、散曲50多篇。

3. 关汉卿

关汉卿（1234—1300年），号已斋叟。解州（今山西省运城）人，另有籍贯大都（今北京市）和祁州（今河北省安国市）等说。元杂剧奠基人，是我国文学史上最早的伟大戏剧家。与马致远、白朴、郑光祖合称"元曲四大家"，并位居其首。

《窦娥冤》插图

关汉卿一生"不屑仕进"，生活在底层人民中间，多才多艺、能写会演、风流倜傥、豪爽侠义，是当时杂剧界的领袖人物。

关汉卿著有杂剧60部，现仅存18部，其中曲白俱全者15部。所作大曲10余套，小令50余首。他的戏曲作品题材广泛，大多揭露了封建统治的黑暗腐败，表现了古代人民特别是青年妇女的苦难遭遇和反抗斗争，人物性格鲜明，结构完整，情节生动，语言本色而精练，对元杂剧和后来戏曲的发展产生了很大影响。其作品主要有《窦娥冤》《救风尘》《望江亭》《单刀会》等。

关汉卿的前半生，是在血与火交织的动荡不安的年代中度过的。作为封建时代的知识分子，关汉卿熟读儒家经典，深受儒家思想影响。所以，在他的作品中，常把《周易》《尚书》等典籍的句子信手拈来，运用自如。不过，他又生活在仕进之路长期堵塞的元代，科举废止、士子地位的下降，使他和这一代的许多知识分子一样，处于一种进则无门、退则不甘的难堪境地。和一些消沉颓唐的儒生相比，关汉卿在困境中较能够调适自己的心态。他生性开朗通达，放下士子的清高，转而以开阔的胸襟，"偶娼优而不辞"。他的散曲《南吕·一枝花》套数，自称"我是个蒸不烂、煮不熟、捶不扁、炒不爆响当当一粒铜豌豆"，宣称"则除是阎王亲自唤，神鬼自来勾，三魂归地府，七魄丧冥幽；天哪，那其间才不向烟花路儿上走"。这既是对封建价值观念的挑战，也是狂傲倔强、幽默睿智性格的自白。由于关汉卿面向下层、流连市井，受到了生生不息杂然并陈的民间文化的滋养，因而写杂剧，撰散曲，能够左右逢源、得心应手地运用民间俗众的白话，三教九流的行话。而作品中那些弱小人物的悲欢离合，也在流露着下层社会的生活气息与思想情态。

元朝，是儒家思想依然笼罩朝野而下层民众日益觉醒、反抗意识日益昂扬的年代。在文坛，雅文学虽然逐渐失去往日的辉煌，但它毕竟浸入肌肤，余风尚炽，而俗文学则风起云涌，走向繁盛。这两股浪潮碰撞交融，缔造出奇妙的文化景观。关汉卿生活在这种特定的历史阶段，他的戏剧创作及其艺术风貌便呈现出鲜明而驳杂的物色。一方面，他对民生疾苦十分关切，对大众文化十分热爱；另一方面，在建立社会秩序的问题上他认同儒家的

仁政学说，甚至还流露出对仕进生活的向往。他一方面血泪交织地写出感天动地的《窦娥冤》，另一方面又以憧憬的心态编写了充满富贵气息的《陈母教子》。就其全部文学创作的总体风格而言，既不全俗，又不全雅，而是俗不脱雅、雅不离俗。就创作的态度而言，他既贴近下层社会，敢于为人民大声疾呼，又是一位倜傥不羁的浪子，还往往流露出在现实中碰壁之后解脱自嘲、狂逸自雄的心态。总之，这多层面的矛盾，是社会文化思潮来回激荡的产物。唯其如此，关汉卿才成为文学史上一位说不尽的人物。

关汉卿的杂剧是中国古典戏曲艺术的一个高峰。他娴熟地运用元代杂剧的形式，在塑造人物形象、处理戏剧冲突、运用戏曲语言诸方面均有杰出的成就。

关汉卿是一位熟悉舞台艺术的戏曲家，他的戏曲语言既本色又当行，具有"入耳消融"的特点，没有艰深晦涩的毛病。不像明清时期有些文人剧作，搬弄典故、爱掉书袋。关剧在词曲念白的安排上也恰到好处，曲白相生，自然熨帖，不愧是当时戏曲家中一位"总编修师首"的人物。

关汉卿散曲，今存约49首（一说57首），描绘都市的繁华与艺人的生活，羁旅行役与离愁别绪，以及自抒抱负的述志遣兴。其内容丰富多彩，格调清新刚劲，具有很高的艺术价值。写男女恋情的作品最多，对妇女心理的刻画细致入微，写离愁别恨则真切动人；风格豪放，曲词泼辣风趣；语言通俗而口语化，生动自然，很能表现曲的本色；喜用白描手法，善于写景，所用比喻，形象生动。

4. 白朴

白朴（1226—1307年），原名恒，字仁甫，又字太素，号兰谷先生，奥州（今陕西河曲县）人。元代著名的杂剧作家，代表作主要有《唐明皇秋夜梧桐雨》（简称《梧桐雨》）、《裴少俊墙头马上》（简称《墙头马上》）、《董秀英花月东墙记》（简称《东墙记》）、《天净沙·秋》等。

白朴自幼聪慧、满腹才学。其父白华任金朝枢密院判官，金哀宗天兴二年（1233年），蒙古军攻南京（今开封），白华随哀宗奔归德，白朴则与母留南京。次年金将崔立叛降，南京失陷。崔立掳王公大臣妻女送往蒙古军中，白朴母亲也在其内。这时白朴尚年幼，由他父亲的好友元好问带领，渡河至山东聊城，又迁居山西忻州，元好问视他如亲子。数年后白华北归，白朴随父依元名将史天泽，客居真定。元世祖中统初，史天泽曾将他推荐给朝廷，白朴再三辞谢。后师巨源又荐他从政，也没答应，历宋元两朝终身未仕。

白朴作品题材多出历史传说，剧情多为才人韵事。现存的《唐明皇秋夜梧桐雨》，写的是唐明皇与杨贵妃的爱情故事；《裴少俊墙头马上》，描写的是一个"志量过人"的女性李千金冲破名教，自择配偶的故事。前者是悲剧，写得悲哀怛恻，雄浑悲壮；后者是喜剧，写得起伏跌宕，热情奔放。这两部作品，历来被认为是爱情剧中的成功之作，具有极强的艺术生命力，对后代戏曲的发展具有深远的影响。

白　朴

白朴散曲内容大抵是叹世、咏景和闺怨之作。这也是元代散曲家经常表现的题材。艺术上以清丽见长。他的"叹世""写景"之作，如《沉醉东风·渔夫》《天净沙·春、夏、秋、冬》等曲，俊爽高远，以情写景，情景交融；闺情作品以《仙吕·点绛唇》散套为其代表作，文词秀丽工整。还有一些小令吸收民间情歌特点，显得清新活泼。

白朴的词作，在他生前就已编订成集，名曰《天籁集》。到明代已经残佚，字句脱误。清朝中叶，朱彝尊、洪升始为整理刊行。全集收词200余首，除了一些应酬赠答、歌楼妓席之作外，多为伤时感怀的作品。

5. 马致远

马致远（1250—？），大都（今北京）人，晚号"东篱"。元代著名的杂剧家。

马致远出生在一个富有且有文化素养的家庭，年轻时热衷于求取功名，似曾向太子孛儿只斤·真金献诗并因此而曾为官，之后大概由于孛儿只斤·真金去世而离京任江浙行省务官，后在元贞年间（1295年初—1297年初）参加了"元贞书会"，晚年似隐居于杭州，最终病逝于至治元年（1321年）至泰定元年（1324年）秋季间。

马致远创作的杂剧有16种，现存世的有《江州司马青衫泪》《破幽梦孤雁汉宫》《吕洞宾三醉岳阳楼》等7种。其散曲作品也极负盛名，小令《天净沙》成为留传千古、脍炙人口的佳篇。

马致远在对历史不平的愤慨中，将抑郁和苦闷诉于笔端，从而发出豪放的心声。他和元初其他一些有才华的作家一样，把自己的艺术才智献给了杂剧创作事业，成为"梨园"中一个知名的人物。马致远在作品中更侧

重现实的批判，如《汉宫秋》中斥责统治集团里的文武百官是"忘恩咬主贼禽兽"；《黄粱梦》抨击了当时的险恶的世风："如今人宜假不宜真，则敬衣衫不敬人"。

马致远的作品中也反映了封建社会时期文人的郁闷心情。这种思想和元代绘画中某些作品的意境是相同的。在小令《秋思》中，马致远描写了一个天涯过客的秋思，意境萧瑟悲凉："枯藤老树昏鸦，小桥流水人家，古道西风瘦马，夕阳西下，断肠人在天涯。"

马致远的思想在当时具有一定的代表性，对后世也有深远的影响。他对于现实社会感到愤慨甚至苦闷和绝望，但他的愤慨之情却在悲凉的思绪中激扬回荡，具有一股豪放的气势。

马致远的艺术才能得到了后人很高的评价，元代后期的周德清尊马致远为四家之一，明代的朱权更将马致远列于元曲家之首。总的来说，马致远擅长悲剧性的抒情，情调凄凉、悲愤，曲词老健、宏丽，是一位独具艺术特色的杂剧作家。

6. 郑光祖

郑光祖（1264—？），字德辉，平阳襄陵（今山西襄汾县）人。元代著名的杂剧家和散曲家。

传说郑光祖早年以习儒为业，后来补授杭州路为吏，因而南居。他为人方直，不善与达官贵人相交往，因此官场上不少人都歧视和瞧不起他。可以想见，其官场生活是很艰难的。他把身怀感触大多寄托在了杂剧的创作上。

据文学戏剧界的学者考证，郑光祖一生写过18种杂剧剧本，全部保留至今的，有《迷青琐倩女离魂》《伹梅香骗翰林风月》《醉思乡王粲登楼》《辅成王周公摄政》《虎牢关三战吕布》等。

郑光祖一生从事于杂剧的创作，把他的全部才华贡献于这一民间艺术，在当时的艺术界享有很高的声誉。伶人都尊称他为郑老先生，他的作品通过众多伶人的传播，在民间产生了广泛的影响，所作杂剧在当时"名闻天下，声振闺阁"。

7. 王实甫

王实甫（1260—1336年），名德信，大都（今北京）人，祖籍河北省保定市定兴（今定兴县）。元代著名杂剧作家。

王实甫与关汉卿、白朴、马致远齐名，其作品全面地继承了唐诗宋词精美的语言艺术，又吸收了元代民间生动活泼的口头语言，创造了文采璀璨的元曲词汇，成为中国戏曲史上"文采派"的杰出代表。

王实甫著有杂剧 14 种，现存《西厢记》《丽春堂》《破窑记》3 种。

《西厢记》是王实甫的代表作。这是一部描写张生和崔莺莺恋爱故事的

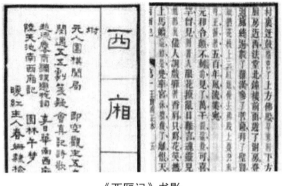

《西厢记》书影

戏剧。作者歌颂了这一对青年男女为争取婚姻自主，冲破封建礼教束缚的斗争精神，无情揭露和抨击了封建伦理道德的虚伪性。《西厢记》是一部对后世文学有很大影响的优秀作品。

四、元代话本近口语，长篇小说露端倪

元代小说是承袭六朝以来两种体制，即六朝志怪志人、唐代传奇的文言小说和宋代话本的通俗小说的传统而发展的，但主要成就在话本小说方面。

元代的杂抄稗贩、琐闻笔记的文言小说，如陆友的《砚北杂志》、杨瑀的《山居新语》、郭霄凤的《江湖纪闻》、吴元复的《续夷坚志》、伊世珍的《琅嬛记》等，这类作品，大抵杂录见闻，加上鬼神怪异之事，故事情节简略，内容空泛，思想贫乏，引人入胜之处不多，对后世也没有什么重要影响。

从说话艺术发展起来的通俗小说，分为短篇的小说话本和长篇的讲史话本两类。讲史，元人谓之平话或评话。两宋时期都市讲说故事的技艺，至元代渐趋衰落，而诉诸视觉的杂剧艺术却空前繁荣。元代说话艺人见于记载的仅杭州就有胡仲彬兄妹，及流落江湖的朱桂英，都能演说史书。此外，时小童母女会讲小说。

小说话本的作者，据元明人记载有汴梁（今开封市）人陆显之和杭州人金仁杰，不过今天可以确定为元代小说作品的数量却很少。保存到今天的宋元小说话本，大多经过明朝人的修改，以至很难确定它们所属朝代。陆显之编有《好儿赵正》，金仁杰编有《东窗事犯》。《好儿赵正》即《古今小说》所载的《宋四公大闹禁魂张》；《东窗事犯》亦见《古今小说》中《游酆都胡母迪吟诗》的入话。此外，《裴秀娘夜游西湖记》（《万锦情林》卷二）、

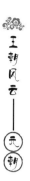

《新全相三国志平话》书影

《钱塘梦》(《新刊大字魁本全相参增奇妙注释西厢记》附录)、《王魁》(明人刊刻的一个残本书,无书名,分上、下两栏,上栏为小说,下栏为传奇戏曲)、《绿珠坠楼记》(《燕居笔记》卷十)等,可能是元人作品,但亦无确证。至于《汪信之一死救全家》《勘皮靴单证二郎神》《简帖和尚》《快嘴李翠莲记》等,由于文献无征,就更难断定属元属宋了。这些作品反映了较广泛的社会生活面,特别是表现了市民阶层的生活和思想面貌,又以接近当时口语的通俗语言记录下来,在中国古典小说的发展上开拓了一种崭新的局面。但由于绝大部分小说话本很难确定朝代归属,因而文学史上一般统称"宋元话本"。

保存至今的元代至正年间新安虞氏刊印的《全相平话五种》15卷,显示了元代在古典长篇小说的形成和发展过程中的特殊地位。这五种平话是:①《武王伐纣书》3卷,②《乐毅图齐七国春秋后集》3卷,③《秦并六国平话》3卷,④《全汉书续集》3卷,⑤《三国志平话》3卷。各书版式一致,皆上图下文,显然是供人阅读的本子。叙事简括,文辞草率,又多错别字,保留了来自民间而未经文人加工的讲史话本的原始面貌。

5种平话都是断代讲述一朝一代史事,但在内容、写法和格调上却不完全相同。《武王伐纣书》演述的是武王伐纣的故事。书中叙纣王宠爱妲己,残害大臣和百姓,以至人民困苦不堪。武王在吕望的帮助下兴兵讨伐,杀死了纣王和妲己,建立了周朝。但篇中附会鬼神,穿插许多神仙妖术怪异情节,与历史本来面目已相去甚远。《乐毅图齐七国春秋后集》以孙膑、乐毅二人为主体,描写燕齐两国的战争和统治阶级的内部矛盾,亦充满荒诞诡异情节,多与史实不符。《秦并六国平话》演述秦并六国和秦亡故事,内容多据史书,有的甚至直接抄自《史记》。《前汉书续集》叙述汉高祖统一天下后,杀戮功臣以及统治阶级互相残杀的故事,所写大体忠实于历史,而很少采入无稽妄说和怪异传闻。《三国志平话》演述的是魏、蜀、吴三国纷争的故事,内容除采自正史外,同时吸收了野史杂传和民间传说。上述5部长篇讲史话本,在写法和风格上可以分为两类:前两种写历史而不拘囿于史实,作了大胆的虚构和补充,充满奇异怪诞的情节;后三种虽亦间采异闻,但却大体符合史实,很少随心所欲的无稽附会。这两种写法和风格，发展到明代，便开了长篇小说创作中的两种途径：充满奇幻怪异情节的神魔小说和基本上忠实于历史面貌的历史演义。从《武王伐纣书》到明代的《封神演义》，从《三国志平话》到明代的《三国志通俗演义》，演进之迹甚明。

讲史话本还只是初具规模的长篇小说。故事简单，结构零乱，文辞粗陋；但它已有了大体完整的故事情节，在组织结构、叙述方法、人物描写等方面，都为明代长篇小说的产生和发展，积累了艺术经验。因此，元代小说最足引人瞩目的成就，是在长篇讲史话本方面。

长篇小说兴起于元末。施耐庵和罗贯中分别于元末明初创作了《水浒传》和《三国演义》。这两部长篇章回小说在艺术上有很高的成就，它们的问世，标志着中国古典小说已发展成熟。

五、文人水墨山水画，名家如云书坛兴

元代绘画、书法的成就较为突出。元代不设画院，故元代画家摆脱了南宋画院的形式主义习气。前期书画家以赵孟頫为最著名，他擅画山水、花竹、人马，书法用笔圆转流美，骨力秀劲，世称"赵体"。后期画家有黄公望、王蒙、倪瓒、吴镇，称"元四家"。少数民族著名画家有回回人高克恭、丁野夫等。元代壁画艺术也很出色，现存山西永济市永乐宫壁画是极其珍贵的实物。书法家有畏兀儿人贯云石等。龟兹人盛熙明著有《书法考》八卷。

1. 元代绘画

元代文人画勃兴，水墨山水特别兴盛。在赵孟頫的倡导下，师古之风大行，一味刚劲外露的南宋院体山水受到了时人的摒弃，山水技法继而转向师法五代、北宋，文人士大夫表情达意的披麻皴山水得到了大力的拓展。以黄公望、王蒙、吴镇、倪云林为代表的"元四家"，在山水画的表现形式到绘画材料上完成了一次重大的变革。生纸的使用，使笔墨的灵性，水墨晕化的效果得到了完美的体现。他们纳书法于绘画，同源并驾。意境的追求，又造成了众多题画诗的出现。诗、书、画、印的有

黄公望《剩山图》

机结合，使文人画艺术特有的表现形式更加丰富和完善起来。

花鸟画坛以钱选、陈琳、王渊为巨擘，他们一变宋人设色浓丽精细的传统，多著以水墨或淡彩，画格工整但不精细，体貌清新雅逸。

元代的人物画，虽不及山水、花鸟画发达，但赵孟頫、刘贯道、张渥和王振鹏的人物画在李公麟的脉络影响下，仍然得到了相应的发展。擅画梅、竹的名家有李衍、柯九思、顾安、吴镇、管道升和王冕等人。其中王冕的梅花，在杨无咎的传统基础上，又创以胭脂或墨笔点写，画作繁花密蕊，生意盎然。

2. 元代壁画

元代的壁画创作达到了前所未有的高峰期，壁画作品大量涌现，主要有宗教壁画、墓室壁画和宫室宅第壁画几种，对当时及后代的美术创作都有深远的影响。其中水平最高、数量最多的是宗教壁画。

元代统治者对各种宗教均采用包容的政策，利用宗教来维护其政权，热衷于修功德，作佛事，建寺宇，其中全真道教和佛教占主要地位，道观佛寺的兴建藻绘非常隆盛。在佛道相互影响渗透的情况下，寺观壁画更加丰富多彩。

山西省保存下来的寺观壁画为全国之冠。这里的壁画数量巨大，题材丰富，艺术水平极高。其中成就最高的是山西芮城的全真教永乐宫壁画，这里的壁画和山西稷山兴化寺的《七佛图》一样均为山西民间画家朱好古、张伯渊、张遵礼、田德新、李弘宜、王士彦和洛阳画家马君祥、马七等所绘。其中三清殿的壁画《朝元图》有完整的构思和统一的设计，图中人物众多而不雷同，性格特征鲜明生动，线条刚健而婉转，流畅而含蓄，整个画面构图严谨富于变化，可谓我国寺观壁画的精华。纯阳殿和重阳殿壁画也各具神采。此外，山西稷山青龙寺、兴化寺、山西洪洞县的广胜寺、水神庙壁画也很有成就。

元时除民间画家创作壁画外，文人士大夫画家有时兴之所至也为寺庙创作一些非宗教内容的壁画作品，如赵孟頫、管道升夫妇在归安天圣寺作壁画山水、竹石，时称"二绝"。王冕曾在山阴蜀阜寺作壁画梅等。

此外，敦煌莫高窟和榆林窟也保存了部分佛教壁画。莫高窟第 3 窟中

山西稷山青龙寺壁画

绘制着精美的密宗壁画，主要作品是绘于南、北二壁的千手千眼观音，手的姿态变化万千，衣纹潇洒活泼，是壁画中的精品。

除宗教壁画外，在山西、内蒙古、辽宁等地还发现了大量的元代墓室壁画，表现了蒙古族特有的生活内容，壁画山水有五代、北宋遗意。其中水平最高、最有代表性的是大同市冯道真墓壁画。冯道真墓建于至元二年（1265年），墓主为全真教道宫、龙翔万寿宫的宗主，社会地位较高。墓室壁画应用水墨画技法表现出一个超凡脱尘的修行环境，仙气浓郁，绘画技法相当娴熟。1991年在内蒙古乌兰察布盟凉城县发现一座元代蒙古贵族壁画墓室北壁绘有表现墓主人家居环境的《燕居图》，生动反映出蒙古贵族的生活习俗和汉族文化习俗对蒙古族的影响。元代在宫殿、衙署、宅第绘制壁画的风气也很盛行，唐棣就曾在嘉熙殿创作壁画。

3. 元代书法

元代，中国书法处于由宋入明的转折期，"化晋韵入唐法，逆宋意开明态"，托古改判，名家如云，为中国书法增添光彩。

元代书法成就并不十分突出，但时代的风貌还是相当鲜明的，我们可以概括为"化晋韵入唐法，逆宋意开明态"的特色。晋书尚韵、唐书尚法、宋书尚意、明书尚态，而元书正处于由宋入明的转折期。清王文治论："书法至元人，别具一种风气，唐之宏伟，宋之险峻，洗涤殆尽，而开中和恬适之致，有独到处。"元代书法总的发展趋势是以继承古代诸名家的传统法度为主，还扭转了南宋以来的衰敝书风。就这一方面看，应当是一个进步。元代楷书、行书的成就比较突出，篆书和隶书、章草等书体也得到相应的恢复和发展。

元初的书坛，多受金代影响，或继承颜真卿和苏轼、米芾的余绪，善书者虽不少，但成就不十分显著。书家如耶律楚材等，大多仍驻足于宋人习气。大德、延祐间，赵孟頫、鲜于枢、邓文原崛起，提倡师古，力追晋、唐，使元代书风在规范古代传统的基础上为之一变。赵孟頫、鲜于枢等人专以古人为法，对晋、唐书法进行了认真的研究和探索，使晋、唐的传统法度得以恢复和发展，扭转了南宋书法衰敝的风气，开启了元代的书法风格，追随者甚多，为继承和发展中国书法艺术作出了贡献。

赵孟頫为元代书坛盟主，影响深远，与其在绘画上的主张一样，他在书法上也力求"古意"，认为宋代书风"芒角刷掠，求于楔棝川媚则蔑有矣"，所以坚决抵制，而竭力呼吁"学书须学古人，不然，虽笔秃成山，亦为俗笔"。他所推崇的"古人"，就是晋人，尤其是王羲之。据说他临写《兰亭

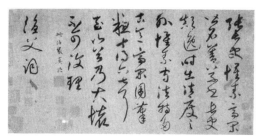

鲜于枢书法

序》不下"数百本",且"无一不咄咄逼真",因此,其笔意、结体极具晋人风度,被同朝大书法家鲜于枢推为"本朝第一",对元代和明清书坛影响很大。

鲜于枢擅长行草书,其名声与赵孟頫相伯仲。据说他有一次在野外看到二人挽车行泥中,因而悟到笔法;又谓他善悬腕书,有人就此向他请教,他瞑目伸臂曰:"胆,胆,胆。"可知他在书法上非常重视独创和强调胆力。

邓文原工楷行草书,尤其章草书成就较高。他与赵孟頫、鲜于枢被称为"元初三大家",运笔清劲秀丽、韵致古雅,对于恢复和发扬绝响已久的古书体作出了贡献。

进入元代中后期以后,书坛充满了独创精神,出现了众多名手。他们有的摆脱赵孟頫的影响,直抒胸臆,敢于独创;有的与绘画相互渗透,书坛呈现出了多姿多态的局面。其代表书家前有虞集、柯九思、揭傒斯、周伯琦,后有康里巎巎、杨维桢。

元代后期的帝王受汉文化的影响,对于传统艺术普遍表现出浓厚兴趣,元文宗在天历二年(1329年)建立了奎章阁学士院,用以表彰儒术,鉴赏书画。虞集、柯九思、揭傒斯、周伯琦都是奎章阁中的学士。虞集因学问渊博、品行高尚而受人敬重,以行楷书见长,从传世的某些古代书画中可见到虞集的题跋(如何澄《归庄图》)。揭傒斯亦擅行楷,其楷书清健娴雅,行书师法晋人,苍劲有力。柯九思不仅以画竹著名,其书法也有相当造诣。他的小楷书,直承晋唐,与赵孟頫并称大家,加上后来的倪瓒,堪称有起衰之功。

康里巎巎以行草书著名,尤得章草笔意,通篇视之,有"大刀斫阵"之声势,体现出北方少数民族强悍刚毅的性格,与赵孟頫端严婉丽的书法相比,大异其趣。杨维桢书法杂和众体,气势开张,布局参差,用笔狂放,墨法大胆,在元代别具一格。此外的重要书家,还有张雨、危素、倪瓒、俞和、饶介等,尤以倪瓒的小楷书最称逸品。

六、子昂落笔如风雨,风流文采冠当时

赵孟頫(1254—1322年),字子昂,号松雪、松雪道人,又号水晶宫

道人、鸥波，中年曾作孟俯。湖州（今浙江吴兴）人。元代著名画家，与欧阳询、颜真卿、柳公权共称"楷书四大家"。赵孟頫博学多才，能诗善文，懂经济，工书法，精绘艺，擅金石，通律吕，解鉴赏。特别是书法和绘画成就最高，开创元代新画风，被称为"元人冠冕"。他也善篆、隶、真、行、草书，尤以楷、行书著称于世。

赵孟頫的青少年时期是在坎坷忧患中度过的。他虽为贵胄，但生不逢时，南宋王朝其时已如大厦将倾，朝不保夕。他的父亲赵与告官至户部侍郎兼知临安府浙西安抚使，善诗文，富收藏，给赵孟頫以很好的文化熏陶。但赵孟頫 11 岁时父亲便去世了，家境每况愈下，度日维艰。23 岁正值壮志凌云之际，他却闲居里中，无所事事。

在其母亲的激励下，赵孟頫向当地名儒敖继学习经史，向钱选学习画法，经过 10 年的发奋努力，学问大进，成为"吴兴八俊"之一，声闻遐迩，达于朝廷。

当时民族矛盾与阶级矛盾相当尖锐，尤其江南为南宋故地，知识分子反元情绪异常炽烈。元世祖忽必烈接受御史程文海的建议，让他到江南搜访有名望的知识分子，委以官职，借此笼络江南汉族知识分子，缓和矛盾，稳定民心。赵孟頫这个有学问的宋室后裔自然成为元廷笼络的重点对象。他盛情难却，而且此时他已闲居里中多年，常为生活所困，亦有施展抱负之愿。于是在半推半就中告别妻小，踏上北去的旅途。

元元贞元年（1295 年），因元世祖去世，元成宗需修《世祖实录》，赵孟頫乃被召回京城。可是元廷内部矛盾重重，他能否进入史馆亦成是非之争。为此，有自知之明的赵孟頫便借病乞归，夏秋之交时，终于得准返回阔别多年的故乡吴兴。

赵孟頫在江南闲居四年，无官一身轻，闲情逸致寄于山水、诗文、书画，颇感自在。他时常到山清水秀、人文荟萃的杭州活动，与鲜于枢、仇远、戴表元、邓文原等四方才士聚于西子湖畔，谈艺论道，挥毫遣兴。有时则隐居于管夫人家乡德清，在东衡山麓的"阳林堂"静心欣赏文物书画，阅读前人佳篇，朝起听鸟鸣，日落

赵孟頫《洛神赋》

观暮霭，过着与世无争的宁静生活。

这四年赵孟頫在暂时摆脱宦海风波后，艺术修养、书画技艺却与日俱增。他以唐人、北宋古画为楷模，为友人写山水、绘人物、作花鸟、画鞍马，抒发胸中纵横逸气，妙趣蔼然；他为佛寺道观书篆、书隶、书楷、书行、书草，行楷多王羲之笔意，如花舞风中，云生眼底，潇洒遒劲；他还考订编辑了《书今古文集注》，并将自己历年诗文辑成《松雪斋诗文集》。戴表元评之曰："古赋凌厉顿迅，在楚、汉之间；古诗沉涵鲍、谢；自余诸作，犹傲睨高适、李翱云。"虽然朝廷曾任命他为太原路汾州知州，但赵孟頫对此背井离乡的官职毫无兴趣，托人说情后，没有去上任。只是应召一度赴京书写《藏经》，完成任务后又力辞翰苑之任，悄然南返。

大德三年（1299 年），赵孟頫被任命为集贤直学士行江浙等处儒学提举，官位虽无升迁，但此职不需离开江南，与文化界联系密切，相对儒雅而闲适，比较适合赵孟頫的旨趣，他干了 11 年。

在江浙当文化官员，无疑为赵孟頫书画诗文技艺的发展增添了许多更为优越的条件。他利用公务之暇，广交文人学士、书画家和文物收藏家，遍游江浙佳山秀水，心摹手追，创作进入旺盛时期。他在江南文化人中的声望也随着"儒学提举"之职而更为隆盛，许多人依附其门下，求教问艺，赵孟頫俨然成为江南文人首领。尽管元廷没有重用他，多年不见升迁，但赵孟頫乐此不疲，为三教人士作画书碑，兴儒学，跋古画，访文物，诗酒雅集，兴味盎然。四方文士来浙者，亦以能登门造访、结识赵孟頫为荣。

赵孟頫

延祐三年（1316 年），元仁宗将赵孟頫晋升为翰林学士承旨、荣禄大夫，官居从一品，"推恩三代"；管夫人也被加封为"魏国夫人"。赵孟頫虽官居一品，但仍须经常奉敕亲自撰写大量的志、表、经卷、墓志、碑文、颂词等，还要忙于日常书画应酬，忙忙碌碌，几无闲暇。他对自己的双重处境颇有感慨，扪心自问，不禁悲从中来，曾写下《自警》诗曰："齿豁童头六十三，一生事事总堪惭。唯馀笔砚情犹在，留与人间作笑谈。"

赵孟頫认为，自己因出身亡宋宗室，政治上受元廷摆布，成为"花瓶"，做了一些没有选择余地的违心事，或许也不为同代人所理解，心情矛盾而惭愧；但是在艺术上，他通过自己辛勤努力，诗文书画作品却可流传后代，颇堪自慰。管道升也认为丈夫这种忙忙碌碌、受人役使的处境没有意思，曾填《渔父词》数首，劝其归去。其一曰："人生贵极是王侯，浮名浮利不自由。争得似，一扁舟，弄月吟风归去休！"

延祐五年（1318年）五月中旬，途经山东临清，管夫人病逝舟中。赵孟頫悲痛万分，相濡以沫的管夫人撒手西去，给了赵孟頫很大的打击，他对官场的虚名，也因此彻底看破。元英宗至治二年（1322年）六月，他逝于吴兴。临死还观书作字，谈笑如常，享年69岁。

作为一位变革转型时期承前启后的大家，赵孟頫有以下几方面突出的成就为前人所不及：

一是他提出"作画贵有古意"的口号，扭转了北宋以来古风渐湮的画坛颓势，使绘画从工艳琐细之风转向质朴自然。

二是他提出以"云山为师"的口号，强调了画家的写实基本功与实践技巧，克服"墨戏"的陋习。

三是他提出"书画本来同"的口号，以书法入画，使绘画的文人气质更为浓烈，韵味变化增强。

四是他提出"不假丹青笔，何以写远愁"的口号，以画寄意，使绘画的内在功能得到深化，涵盖更为广泛。

五是他在人物、山水、花鸟、马兽诸画科皆有成就，画艺全面，并有创新。

六是他的绘画兼有诗、书、印之美，相得益彰。

七是他在南北统一、蒙古族入主中原的政治形势下，吸收南北绘画之长，复兴中原传统画艺，维持并延续了其发展。

八是他能团结包括高克恭、康里子山等在内的少数民族美术家，共同繁荣中华文化。

综观赵孟頫的画迹，并结合其相关论述，可以知道，赵氏通过批评"近世"、倡导"古意"，确立了元代绘画艺术思维的审美标准。这个标准不仅体现在绘画上，而且也广泛地渗透于诗文、书法、篆刻等领域中。传世画迹有大德七年（1303年）作《重江叠嶂图》卷、元贞元年（1295年）作《鹊华秋色》卷，图录于《故宫名画三百种》；皇庆元年（1312年）作《秋郊饮马》卷，现藏故宫博物院。著有《松雪斋文集》十卷（附外集一卷）。

赵孟頫是元代初期很有影响的书法家，赞誉很高。据明人宋濂讲，赵氏书法早岁学"妙悟八法，留神古雅"的思陵（即宋高宗赵构）书，中年学"钟繇及羲献诸家"，晚年师法李北海。王世懋称："文敏书多从二王（羲之、献之）

中来，其体势紧密，则得之右军；姿态朗逸，则得之大令；至书碑则酷仿李北海《岳麓》《娑罗》体。"此外，他还临抚过元魏的定鼎碑及唐虞世南、褚遂良等人；于篆书，他学石鼓文、诅楚文；隶书学梁鹄、钟繇；行草书学羲献，能在继承传统上下苦功夫。诚如文嘉所说："魏公于古人书法之佳者，无不仿学"。虞集称他："楷法深得《洛神赋》，而揽其标。行书诣《圣教序》，而入其室。至于草书，饱《十七帖》而度其形。"他是集晋、唐书法之大成的很有成就的书法家。同时代的书家对他十分推崇，后世有人将其列入楷书四大家——颜真卿、柳宗元、欧阳询、赵孟頫。明代书画家董其昌认为他的书法直接晋人。赵氏能在书法上获得如此成就，是和他善于吸取别人的长处分不开的。尤为可贵的是宋元时代的书法家多数只擅长行、草体，而赵孟頫却能精究各体。后世学赵孟頫书法的极多，赵孟頫的字在朝鲜、日本非常风行。传世书迹较多，有《洛神赋》《道德经》《胆巴碑》《玄妙观重修三门记》《临黄庭经》、独孤本《兰亭十一跋》《四体千字文》等。

赵孟頫在中国书法艺术史上有着不可忽视的重要作用和深远的影响力。他在书法上的贡献，不仅在他的书法作品，还在于他的书论。他有不少关于书法的精到见解。他认为："学书有二，一曰笔法，二曰字形。笔法弗精，虽善犹恶；字形弗妙，虽熟犹生。学书能解此，始可以语书也。""学书在玩味古人法帖，悉知其用笔之意，乃为有益。"在临写古人法帖上，他指出了颇有意义的事实："昔人得古刻数行，专心而学之，便可名世。况兰亭是右军得意书，学之不已，何患不过人耶！"这些都可以给我们重要的启示。

七、鸥情与老初无染，一叶轻躯总是愁

倪瓒（1301—1374 年），初名倪珽，字泰宇，别字元镇，号云林子、荆蛮民、幻霞子；江苏无锡人，元末明初画家，诗人。与黄公望、王蒙、吴镇合称"元四家"。倪瓒家中富有，博学好古，四方名士常至其门。元顺帝至正初年，散尽家财，浪迹太湖。

存世作品有《渔庄秋霁图》《六君子图》《容膝斋图》《清闷阁集》。

1. 绘画成就

倪瓒擅山水、竹石、枯木等，其中山水画中采用了典型的技法——折带皴，是元代南宗山水画的代表画家，其作品以纸本水墨为主。其山水师法董源、荆浩、关仝、李成，加以发展，画法疏简，格调天真幽淡。作品多画太湖一带山水，构图平远，景物极简，多作疏林坡岸，浅水遥岑。用笔变中锋为侧锋，折带皴画山石，枯笔干墨，淡雅松秀，意境荒寒空寂，

风格萧散超逸，简中寓繁，小中见大，外落寞而内蕴激情。他也善画墨竹，风格"逍逸"，瘦劲开张。画中题咏很多。他的画由于简练，多年来伪作甚多，但不容易仿出其萧条淡泊的气质。在倪瓒的画论中，他主张抒发主观感情，认为绘画应表现作者"胸中逸气"，不求形似（"仆之所谓画者，不过逸

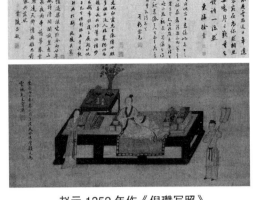

赵元 1352 年作《倪瓒写照》

笔草草，不求形似，聊以自娱耳"）。画史将他与黄公望、吴镇、王蒙并称元四家。明清时代受到董其昌等人推崇，常将他置于其他三人之上。明何良俊云："云林书师大令,无一点尘土。"王冕《送杨义甫访云林》说,倪瓒"牙签曜日书充屋，彩笔凌烟画满楼"。

倪瓒是影响后世最大的元代画家，他简约、疏淡的山水画风是明清大师们追逐的对象，如董其昌、石涛等巨匠均引其为鼻祖，石涛的书法题画，从精神到体式皆是以倪瓒为法的。倪瓒亦是一个以复古为旗帜，而追求艺术个性化的书法家，他与张雨、杨维桢一样，既属于这个时代，又不属于这个时代，这就是艺术对时代的超越性价值。

明代江南人以有无收藏他的画而分雅俗，其绘画实践和理论观点，对明清画坛有很大影响，至今仍被评为"中国古代十大画家之一"，英国大不列颠百科全书将他列为世界文化名人。

倪瓒画作有《江岸望山图》《竹树野石图》《溪山图》《六君子图》《水竹居图》《松林亭子图》《狮子林图》卷、《西林禅室图》《幽涧寒松图》《秋林山色图》《春雨新篁图》《小山竹树图》《容膝斋图》《修竹图》《紫兰山房图》《梧竹秀石图》《新雁题诗图》等，有《水竹居图》《容膝斋图》《渔庄秋霁图》《虞山林壑图》《幽涧寒松图》《秋亭嘉树图》《怪石丛篁图》《竹枝图》《溪山仙馆》《霜林湍石》等传世。

2. 书法成就

倪瓒工书法，擅楷书，他的书法作为在野的高人韵士，参禅学道，浪迹天涯，以一注冰雪之韵，写出了他简远萧疏、枯淡清逸的特有风格。徐渭云："瓒书从隶入，辄在钟繇《荐季直表》中夺舍投胎，古而媚，密而疏。"倪瓒真正做到了既"隐"且"逸"，其书既遒劲、精美，又率意、简逸，

无怪乎后人多称其为"倪高士"。文徵明、董其昌都曾高度赞美过他的书法。文徵明评曰："倪先生人品高轶，其翰札奕奕有晋宋风气。"董其昌评曰："古淡天真，米痴（即米芾）后一人而已。"倪瓒与恪守帖学的书法比较，完全是两种迥然不同的风格，不免遭人非议。如项穆指责倪瓒"下笔之际，苦涩寒酸。纵加以老彭之年，终无佳境也"。

近代书家李瑞清认为："倪迂书冷逸荒率，不失晋人矩，有林下风，如诗中之有渊明（陶渊明），然非肉食者所解也。"倪瓒传世作品有《三印帖》《月初发舟帖》《客居诗帖》《寄陈惟寅诗卷》《与率度札》《与良常诗翰》《与慎独二简》《杂诗帖》等多种。

3. 诗词成就

倪瓒生活于战乱的环境中，想逃避现实，放弃田园产业，过着漫游生活。"照夜风灯人独宿，打窗江雨鹤相依"，就是他生活的写照。不过他也不可能完全脱离现实，他在《寄顾仲瑛》诗中说："民生惴惴疮痍甚，旅泛依依道路长。"尤其是至正十五年（1355年），他竟以欠交官租被关进牢狱，他在《素衣诗》中说："彼苛者虎，胡恤尔氓。"表明了他的批判态度。不过倪瓒对现实常常采取消极姿态。他有一首散曲〔折桂令〕说："天地间不见一个英雄，不见一个豪杰。"他不隐也不仕，漂泊江湖，别人都不了解他，他也不想被人了解。倪瓒的诗造语自然秀拔，清隽淡雅，不雕琢，散文也一样。著有《清闷阁集》15卷。

八、浮名浮利不自由，弄月吟风归去休

管道升（1262—1319年），字仲姬，一字瑶姬，浙江德清茅山（今干山镇茅山村）人，一说华亭（今上海青浦）人，元代著名的女性书法家、画家、诗词创作家。

管道升天生才资过人，聪明慧敏，性情开朗，仪雅多姿，"翰墨词章，不学而能"。生而知之的极高天赋，加上长期而全面的学习，在她的童年和少年时期，打下了坚实的文学基础，培养了多方面的艺术才能。

至元二十五年（1288年）管道升至京，疑是年即与赵孟頫认识并成婚。不知是一见钟情，还是相互倾慕，使两位旷世才人终成眷属，在

《墨竹图》

之后的一生中相互学习、相互促进，同心同德、相敬如宾，既能各自独立、各有千秋，又能相得益彰、珠联璧合。她与赵孟頫确实是久经考验的天造地设的绝配。尽管唇齿亦相磨，但充满和具有全面智慧的她，在与赵孟頫发生摩擦或出现隔膜的时刻，都能游刃有余地、及时地甚至是预见性地解除他们之间的危机，维持甚至以此加深他们之间的关系。

中年的管道升，"玉貌一衰难再好"，长期以来的各种家庭琐事及社会应酬，将她以前的月华水色消磨殆尽，思想变得更成熟、性情变得暴躁，赵孟頫对婚姻的忠贞便开始动摇，准备且坚持纳妾，在这婚姻危机的关键时刻，她一不严声厉色、二不逆来顺受，而是以一种高雅通达而积极严肃的态度和情怀创作《我侬词》表达自己的感受："你侬我侬，忒煞情多；情多处，热似火；把一块泥，捻一个你，塑一个我。将咱两个一齐打破，用水调和；再捻一个你，再塑一个我。我泥中有你，你泥中有我：我与你生同一个衾，死同一个椁。"词中反映了重塑你我的批评自我批评的科学态度，也反映了你中有我、我中有你的密切命运和家庭责任，成为表达伉俪情深意笃的千古绝唱。当赵孟頫看到她的这首词后，不由得被深深地打动了，从此，也就再没有提过纳妾之事。

至元二十六年（1289 年），其子赵雍出生。从赵雍日后的书画等艺术成就来看，管道升不仅是一位绝代盖世的才女，温柔贤淑的良妻，同样也是一位循循善诱、言传身教的慈母。管道升曾在一首《题画竹》的诗中写道："春晴今日又逢晴，闲与儿曹竹下行。春意近来浓几许，森森稚子日边生！"借森森竹笋表达母亲对儿女的殷切期望。

延祐四年（1317 年），元仁宗册封赵孟頫为魏国公，册封管道升为魏国夫人，"管夫人"的世称，即源于此，并因为她的书法成就，与东晋的女书法家卫铄"卫夫人"，并称中国历史上的"书坛两夫人"。尽管她身为命妇，享受着荣华富贵，但她同岳飞一样认为"三十功名尘与土"，同赵孟頫一样向往"归去来兮"。赵孟頫晚年晋升为翰林学士承旨、荣禄大夫，官居从一品，贵倾朝野，但赵孟頫以宋室后裔而入元为官，依然受摆布而不得施展抱负，常因自惭而心情郁闷，故潜心于书画以自遣。管道升曾填《渔父词》四首，劝其归去，其中一词中写道："人生贵极是王侯，浮名浮利不自由。争得似，一扁舟，弄月吟风归去休。"还有一词同样写道："南望吴兴路四千，几时回去雪溪边？名与利，付之天，笑把渔竿上画船。"反映了她向往闲逸、自由的清淡生活，淡漠凡俗尘世的功名利禄。

延祐五年（1318 年），管道升脚气病复发，经赵孟頫多次上书请求，

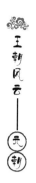
才于次年四月，方得准送夫人南归。四月二十五日从大都（今北京）出发，五月初十（5月29日）管道升病逝于山东临清的舟中，赵孟頫父子护枢还吴兴，葬东衡里戏台山（今德清县洛舍镇东衡村）。

赵孟頫为她亲笔撰写了《魏国夫人管氏墓志》，其中充满了对爱妻的深切怀念和沉痛悼挽，同时也反映了一代文化艺术大家对良师益友、对近乎同等高度的另一位文化艺术大师的崇高敬意和公正评价。

至治二年（1322年）六月十六日（7月30日），赵孟頫病逝，享年69岁。九月初十，与管道升合葬于湖州德清县东衡山南麓。

管道升在绘画方面，特别喜欢竹、梅、兰等清新物象，特别是竹。在进行墨竹创作的过程中，在用墨上不讲究变化，在竹叶的分布上也没有立体的层次感，而是一笔完成。在行笔的过程中，强调使用中锋，有时也使用侧锋，最上面的竹叶使用的是"燕飞式"画法，使用藏锋笔法进行挑出，较为生动。管道升不拘泥于传统的墨竹创作，善于创新，尤其是创作的晴竹，用笔洒脱熟练，有着较高的艺术底蕴。

管道升书风取法赵孟頫，尤精工小楷和行书。小楷端庄华贵，清闲自由，行书幽新俊逸，因此她的书牍行楷与赵字极为相似。管氏笔画遒媚圆润，点捺转折都似赵法，飘逸脱俗是其个性，结体妍丽飘逸，端庄华贵，世人为之称颂"管夫人作书，寸缟片纸，人争购之，后学为之模范"。管道升的书法字体则多扁型，根据字型字势的需要而作相应的灵活变化再处理，富有变化，秀润天成。

管道升擅画墨竹梅兰，笔意清绝。又工山水、佛像、诗文书法。其书牍行楷，风格与赵孟頫相似。曾手写《璇玑图诗》，五色相间，笔法工绝。手书《金刚经》等数十卷，遍赠名山名僧。著《墨竹谱》1卷。传世作品有《水竹图卷》（收藏于故宫博物院）、《秋深帖》、《山楼绣佛图》、《长明庵图》等。诗文不俗，曾作《观世音菩萨传略》。元仁宗曾命其书《千字文》，将赵孟頫、管道升及子赵雍的三段书法合装一卷轴，曾在湖州瞻佛寺粉壁上绘竹石图，高约丈余，宽一丈五六尺。